ÜBER KLEINIGKEITEN UND DAS GROSSE GANZE

AF792972

Impressum

© 2022 Christopher Noel Adrian George
Lektorat: Janna Block (https://textreise.de/)
Buchsatz & -cover von Désirée Riechert
Bildnachweise: Adobe Stock: Stockbym, #258317156, exclusive-design, #70004258, Photobank, #41246698, Photobank, #200871655

Druck und Distribution im Auftrag des Autors: Bookmundo

ISBN 978-9-40-366696-9

Das Werk, einschließlich seiner Teile, ist urheberrechtlich geschützt. Für die Inhalte ist der Autor verantwortlich. Jede Verwertung ist ohne seine Zustimmung unzulässig.

Alle Ratschläge in diesem Buch wurden vom Autor sorgfältig erwogen und geprüft. Eine Garantie kann dennoch nicht übernommen werden. Eine Haftung des Autors und seiner Beauftragten für Personen-, Sach- und Vermögensschäden ist daher ausgeschlossen.

Für Links auf Webseiten Dritter wird keine Haftung übernommen, da der Autor sich diese nicht zu eigen macht, sondern lediglich auf deren Stand zum Zeitpunkt der Erstveröffentlichung verweist.

ÜBER KLEINIGKEITEN UND DAS GROSSE GANZE

CHRISTOPHER NOEL ADRIAN
GEORGE

Inhalt

Etwas Mathe & Physik zur Erleichterung

Ein paar Beobachtungen, Selbstexperimente und Gedanken

ANHANG

»Und wahrlich, wenn der Mensch auch die ganze Welt gewönne
und lernte das Eine nicht, [...] was hülfe es!«

Friedrich Nietzsche

Teil I

FRAGEN & ANTWORTEN, DIE FRAGEN AUFWERFEN

Das ist er. Mein Versuch Nr. 1. Ich habe mich entschlossen, einen positiven Einfluss auf diese Welt zu nehmen und auch, mein eigenes Ding in diesem Leben durchziehen zu wollen.

Dieses Buch hat für mich eine besondere, persönliche Bedeutung. Es begann gewissermaßen als Experiment für mich selbst – als ganz einfaches Gedankentagebuch, um meine täglichen Erfahrungen und Gedanken zu dokumentieren, das letztendlich in mehreren vollgeschriebenen Notizbüchern endete, in denen ich auch nicht umhinkam, über Gott und die Welt zu philosophieren. Diesen Stil will ich in einem gewissen Maße bewahren und beibehalten, denn, naja, anscheinend entspricht das eben meinem Stil. Es ist ein Prozess. So ist es entstanden und nur so ist es letztendlich auch authentisch und echt. Wir werden in diesem Buch daher eher einem lockeren roten Faden folgen und ab und an vielleicht ein wenig „puzzlen", während wir zunehmend schlussfolgern und kleine und große Muster sowie Zusammenhänge erkennen.

Ziel dieses Buches ist letztlich die Suche nach Wahrheit, Glück und Positivität, sowie das Erkennen eben dieser. Es geht darum, sich selbst und die Welt um sich herum, das Universum, seine Gesetzmäßigkeiten und die anderen Menschen besser zu verstehen und dementsprechend auch besser mit allem umgehen sowie arbeiten zu können. Und es geht darum, bei dieser Suche, ihrer Entdeckungen und dem zunehmenden Erkennen der Wahrheit, einen positiven Blickwinkel zu finden, zu wählen und zu bewahren. Nicht alle Wahrheiten über sich selbst und über die Welt sind immer unmittelbar schön oder leicht zu ertragen, je nachdem, wo man eben hinschaut. Die größte Stärke des Menschen ist jedoch, ein Minus in ein Plus verwandeln zu können. Diese Stärke besitzt jeder Mensch. Man muss sie vielleicht nur manchmal finden. In diesem Sinne heißt „positiv" ganz und gar nicht, wegzusehen und Unschönes zwanghaft zu vermeiden, sondern bewusst hinzusehen und trotzdem „richtige", entschiedene, positive Schlüsse zu ziehen. Positivität beinhaltet für mich somit die Erweiterung des eigenen Horizonts, der eigenen Möglichkeiten und das Streben nach Wahrheit – und kann ebenso intensiven Schmerz beinhalten.

Als Hauptfachgebiete stehen für mich selbst hier vor allem die Psychologie, um sich selbst (und andere) besser nachzuvollziehen, und die Mathematik, welcher ich ein Studium gewidmet habe, um die objektive Welt und ihre Gesetze besser zu verstehen. Von besonderer Bedeutung ist dabei für mich das Finden der Schnittstelle zwischen einem zwangsläufig subjektiven Erlebnis, beziehungsweise dem Blickwinkel der erlebten Realität, und der tatsächlichen, objektiven

Realität. Ist es allein die geistige Haltung? Ist alles möglich und kann man mit entsprechendem Glauben und Einsatz alles erreichen? Oder steht uns die wirkliche Realität doch ab und zu im Weg? Was bringt die beste mentale Einstellung, wenn sie an der Realität vorbei geht? Wie entsteht die Wirklichkeit und was genau ist das eigentlich? Auch Philosophie, Physik, Biologie und viele, viele andere Fachrichtungen spielen eine große Rolle. Will man alles verstehen, so kommt eben auch alles zusammen, und nicht nur ein paar Teile davon. Vor allem zählt daher dabei auch die eigene Meinung – letztlich sind du und ich, und jeder andere auch, nur irgendjemand mit irgendeiner Meinung.

An dieser Stelle möchte ich dich bitten, dieses Buch „aktiv" zu lesen. Das soll heißen, sei kritisch, aber nicht voreingenommen oder verschlossen. Denke mit und lasse dich darauf ein. Du kannst Dinge auch mal austesten und dich öffnen, statt sie nur zur Kenntnis zu nehmen oder von vornherein zu verneinen. Natürlich habe ich meine eigene Meinung und werde diese auch von mir geben. Dieser musst du allerdings nicht zustimmen. Wichtiger ist mir eine möglichst objektive beziehungsweise differenzierte Erörterung der Dinge, aus der du dir dann deine eigene Meinung zusammen spinnen darfst. Ich möchte, dass du mitdenkst, mitüberlegst, Dinge aus anderen Blickwinkeln betrachtest und immer wieder den Bezug zu dir selbst suchst und eventuelle Parallelen aufdeckst. Mache Notizen, beginne Experimente, was auch immer. Wer nicht dazu bereit ist, offen und kritisch über sich selbst und die Welt nachzudenken, wer nicht neugierig oder bereit ist, auch mal aus den gewohnten Denkbahnen auszubrechen, zwischendurch vielleicht auch mal ein bisschen verrückter zu werden und die Dinge in einem anderen Licht zu betrachten, den… möchte ich an dieser Stelle dazu ermuntern.

Fragestellungen dieses Buches sind wohl einige Klassiker: Wie funktioniert dieses Universum, diese Welt und das Leben um uns herum? Wie sind sie beschaffen, wie sind sie zusammengesetzt? Was ist der Sinn des Lebens? Wer bist du und vor allem wer oder was ist dieses „Ich" überhaupt genau? Was ist gut, was ist böse, was richtig und falsch – gibt es das? Was ist Glück, was ist Liebe, was ist Freiheit? Gibt es so etwas wie Schicksal – ist alles vorherbestimmt oder stets ungewiss? Wie kannst du dich selbst besser verstehen? Wie die anderen? Wie könnte eine (realistische, umsetzbare) „gute" Gesellschaft aussehen? Und warum wollen viele Menschen offenbar unbedingt überleben, ohne dann auch richtig zu leben?

Zu oft zerbreche ich mir den Kopf über diese Fragen… Antworten sind oft schwer zu finden – und noch öfters werfen sie wieder neue Fragen auf. Denke ich zu viel darüber nach, was in dieser Welt so alles geschieht, macht es mich oft förmlich krank. Eine gute, gerechte Welt haben wir ganzheitlich betrachtet ganz sicher nicht, und angesichts vieler Entwicklungen erscheint mir dies häufig auch in Zukunft eher als ein utopisches Hirngespinst. Die Antwort auf meine Fragen, besser gesagt der erste Schritt zum Finden einer solchen Antwort, war wohl erst mal ein Eingeständnis. Ich hatte offen gesagt alle Hände mit mir selbst und meinem eigenen Leben zu tun und musste akzeptieren –

auch wenn es mir sehr widerstrebte – kleiner zu denken, mich nur auf mich selbst zu konzentrieren und das Projekt „Ich“ anzugehen. Wenn du nicht dir selbst helfen kannst, nicht mit dir und deinem Leben zufrieden bist, nicht so bist wie du sein willst und nicht dort stehst, wo du stehen willst, dann kannst du kaum jemand anderem helfen. Und es drängte sich mir die Frage auf: Was hat mich bisher überhaupt so lange zurückgehalten?

Ich hatte das Glück, dass mir geholfen wurde. Allerdings durch einen ziemlich glücklichen Zufall beziehungsweise Denkanstoß und erst dadurch wurden mir nach und nach einige Dinge über mich und das Leben klar. Ich denke, dass jeder die Chance haben sollte, dieses Wissen zumindest zu erhalten. Ein großer Teil meines Buches dient daher der Bewusstmachung von Phänomenen und Zusammenhängen, die existieren und da sind, von denen viele allerdings einfach nichts wissen, aber dennoch beeinflusst werden. Ebenso geht es um das bewusste Wahrnehmen von Dingen, die eigentlich jeder weiß, eine Erinnerung aber manchmal guttun oder sogar wahre Wunder wirken kann. Und es geht um das Rätseln über Fragen, die vielleicht niemals final beantworten werden können, sowie um Antworten, die man vielleicht mal auf den Prüfstand stellen sollte. Ich glaube letztlich nicht daran, dass ein Mensch einem anderen Menschen auf individueller Ebene „richtige“ Antworten geben oder gewissermaßen vorlegen kann. Aber durchaus daran, dass wir uns dabei helfen können, sie zu finden. Daher ist mir vor allem wichtig, die „richtigen“ Fragen zu stellen und dich dazu anzuregen, sie dir selbst zu beantworten. Abgesehen davon soll es ganz viel guter Laune und Anregungen, denen du hoffentlich etwas abgewinnen kannst, dienen. Ich will einen neuen Blickwinkel präsentieren. Dabei versuche ich, wenn es angebracht ist, wissenschaftlich beziehungsweise logisch vorzugehen, um nicht einfach nur irgendetwas daher zu reden, sondern um die Dinge tatsächlich zu erörtern, zu begründen und begreiflich zu machen. Letztendlich kann ich dir nur einen Einblick in meine Gedanken geben. In meine Sichtweise, meine Überlegungen, meine Erfahrungen, mein Wissen, meine Antworten und Begründungen. Was du darin sehen wirst, weiß ich nicht. Womöglich wird dieses Buch dein Leben verändern. Womöglich passiert rein gar nichts und du legst es bereits nach ein paar Seiten wieder weg.

Ich hoffe jedenfalls, dass sowohl ich als auch du – ich wollte mir hiermit schließlich auch selbst über einiges klar werden – irgendwann im Nachhinein etwas Bestimmtes sagen können: »Ich weiß, wer ich bin. Ich weiß, wo ich bin. Ich weiß, was ich will. Ich bin glücklich. Ich liebe das Leben und ich liebe diese Welt«. Und ich hoffe, dass mein Geschriebenes dabei eine Hilfe war.

Teil II

ICH & DU

Hier wird es sich zunächst also um die Beantwortung der klassischen Fragen des eigenen Lebens drehen, wie du vielleicht schon merkst. Darüber hinaus werde ich vieles pauschalisieren, anprangern, überspitzen oder angreifen, zwecks leichteren Verständnisses meiner Gedankengänge und einiger grundlegender Problematiken. Auch werde ich oft „du“ oder „wir“ schreiben, dabei müssen diese Dinge nicht unmittelbar auf dich oder auf die Gesellschaft, in der du lebst beziehungsweise die du erlebst, zutreffen. Vor allem wird sich mein Geschriebenes wohl in erster Linie auf die westliche Gesellschaft beziehen, eben weil es die ist, die ich erlebe.

Fangen wir bei uns selbst – im Kleinen – an und schauen mal, ob sich da nicht einige Ideen und Prinzipien finden lassen, die sich vielleicht auf größere Fragen anwenden lassen oder sogar auf spezielle Art und Weise identisch sind. Meiner Meinung nach ist nämlich nichts falsch daran, auf sich selbst zu achten und das eigene Glück an erste Stelle zu stellen – auch ohne als Egoist durchzugehen. Im Gegenteil, ich finde es sogar notwendig. Man kann anderen kaum helfen, wenn man sich selbst nicht helfen kann. Wenn ich mir eine Beziehung vorstelle, in der sich zwei Menschen wünschen, dass der jeweils andere glücklich ist, wie soll das dann funktionieren, wenn einer von beiden (oder beide) gar nicht in der Lage dazu ist, glücklich zu sein und damit nicht nur sich selbst, sondern auch den anderen mit runterzieht? Viele Menschen wissen nicht einmal, was sie wirklich glücklich machen würde. Sie tun einfach nur irgendetwas – eben die Pflicht gegenüber einer Gesellschaft erfüllen beispielsweise. Sich selbst aufzuopfern ist keine Option, zumindest keine, die sich lohnt. Man sollte vielleicht versuchen, nicht sein ganzes Leben damit zu verbringen, falschen Vorstellungen hinterher zu jagen oder sich für etwas oder jemanden zu opfern, ohne jemals eigenen Wünschen oder Idealen nachzugehen oder es zumindest ernsthaft versucht zu haben.

Viele Menschen werden mit dem Bewusstsein groß, in irgendeiner Art und Weise Opfer ihrer Umstände, der Gesellschaft oder der Welt zu sein. Die Idee von Freiheit ist eine schöne, aber sie scheint nicht real zu sein. So viele Hindernisse – physische und gesellschaftliche Einschränkungen, andere Menschen, Geld, die eigenen Schwächen, der Ort und die stets voranschreitende Zeit selbst – denen man von Geburt an ausgesetzt ist und die einen an der Verwirklichung der eigenen Pläne und Wünsche hindern. Wie kann da irgendjemand behaupten, dass Freiheit existiere oder auch nur möglich sei? Freiheit in diesem Sinne müsste theoretisch schon die Wahl des Geburtsorts, des Namens, aller Umstände und vielem mehr beinhalten. Eigentlich dürfte es nicht mal Umstände geben, keine Zeit, keine Sterblichkeit, keine Grenzen und so weiter. Ein Jeder müsste komplette Narrenfreiheit genießen. Man müsste selbst eine Art Gott sein.

Hast du dich schonmal ernsthaft danach gefragt, was Freiheit für dich bedeutet? Ob du dich frei fühlst? Was notwendig dafür wäre – sowohl für dich als auch für andere? Man neigt dazu, sich den Begriff Freiheit als eine Art „Ich kann jederzeit tun und lassen, was ich will" vorzustellen. Das ist meist jedoch keine realistische oder umsetzbare Vorstellung von Freiheit. Zumindest, wenn man sich nicht schon wirklich so fühlt. In diesem Sinne wäre man nie frei, schließlich befindet man sich nicht in diesem Zustand. Man ist begrenzt und unfrei. Aus dieser Sicht der Unfreiheit stelle ich mir einen solchen (vermeintlich) „freien" Menschen auch als einen eher faulen oder verwöhnten Menschen vor, der irgendetwas macht, eben, worauf er Lust hat. Weil er sich nun mal alles leisten kann und ihm gute Dinge zugeflogen sind. Er „muss" nichts machen. Er hatte ganz einfach Glück, das ich nicht hatte. Ich denke, entweder endet diese Vorstellung von Freiheit mit der Erkenntnis, dass dem eben nicht so ist, und führt somit leicht zu einer „Ich bin ein Opfer meiner Umstände"-Einstellung, oder, noch gefährlicher, zu einem unendlichen Streben nach Macht, beziehungsweise nach Dingen, die das Gefühl von Macht vermitteln: Etwa dem Besitz von immer mehr Geld oder Kontrolle über Mitmenschen und Umwelt. Immer in der Hoffnung, irgendwann die perfekten Umstände geschaffen zu haben und damit endlich frei zu sein. Außerdem behaupte ich, dass selbst jemand, der diese erstgenannte Freiheit genießt, nicht zwangsläufig frei oder glücklich ist. Aber diese Behauptung erfordert wohl eine Erklärung.

Freiheit wird meist unmittelbar mit Glück beziehungsweise dem Ziel glücklich zu sein assoziiert. Man kann also nicht glücklich sein, wenn man nicht frei ist (oder sich nicht frei fühlt) und andersherum. Beide eben kurz beschriebenen Einstellungen, die Opferrolle und das unbändige Streben, bergen große Gefahren in sich. Bei der ersten bist du eben unglücklich, die Welt ist ungerecht und scheint oft sogar gegen dich zu arbeiten. Bei der zweiten läufst du dein Leben lang der Illusion nach, durch das Bestreben nach immer mehr Macht und Dingen irgendwann mal glücklich und frei sein zu können, ohne es jemals zu sein. Gerne schlägt auch die eine in die andere um. In dieser Welt wird es aber immer „mehr" geben, das liegt in ihrer Natur. Es gibt keine Perfektion. Ebenso wird niemals jeder gleich sein oder in perfekte Umstände geboren werden, mit einem „perfekten" Bewusstsein, das nur „Gut" und kein „Schlecht" kennt. An diesem Punkt könnte nicht mehr von etwas die Rede sein, das mit dem Mensch-Sein auch nur irgendetwas zu tun hätte.

Und selbst wenn du nun die Ressourcen und Möglichkeiten hättest, dir jederzeit alles zu kaufen, überall hin zu fliegen, alles zu bekommen, was du willst, und mehr oder weniger zu tun und zu lassen, was du willst, tja, dann könntest du wohl erst mal eine Menge – eine ganze Menge – Spaß haben. Wenn du dabei allerdings faul und undiszipliniert wirst und die Dinge nicht mehr zu schätzen weißt – und die

Versuchung ist dabei groß – ist der Spaß möglicherweise schnell vorbei. Wenn du Sport treiben willst und es aus Bequemlichkeit wieder und wieder nicht schaffst oder schleifen lässt; wenn du ein Instrument lernen willst und dich einfach nicht dazu aufgerafft kriegst regelmäßig zu üben; wenn du es nicht schaffst, vor anderen Leuten selbstbewusst und du selbst zu sein oder an dir ungewünschte Eigenschaften nicht los wirst; wenn du dich stressfreier, ruhiger und besser fühlen willst, aber es dir einfach nicht gelingen will, obwohl du es doch willst – kurz gesagt, wenn du nicht in der Lage bist, die Dinge, die dir wichtig sind und die du erreichen willst, zu erreichen, wahrzunehmen oder zu genießen, auch wenn du keinen äußeren Zwang dazu hast, bist du dann wirklich frei? Bist du dann glücklich? Macht dir dein Leben dann wirklich Spaß? Oder lenkst du dich nicht eher nur vom Wesentlichen ab?

Für mich galt also, eine einleuchtendere und realistischere Definition von Freiheit zu finden. Ebenso für das Glück. In meinen Überlegungen kam ich nicht umhin, mich mit meinen eigenen Werten und Idealen auseinanderzusetzen, wie zum Beispiel das eben beschriebene Verständnis vom Begriff Freiheit. In der Tat spielen Werte eine wesentlich größere Rolle, als mir das klar war. Gewissermaßen richten wir alle unser Leben nach unseren Werten aus und versuchen mehr oder weniger nach ihnen zu leben. Zumindest beeinflussen sie in hohem Maße unser Verständnis von Moral, also von Gut und Böse, und von Richtig und Falsch. Sie prägen unser Verhalten und unsere Gefühlslage, nach ihnen setzen wir uns unsere Ziele und sie bestimmen unsere

Herangehensweise. Sie können ungeheure Kräfte in uns freisetzen sowie blockieren und ganze Gesellschaften und Kulturen richten sich nach ihnen. Daher ist es wichtig zu wissen, was wir überhaupt unter unseren Werten, vielleicht auch unbewusst, verstehen. Bewusst habe ich früher jedenfalls nie wirklich darüber nachgedacht. Jeder zum Beispiel hat eine gewisse Vorstellung von Gerechtigkeit oder von Loyalität. Werden sie verletzt, kann das verheerende Folgen für unser Verhalten und unsere Gefühlswelt haben. Wie ist deine Sicht auf das Leben? Wann helfen uns Werte, wann schaden sie uns? Wie kommen sie zustande und wann ergeben sie überhaupt einen Sinn?

Einen guten Ansatzpunkt für einen, meiner Meinung nach, besseren Freiheitsbegriff bieten für mich folgende Fragen: Besteht Freiheit nicht eher in der Fähigkeit, die eigenen Ziele und Träume zu verfolgen und zu verwirklichen, trotz und mit den Umständen und Dingen, die sich dir in den Weg stellen? Statt immer besser und perfekter werden zu müssen, einfach viel mehr du selbst sein zu können? Wenn du dir eine bessere Version deiner selbst vorstellst, diese auch wirklich realisieren zu wollen, zu können und letztlich zu werden, und nicht ewig zu warten, bis du „bereit“ dafür bist oder in einer passenderen Lebenssituation? Und überhaupt: Um zu erreichen, was du erreichen willst, musst du erst einmal wissen, was du erreichen willst. Mit anderen Worten, es muss irgendeinen Punkt geben, an dem du auch mal zufrieden bist mit dem, was ist und mit dem, was du bist. Und diesen Punkt musst du auch als solchen erkennen und wahrnehmen. Welche Ziele machen überhaupt Sinn? Ist Freiheit also vielleicht nicht eher die Fähigkeit, wirklich du selbst zu sein? Zu dir selbst zu stehen, dich selbst sowohl mit deinen Fehlern als auch Vorzügen ehrlich betrachten zu können und trotz und mit ihnen die eigenen Wünsche erfüllen und Ziele erreichen zu können?

Ein einfaches Beispiel ist wohl der gute alte Neujahresvorsatz. Man hat ein Ziel, einen guten Vorsatz, und meist, nach ein paar Tagen oder Wochen, ist es schon wieder vorbei. Ist jemand, der seine Ziele nicht erreichen kann, „frei“? Selbst, wenn er keinen äußeren Zwang dazu hat, es erreichen zu „müssen“? In den meisten Fällen sind da nämlich nicht die Umstände schuld, sondern es mangelt an Selbstdisziplin und Selbstverantwortung. Die Umstände und Launen sind eher eine viel zu oft willkommene Ausrede. Könnte das nicht noch viel öfters – auf unser gesamtes, irgendwo maßgeblich selbst geschaffenes Leben, das wir im Grunde doch seit Beginn ununterbrochen steuern – zutreffen? Wie kann es sein, dass selbst Menschen, die objektiv betrachtet reich sind und alles haben, depressiv sind, sich in Drogen flüchten oder Selbstmord begehen? Wie kann ein Buschmensch zufriedener mit seinem Leben sein als ein Westeuropäer, der verglichen damit ein Leben in purem Luxus lebt? Wie kann ein todkranker und stark beeinträchtigter Mensch mehr Freude in seinem Leben genießen als jemand, der sich bester Gesundheit erfreut? Offenbar steht am Ende jahrelanger, harter Arbeit auf der Jagd nach einer (wie es sich dann herausstellt) Illusion oft nur Ratlosigkeit und die Erkenntnis, dass Glück und Freiheit wohl tatsächlich nur recht wenig mit käuflichen und materiellen Dingen zu tun haben könnten. Außerdem scheint das Ganze mehr als subjektiv zu sein, mit anderen Worten: unberechenbar. Ein Blick von außen – auf die „Zahlen" eines Menschen, wie Lebenslauf, Arbeit, Beziehungen, Gehalt, Besitz, Anzahl seiner Autos oder Smartphones, und so weiter – hilft oft nur sehr wenig im Hinblick auf die Beantwortung der Frage, ob dieser Mensch tatsächlich auch glücklich und zufrieden mit seinem Leben ist. Daher ist Subjektivität für mich grundsätzlich auch kein unwissenschaftlicher oder unlogischer Standpunkt.

Das wichtigste Prinzip, das ich all meinem Geschriebenen erst mal zu Grunde lege und dessen Beweis gewissermaßen auch mein Ziel darstellt, ist die Willensfreiheit. Ich habe Freiheit eben schon eher als eine Fähigkeit beschrieben und nicht als einen Zustand – und das ganz bewusst. Der Mensch ist ausgestattet mit dem freien Willen, oder viel mehr besitzt er die Fähigkeit zum freien Willen. Das bedeutet nicht weniger als: Er kann denken, was er will. Du kannst denken, was du willst. Und entgegen Schopenhauer sage ich damit auch, du kannst wollen, was du willst. Das bedeutet aber gleichzeitig auch, du bist verantwortlich für das, was du denkst und was du willst.

Falls es dir übrigens nicht aufgefallen sein sollte, würde die Erlangung dieser Fähigkeit der Freiheit einen Menschen gewissermaßen dann doch dazu befähigen, jederzeit zu tun und zu lassen, was er will. Vielleicht war der erste vorgestellte „falsche" Freiheitsbegriff ja doch nicht so weit hergeholt.

Zwischen Vorstellung und Realität

Am Anfang jeder Handlung steht immer ein Gedanke. Das Grundproblem besteht wohl maßgeblich darin, dass man einen Gedanken hat, einen Wunsch, einen Traum, den man gerne verwirklichen würde, diesen aber aus bestimmten Gründen nicht ausführt oder ausführen kann. Jeder einzelnen Tat, jeder Handlung geht ein Gedanke voraus. Das Gute bei einem Vorsatz: Immerhin hat man diesen Gedanken schon mal, das Ziel steht eigentlich fest. Aber wieso fehlt scheinbar die Kraft, diesen auch umzusetzen, wieso steht die Realität im Weg? Offenbar folgen auf diesen Ziel-Gedanken ein paar Tage später eher nur noch faule, unmotivierte, unsichere Gedanken, beeinflusst durch Umstände, Launen und Gefühle, ohne, dass wir das eigentlich wollen. Es scheint Dinge zu geben, die mehr Macht über uns haben als wir selbst. Was macht also einen kraftvollen – einen uns zu einer bestimmten und auch ausdauernden Handlung motivierenden – Gedanken aus? Kann man so etwas kreieren und wenn ja – wie? Und welche Rolle spielt dabei unser Unterbewusstsein, unsere Wahrnehmung und unser Körper? Offensichtlich scheinen wir ja nicht ganz Herr unserer selbst zu sein, wenn wir nicht tun, was wir denken. Sehr oft denken wir ja sogar nur daran, was wir nicht wollen, und handeln auch anders, als wir es doch eigentlich wollen. Unser Ich will etwas tun, das unser Ich nicht tun will. Wie ist es also möglich, Herr und nicht Sklave unserer selbst zu werden?

Jeder Mensch, der mal irgendwann, irgendwo, irgendwas verstanden, gelernt oder gesehen hat, der also eine „Wahrheit“ oder Tatsache kennengelernt hat, hat das nur aus seiner Erfahrung getan und mit seinem Geist akzeptiert. Im Endeffekt hat er es als Wissen beziehungsweise Wahrheit für sich selbst festgelegt, was letztendlich immer ein rein subjektiver Standpunkt und Blickwinkel bleiben wird, egal von wie vielen anderen, die zwangsläufig genau das Gleiche tun, es ebenso anerkannt und bestätigt wird. Letztendlich erleben wir alles durch unseren Körper und unseren Geist. Bevor wir uns den großen Fragen des Lebens zuwenden, müssen wir wohl erst einen Blick auf die kleinen Fragen wagen, den Ursprung unseres Denkens, unseres Fühlens und wie wir eigentlich funktionieren. Als erstes ist es daher wichtig zu verstehen, wie diese funktionieren und in welcher Wechselwirkung diese zueinanderstehen. Vielleicht sollte man weder Fühlen und Denken, noch Körper und Geist als voneinander getrennte Einheiten verstehen.[1]

Gedanken

Was genau ist nun ein Gedanke? Man könnte meinen, dass sie aus dem Nichts erscheinen und das ununterbrochen. Es ist kaum möglich, tatsächlich nichts zu denken. Und meistens tauchen sie eher einfach auf, als dass wir sie herbeirufen oder selbst kreieren. Je nachdem, worauf unsere Aufmerksamkeit dann liegt, stellen wir leicht fest, dass dieses Erscheinen nicht zufällig, sondern doch relativ vorhersehbar ist. Lesen wir zum Beispiel etwas, so sind wir mit dem Lesen an sich beschäftigt und unsere Gedanken sind quasi das, was wir da gerade lesen oder lernen und was wir damit anfangen, also mit welchen

Dingen wir das Gelesene in Bezug setzen. Was im Grunde alles sein kann, was wir bewusst oder unterbewusst in unserem Gedächtnis gespeichert haben. Ähnlich ist es, wenn wir etwas gezielt aus dem Gedächtnis abrufen. Und in Situationen, in denen wir gewissen Reizen ausgesetzt werden, schwenken unsere Gedanken auch automatisch auf dieses Feld um (zum Beispiel, wenn wir Essen sehen oder riechen). Wir können Gedanken auch gezielt abrufen und kreieren, indem wir etwa über neue Lösungsmöglichkeiten eines Problems nachdenken und eben unseren Verstand einsetzen. Die allermeisten Gedanken kommen uns allerdings unbewusst in den Sinn. Und verschwinden auch nach kurzer Zeit wieder.

Psychologisch und evolutionär betrachtet lässt sich in unsere Gedankenwelt etwas Ordnung bringen. Ordnung ist ein Prinzip, das uns überhaupt erst erlaubt, systematisch zu denken und somit letztendlich zu handeln. Immerhin sind wir keine Zufallswesen, die einfach zu beliebigen Zeitpunkten beliebige Dinge denken und tun, sondern wir setzen unser Denken strukturiert ein, schmieden Pläne, handeln und verhalten uns nach gewissen Prinzipien und sortieren alles fleißig in Kategorien. Unser Verhalten ergibt einen Sinn, wenn man so will, was zwangsläufig der Fall sein muss, um sich in der Welt zurechtfinden zu können und überlebensfähig zu werden. Und doch haben wir nicht alle die gleichen Verhaltensweisen und Gedanken, sondern sehr unterschiedliche und teils entgegengesetzte. Trotzdem gibt es immer wieder Gemeinsamkeiten, die alle Menschen miteinander zu verbinden scheinen.

Die Grundstruktur der neuronalen Vernetzungen in unserem Gehirn wird bereits maßgeblich im Kindesalter gebildet.[2] In dieser Zeit lernen wir sozusagen zu denken, oder eher, wie wir denken. Diese Zeit bestimmt in hohem Maße, wie wir handeln und was wir denken beziehungsweise nach welchem Prinzip. So haben wir zum Beispiel das Privileg, in Sprache denken zu können, was einigen unserer Vorfahren nicht möglich war, aber eben nur, weil sie uns von klein auf beigebracht wird. Die Menschheit scheint unfassbar schlau geworden zu sein. Doch als Individuum ohne Gesellschaft und das zusammengetragene Wissen der vorigen Generationen würden trotzdem nur die wenigsten in der Lage sein, zum Beispiel eine Sprache zu entwickeln. Allein diese Banalität macht eigentlich schnell klar, wie unterschiedlich ein Jeder die Welt erlebt beziehungsweise in seiner eigenen Welt lebt – und auch, wie sehr wir dazu neigen, in der heutigen Zeit den eigenen Intellekt zu überschätzen. Diesen will ich allerdings auch in keinster Weise schmälern. Immerhin waren es dann doch immer wieder einzelne Individuen, die die ganze Zivilisation voranschreiten ließen, sei es die Entdeckung des Feuers, der Elektrizität oder das Verständnis der Zeit.

Unsere Gedanken werden jedenfalls maßgeblich dadurch bestimmt, worauf unsere Aufmerksamkeit liegt und welchen Reizen wir ausgesetzt sind. Theoretisch hat jede Sache, die dich beschäftigt, nur genau eine Macht über dich. Und zwar deine Aufmerksamkeit. Lenkst du deine Aufmerksamkeit von dieser Sache weg, so verschwindet sie auch aus deinem Leben und deiner Welt. Aber das ist natürlich leichter gesagt als getan. Gedanken erscheinen wie gesagt oft unterbewusst, genauso wie unsere Wahrnehmung und unsere Aufmerksamkeit maßgeblich von unserem Unterbewusstsein gesteuert werden. Dadurch kommt es dazu, dass wir, etwa wenn wir verliebt sind oder uns in einer Situation befinden, die uns sehr beschäftigt, kaum an etwas anderes denken können und die Gedanken, sobald ein Moment der Unachtsamkeit oder Ruhe einkehrt, automatisch zu diesem bestimmten Thema wandern. Schon nach wenigen Sekunden der bewussten Ablenkung von einem Thema kreisen die Gedanken schon wieder über eben dieses, ohne dass man das eigentlich wollte. Oft, obwohl man genau das nicht wollte.

Ziel ist es also, irgendwie Herr über die eigenen Gedanken und dadurch auch über die eigene Wahrnehmung beziehungsweise Aufmerksamkeit zu werden. Im Grunde ist das durch simples Training zu erreichen. Man kann sich ein Denkmuster antrainieren, um den eigenen Gedanken sozusagen einfach eine Richtung vorzugeben. Denn pausenlose bewusste Kontrolle der eigenen Gedanken ist auf Dauer einfach nur anstrengend und nicht gewinnbringend. Kontrolle bedeutet immer Arbeit und Widerstand. Es gilt, auf Dauer Vertrauen zu den eigenen Gedanken und zu sich selbst aufzubauen, statt die Kontrolle über alles haben zu wollen, ähnlich wie in einer wünschenswerten Beziehung. Im Grunde geht es hier ja um nichts anderes als um die Beziehung zu dir selbst.

Gefühle

Gefühle stelle ich mir gerne als den Treibstoff der Gedanken vor. Sie bestimmen, wie machtvoll ein Gedanke ist und welche Qualität er hat. Ist er schwach oder mächtig? Fühlt er sich gut oder schlecht an? Es sind gerade die Gefühle, die bestimmte Gedanken kreieren. Und sie sind es auch, die diese bestimmten Gedanken immer wieder hervorrufen und diese aufrechterhalten. Sie scheinen gewissermaßen das Wollen zu bestimmen.

Man kann die Gefühlswelt unterteilen in die unterschiedlichsten Kategorien. Es ist durchaus richtig und wichtig, sich damit auseinanderzusetzen, aber im Wesentlichen will ich zunächst recht allgemein über diese Phänomene schreiben, um nicht zu sehr ins Detail zu geraten und auch, um nicht zu viel Verwirrung zu stiften. Im Detail verliert man leicht den Überblick über das große Ganze und worum es wirklich geht. Um aber schon mal eine zumindest grobe Einteilung vorzunehmen, schließt die Gefühlswelt hier Phänomene wie die Sinne, Emotionen, das Nervensystem und das besonders sensible psychische System ein, sowie und vor allem die, sagen wir, „seelische Erlebensfähigkeit", die zwar jeder kennt, aber keiner weiß, was sie genau ist oder wie man sie beschreiben sollte. Psychischer und physischer Schmerz sind also gleichermaßen mit einbezogen, auch wenn eine Sinneswahrnehmung oder ein Trieb eigentlich kein Gefühl darstellt, aber eben Teil des Fühlens und Erlebens ist und damit auch Teil der Gefühlswelt wird.

Das Thema Gefühle – das bessere Verständnis von Gefühlen generell, das Verstehen insbesondere der eigenen Gefühle, der Umgang mit Gefühlen und auch das gezielte Verändern oder der Einsatz von Gefühlen – wird ein wiederkehrendes in diesem Buch sein und ähnlich wie die Freiheit einen Schlüsselfaktor darstellen.

Denken, Fühlen – Der Mensch

Der Mensch zeichnet sich selbst vor allem durch sein äußerst komplexes Denkvermögen aus. Er besitzt geniale kognitive Fähigkeiten, die es ihm erlaubt haben, sich an die Spitze der Nahrungskette zu katapultieren und anscheinend der (restlichen) Tierwelt überlegen zu sein. Das ist ihm auch schon selbst aufgefallen. Ausgestattet mit dieser Fähigkeit ist es ihm gelungen, Gestalter und Schaffer seiner Umwelt zu werden.

Diese Fähigkeit will ich nicht schmälern oder herabsetzen, aber leider ist der Mensch dadurch auch leicht dazu verleitet, auf etwas ebenso Wertvolles und Geniales herabzuschauen beziehungsweise es zu unterschätzen – gerade, weil es wohl eher mit der Tierwelt, primitiven Trieben und Instinkten assoziiert wird. Der Mensch besitzt nämlich ebenso ein sehr komplexes und intelligentes Nervensystem und Gefühlsvermögen. Dieses ist eigentlich, genau wie es auch beim Denken des Menschen der Fall ist, ebenfalls wesentlich weiter ausgeprägt und vielschichtiger als das der meisten Tiere. An dieser Stelle sei angemerkt: Nur weil etwas komplexer, komplizierter, schlauer ist, heißt das nicht unbedingt, dass es dadurch auch in irgendeiner Weise „besser" ist. Es wird daher leicht übersehen, unterschätzt oder verleugnet, dass die Gedankenwelt des Menschen eben nicht nur vom Denken bestimmt wird, sondern auch und vor allem von den Gefühlen. Oft wird dies als primitives Verhalten herabgestuft und es gilt der Wunsch, sich möglichst nach dem Denken zu richten. Der Verstand wird als oberste Instanz, durch das wir uns selbst auszeichnen, eingesetzt und mischt sich in alles ein, was im Menschen vorgeht, auch in die Gefühlswelt. Umgekehrt wollen wir das meist unter allen Umständen vermeiden.

Dabei ist diese Herabwürdigung unangebracht. Es wird übersehen, dass diese beiden „Gegensätze" eigentlich eine Einheit darstellen. Unsere Denkfähigkeit wird von klein auf bewusst und gezielt trainiert und gefördert. Klar, Intelligenz ist nützlich. Mit ihr kann man den Lebensunterhalt verdienen, man kann in die Arbeitswelt integriert werden und nützlich werden. Denken ist eine äußerst nützliche Fähigkeit mit Werkzeugcharakter. Wir lernen, sie zu verstehen, einzusetzen und zu nutzen – wobei ich auch hier sagen muss, dass der Fokus meist eher auf dem Einsetzen beziehungsweise Nutzen liegt, statt dem wirklichen Verstehen. Dabei lernen wir auch, wie viele Denkfehler uns vor allem anfangs unterlaufen. Währenddessen wird der Bereich der Gefühle oft außen vor gelassen oder sogar als Feind und als unerwünscht betrachtet. Es wird nicht gelehrt oder beigebracht, wie man mit seiner Gefühlswelt umgehen soll, wie man sie verstehen soll, wie man sie nutzen kann und sollte. Auf diese Weise führt es eben auch zu Konflikten mit dem logischen, soll heißen sinn-ergebenden Denken. Ein kleiner Denkfehler bei einer Berechnung kann ein Haus einstürzen lassen. Ein kleiner „Gefühlsfehler" kann allerdings genauso verheerende, wenn nicht sogar schlimmere Folgen haben. Wir lernen, Denkfehler zu vermeiden und sie zu erkennen, bei Gefühlen ist das nicht der Fall. Komplizierte Systeme, wie wir sie besitzen, sind allerdings sehr anfällig für Fehler, und diese ziehen nicht zu selten Kettenreaktionen nach sich. Ähnlich wie das Haus, das zunächst gebaut wird, aber dann doch einstürzt. Es ist kein Wunder, dass so viele Menschen mit ihren Gefühlen nicht zurechtkommen. Sie verstehen sie ganz einfach nicht. Schnell identifiziert das logische Denken die Gefühle als Hindernis, vor allem hinsichtlich eines effizienteren und besseren Nutzens der Zeit. Letztlich bewirken Vernachlässigung, Unverständnis, Widerstand sowie blindes Vertrauen gegenüber den eigenen Emotionen und Gefühlen auf die eine oder andere Weise, bewusst oder unbewusst, eine fehlleitende Lenkung und Kontrolle des Lebens durch genau eben diese.

Letztendlich sind Sehnen und Fühlen der Motor alles menschlichen Strebens und Erzeugens.[3] Dieser Satz stammt von wohl einem der klügsten Menschen, der je auf dieser Welt gewandelt ist – Albert Einstein. Natürlich wird dieser ironischerweise vor allem durch seine Fähigkeiten im Denken als eine wichtige Person anerkannt, deren Worte Gewicht erhalten. Erst Gefühle schaffen das Wollen, etwas Funktionierendes und Sinn-ergebendes zu schaffen. Für mich liegt enormes Potenzial in dieser unentfalteten Gefühlswelt. Nicht, weil sie zwanghaft besser oder wertvoller ist – darüber will ich gar nicht streiten – sondern einfach, weil sie eben in vielen Fällen nicht so ausgereift ist oder genutzt wird. Würden wir mit dem Denken auch so umgehen, wäre dieses Potenzial ebenso vorhanden.

Darüber hinaus beschäftigt mich vor allem die Frage, was es ist, das uns Leben einhaucht.[4] Was es ist, das uns ausmacht und vielleicht sogar einzigartig macht. Denken und Fühlen sind hier zwei interessante Anwärter, die unser gesamtes Bewusstsein zu durchdringen und auszumachen scheinen und anscheinend unsere Ausdrucksmöglichkeiten der Lebendigkeit unserer Existenz darstellen. Aber sind es letztlich beide? Sind sie im Grunde ein und dasselbe? Ist es am Ende doch nur eines von beidem? Oder etwas ganz anderes? Die Natur an sich scheint weder Kopf noch Herz zu besitzen. Darin könnten wir Menschen uns tatsächlich von ihr unterscheiden. Ein synergetisches Zusammenspiel von Denken und Fühlen kann man vielleicht als den Zustand der Kreativität bezeichnen, in dem der Prozess der Kreation beziehungsweise Schöpfung aus dem vermeintlichen Nichts stattfindet. Ein Zustand, in dem alles miteinander in Harmonie zu stehen scheint und ohne Anstrengung Genialität entsteht sowie Neues geschaffen wird. Der passendste Ausdruck in der Psychologie wäre hier wohl der Begriff des Flows. Kreativität könnte man vielleicht als die wahre Natur des Menschen bezeichnen. Zumindest ist es letztendlich das, was dem Menschen seine Vorteile geschaffen hat.

Wenn es um die Frage geht, was uns ausmacht und zu dem speziellen Menschen macht, der wir sind, kommt man wohl an einer Sache nicht vorbei: an unseren Erinnerungen.

Das Gedächtnis

Oft frage ich mich, was wir ohne unser Gedächtnis und unsere Erinnerungen wären. Würde ich heute einen kompletten Gedächtnisverlust erleiden, was für eine Person würde ich dann wohl werden? Würde ich mich ähnlich entwickeln wie vorher? Hätte ich den gleichen Charakter? Würde ich mir die gleichen oder ähnliche Freunde suchen? Dieselben Beziehungen eingehen? Oder wäre ich jemand komplett anderes? Und wie wäre ein Mensch, der quasi kein Gedächtnis hat, also immer nur im Augenblick, im Hier und Jetzt, lebt?

Das Gedächtnis bildet die Voraussetzung und den Grundstein für unsere Lernfähigkeit. Man sagt: „Intelligenz ist das, was man einsetzt, wenn man nicht weiß, was man tun soll.“[5] (Jean Piaget) Durch Intelligenz kann man eine Lösung für ein Problem finden. Oft erfordert dies aber einen großen Aufwand und schließt auch Fehlversuche mit ein. Praktisch, dass wir über ein leistungsfähiges Speichergerät verfügen, sodass wir, wenn wir das nächste Mal vor demselben Problem stehen, uns auch an dieses erinnern können – und damit auch an die Lösung. Das erspart uns einen Haufen Arbeit und schafft gleichzeitig die Möglichkeit, Bekanntes und Gespeichertes mit Neuem in Bezug zu setzen – was wiederum die Lösung vieler unbekannter Probleme wesentlich erleichtert.

Dabei gilt ein wertvolles Prinzip: Wenn wir einen Fehler gemacht haben, ist es wichtig, sich an ihn zu erinnern. Einfach, um ihn nicht nochmal zu begehen. Vergessen sollten wir Fehler also nicht, aber loslassen können. Wirklich nutzen und als Orientierung ansehen sollten wir die richtigen Lösungswege, um auch zur gewünschten Lösung zu gelangen.

Eine erneute Betrachtung des Umgangs mit unseren Gefühlen zeigt hier schon: Wenn wir nicht einmal lernen, mit unseren Gefühlen (insbesondere negativen) umzugehen, sie zu interpretieren, richtig einzusetzen und einen „Gefühlsfehler“ als solchen aufzudecken, dann orientieren wir uns an ihm und nutzen diesen womöglich ein Leben lang als Lösungsweg. Außerdem findet hier meist eine Fokussierung und Überbewertung der „Fehler“ statt. Negative Gefühle wollen wir oft krampfhaft vermeiden, um sie nie wieder erleben zu müssen.

Unser Gedächtnis übt wohl mit den größten Einfluss auf uns selbst aus. Erst die Erinnerungen an vergangene Geschehnisse, Personen und damit verbundene Assoziationen und Gefühle machen in gewisser Weise aus, wer wir sind. Oder eher, welche Rolle wir in diesem Leben spielen. Wir definieren unser „Ich“. Wir binden uns an Dinge, die uns wichtig sind, und daran, wer wir mal waren. Menschen denken in Geschichten, und jeder hat seine eigene. Es scheint von fundamentaler

Bedeutung für Menschen zu sein, in welcher Position beziehungsweise Situation sie sich zu welchem Zeitpunkt befinden, und in welchem Kontext ihrer Geschichte sie gerade stehen. Viele fühlen sich so gebunden an ihren bisherigen Werdegang, dass sie sich gar nicht vorstellen können einen neuen Schritt zu wagen oder dass sie auch ein völlig anderes Leben leben könnten, wenn sie es denn wollen würden. Wie immer, kann das gut oder schlecht sein. Jeder wünscht sich wohl irgendwo einen sicheren Halt, einen Rückzugspunkt, an den man immer zurückkehren kann, wie die Familie, Freunde, einen Partner oder den Heimatort. Umfelder, in denen man gekannt und verstanden wird und die man auch selbst kennt und versteht. Eines der größten Bedürfnisse des Menschen ist das Verstehen und Verstandenwerden. Solche Erinnerungen und Bindungen werden uns dann wichtig. Sie sind ein Teil des Ichs (oder des Lebens).

Erstaunlicherweise funktioniert das sogar mit Beziehungen, die nicht einmal wünschenswert sind. Viele halten an einer zerrütteten Familie, falschen Freunden, ja sogar an schlechten Gefühlen oder Beziehungen fest, nur weil sie sich ihnen gegenüber verpflichtet fühlen, sie Angst davor haben loszulassen, alleine zu sein oder etwas Neues auszuprobieren, weil sie sich gefangen fühlen oder sich ganz einfach nichts anderes vorstellen können. Die Erinnerungen, Erfahrungen und das gesammelte Wissen begrenzen die eigenen Vorstellungsmöglichkeiten, anstatt sie zu bereichern. Ebenso halten viele strikt an ihrem Kindheitstraum, an Zielen oder gewissen Einstellungen zum Leben fest, die vielleicht eher von den Eltern oder der Gesellschaft vorgegeben wurden, ohne dies jemals zu hinterfragen und den wahren eigenen Interessen nachzugehen. Alles, was wir gelernt haben und glauben zu wissen, ist entweder das Produkt eigenen Denkens oder es sind einfach nur andere Meinungen oder Behauptungen, die wir in irgendeiner Weise angenommen und in unser Denk-Modell, häufig unbewusst, integriert haben.

Erinnerungen sind eine komplizierte Sache. Manche sollte man schätzen und bewahren, andere besser loslassen oder vielleicht sogar löschen. Und von manchen weiß man nicht einmal mehr etwas, da auch hier das Unterbewusstsein (beispielsweise durch Verdrängung) eine enorme Rolle spielen kann. So kann das eigene Leben, das eigene Verhalten auch hier bestimmt durch etwas sein, das einem nicht einmal selbst wirklich bewusst ist. Man weiß nicht, dass man diese Erinnerung hat. Wie schon erwähnt, spielen bereits die ersten Jahre in unserer Entwicklung eine essenzielle Rolle für unsere Persönlichkeit. Und mal ehrlich, an was von dieser Zeit kannst du dich schon noch wirklich bewusst und genau erinnern? Was hast du so gemacht und gedacht, bis du sechs Jahre alt warst? Darüber hinaus registrieren und nehmen wir zu jedem Zeitpunkt ohnehin viel mehr auf als uns bewusst ist.

Im Erwachsenenalter zeigen wir dann in gewissen Situationen immer wieder sehr vergleichbare Verhaltensweisen. Solche immer wiederkehrenden Muster, die oft mit sehr starken Gefühlen – oder auch der kompletten Abwesenheit von Gefühlen – verbunden sind, können

Hinweise auf eine solche mögliche Erinnerung geben. Häufig sind es Bewältigungsmechanismen, um etwas Vergleichbares nicht nochmal erleben zu müssen. Also verteidigen wir uns durch Angriff, Defensive oder Rückzug. Wir entwickeln Gewohnheiten und Verhaltensmuster.

Während es sicherlich nicht so drastisch sein muss, dass man tatsächlich einen Gedächtnisverlust erleiden müsste, lohnt es sich aber vielleicht doch, sich sein Leben mal ohne die ein oder andere Bindung oder gelernte Gewohnheiten und Erfahrungen vorzustellen. Oder einfach in einer ganz anderen Form. Jeder hat wohl gewisse Ziele für sich, ein gewisses Bild von sich selbst, wie er gerne sein möchte oder einfach ein paar Dinge im Kopf, die er unbedingt erleben will. Wir definieren uns zu einem großen Teil durch Freunde, Familie, unsere Umgebung und die Dinge, die wir tun und gelernt haben (unsere Arbeit etc.), und orientieren uns an dem, was uns gesagt wurde und wird. Oder daran, welchen Weg wir eben schon lange eingeschlagen haben. Vielleicht ist es aber genau eines dieser Dinge, dieser Muster, oder einfach eine Kleinigkeit, welches uns letztendlich daran hindert, Ziele zu verfolgen und zu verwirklichen oder einfach dieses Leben zu genießen und wertzuschätzen.

In bestimmten Situationen, vor allem wenn wir Gefahr laufen, aus Affekt oder Gewohnheit zu handeln, genügt vielleicht ein kleiner, tiefer Atemzug und die Frage an sich selbst: Reagiere ich gerade tatsächlich auf die gegenwärtige Situation oder auf eine Situation aus der Vergangenheit, an die ich durch sie erinnert werde?

Der Geist

Wie funktioniere ich? Wie funktioniert meine Wahrnehmung? Wie beeinflusst meine Umwelt – oder die Wahrnehmung meiner Umwelt – mich? Wie kann ich meine Wahrnehmung beeinflussen? Welche Rolle spielt mein Körper dabei? Welche Auswirkungen ergeben sich, welche Möglichkeiten gibt es?

Um sich wirklich mit sich selbst auseinanderzusetzen, muss man auch die geistigen Gesetzmäßigkeiten kennen lernen. Diese sind ähnlich wie Naturgesetze, sie bevorzugen oder benachteiligen nichts und niemanden. Sie wirken jederzeit und machen keine Ausnahmen. Auch wenn der Geist nicht wirklich als etwas Greifbares oder Messbares erscheint, wie es in der Wissenschaft eigentlich erwünscht (beziehungsweise oft nötig) ist, sondern eher von chaotischer Natur ist – individuell verschieden und in ständiger Veränderung – so gilt doch auch hier das Prinzip von Ursache und Wirkung. Wollen wir etwas über Wärmeenergie lernen, so ist es notwendig, uns mit den Gesetzen der Thermodynamik vertraut zu machen. Wollen wir damit etwas bewirken, so müssen wir lernen, wie wir praktisch mit diesen Gesetzen arbeiten und welche Anwendungsmöglichkeiten es gibt. Also: Will ich etwas über mich lernen, ist es notwendig, sich mit den geistigen Gesetzen auseinanderzusetzen – mit der Funktionsweise von mir selbst. Und will ich etwas bei mir (zielgerichtet) bewirken, so muss ich mit mir und meiner Funktionsweise arbeiten.

Die elementare Funktionsweise unseres Geistes und unseres Körpers wird bestimmt durch das Zusammenspiel von Bewusstsein und Unterbewusstsein. Ich versuche, dieses Zusammenspiel und die einzelnen Rollen möglichst einfach, knapp und plakativ darzustellen, während man zur genauen Betrachtung sicherlich ein eigenes Buch benötigen würde. Maßgeblich für die folgende Darstellung von Bewusstsein, welches hier im Wesentlichen auch als System II bezeichnet wird, und Unterbewusstsein – System I – ist das Buch „Schnelles Denken, Langsames Denken" von Daniel Kahneman. Die Bezeichnungen System I & II sowie viele der folgenden angeführten Beispiele und Erläuterungen sind diesem nachempfunden.[6]

In vielen Situationen ist hauptsächlich System I aktiv, während System II passiv beziehungsweise inaktiv bleibt und andersherum. Ersteres sind in der Regel automatisierte, mühelose Prozesse und Entscheidungen. Es bereitet uns keine Mühe, einen wütenden Gesichtsausdruck als solchen zu identifizieren, zu erkennen, dass ein Gegenstand weiter entfernt ist als ein anderer und wir wenden uns automatisch der Quelle eines plötzlichen Geräuschs zu. Es sind Dinge, die wir intuitiv oder instinktiv und unwillkürlich tun und denken. System II hingegen braucht aktive Aufmerksamkeit und wird für anstrengende mentale Aktivitäten gebraucht, für die wir nicht schon automatisch eine Lösung oder angemessene Handlungen in uns verankert haben. Betrachten wir als Beispiel das Problem

17 x 24.

Du weißt sofort, dass es sich um eine Multiplikationsaufgabe handelt. Du weißt, wie sie zu lösen ist und kannst das Ergebnis grob einschätzen – zumindest kannst du schnell ausschließen, dass das Ergebnis 48 oder etwa 54345506 ist. Um die Lösung aber tatsächlich zu berechnen, müssen wir unsere bewusste Aufmerksamkeit darauf richten. Wir können entscheiden, ob wir die Lösung berechnen wollen oder nicht – anders als etwa bei der Aufgabe 1+1, bei der wir die Antwort unwillkürlich „berechnen“, einfach weil sie in uns eingespeichert ist. Entscheiden wir uns dazu, die Lösung zu berechnen, rufen wir aus unserem Gedächtnis das gelernte Multiplikationsprogramm ab und wenden es an. Dabei sind verschiedene Zwischenschritte notwendig, welche wir uns bewusst im Gedächtnis behalten müssen. Kurz gesagt, es ist anstrengend und erfordert zielgerichtete, bewusste Arbeit. Bei dieser – wie man meinen könnte – mentalen Arbeit macht übrigens auch der Körper mit. Die Muskeln spannen sich an, der Blutdruck steigt, der Herzschlag ebenfalls und die Pupillen weiten sich.

Vergleicht man die Prozesse miteinander, wäre es natürlich wünschenswert, möglichst viele Prozesse von System I abwickeln zu lassen. Vorausgesetzt, die Lösungen, Antworten und Schlussfolgerungen wären richtig. Das Schöne: In vielen, vielen Bereichen ist das möglich. Das Unschöne: In vielen auch nicht. System I, beziehungsweise das Unterbewusstsein, ist Dreh- und Angelpunkt unserer Wahrnehmung, unserer Eindrücke und Gefühle. Diese sind wiederum meist die Hauptquellen unserer bewussten Wahrnehmung, unserer Überzeugungen und Entscheidungen, die (vermeintlich) von System II beziehungsweise dem Bewusstsein beeinflusst oder getroffen werden. Eigentlich paradox, dass die allermeisten Menschen ihr „Ich" beziehungsweise ihr Selbst viel eher mit System II identifizieren.[7]

Zusammenfassend lässt sich sagen, dass alle Aktivitäten von System II aktive, bewusste Aufmerksamkeit erfordern und gestört werden, wenn sie abgezogen wird. Zusätzlich erfordert diese Aufmerksamkeit Konzentration und Energie und ist begrenzt.

Funktionen von System I sind vor allem angeborene Fähigkeiten, wie zum Beispiel die Umwelt wahrzunehmen, Gegenstände zu erkennen, die Aufmerksamkeit zu steuern und Verluste zu vermeiden. Des Weiteren sind es antrainierte Fähigkeiten, also durch fortwährende und lange Übung erreichte Kompetenzen, die zu Gewohnheit wurden und gewissermaßen eingespeichert sind, sodass keine oder kaum bewusste Aufmerksamkeit oder Anstrengung mehr nötig ist. Beispiele wären hier die Fähigkeit zu gehen und zu lesen, das Verstehen von Nuancen in sozialen Situationen oder eingespeichertes Wissen, wie die Lösung der Aufgabe 1+1 oder das Wort „Danke" auf Japanisch (falls du es kennst). Es sind Prozesse, die automatisiert ablaufen und gewissermaßen spontan geschehen. Allerdings besteht häufig auch die Möglichkeit, wie etwa beim Gehen, System II aktiv werden zu lassen und den Prozess bewusst zu steuern und einzugreifen.

Meistens findet ein Zusammenspiel zwischen beiden Systemen statt.

Während die Hinwendung zu einem plötzlichen, lauten Geräusch automatisch und unwillkürlich (System I) geschieht, wird ebenfalls die willkürliche, wache und bewusste Aufmerksamkeit von System II aktiviert, um die Situation einzuschätzen. Während wir anschließend entscheiden können, ob wir unsere Aufmerksamkeit auf der Quelle belassen oder wieder abziehen, wird die Aufmerksamkeit also zunächst unwillkürlich gelenkt. Letztlich sind beide Systeme an der Steuerung der Aufmerksamkeit beteiligt. Und es bleibt, dass System II trotz seiner vermeintlichen Unterlegenheit eine fundamentale und entscheidende Rolle spielen kann.

Das Unterbewusstsein macht an sich keinen Unterschied zwischen negativen und positiven Ereignissen und Situationen, es erzeugt beides bereitwillig und wirksam. Wir können alle möglichen Formen von Negativität, Leid, Angst, Mangel und Beschränkungen erschaffen, unser Geist gehorcht und macht sie zu unserer Realität. Somit »erleben« wir diese Dinge dann, indem wir denken, fühlen und handeln, woraus letztendlich Situationen und Ergebnisse entstehen, die unser Leben darstellen. Es existiert eben immer nur das, woran wir, vor allem unbewusst, denken und glauben. Das meiste, das wir bewusst erleben, ist etwas, was uns von unserem Unterbewusstsein aus der Realität gefiltert und präsentiert wird. Das Unterbewusstsein unterscheidet allerdings nicht zwischen „richtig“ und „falsch“, sondern speichert unsere Verhaltensweisen und Schlussfolgerungen bereitwillig ab, unabhängig davon, ob sie sinnvoll sind – es »glaubt« uns eben. Das Problem ist offensichtlich: Wir sind uns dem Unbewussten eben meist nicht bewusst. Kahneman drückt es sehr treffend aus: Wir können gegenüber dem Offensichtlichen blind sein, und wir sind darüber hinaus blind für unsere Blindheit. Vor hundert Jahren gab es auch nicht weniger Elektrizität als heute, es hat nur jemanden gebraucht, der sie entdeckt und etwas damit bewirkt; existiert hat sie aber schon immer. Auch das „Nicht-Bewusstsein", also Dinge, von denen wir weder bewusst noch unbewusst etwas wahrnehmen, spielt daher eine große Rolle. Wir sind unfähig, unsere Unwissenheit in unsere Pläne miteinzubeziehen, wenn wir eben nichts von unserer Unwissenheit wissen. Die mächtigsten Kräfte der Natur sind die unsichtbaren, und das gilt auch für uns Menschen. Die Kraft des Denkens und des Fühlens ist unsere Superkraft, die uns erst etwas erkennen lässt, Handlungen möglich macht und Dinge entstehen lässt. Alles läuft letztendlich wieder auf Gedanken und Gefühle hinaus – die einzigen Produkte unseres Geistes, ob bewusst oder unbewusst. Jeder Gedanke, jedes Gefühl hat einen Einfluss auf uns und aktiviert bestimmte Hirnareale, Körperregionen, Nerven oder Muskeln und bestimmt unsere Wahrnehmung und unsere Realität im „Jetzt-Moment". Sind wir uns dessen bewusst und haben wir klare, mächtige und produktive Gedanken und Gefühle, so können wir unseren gesamten physiologischen Zustand verändern und unsere Wahrnehmung, unser Handeln und Wohlbefinden zielbewusst steuern. Genauso funktioniert das natürlich auch in die andere Richtung, was leider viele Menschen tun. Am gesündesten ist es also, irgendwie starke, klare und positive Gedanken zu züchten und sie Wurzeln in uns schlagen zu lassen. Doch wer kennt die negativen

Gegenstücke nicht, die scheinbar kaum ihrer Macht über uns zu berauben sind? Versagen, Zweifel, Angst, Mangel, Beschränkung, Streit, Schmerz, Gier, Leid, Hass, Wut, Neid, Eifersucht – wer ist schon frei von diesen Dingen? Sie sind so wahr, dass wohl kein Mensch existiert, der diese Zustände nicht zumindest kennt oder der ihre Existenz leugnen würde. Die Lösung liegt in unserem Unterbewusstsein und der Schlüssel zu ihr in unserem Bewusstsein.

Der Weg zur anfangs angesprochenen Willensfreiheit könnte ein indirekter sein. Wir besitzen eben eine bestimmte Programmierung, mit der wir immer arbeiten und leben müssen. Diese können wir allerdings umschreiben.

Ein Lösungsansatz bestünde also darin, sich durch bewusste und gezielte Aufmerksamkeitssteuerung (System II) auf ausgewählte Dinge zu konzentrieren und sie zu ändern, bis Routine geschaffen wurde und man andere Muster und Denk- und Fühlgewohnheiten (System I) entwickelt hat. Dann hat man sich wohl tatsächlich geändert und ist ein anderes „Ich“ geworden. Wir müssen dafür sorgen, dass die Gedanken, Gefühle und Gewohnheiten, mit denen wir uns identifizieren (wollen), in Fleisch und Blut übergehen.

Der Körper

Das erste Objekt in unser aller Leben, welches in großem Ausmaß durch unsere Gedanken geformt wird, ist unser Körper. Er scheint das Medium darzustellen, mit dem wir in die Außenwelt dringen und gewissermaßen erst Teil der Realität werden. Alle unsere Handlungen sind im Grunde nichts Weiteres als Gedanken, die auch andere sehen, hören oder irgendwie bewusst wahrnehmen können. Eine Handlung ist zum Beispiel auch das Essen, das wir jeden Tag zu uns nehmen und damit natürlich ebenfalls Einfluss auf uns nimmt. Tückisch an der Sache ist, dass wir die Möglichkeit besitzen (und nutzen), anders zu handeln, als wir denken. Wir sagen nicht, was wir denken oder fühlen und tun nicht, was wir wollen. Wir haben erkannt, dass wir zu großen Teilen unsichtbar sind und uns gegenseitig nicht »wirklich« sehen – und denken oft, es wäre schlau oder von Vorteil, es dabei zu belassen, uns in dieser Unsichtbarkeit zu verstecken oder zu verstellen. Wir finden lauter Gründe, nicht als wir selbst in Erscheinung zu treten – oder wir haben bereits verlernt, wie das gehen soll. Wir vergessen nämlich oft, dass wir uns selbst auch nicht sehen können. Leicht passiert es, dass wir uns selbst aus den Augen verlieren und nicht mehr genau wissen, wie wir uns selbst wieder klar sehen könnten – und somit wissen wir auch nicht so ganz, wer wir sind. Dass sich Selbst- und Außenwahrnehmung oft so sehr unterscheiden, ist kein Hexenwerk. Es kommt zu Missverständnissen zwischen Geist und Körper, also auch zwischen uns und uns selbst.

Jede Bewegung, alles, was wir tun, ist letztlich irgendwo der Ausdruck von Gedanken und Gefühlen. Und während wir lernen, filtern und uns Dinge angewöhnen, macht unser Körper genau das Gleiche. Er lernt von uns. Zum einen gewöhnt er sich daran, wie wir ihn behandeln, zum Beispiel eben an das Essen, das wir ihm zuführen, zum anderen gewöhnt er sich an die Gegebenheiten in dieser Welt, in der er funktionieren muss beziehungsweise will. Durch die Schwerkraft und Widerstände lernt er, dass er Muskeln braucht, mit denen er sich bewegen kann, und je nach Ort kann es zum Beispiel grundsätzlich sehr heiß oder kalt sein, wodurch er auch ganz gezielte Mechanismen entwickelt, um dir das Leben zu erleichtern. Er fängt an zu schwitzen, um dich abzukühlen, zu zittern und die Haare aufzustellen, um durch die Bewegung Wärme zu erzeugen und ein wärmendes Haarpolster aufzubauen, oder zu frieren, um dir ein spürbares Warnsignal zu geben und Emotionen zu erzeugen, die dich dazu anregen, dich vor der Kälte zu schützen. Unser Körper liebt uns gewissermaßen, und er ist intelligent.

Der Körper ist ein kontroverses Thema. Nun schrieb ich die ganze Zeit „der Körper“, „das Objekt“ oder von „Körper und Geist“. Ehrlich gesagt hoffe ich, dass dir das bereits negativ aufgefallen ist. Häufig wird der Körper intuitiv eher als Ding, Objekt oder Maschinerie aufgefasst, auf gewisse Weise wird er vom Ich getrennt oder abgesondert und oft genug wird mit „dem Körper“ ohnehin nicht wirklich der Körper gemeint, sondern lediglich die äußere Hülle im Sinne einer Oberfläche. Während Psyche und Geist meist klar zum Ich gezählt werden, wird er völlig anders wahrgenommen. Diese beiden Einheiten (Körper und Geist) als zwei getrennte zu betrachten, ist allerdings grob fahrlässig. Der Körper ist eigentlich ganz offensichtlich an der Wahrnehmungssteuerung sowie an allen Vorgängen der Psyche – und somit auch an Gedanken und Gefühlen – beteiligt. Wie kommen wir auf die Idee, das Gehirn, seine Funktionen oder uns selbst oft gewissermaßen nicht zum Körper zu zählen und diese Trennung vorzunehmen? Bei schlechter Laune, emotionalen Problemen oder Unkonzentriertheit tendieren wir dazu, die Ursache und den Lösungsansatz zwangsläufig in unserer Psyche, beziehungsweise „in uns selbst", zu suchen, während manchmal auch beispielsweise schlicht und ergreifend mangelnder Schlaf ein großer Faktor sein könnte. Und wer blind ist, der kennt kein Licht, keine Farben, und für den existieren diese nicht in seinem Leben, nicht einmal in der Vorstellung. Er nimmt ganz anders wahr. Wer Hunger hat, der denkt hauptsächlich daran, wie er seinen Hunger stillen kann. Denken und Fühlen sowie alle Vorstellungen, Eindrücke und Gemütslagen sind auch vom Körper abhängig und wirken mit ihm. Sie werden von ihm mitgeformt und er von ihnen. Um gut zu funktionieren, auch um letztlich zu denken, was du denken willst, muss erstmal dein Körper mit dir in Harmonie stehen.

Den eigenen Körper einfach mal öfters zwischendurch bewusst wahrzunehmen und zu fühlen könnte ein guter Start dafür sein. Um unser mechanisches Verständnis von uns selbst, im Sinne einer getrennten Betrachtung der Dinge, zu verändern und womöglich zu verbessern, gefällt mir die Vorstellung, sich die Psyche und das Unterbewusstsein eher wie einen zweiten Körper mit einer ähnlichen Physiologie, ähnlichen Wirkungsweisen und Strukturen, vorzustellen. Das relativiert die oft aufgebaute Kluft zwischen Geist und Körper und betont die zu großen Teilen analogen Funktionsweisen, Möglichkeiten und Entwicklungen – denn sie sind ohnehin nicht voneinander zu trennen.

Letztlich bietet der Körper eine gute Gelegenheit, das eigene Selbstbild und die eigene Weltauffassung zu hinterfragen. »Sind« wir unser Körper oder sind wir gewissermaßen eine Seele, ein nicht-materielles Wesen, mit einem Körper? Sind wir mehr als die Summe unserer Einzelteile? Was sind überhaupt unsere Einzelteile? Wo fangen wir selbst an und wo enden wir?

Das Prinzip der Trennung und damit auch mein Vorgehen ist gewissermaßen paradox. Angefangen bei Gefühlen und Gedanken gehe ich immer weiter und zerlege alles, wovon ich behaupte, es sei eine Einheit, in seine Bestandteile – in der Hoffnung, es irgendwann aufzulösen. Um überhaupt irgendetwas beschreiben, verstehen oder neu ordnen zu können, scheint nichts anderes übrig zu bleiben, als Einzelheiten aus dem Gesamtkonstrukt, das wohl eigentlich unbeschreiblich ist, herauszupicken – es also zu zerlegen, zu vereinfachen und „Kleinigkeiten" beziehungsweise Einzelteile und ihr Zusammenwirken zu beschreiben und damit langsam aber sicher vom Kleinen ins immer Größere, vom Inneren immer weiter ins Äußere zu dringen. Somit gibt es nach dieser Betrachtung nie nur eine Seite, sondern zwei. Im Falle der Beziehung zwischen uns und unserem Körper würde ich es nach meiner Auffassung folgendermaßen beschreiben: Du beeinflusst deinen Körper, dein Körper beeinflusst dich. Er gewöhnt sich an dich, er liebt dich und „glaubt" dir, dass du das, was du tust, auch willst. Damit arbeitet er dann irgendwann zwangsläufig. Und irgendwann muss man selbst dann auch erstmal damit arbeiten, was er gelernt hat. Gedanken, Gefühle, bestimmte Handlungen, Verhaltensweisen und Gewohnheiten führen langfristig und indirekt zu einem gewissen Umgang mit dem eigenen Körper und zu äußeren Einflüssen und Reizen, denen man sich und seinen Körper aussetzt. Ebenso haben Gefühle und Gedanken direkten Einfluss auf unseren Körper und umgekehrt. Jeder kennt bestimmte Bewusstseinszustände, wie Angst, Wut oder Stress, die sofortigen und immensen Einfluss haben und sich zwangsläufig auch auf die folgenden Handlungen und Bewusstseinszustände auswirken – und der Körper macht dabei fleißig mit. Stirnrunzeln, angezogene Schultern oder Lächeln haben wegen unserer Gewohnheiten und den damit verbundenen Assoziationen einen Einfluss auf unsere Gemütslage. Häufig kriegen wir durch ein Lächeln zwar nicht unbedingt gute Laune, aber bessere Laune – es hat eben Einfluss. Musik beeinflusst uns durch unser individuelles Verhältnis zu ihr und durch die Erinnerungen, die das jeweilige Lied in uns weckt und damit assoziiert werden. Wir müssen unseren Körper verstehen. Und dann können wir auch äußerst gut mit ihm arbeiten – und im Idealfall eine Einheit mit ihm bilden.

Intelligentes Zellbewusstsein

Es gibt also eine Verbindung zwischen Wahrnehmung und dem Verhalten der Zellen in unserem Körper. Demzufolge hat unsere Wahrnehmung auch direkten Einfluss auf unsere Gesundheit. Selbst positive Gedanken haben nachgewiesener Weise einen positiven Einfluss auf das Zellwachstum, auf die Zellgesundheit und die Zellteilung.[8] Sie verändern unsere Physiologie und unser Wohlbefinden – und damit auch unsere nächsten Gedanken und Handlungen. Dass Stress dagegen zum Beispiel oft eine Ursache für Krankheiten wie Krebs ist, ist mittlerweile ebenfalls weitläufig bekannt und allgemein werden immer mehr psychische Störungen als Krankheiten klassifiziert. Was bedeutet es dann wohl, wenn man seinen Körper beziehungsweise sich selbst hasst oder nicht zufrieden ist? Unsere täglichen Gedanken und Glaubenssätze, die zu unserem Verhalten, Fühlen und Erleben führen, sind neben dem offensichtlichen Lebensgefühl auch einfach essenziell für unsere Gesundheit. Auch wenn wir lügen, was wohl nicht jeder direkt als positiv oder negativ bewerten würde, führt das zu einer Wahrnehmungsverzerrung und zu zahlreichen negativen körperlichen (sowie psychischen) Auswirkungen. Die Zellen reagieren und biochemische Mechanismen werden in Gang gesetzt.[9] Kaum ein Mensch wird zwar durchgehend wirklich immer ehrlich sein und das auch nicht wollen, doch zumindest ehrlich zu sich selbst zu sein, zu ein paar anderen Menschen und im Leben eine grundsätzliche Nähe zu sich selbst zu finden ist von fundamentaler Bedeutung. Man braucht einen Platz, an dem man man selbst sein kann, mit all seinen

Meinungen und Eigenarten. Zu viele Menschen tragen dauerhaft eine Maske oder spielen nur weiter ihre „Rolle“, statt wirklich authentisch zu leben (wieder sind wir damit übrigens beim Stichwort Freiheit).

Placebo

Ich denke an einen Beweis, der eigentlich direkt vor unserer Nase liegt und große Faszination erzeugt, dem aber irgendwie nicht genügend Beachtung geschenkt wird. Und das nur deswegen, weil es nicht wirklich klar und erforscht ist, wie und warum es so gut funktioniert. Es steht noch nicht im Einklang mit dem in der westlichen Medizin weit verbreiteten Glaubensbild. Die Rede ist vom Placebo-Effekt. Wenn ein Patient davon überzeugt ist, dass eine bestimmte Behandlung ihm helfen und ihn heilen wird, verliert er, zumindest kurz, seine Zweifel und Ängste. Er stellt sich auf etwas Neues ein. Er »erwartet«, dass sich nun eine Besserung einstellen wird, kann sich besser entspannen und aktiviert so die Selbstheilungskräfte des Körpers. Man gibt einem Patienten also ein Medikament, das in Wahrheit nichts als eine wirkungslose Pille oder ähnliches ist, und doch wirkt es wie ein Mittel, das die Krankheit anscheinend perfekt heilt. Wie kann das sein?

Physisch betrachtet ist rein gar nichts geschehen. Es wurde kein Wirkstoff verabreicht, einzig und allein die Gedankenwelt des Patienten wurde verändert. Er brauchte nur „etwas“, um an seine Heilung zu »glauben«. Zu glauben, dass der Heilungsprozess nun starten würde, der Rest wird vom Körper erledigt. Wie ein Befehl wird dieser Glaubenssatz von den Zellen ausgeführt. Unsere Zellen sind tatsächlich intelligent und reagieren auf unsere Gedanken beziehungsweise auf das, wovon wir glauben, dass es real ist. Wenn wir einfach nur mal an uns selbst glauben würden, statt an eine Pille, mit der wir tatsächlich lediglich getäuscht werden. Nur dieser Glauben bewirkt nachweislich die Veränderungen, die zum Heilungsprozess führen. Ähnliche Studien wurden bei Menschen, die mit Knieproblemen einer Scheinbehandlung unterzogen wurden, erfolgreich durchgeführt. Der behandelnde Arzt tat nichts weiter als einen kleinen Schnitt ins Knie zu schneiden – unter Betäubung und mit Sichtschutz, sodass der Patient nichts sah – und so den Patienten im Glauben zu lassen, dass er operiert worden wäre. Und die Probleme verschwanden ebenso wie die einer Vergleichsgruppe, die eine echte Operation erhalten hatten.[10] Auch Persönlichkeiten von Menschen mit einer multiplen Persönlichkeitsstörung können teilweise eine veränderte Sehschärfe haben oder an Allergien leiden, die sie in anderen Persönlichkeitszuständen nicht haben.[11] Was fangen wir nun damit an?

Richtig spannend wird es für mich, wenn ich daran denke, in wie vielen Lebensbereichen und Situationen sich dieses Prinzip anwenden lässt. Wie oft hat bei einer Behandlung die Behandlung an sich geholfen und nicht der Glaube an die Behandlung? Kann ich meine eigenen Zellstrukturen neu gestalten, meine Leistungen in verschiedenen Bereichen verbessern und mit meinem Körper kommunizieren, allein indem ich an die Möglichkeiten meiner Gedanken[12] glaube? Meiner

Meinung nach tun wir das sowieso die ganze Zeit. Unsere Zellen reagieren auf das, was wir denken. Ich bin überzeugt davon, dass der Placebo-Effekt oder ein ähnlicher Effekt in ganz vielen Situationen greift und durchgehend eine Rolle spielt. Dabei ist nicht nur die Rede von Gesundheit und Krankheit, sondern von beinahe jeder Situation. Daher kann der Effekt positiv sein und dementsprechend gute Folgen nach sich ziehen, aber auch negativ und somit zum Teil mit fatalen Folgen verbunden sein (negative Erwartungen und ihre Konsequenzen werden analog auch als Nocebo-Effekt bezeichnet). Wir haben also die Wahl, in welche Richtung wir denken.

So ist mittlerweile bekannt, dass Intelligenz zu einem großen Teil nicht nur vererbt wird und damit festgelegt ist, sondern auch durchaus veränderlich, also anpassungsfähig und trainierbar ist. Und schon ein einzelnes, kleines Wort oder ein Feedback kann einen riesigen Unterschied in geistiger und auch körperlicher Entwicklung bewirken. In einer Schule wurde zum Beispiel aus der Note „Nicht bestanden“ ein „Noch nicht bestanden“ gemacht. Durch dieses eine Wort kann bei einem Schüler ein vollkommen anderes Gefühl und eine andere Erwartung geweckt werden. Im Fall der Standardformulierung entsteht für den Schüler oder die Schülerin im Extremfall der Eindruck, dass er oder sie zu dumm und zu schlecht sei und sich im Zweifelsfall im Leben eben mit der eigenen Dummheit abfinden und mit ihr zurechtkommen müsse. Durch die Umformulierung wird eher vermittelt, dass der Erfolg nur eine Frage der Zeit ist und es mit entsprechendem Einsatz nur aufs Lernen ankommt. Alleine zu wissen, dass Intelligenz nicht festgelegt ist, darf einen jeden hoffen lassen und dazu ermutigen, sich selbst zunächst einmal grundsätzlich alles zuzutrauen. Allein eine solche „Kleinigkeit" wie eine solche Umformulierung kann dafür sorgen, dass ein Mensch einen komplett anderen Lebensweg einschlägt und somit zu einem ganz anderen Menschen, einem ganz anderen „Ich" mit einer ganz anderen Geschichte wird. Man muss sich nicht mit seiner Situation abfinden, man kann seine Situation einfach verändern. Ein guter Freund von mir sagt öfters aus Spaß, wenn jemand von uns mal wieder etwas unbedacht Dummes von sich gibt oder tut (was oft vorkommt): »Er ist nicht dumm, er hat nur Pech beim Denken« – und ich denke, da ist so einiges dran.

Egal, in welcher Situation du dich gerade befindest: Du kannst dir überlegen, aus welchen Blickwinkeln du deine Situation betrachten willst. Beispielhaft könnte das eine Krankheit sein, die du hast beziehungsweise die du glaubst zu haben. Betrachtest du sie als unheilbar oder als heilbar? Wie gehst du mit ihr um? Willst du also die Situation zu einer Wunsch-Situation führen, mit anderen Worten die Krankheit heilen, oder findest du dich damit ab, dass sie unlösbar ist? Bildest du dir sie vielleicht nicht sogar nur ein oder machst aus einer Mücke einen Elefanten? Glaubst du jedenfalls zumindest an die Möglichkeit einer Heilung der Krankheit oder eines guten Umgangs, ist wohl der erste Schritt getan. Nun bleibt noch die Frage, welches Mittel willst du dir verschreiben? Damit es wirkt, muss es ein Mittel sein, an das du glaubst, wie das Medikament, das dir dein Arzt verschreibt (sofern du dem Arzt oder der Medizin vertraust und überzeugt von seinem Fachkönnen bist). Eigentlich braucht es nicht mehr als das.

Betrachten wir nun aber mal eine andere Situation: Eine Beziehung, die, wie die Gesundheit auch, ebenfalls störanfällig ist. Ist es in einem ernsten Streit, in dem dir eigentlich bewusst ist, dass du die Beziehung aufrechterhalten und wieder zu Harmonie gelangen willst, die richtige Wahl, stur auf deiner Meinung zu beharren, deiner Wut freien Lauf zu lassen und den Streit weiter anzuheizen? Von diesem Standpunkt aus betrachtet wohl eher nicht. Trotzdem ist genau das oft das standardmäßige Mittel der Wahl. Die intuitiven, negativen Gefühle überwiegen und man folgt diesen eben. Und anschließend wundert man sich, warum nicht die gewünschte Lösung des Konflikts erreicht wurde. Aber naja. Das Mittel hat eben nicht gewirkt. Der andere ist schuld.

Warum glauben wir, zumindest in der Praxis, teilweise an solch fragwürdige Mittel zur Lösung von Problemen? Mit dem Ziel der Lösung eines Streits und der Rettung der Beziehung das Mittel zu wählen, welches darin besteht, den Streit weiter anzuheizen und fortzuführen? Vielleicht sollte man das mal überdenken… Feuer mit Feuer bekämpfen, um ein Feuer zu löschen – macht das wirklich Sinn? Natürlich handeln wir oft aus Affekt und kaum jemand wird Wut oder Sturheit bewusst als Mittel zur Lösung des Problems ansehen. Allzu oft verlieren wir gänzlich den Überblick über uns selbst und die Situation. Gerade in diesen Situationen lässt es sich gut beobachten, dass wir gewissermaßen zu anderen Personen, anderen „Ich's", werden oder zu diesen wechseln können. Unser gesamter Geisteszustand, unsere Ziele, unsere Emotionen und Absichten verändern sich temporär.

Wir reagieren auch im Alltag nicht etwa auf eine „objektive" Situation und handeln dementsprechend, sondern wir reagieren stets auf die Situationen, von denen wir denken, dass sie real sind. Und dementsprechend handeln wir dann. Letztlich haben wir uns diese Situation zu einem Großteil selbst ausgedacht, werden beeinflusst von unserer Wahrnehmung, unseren Gedanken, Gefühlen, Launen und so weiter – wir haben sie zu einem Großteil selbst geschaffen und herbeigeführt. So kann ein simpler Streit, je nachdem wie wir ihn wahrnehmen, in welcher Stimmung wir uns befinden und was wir aus unserer Sicht alles dazu addieren – vielleicht etwa ähnliche Streitsituationen in der Vergangenheit – zu einem Ausraster entarten und die ganze Beziehung ruinieren. Sieht man sich selbst den Umständen ausgesetzt, so reagiert man eben auf die „Medizin", die man bekommt, die man sich bei genauerem Hinsehen letztlich aber oft selbst ausgesucht hat. Hierbei wäre das vielleicht die Provokation des Partners und damit die vermeintlich „zwangsläufige" Reaktion, die man dann selbst zeigt. Gleichzeitig könnte man auch einen klaren Kopf bewahren, sich bewusst werden, dass entweder man selbst oder auch die andere Person womöglich etwas zu viel in diesen Streit hineininterpretiert, oder einfach vorher schon gestresst war – und ganz andere Reaktionen zeigen und dementsprechend andere Entscheidungen treffen. Das führt dann auch zu einem anderen Ausgang. Wenn du es willst, kommt es viel mehr auf dich selbst als auf alle anderen Einflüsse an, und du kannst dir deine eigene Medizin verschreiben. Somit treffen wir unterschiedliche Entscheidungen, wenn wir einfach unsere Situation aus einem anderen Blickwinkel betrachten und andere, gezielte und gewollte Dinge erwarten. Man kann auf diese Weise fast jede Situation als Placebo (oder Nocebo) ansehen und sich praktisch auswählen, welcher künftige Zustand tatsächlich der „Heilung" entsprechen würde und welche „Medizin" man sich geben sollte, indem man die entsprechende zielführende Entscheidung trifft und somit tatsächlich zum gewünschten Endresultat gelangen kann.

Kommunikation mit dem eigenen Körper

Wie kann ich also den Placebo-Effekt bestmöglich einsetzen? Das Problem ist offensichtlich. Es wird mir von außen etwas vermittelt, woran ich nun glaube und das ich für wahr halte. Spätestens ab dem zweiten, dritten Mal sind die Menschen aber „schlau" genug, um bereits zu vermuten, dass ein Placebo dahintersteckt. Der Glaube schwindet und damit auch die Wirkung. Viel schlauer wäre es in dem Fall, „dumm" zu sein und sich jedes Mal wieder täuschen zu lassen, aber naja, so sind wir eben. Und blind alles zu glauben, was einem gesagt wird, ist garantiert nicht die beste Lösung. Es geht mir ja gerade um das Gegenteil, nämlich zu glauben, woran ich glauben will, egal was mir jemand sagt – nicht nach Belieben manipuliert werden zu können.

Im Sport und in der Gesundheit wende ich dieses Prinzip, so glaube ich, bereits erfolgreich ein. Ich glaubte an den Placebo-Effekt, dann machte ich mir klar, was der Placebo-Effekt eigentlich ist. Nämlich, dass man eigentlich nur an sich selbst, und an das, was man für sich selbst will, glauben muss. Es ist eine positive Kommunikation mit und Wahrnehmung von sich selbst. Warum also brauche ich irgendwelche Hilfsmittel, statt einfach, im Sport zum Beispiel, meinem Körper glaubhaft zu vermitteln, was nun passiert beziehungsweise was er machen soll und wird? Eigentlich muss ich nur daran glauben und vertrauen, dass mein Körper genau das macht, was ich mir erhoffe und wünsche. Unser Körper »glaubt« uns. Also einfach mit dem Körper kommunizieren – mit dem man wohl weniger mit Worten als mit Gefühl und Erwartung „redet" – und, anstatt sich dabei wie ein Trottel vorzukommen, es ernst meinen.

Das ist natürlich leichter gesagt als getan und zum Start kann man sich gut mit Hilfsmitteln stärken. Wenn ich 4000 Kalorien am Tag in mich hinein schaufele und dann sage, ich werde jetzt 5 Kilo abnehmen, tja dann kann ich daran einfach nicht glauben. Weil es mir nun mal wie Schwachsinn vorkommt – und wahrscheinlich auch Schwachsinn ist. Es gilt also, erst mal die eigenen Glaubensgrenzen zu entdecken und herauszufinden, woran man überhaupt glauben kann und wo man steht. Und trotz aller Möglichkeiten muss man ebenso auch über Grenzen nachdenken.

Hier geht es nun rein um den Glaubens-Effekt und Gegebenheiten werden außen vor gelassen. Nehmen wir den Fakt, dass im Normalfall eine Einnahme von 4000 Kalorien zu einem Kalorienüberschuss und damit zu einer Gewichtszunahme führt. Es geht darum, dass selbst in solchen Fällen der Glaube einen Effekt zeigen kann, auch wenn man dadurch dann eben beispielsweise „nur" 10% weniger zunimmt. Der Effekt ist messbar.[13]

Jeder kennt diese Menschen, die gefühlt unendlich in sich hinein schaufeln können und trotzdem scheinbar einen perfekten Körper haben und diesen auch nicht verlieren. Oft nehmen sie weder ab, wenn sie weniger essen, noch nehmen sie großartig zu, wenn sie noch mehr essen. Mittlerweile würde ich sagen, zähle auch ich dazu. Und was mich in meiner Meinung bekräftigt: es war nicht schon immer so. Guter Stoffwechsel, gute Gene oder gute Glaubenssätze, das ist hier die Frage… Oder viel mehr, gute Gene/Stoffwechsel und daher gute Glaubenssätze oder gute Glaubenssätze und daher ein immer besserer Stoffwechsel und „gute Gene"?[14]

Wie sehr unser Körper auf Glaubenssätze reagieren kann, zeigt ein Experiment mit Milchshakes von der Psychologin Alia J. Crum sehr anschaulich.[15] Ihr Team mixte eine große Menge Milchshakes. Die eine Hälfte wurde in Flaschen abgefüllt, auf deren Etikett stand, es sei ein zucker- und fettarmer Shake mit 140 Kalorien. Auf der anderen Hälfte stand, es sei ein genussvoller Shake mit sehr hohem Kalorien- und Fettgehalt mit 620 Kalorien. Er hatte in Wahrheit 380 Kalorien.

Anschließend wurde der Ghrelin-Spiegel der Konsumenten gemessen. Ghrelin ist gewissermaßen das „Hunger-Hormon", das an der Steuerung von Hunger- und Sättigungsgefühl beteiligt ist und den Stoffwechsel maßgeblich beeinflusst. Der Stoffwechsel wird zum Beispiel verlangsamt, wenn die Nahrungssuche nicht erfolgreich war. In diesem Zustand ist der Ghrelin-Spiegel hoch. In Hungerphasen steigt der Spiegel an und wirkt appetitanregend, nach dem Essen sinkt er dann wieder ab – wir fühlen, dass wir gesättigt sind und der Stoffwechsel kann beschleunigt werden. Darüber hinaus wirkt sich Ghrelin allgemein auch auf Schlaf und Stimmung aus beziehungsweise wird von diesen beeinflusst und spielt eine Rolle im Belohnungssystem, beim Lernen und bei Gedächtnisfunktionen. Wenn die Versuchspersonen glaubten, den Shake mit vielen Kalorien zu sich zu nehmen, sank der Ghrelin-Spiegel ungefähr dreimal stärker als wenn der vermeintlich kalorienarme Shake getrunken wurde. Die Verläufe der Ghrelin-Spiegel glichen dem Muster, das beim Konsum von tatsächlich unterschiedlichen Milchshakes auftritt. Allein die Glaubenssätze, die die Lebensmittelaufdrucke in den Personen aktivierten, beeinflussten so den tatsächlichen Stoffwechsel, und das nicht nur in kleinem Maße.

Ja, es gibt gewisse Grenzen, die physiologischer und biologischer Natur sind, aber diese Grenzen kann man in einem hohen Maße beeinflussen. Wichtiger als das, was wir objektiv betrachtet tun, ist oft, wie wir darauf blicken. Das, was wir tun oder sehen, ändert sich durch unseren Blickwinkel. Daher ist es auch viel wichtiger, uns gute Glaubenssätze und Gewohnheiten anzutrainieren, als uns lediglich an strikte Vorgaben für die Allgemeinheit zu halten. Man muss eben nur erst mal für sich selbst die „vernünftigen" Grenzen entdecken, also das, woran man wirklich glauben kann. Daher bin ich auch viel lieber ein naiver Träumer, als mich an jeden vermeintlichen Fakt zu halten, denn ich denke, das ist schlauer. Ganz abgesehen davon, dass es auch viel mehr Spaß macht.

Positive Verstärkung

Unser Körper liebt uns. Der beste Umgang besteht darin, den Körper zurück zu lieben, mit anderen Worten: ihn wertzuschätzen und ihn gut zu behandeln. Wertschätzung bringt Zufriedenheit und Akzeptanz, ein sehendes Auge für all die Segnungen und die Arbeit, die er für uns erledigt, und ein Gespür für einen umsichtigen Umgang mit ihm. Bei jeder Bewegung und jedem Training arbeiten wir mit der Kraft, die wir bereits haben und die der Körper für uns erarbeitet hat. Und nur auf dieser Kraft bauen wir weiter auf. Den Körper wertzuschätzen und gut zu behandeln heißt, ihm gute Gedanken zu senden und zum anderen ihm auch Gutes zuführen zu wollen. Das wäre zum Beispiel beim Fitnesstraining eine Anwendung: Positive Verstärkung (welche auch ein Beispiel für eine mögliches „Reden" oder Kommunizieren mit dem Körper darstellt) – ein bewusstes, intensives Spüren der beanspruchten Muskulatur und das bewusste Überzeugt-Sein vom Training sowie die aufrichtige Erwartung und Gewissheit des anschließenden Erfolgs verstärken den Effekt des bloßen, „objektiven" Trainingseffekts noch einmal.

Wer überzeugt von einem schlechten Training ist, seinen Körper hasst oder sich grundsätzlich als körperlich oder genetisch benachteiligt und schwach betrachtet, nutzt nicht nur diesen Effekt nicht, sondern verliert oft auch zunehmend Motivation, verspürt keinen Erfolg und hört vermutlich nach einiger Zeit frustriert auf (Nocebo-Effekt). So etwas nennt man auch eine „selbsterfüllende Prophezeiung". Damit hat diese Person (vermeintlich) „Recht" behalten und die Unzufriedenheit mit dem Körper war und ist immerhin (vermeintlich) gerechtfertigt, verstärkt sich weiter und wird Realität. Die gedachte Realität wird von der wirklichen Realität bestätigt, was es sehr schwierig machen kann, aus einem solchen Denken auszubrechen.

Neben der Wichtigkeit des Glaubens und der entstehenden Möglichkeiten besteht natürlich auch die Gefahr des Irrglaubens und der Missverständnisse. An dieser Stelle möchte ich etwas betonen: Ich behaupte hier nicht, ein Allheilmittel gefunden zu haben, ich rate nicht dazu, Hilfe von außen abzulehnen (im Gegenteil!) und will auch nicht dazu ermuntern, Wahrheiten und Fakten, zum Beispiel eine Krankheit, zu verleugnen oder zu ignorieren. Dennoch befürworte ich, zu träumen und Vertrauen in unglaubliche, vielleicht sogar irrsinnige Möglichkeiten zu entwickeln und Fakten selbst zu prüfen und herauszufordern, bevor man sie als solche bezeichnet. Oder ganz einfach ausgedrückt, vergiss niemals die wichtigste Sache auf dieser Welt: deine Möglichkeit, etwas zu bewirken und zu schaffen.

Letztlich will ich das enorme Potenzial betonen, das in einer nicht entfalteten beziehungsweise teils ungenutzten, begrenzten und festgelegten Gefühls- und Gedankenwelt liegt. Dieses Potenzial ist in vielen und wird in immer mehr Bereichen wissenschaftlich belegt und hat letzten Endes ein ungewisses, nicht einschätzbares sowie vermutlich niemals in Gänze quantifizierbares Ausmaß.

Falls es dir aufgefallen sein sollte, beruhen einige zuvor erwähnte Wirkungen nicht nur auf einer bestimmten Auslegung, sondern auf Täuschung. Damit fehlt oft die Möglichkeit, den Glaubens- beziehungsweise Placebo-Effekt bewusst und vor allem zielgerichtet einzusetzen. Er kann sogar leicht in die entgegengesetzte Wirkung umschlagen. Glaube, ohne auch mit der Wahrheit zu arbeiten oder ohne diese erfahren zu wollen, geht leicht nach hinten los und man läuft gegen eine Wand. Die Sache mit der Wahrheit ist allerdings manchmal etwas kompliziert. Mit dieser werden wir uns im weiteren Verlaufe des Buches eingehend beschäftigen.

Genetik

Genetik ist wohl oft eine der willkommensten und scheinbar plausibelsten Ausreden. Entweder, um sich selbst zu rechtfertigen oder um den Erfolg oder Misserfolg anderer zu erklären. Fehlendes angeborenes Talent ist es, wenn jemandem etwas nicht gelingen will, und schlechte Genetik, wenn trotz Mühe die körperlichen Ziele nicht erreicht werden.

Ich verleugne die Genetik ganz und gar nicht. Wir alle werden in eine Situation hineingeboren, der eine ist vielleicht mehr oder weniger talentiert als der andere und dem einen fällt es leichter abzunehmen als dem anderen. Mehr ist es meistens aber auch nicht.[16] Ich würde sagen, Genetik gibt uns, je nachdem in welchem Bereich eben, eine günstigere oder eben ungünstigere Ausgangsposition für die eigenen Ziele. Wie schon gesagt, es ist nicht alles so festgelegt, wie viele behaupten, und die meisten Dinge sind meiner Meinung nach viel variabler und veränderlicher, als viele denken. Neben der tatsächlichen „objektiven" Genetik eines Menschen ist das Wichtigste, was man damit denn nun anfängt und, im Sinne des Experiments mit den Milchshakes, welches Etikett man sich selbst auf die Stirn klebt.

Welches Etikett hast du dir aufgeklebt? Allein dieses Etikett hat mehr Einfluss auf deine Entwicklung, als du vielleicht glaubst und merkst. Unsere Gene und unser Erwachsenwerden lassen uns uns selbst auf eine gewisse Art und Weise kennen und somit einschätzen lernen. Man wird groß und lernt sich zum Beispiel kennen als „schon immer sehr schlank, nimmt aber nur schwer zu, muss daher sehr viel essen und bleibt trotzdem dünn". Wer mir erzählen will, das wäre alles nur so aufgrund seiner Gene, der ist eben gefangen in dieser Lüge und hält sie für wahr, sodass sie eben auch wahr wird. Eine selbsterfüllende Prophezeiung, welche allgemein sowohl positive als auch negative Auswirkungen haben kann. Gene geben die Veranlagung, wichtiger dabei ist aber auch hier wieder, wie der Mensch und damit der Organismus erzogen wird und wie er sich selbst kennen lernt.

Also wie er von klein auf ernährt wird, wodurch sich der Körper an eine gewisse Art von Nahrung gewöhnt, an einen gewissen zeitlichen Rhythmus und auch an die jeweilige Menge. Da kann auch ein Kind mit einer grundlegenden Veranlagung zum Schlank-sein durch schlechte Ernährung und Glaubenssätze dick werden und sich selbst eben auch als dick kennen lernen. Es wird nicht denken, dass seine Gene eigentlich das Schlank-sein begünstigen, sondern eben das Dick-sein. Es ist eben der „Normalzustand". Ich behaupte, dass vor allem diese Glaubenssätze die genetische Voraussetzung verändern. Das heißt ganz simpel, dass jemand mit günstigen Veranlagungen mit der Zeit zu jemandem mit schlechten Anlagen werden kann, einfach dadurch, dass er über Jahre unbewusst die falschen Dinge glaubt – und dadurch tut und sie wahr macht. Es entsteht ein zunehmend komplexes Zusammenspiel zwischen Fakten beziehungsweise Zuständen und Glauben. Alles ist miteinander vernetzt und verbunden. Dass der Stoffwechsel nicht unbeeinflusst durch die Art der Ernährung bleibt, sollte jedem klar sein. Und der Stoffwechsel stellt die mit beliebteste Ausrede für Gewichts- oder Gesundheitsprobleme dar – oder eben auch das „Geschenk", das man nun mal bekommen hat durch die „guten Gene". Ein Glaubenssatz, der sich selbst verstärkt und leicht wahrer wird, je länger man an ihn glaubt, nach ihm denkt und somit auch nach ihm handelt. Es ist eigentlich kaum etwas anderes als die falsch etikettierten Milchshakes. Nur ist eben die Sache, mit der wir hinters Licht geführt werden, wesentlich umfangreicher und komplexer. Das Unterbewusstsein und das Nicht-Bewusstsein (wir sind oft unfähig, Dinge in unser Denken mit einzubeziehen, die für uns nicht existieren und von denen wir nichts wissen) sind komplizierte Angelegenheiten, eben weil wir uns deren Wirkungen nicht bewusst sind.

Betrachten wir wieder unsere einflussreiche Kindheit, so wird zu diesem Zeitpunkt so ziemlich niemand die eigene Ernährung, die Erziehung, sich selbst, das dadurch resultierende „Wissen“ (oder eher Glaubenssätze) und die körperlichen und geistigen Veränderungen in Frage gestellt haben. Das ist eine Sache, die einem, vor allem in jungen Jahren, meist eben nicht mal in den Sinn kommt. Man wird eben groß, wie man groß wird und isst, wie es durch die Familie und das Umfeld vorgelebt wird. Das ist dann „normal“. So normal, dass man es für die natürlichste Sache der Welt hält und davon ausgeht, dass jeder andere wohl auch damit groß wird. Wir stolpern ins Leben und lernen die Welt kennen – allerdings eben nur aus diesem einen Blickwinkel.

Glaubenssatz

Alles Wissen beruht auf einer Grundlage – deiner Erfahrung. Wer denkt, fängt auf dieser Grundlage an. Diese sollte wohl besser richtig beziehungsweise wahr sein, aber vor allem auch förderlich.

Die schwerste Lektion für mich in Sachen Körper war tatsächlich diejenige, meinen Körper überhaupt vollkommen so zu akzeptieren wie er ist und mich in ihm richtig wohl zu fühlen. Jahrelang habe ich für mein Ego und Selbstbewusstsein trainiert, mit mäßigem Erfolg und verhältnismäßig viel Aufwand, während ich von außen betrachtet tatsächlich irgendwann an einem Punkt war, an dem zumindest viele andere Menschen mir sogar zugestanden, neidisch auf meinen Körper zu sein. Nur ich selbst war immer noch unzufrieden und unsicher. Wohlbefinden und Wertschätzung kamen erst mit einem Sinneswandel, der an sich nichts mit meinem Training oder Äußerem zu tun hatte. Mittlerweile habe ich wesentlich mehr Erfolg beim Training, ohne einen für mich gefühlten Aufwand zu haben oder dafür zu arbeiten. Ich empfinde dabei sogar einen Zugewinn, eine Bereicherung für mein Leben. Ich mache es nämlich einfach gerne. Mein Wohlbefinden und mein Selbstbewusstsein sind nicht mehr von meinem Trainingszustand abhängig – das hätte es nie sein sollen – und mein Trainingserfolg ist größer. Das macht mich nicht zu einem besseren oder überlegenen Menschen oder sonst etwas. Es ist ganz einfach die eine beziehungsweise erste Sache, die ich tatsächlich begriffen und verstanden habe und mich vieles gelehrt hat. Ich bin überzeugt davon, dass man auch aus ganz kleinen, banalen Situationen und Betrachtungen sehr tiefe und weitreichende Erkenntnisse und Lehren gewinnen kann.

Mein Fazit zum Thema Körper besteht in der gegenseitigen Beeinflussung, bei der man selbst allerdings die Hauptrolle spielt oder spielen kann – wenn man es will. Und zwar durch Verbindung. Als erstes muss ich meinen Körper akzeptieren, ihm (wenn nötig) vergeben für seine „Fehler“ oder Unzulänglichkeiten und ihn verstehen – mit ihm arbeiten und nicht gegen ihn. Ich muss ihn wertschätzen lernen, ihm danken, ihn gut behandeln, ihn zurück lieben – und nicht mehr als getrennt, sondern als Eins, als Ich, betrachten, denn er ist ein Teil von mir.

Wir gehen nun weiter und nähern uns langsam den großen kleinen Fragen des Lebens – und damit all seinen Facetten und fundamentalen Fragen.

Zum Thema Wissenschaftlichkeit: Psychologie und Mathematik

Klar ist, dass es wohl jeden Wissenschaftler ziemlich schnell verärgern würde, wenn ich hier behaupten würde, wissenschaftlich zu arbeiten: Für vieles, das ich hier schreibe, fehlen die eindeutigen Beweise oder es fehlen Messwerte und Studien, die meine Aussagen vielleicht zumindest bekräftigen könnten – und ich bin auch kein Experte auf all diesen Gebieten.

Während ich am Ende zumindest eine Art Beweis anstrebe, fällt es mir schwer, eine Möglichkeit zu finden, es tatsächlich „objektiv“ zu beweisen, da allein Thema und Ziel subjektiv gewählt sind. In der Mathematik werden Aussagen und Theorien dadurch wahr, dass man sie logisch und stichhaltig beweist, sodass sie nur wahr sein können, und somit auch ohne Ausnahmen funktionieren und sich anwenden lassen. Gibt es Ausnahmen, so müssen diese Teil der Definition sein und es muss berücksichtigt werden, wo man diese Theorie anwenden kann, und wo nicht. Division, so, wie sie definiert ist, funktioniert und ist „richtig“. Division durch Null wiederum funktioniert nicht, allerdings wird dies ja berücksichtigt.

Das nächste Problem, das sich mir stellt, ist, dass allein die Grundlage alles hier Beschriebenen eher einen Stand- oder Ausgangspunkt und eine Meinung, eine Anwendung, darstellt. Ich würde meine Herangehensweise der „positiven Psychologie“ zuordnen. Allein das Wort „positiv“ ist ein willkürlicher Begriff, der vor allem davon abhängt, was darunter verstanden und wie er ausgelegt wird. Ein Begriff, der von mir beziehungsweise meiner Meinung abhängt und beim Lesen dann von dir. Im Grunde geht es mir vor allem darum, zu erörtern, was für dich und mich positiv oder „gut“ oder erstrebenswert bedeutet und wie du und ich es umsetzen und anwenden können, um das für uns Gute und Erstrebenswerte zu erreichen.

Aus wissenschaftlicher Perspektive geht es hier eher um das Aufzeigen allgemeiner Phänomene, Prinzipien und Gesetze, die nicht etwa gut oder schlecht sind, sondern wahr und damit gültig. Da es um dich und mich geht und im Allgemeinen um die Psyche des Menschen, oder um das „Bewusstsein“, gibt es nicht wirklich eine feste Grundlage oder einen konkreten Ausgangspunkt, auch wenn man den Zusatz „positiv“ erst mal außen vor lässt. Jeder ist nun mal unterschiedlich und die Psyche verändert und beeinflusst sich jederzeit selbst. Für das Bewusstsein gibt es bis jetzt keine wissenschaftlich fundierte, keine „richtige“ Definition, denn man kann es weder eindeutig beschreiben, noch weiß man, was es wirklich ist und wie es zustande kommt. Es ist eben einfach das, was passiert, genau hier, genau jetzt.

Was ich versuche, ist für mich auf eine gewisse Art und Weise trotzdem Mathematik. Ich bin mir dabei nicht ganz sicher, ob ich sie nur unkonventionell anwende, ob ich sie überhaupt anwende oder sie eigentlich vergewaltige und sich jedem Mathematiker die Haare sträuben. Jedenfalls besteht mein Versuch ganz einfach in logischem Vorgehen: Da, wo man ist, anfangen und in (psycho-)logischen Schritten Eins und Eins zusammenzählen – sodass es Sinn macht. Nur ergibt sich für dieses Thema die Frage nach dem Verständnis des Begriffs der Logik. Da es hier um uns selbst – um Menschen – geht, gibt es einen Unterschied zwischen reiner Denklogik beziehungsweise dem Intellekt, also dem traditionell gesehen rein logisch-effizient funktionierenden Werkzeug des Menschen, und dem, was ich als tatsächliche Intelligenz bezeichnen würde. Wir können etwas nicht richtig verstehen und zu einer richtigen Antwort oder Lösung gelangen, wenn wir eine Seite ignorieren, nur weil wir diese nicht vernünftig messen oder berechnen können.

» Wenn wir wüssten, was wir tun,
würde man es nicht Forschung nennen «

- Albert Einstein

Wie ich überhaupt darauf komme, dass Mathematik und Psychologie miteinander vereinbar sind, beruht darauf, dass bei der Beschäftigung mit der Mathematik und ihrer Anwendung klar wird, dass wir in vielen Fällen nach mathematischen Gesetzmäßigkeiten zu funktionieren scheinen und von diesen beeinflusst werden, da wir selbst dazu neigen, diese nicht zu erkennen und ganz andere Ursachen als die tatsächlichen zu finden. Oft sind es Erkenntnisse aus der Statistik oder Stochastik, die diese Gesetzmäßigkeiten aufdecken, und letztlich lassen sich gerade dank der Mathematik empirische Nachweise und Argumente finden, die generelle Aussagen über die Psyche des Menschen bekräftigen. So beruht zum Beispiel Musik und ihre psychologische Auswirkung auf Menschen in hohem Maße auf der Mathematik und durch Berechnung bestimmter Klangverhältnisse zueinander lassen sich immer wieder Gemeinsamkeiten entdecken, wie zum Beispiel das Empfinden von Harmonie bei der Kombination ganz bestimmter Klänge, Klangfolgen und Frequenzen.

Ich finde es allerdings schon immer seltsam, dass zum Beispiel Division durch Null nicht funktioniert und kein Ergebnis liefert beziehungsweise nicht definiert ist und somit keinen „Sinn“ macht, Multiplikation mit Null hingegen schon, obwohl man Division doch nur als die Umkehrung der Multiplikation betrachtet. Auch, wenn ich den Beweis dieser Tatsache kenne und nachvollziehen kann. Wieso ist die simple Umkehrung einer Sache letztendlich nicht ganz einfach, naja, eben ihre Umkehrung? Wieso gibt es selbst in einem durch und durch logischen System solche Definitionslücken und unbeantwortbare Spezialfälle? Es gibt demnach Fragen, nach deren Antwort beziehungsweise Lösung man sich fragen kann, obwohl diese eigentlich in sich keinen Sinn machen oder nicht definiert sind und irgendwie gar nicht existieren dürften. Entgegen eines Computers, der dann abstürzt, in einer Endlosschleife festsitzt oder sonst was anstellt, will ich auch „unsinnige" Fragen beantworten und einen Grund finden, warum Antworten auf sie existieren und auch „richtig" sein können. Durch die Geschichte „Per Anhalter durch die Galaxis" weiß ich bereits, die Antwort auf das Leben, das Universum und den ganzen Rest, ist 42. Aber irgendwie hat sie mir nicht weitergeholfen. Mathematik zu Hilfe zu ziehen, ist keineswegs unsinnig und oft hilfreich, dennoch würde ich sagen, ist sie im Endeffekt auch nicht ganz ausreichend.

Wenn du dich mit Mathematik nicht auskennst oder sich dir vielleicht schon bei dem Gedanken daran die Nackenhaare aufstellen, dann vergiss erst mal alles, was du klassischerweise damit verbindest. Und keine Sorge, ich werde hier auch nicht groß mit irgendwelchen Gleichungen ankommen. Die Grundideen sind ganz einfach. Mit einem Mathematikstudium wird man – so fühlt es sich für mich zumindest an – erst mal nämlich lediglich zu einem echten Theorieidioten. Für mich stellt Mathematik eher eine Sprache dar – eine eindeutige Sprache ohne Missverständnisse. Im Grunde lernst du, wie du einen deiner Hirnergüsse unmissverständlich formulieren und diesen, wenn dein Hirnerguss funktionsfähig oder sinnvoll ist, sogar mit lückenlosen logischen Schritten beweisen und theoretisch Realität werden lassen könntest. Das Ganze hat recht wenig mit Rechnen zu tun. Ein Mathematiker rechnet nicht, sondern erfindet gewissermaßen die Regeln für einen Taschenrechner. Du lernst nicht, dass eins plus eins gleich zwei richtig ist, sondern wie du eins und eins richtig zusammenzählst und warum. Es geht darum, Strukturen und Abläufe zu erkennen und zu verstehen – das Prinzip, das einer Sache zu Grunde liegt. Und die Mathematik zeigt dir praktischerweise oft sofort auf, wenn du mal wieder Pech beim Denken hattest.

Das Schöne und Faszinierende an der Mathematik ist, dass sie, obwohl sie zwangsläufig irgendwie ein Produkt menschlichen Denkens und somit der Fantasie ist, sich anscheinend jeglicher Erfahrung entzieht und dennoch tadellos funktioniert. Mathematik an sich ist eine universell gültige Sprache ohne konkreten, „realen" Inhalt. Man kann sie nirgends auffinden oder auf direkte Weise messen. So gesehen erscheint sie einerseits überall anwendbar und andererseits auch irgendwie nutzlos. Aber keine Naturwissenschaft kommt ohne sie aus – Mathematik ist überall und nirgendwo. Sie eignet sich dafür, grundsätzlich Strukturen und Prozesse zu formen, zu erfassen und zu verstehen, und im menschlichen Sinne wird sie dazu verwendet, Sinn aufzudecken und Wege, wie man diesen erzeugen kann. Das bedeutet, wo und wie sich ausgehend von bestimmten Ursachen und Strukturen etwas Funktionierendes, etwas „Sinn-volles" entwickelt oder geformt werden könnte. Es geht darum, Ordnung in das Chaos zu bringen. Es geht um das Erforschen von Ursache-Wirkungs-Gesetzmäßigkeiten innerhalb eines eigentlich unüberschaubaren, chaotischen Durcheinanders. Dabei kann man bei richtiger Anwendung einerseits von einer Ursache auf die Wirkung schließen und diese prognostizieren oder

„berechnen“, andererseits kann man von Wirkungen auf potenzielle, vielleicht sogar eindeutige, Ursachen schließen. Theoretisch können wir Mathematik überall versuchen anzuwenden, wo wir irgendeine Systematik sehen oder vermuten. Wie aber schon beschrieben, beruht Mathematik an sich erst mal auf keinem Inhalt und wird meist erst durch eine korrekte Übertragung und Anwendung für uns tatsächlich hilfreich – und somit sinnvoll. Dazu müssen die realen, erfahrbaren Phänomene in diesem Universum korrekt erfasst und in passende mathematische Strukturen eingeordnet werden. Die Erfahrung zeigt, dass wir es bei diesem Einordnen von „Erfahrbarem“ in der Realität immer mit Messungenauigkeiten beziehungsweise einem „Perfektionsverlust“ zu tun haben. Zum einen sind wir nicht in der Lage dazu, alles genau zu messen, zu erfassen und mit einzubeziehen, zum anderen – dazu komme ich auch noch ausführlicher – gibt es in der Natur Dinge, die anscheinend tatsächlich ungenau oder unsicher sind. Daher sind wir grundsätzlich auch nicht in der Lage dazu, »genaue« Lösungen zu finden, sondern müssen uns damit abfinden, Lösungen zu finden, die »genau genug« sind.

Spannend ist, dass sich mit Mathematik (bei korrekter Anwendung) die erstaunlichsten Dinge voraussagen, verstehen und oft sogar beweisen lassen. Man sagt etwas theoretisch voraus, das es nicht gibt beziehungsweise bisher nirgends nachgewiesen oder erfahren wurde, und kann nun danach suchen – und wird es auch finden. So wurde zum Beispiel in der Physik mit Hilfe der Mathematik die Existenz eines Teilchens namens „Higgs-Teilchen“, oder auch „Gottes-Teilchen", ganze 48 Jahre, bevor man es letztendlich gefunden hat und nachweisen konnte, vorhergesagt. Ein tolles Instrument. Manche sprechen von ihr auch als Sprache des Universums. In diesem Sinne beschäftigen wir uns hier hauptsächlich mit qualitativer Mathematik mit dem Anwendungsgebiet des Lebens, des eigenen Bewusstseins oder gewisser Phänomene und orientieren uns vor allem am Prinzip der Mathematik selbst – denn dieses Prinzip ist zum einen in der Grundidee ziemlich einfach und zum anderen funktioniert es in diesem Universum so wunderbar.

Qualitativ bedeutet, Aussagen über Dinge treffen zu können, die man gar nicht genau erfassen oder eindeutig beschreiben kann, wie etwa in einer konkreten Gleichung, und die Wahrheit trotzdem aufgrund logischer Prinzipien und Kriterien immer weiter einzuordnen, einzugrenzen und zu verallgemeinern. Mathematik ist eigentlich ein einfacher Gedanke, der oft ziemlich kompliziert wird, bevor er schließlich wieder einfach wird. Alle Phänomene in der Natur, so einfach oder komplex sie erscheinen mögen, lassen sich hinsichtlich ihrer Funktionsweise zumindest theoretisch mathematisch beschreiben und auf sie zurückführen. Wie geschaffen für mich, der irgendwie ein bisschen von Allem verstehen will – hoffe ich zumindest.

Was mich wohl im Grunde schon immer wirklich fasziniert, ist die Alchimie[17]. Auf dieser Welt gibt es im Grunde nichts, das es nicht schon immer in der ein oder anderen Form gab. Jegliche Technik und alles, was es gibt, ist aus dem entstanden, was bereits da war. Manchmal musste etwas erst entdeckt werden, manchmal umgewandelt oder umgeformt. Alles ist eins – und Eins ist alles. Die Frage bleibt, was ist der Kern von all dem? Wie finden wir den kleinsten gemeinsamen Nenner, wie den größten? Wie erkenne ich Eins in Allem – und wie erkenne ich Alles in Einem? Ich denke, die Mathematik kommt dieser Idee heutzutage am nächsten. Die Alchimie ist ausgestorben – jede ihrer Richtungen ist eine eigene, neue Wissenschaft geworden und ist ein Fach für sich, in dem man wiederum unendlich viel Neues entdecken kann. Ein Baum voller Verästelungen und Verzweigungen bildete sich aus, aus Einem wurde ganz vieles und immer mehr. Doch am meisten fasziniert mich die Wurzel.

» Wenn man etwas nicht versteht, sucht man nach Regeln. […] Dieser simplen Fleißarbeit gab man den Namen Wissenschaft «

- Dr. Stone

Ich

Dass ich mir überhaupt anmaße, ein Buch zu schreiben und meinen Unsinn zu verbreiten liegt daran, dass mein Unsinn mir mittlerweile oft hilft mich besser zu fühlen und auch besser zu sein. Dagegen weiß ich, dass vielen Menschen ihr Unsinn nicht hilft, sondern oft sogar im Weg steht. Und das Wichtigste: Es macht mir ganz einfach Spaß. Es erfüllt mich und ich habe die Hoffnung, dass es jemand anderem auch helfen könnte, viel mehr steckt nicht dahinter. Letztendlich bin ich nur irgendein Typ, der übers Leben philosophiert und für den Moment meint, ein paar gute Antworten gefunden zu haben. Wenn du das hier für Unsinn hältst, fühl dich frei dazu, nichts hiervon anzunehmen und mich für dumm oder sonst was zu halten.

Wahrheit

Oft frage ich mich, ob es »Wahrheit« überhaupt gibt. Gibt es richtig und falsch, gibt es gut und böse, gibt es links und rechts? Gibt es eine objektive Betrachtung von irgendetwas?

Also – gibt es Wahrheit? Wahrheit ist wohl einfach alles, was es gibt (und streng genommen auch alles, was es nicht gibt). Wahrheit ist Existenz selbst.[18] In Wahrheit ist wohl auch nichts gut oder schlecht oder böse oder sonst etwas, es gibt hier keine Urteile, keinen Beobachter, sondern nur das Sein selbst. Wahrheit ist. Und doch würde ich eher sagen, dass Wahrheit dann eher gleichzeitig gut und schlecht ist, als weder gut noch schlecht. Immerhin gibt es uns und unsere Möglichkeit, in diesen Kategorien denken zu können – und wir sind Teil der Wahrheit. Die Wahrheit ist allumfassend. Jeder Blickwinkel, jedes Gefühl, jeder Schein ist in ihr enthalten und „wahr". Wahrheit besitzt so gesehen weder Kopf noch Herz, aber auch Kopf und Herz. In unserer menschlichen Existenz, in unserer »Realität«, sind wir mehr oder weniger gezwungen dazu, Kopf und Herz zu besitzen, und auch, sie einsetzen zu müssen. Sie sind Ausdruck und Grundlage unserer Existenz. Und das, was uns mutmaßlich von vielen anderen Dingen in diesem Universum unterscheidet. Das bringt uns unsere Möglichkeiten, aber auch die damit verbundenen Konsequenzen. Wir können Wahrheit ansatzweise erfahren und verstehen, damit Dinge kreieren und formen, und entdecken Sinn und Intelligenz in ihr.

Es scheint diese von unserer Subjektivität unabhängige Wirklichkeit zu geben. Eine objektive Realität. Wir existieren, wir nehmen etwas wahr. Dabei nehmen wir allerdings nur Abbilder einer Wirklichkeit wahr, die es allem Anschein nach gibt. Unser Verstand sagt uns, dass es da ja ein „Irgendetwas" geben muss, sodass wir überhaupt erst „irgendetwas" wahrnehmen können, und dass auch irgendein Raum oder eine Struktur existieren muss, in dem oder in der wir leben und existieren können. Die Existenz dieser objektiven Realität erscheint höchst logisch, wirft allerdings einige unerwartete Rätsel auf, denen wir uns noch widmen werden. Unsere subjektive Realität, die wir erleben und fühlen, scheint zahllosen Illusionen und Fantasien zu unterliegen. Es gibt viele Dinge, die lediglich in unserer Vorstellung real sind. Sterben wir, so existieren auch diese Vorstellungen nirgends mehr, wohingegen die objektive Realität wohl auch dann bestehen bleiben sollte, wenn wir sterben oder nicht an sie glauben. Interessant ist natürlich, dass wir in der objektiven Realität leben und durch unsere subjektive Realität mit ihr interagieren, sie beeinflussen und verändern.

Die Wahrheit liegt letztendlich wohl jenseits von vorgefertigten Begriffen und Strukturen, die den Eindruck vortäuschen, wir wüssten genau, wovon wir reden. Das Wort Wasser ist nicht Wasser. Es ist eine leere Hülle, eine ausgedachte Konstruktion des Menschen, das erst mit unserer Erfahrung nach und nach Bedeutung erhält. Dennoch wissen die wenigsten, was genau nun Wasser ist. Können wir es überhaupt wissen? Gibt es die eine Wahrheit über Wasser? Wissenschaftlich lässt sich Wasser vielleicht recht objektiv beschreiben, zum Beispiel durch die chemische Zusammensetzung, doch wirklich etwas damit anfangen lässt sich damit in der Regel erst mal nicht. Und auch eine solche scheinbar objektive Beschreibung beruht auf Beobachtungen und Erfahrungen, durch die wir erst entsprechende Begriffe und Abbildungen erfinden konnten – und bleibt damit letztendlich doch subjektiv. Beim Prozess des Begreifens und Verstehens scheint unsere Erfahrung wesentlich hilfreicher zu sein als theoretisches „Wissen" – und das einzige Mittel der Wahl. Man sollte nie vergessen, dass wir immer nur eine Version der Wahrheit sehen. Ein Fisch würde, wenn er sprechen und sich Gedanken über so etwas machen würde, wohl eine ganz andere Version und Realität von Wasser beschreiben als wir. Es wäre seine Luft zum Atmen und sein gesamter Lebensraum. Alle Dinge formen, bewegen und verhalten sich gemäß dieser natürlich erscheinenden Beschaffenheit dieses Lebensraumes – so wie uns die Dinge an der Luft beziehungsweise an der Oberfläche eben real und natürlich erscheinen. Relevant für unser Leben bleiben vor allem unsere eigene Erfahrung, unsere Perspektive und unser Bezug zur jeweiligen Sache – das, was wir von der Wahrheit überhaupt wahrnehmen können, und vor allem das, was wir aus ihr machen.

Ein Blatt am Baum ist nicht grün, sondern besitzt alle Farben außer grün. Das Blatt nimmt alle Lichtwellen auf – es absorbiert sie – außer eben die der Farbe Grün. Diese Lichtwellen werden als einzige von dem Blatt reflektiert und treffen so auf unser Auge. Ein Blatt ist also für uns grün, was irgendwie für uns alle real erscheint, in der objektiven Realität ist es das allerdings nicht. „Grün" wiederum ist auch nur die individuelle Übersetzung unseres Gehirns, die es den Eigenschaften dieser Lichtwellenfrequenz zuordnet. Grün ist nur das, was wir sehen und dieser Übersetzung zugeordnet haben – es ist ein Erlebnis. Es ist nicht geklärt, ob wir alle dieselben Farben sehen. Wir alle könnten tatsächlich (und das ist nicht einmal unwahrscheinlich) unterschiedliche Farben sehen, also unterschiedliche Erlebnisse beziehungsweise visuelle Vorstellungen beim Betrachten derselben Farbe haben, und bezeichnen sie lediglich mit den passenden Worten. Vielleicht haben wir ja „in Wahrheit" die gleiche Lieblingsfarbe.

Das Reduzieren der Wahrheit auf, zum Beispiel, Begriffe ist ein äußerst nützliches Hilfsmittel und eine essentielle Stütze, aber wir sollten nicht vergessen, dass es auch nicht mehr ist als das. Unbestreitbar kreieren und formen wir damit auch die Wahrheit, immerhin ist die Wahrheit mindestens alles, was es gibt (und es gibt ja uns und unsere Erfindungen), aber auch und vor allem liegt die Wahrheit jenseits von Begriffen. Begriffe müssen immer mit Erfahrung, mit Bedeutung gefüllt werden, um begriffen werden zu können. Wir kategorisieren oft leichtfertig und sollten nicht verlernen, auch mal außerhalb von Begriffen und Schablonen denken zu können.

Hast du dir also jemals ernsthaft die Frage nach der Realität, nach der Existenz gestellt? Nach deinem „Ich" und dem Sinn von all dem hier? Ohne dabei auf bereits vorgefertigte Begriffe, Antworten oder Leitfaden zurückzugreifen, auf die du seit klein auf hörst und die du für gegeben, für „wahr", hältst? Wir schweben in einem endlosen Raum auf einer blauen Kugel, waren von jetzt auf gleich plötzlich und aus dem Nichts Teil dieser Welt und noch absolut niemand weiß, warum und wie es genau dazu kam oder was wir hier machen. Und dennoch tun viele so, als wüssten sie, was zu tun ist – und tun oft irgendwas, ohne sich auch nur einmal zu wundern, zu staunen oder Dinge zu hinterfragen. Aus der Ferne betrachtet verhalten wir uns wohl kaum anders als Ameisen – ein paar Arbeiterameisen und Kriegerameisen, ein paar Anführer, ein paar, die sich um den Nachwuchs kümmern und noch einige andere. Sie machen eben ihr Ameisen-Ding. Warum? Na, weil sie Ameisen sind. Jedenfalls ist das unsere Erklärung. Habe ich nun gerade die Menschheit abgewertet? Oder werten eher wir die Ameisen ab? Ab und an innezuhalten, sich ernsthaft zu wundern und zu beginnen manches zu hinterfragen, ist vielleicht einzig und allein das, was uns der Wahrheit letztlich wirklich näherbringen kann.

Nicht immer landet man unmittelbar bei der richtigen Antwort. Nicht immer landet man bei einer finalen Antwort – ich weiß nicht einmal, ob es eine solche finale Antwort geben kann. Dennoch lernt man in diesem Prozess stets dazu und begreift irgendwie immer mehr.

» Are things clear now? Or are you still confused –
but on a higher level? «[19]

Durch die Wissenschaft ist eine Methode gelungen, die Wirklichkeit so objektiv wie möglich zu beschreiben – unter der Annahme, dass es eine solche Wirklichkeit, eine „letzte Wahrheit“, gibt. Natürlich verstehen wir noch längst nicht alles und wir haben letztlich immer noch unseren Blickwinkel als Mensch darauf, aber sie hat Methoden hervorgebracht, um Phänomene und Dinge innerhalb gewisser Grenzen zu beschreiben und begreiflich zu machen, die mehr oder weniger zweifelsfrei für uns existieren und da sind. Nach wie vor nutzen wir unsere Erfahrung. Doch wir sehen nicht nur, dass ein Apfel, wenn wir ihn hochwerfen, wieder runterfällt. Wir strengen dabei auch unsere Vorstellungskraft an: Da könnte es ein Prinzip, eine Kraft geben, die den Apfel wieder zu Boden fallen lässt. Und wenn wir kein Pech beim Denken haben, liegen wir damit richtig und können vielleicht sogar nachweisen, dass da wirklich etwas zu sein scheint. Das Wort Wasser ist und bleibt nicht Wasser, aber wir können fundamentale Eigenschaften, Vorgänge und Wirkungsweisen ziemlich exakt beschreiben. So, dass wohl kaum einer sagen würde, es wäre anders. Somit können wir uns zu großen Teilen auf eine gemeinsame Realität, die wir alle miteinander teilen, einigen.

Das wirft allerdings erneut einige Fragen auf. Zuvor betonte ich bereits den Einfluss und die Wichtigkeit unserer Glaubenssätze und unserer subjektiven Eindrücke. Andererseits gibt es, zumindest dem Anschein nach, diese festgelegten Gegebenheiten und Fakten. Damit kommen wir zu einem weiteren wichtigen „Konzept".

Ehrlichkeit

Ehrlichkeit ist für mich Wahrheit. Wer ehrlich ist, ist wahr zu sich selbst. Das Schöne ist, Wahrheit funktioniert. Wahrheit kann erfahren, verstanden und nachvollzogen werden, wenn auch nicht unbedingt im Detail, aber vielleicht in ihrer Grundidee und ihrem Wesen. Wahrheit ist ein Ineinandergreifen aller Dinge. Während Wahrheit im Allgemeinen wohl weder etwas ist, das gut oder böse kennt oder ähnliches, sondern vielmehr eine Gegebenheit ist, die eben irgendwie die Natur der Natur selbst ist, basiert unsere Wahrheit, die Wahrheit eines Menschen, wenn man so will, letztlich auf unserem gesammelten Wissen, unserer gesammelten Erfahrung und dem, was wir damit angefangen haben. Unsere Wahrheit ist unser Erleben. Das wiederum basiert auf einem Glauben beziehungsweise bildet einen Glauben, den man in vielen Fällen eben als Wissen bezeichnet oder als Wahrheit – immer dann, wenn wir glauben, einen Fakt zu kennen, also etwas als real anerkennen. Letztlich haben wir nur eine Meinung. Diese kann wahr oder auch falsch sein, aber für einen jeden ist sie wahr, sie ist seine Welt und Realität und für diesen Menschen die Wahrheit.

Für mich ergibt sich daraus das Verständnis der Aussage „Ich weiß, dass ich nicht weiß" von Sokrates.[20] Wir können niemals wissen, ob wir etwas »wirklich« wissen. Wir können höchstens ehrlich sein. Streng genommen kann unsere Wahrheit vielleicht nur falsch beziehungsweise unvollkommen sein, da wir dadurch, dass wir unfähig sind, die Wahrheit ohne einen von uns selbst eingenommenen Blickwinkel zu beobachten und zu erfahren, auch immer nur eine Version der Wahrheit sehen. Dennoch bringt meiner Meinung nach nur Ehrlichkeit letztendlich wahres Verständnis, und ebenso Freiheit und Glück. Vielleicht kann man sich nicht nur wundern und hinterfragen, um der Wahrheit näher zu kommen, sondern muss doch auch seine Überzeugungen, die eigene Wahrheit, leben, glauben und erfahren. Ist unser Blickwinkel wirklich und tatsächlich „falsch" oder „unvollkommen"? Oder ist er nicht viel mehr eine eigene Form der allumfassenden Wahrheit, die eben genau diesen Blickwinkel zulässt und enthält? Und stellt dieser Blickwinkel damit nicht unseren einzigen »wirklichen« Zugang zu dieser Wahrheit dar? Wenn ich weiß, dass ich nicht(s) weiß, darf ich mir auch nicht zu sicher sein, dass ich nicht(s) weiß. Das Blatt am Baum ist und bleibt nicht grün, aber eine echte und reale Version der Wahrheit scheint gewissermaßen zu sein, dass es das irgendwie doch ist.

Ich würde sagen, wer authentisch ist, handelt nach seiner Wahrheit, nach seinen Überzeugungen, hält aber die Augen offen – er verzerrt sich selbst und die Realität nicht, indem er sich belügt, wegschaut oder verneint. Er ist offen, schaut bewusst hin, will Neues entdecken und arbeitet stets mit dem, was ist. Wer wirklich ehrlich zu sich selbst ist, kann nicht wegschauen oder sich etwas vormachen. Ehrlichkeit beinhaltet einen Abgleich mit der Realität, die Bereitschaft, den eigenen Blickwinkel zu erweitern und sich von Täuschungen zu befreien. Mit Ehrlichkeit und dem Streben nach Wahrheit kann man wirklich arbeiten und darauf aufbauen. Vielleicht ist das die einzige Wahrheit, mit der wir arbeiten können.

Ein sehr simples Beispiel ist die Ehrlichkeit gegenüber einer anderen Person: Schwächen, Wut, bestimmte Verhaltensmuster und Reaktionen können immer nachvollzogen werden, wenn du denn ehrlich erklärst, wieso du diese hast und wie sie zustande kamen. Also, wieso du dich verhältst, wie du dich verhältst, vor allem wenn du dich eigentlich ja nicht unbedingt so verhalten willst. Ehrlichkeit schafft Verständnis und die Möglichkeit, sich gegenseitig zu verstehen und das wahre Selbst eines anderen sehen zu können. Diese Ehrlichkeit gegenüber einer anderen Person kann allerdings erst realisiert werden, wenn du bereit dazu bist, ehrlich beziehungsweise wahr zu dir selbst zu sein, in dich selbst hinein zu schauen, dich zu verstehen und somit deinen Blickwinkel zu erweitern.

Etwas Mathe & Physik zur Erleichterung

Energielehre

Machen wir uns nun das Leben etwas leichter. Das Universum, die Welt, das Leben und das Ich sind ganz schön komplizierte und komplexe Angelegenheiten. Wo soll man also überhaupt bei sich anfangen? Wie soll man sich nun sicher sein, was tatsächlich wahr ist, was richtig und falsch? Und wie können wir uns nun tatsächlich helfen, ohne einen Riesenaufwand zu betreiben?

Die Physik hat es bereits gezeigt. Die Antwort auf das, was wir in Wirklichkeit, in Realität, zu sein scheinen, ist ganz einfach. Wir selbst, die Welt und alle Materie, die wir wahrnehmen können, sind letztendlich wohl eine Art Energie. Aus physikalischer Sicht bestehen wir zu 99,9% aus leerem Raum. Energie schwingt und vibriert, sie ist in ständiger Bewegung – vergleichbar mit einem Fluss. Das ist der natürliche und intelligente Zustand.

Genauso kannst du dir dich selbst und das Leben vorstellen, beziehungsweise dein eigenes Bewusstsein und deine Wahrnehmung gegenüber dir selbst und dem Leben – als einen Fluss aus Energie. Und damit kannst du prinzipiell jedes deiner Probleme lösen. Es kann ein sehr nützliches Hilfsmittel sein, sich selbst so zu imaginieren. Diese Vorstellung ist verdächtig einfach, beinahe zu einfach. Aber eigentlich ist dies sogar eine realitätsnähere Betrachtungsweise als unsere herkömmliche, vielmehr spiegelt diese tatsächlich die Realität wider und das, was wir daraus normalerweise machen, was wir sehen, riechen, hören etc., ist unsere Vorstellung und Imagination, auch wenn es irgendwie verrückt ist. Diese Betrachtungsweise ist also nicht nur einfach, sondern sogar äußerst sinnvoll. Wir neigen dazu, Dinge unnötig zu verkomplizieren. Wir denken nach, wägen ab, hadern, schieben Dinge vor uns her und verwirren uns selbst. Dabei sind die meisten Angelegenheiten im Grunde ganz einfach. Der Hauptgrund für Untätigkeit ist oft und vor allem eigentlich die Angst vor der Ungewissheit und vor den Konsequenzen, wenn wir tatsächlich etwas verändern würden. Tief in uns wissen wir oft bereits, was wir für richtig oder für falsch halten, und auch, was wir wollen oder nicht wollen. Zumindest dann, wenn wir ehrlich zu uns selbst sind und den Mut haben, wirklich hinzuschauen. Wie soll ich es sagen… Energie lügt nicht.

In dieser Ansicht bestärkt mich, dass Worte, die wir miteinander austauschen, eigentlich schon dadurch dazu verurteilt sind, zu Missverständnissen zu führen, da sie ganz einfach nicht genügen, um einen tatsächlichen Gedanken, der ausgedrückt werden soll, zu beschreiben. Alle Kombinationsmöglichkeiten aller Worte reichen oft nicht aus, schließlich kann ein Gedanke auch eher ein Bild sein. Daher sagt ein Bild bekanntlich ja oft mehr als tausend Worte. Wovon ich aber hingegen überzeugt bin, ist, dass du ganz genau – und ich meine wirklich ganz genau – weißt, wovon ich spreche, wenn ich das Erlebnis beschreibe, mit sich, einem anderen Menschen oder irgendetwas auf einer Wellenlänge zu sein. Man schwingt auf einer Wellenlänge, einer bestimmten Frequenz und es herrscht eine Art blindes Verständnis, eine gewisse Harmonie. Und so unterschiedlich diese Erlebnisse im Detail sein mögen, die wir diesbezüglich erlebt haben, behaupte ich, dass wir jetzt an genau dieselbe Sache denken. Weil es unserer Natur entspricht – weil es ist, was wir sind: Schwingungen auf bestimmten Frequenzen.

Es ist durch die Quantenphysik außerdem bewiesen, dass unsere Gedanken unsere eigene Realität kreieren. Wir leben also nicht in „der" Welt, sondern auch in unserer eigenen Welt. Das ist zwangsläufig so. Der Neurowissenschaftler Anil Seth formulierte es sehr treffend: „Eigentlich halluzinieren wir die ganze Zeit. Und wenn wir uns über unsere Halluzinationen einig sind, dann nennen wir es Realität." Wir treffen im Kollektiv nicht mehr als eine Vereinbarung darüber, was alle wahrnehmen können, den Rest nennen wir Fantasie oder ähnliches und tun oft so, als ob er nicht existieren würde. Willst du allerdings eine andere Person wirklich verstehen, mach dich frei von deinem „Wissen", stelle Fragen und gehe nicht automatisch von deiner eigenen Realität und deinen Annahmen aus.

Der springende Punkt ist: Wir selbst sind Energie, wir können diese Energie selbst beeinflussen und steuern – wir tun das sogar notwendigerweise, ob wir wollen oder nicht. Die Frage ist nur, bewusst und mit Willensfreiheit, oder unabsichtlich und unfreiwillig. Welche Funktionsweise ist wohl die wünschenswerteste für unseren Energiefluss? Ist es intelligent, wenn Energie sich selbst bekämpft, sich selbst Energie entzieht oder den Fluss blockiert, indem es Konflikte mit sich selbst oder anderen Energien (zum Beispiel der von anderen Menschen) schafft? Ich denke, es ist einleuchtend, dass dies eigentlich nicht sonderlich erstrebenswert ist. Jeder Ökonom sollte erkennen, wie man den größten Nutzen, den größten Gewinn erzielt. Natürlich gibt es auch auf diese Weise Möglichkeiten „Erfolg" zu haben. Man kann sich beispielsweise nur in bestimmte Richtungen entfalten, bestimmte Energieflüsse blockieren und sich dafür auf andere Teile fokussieren. Man kann auch von anderen Energien zehren, in Konflikt mit ihnen geraten und den Kampf „gewinnen". Aber ist dieser Aufwand wirklich schlau und vor allem begründet? Schließlich kann hier weder von minimalem Aufwand noch von maximalem Gewinn die Rede sein. Bewusste Unterdrückung des Flusses und Konfliktschaffung in einem Raum mit schier unendlichem Platz zur Entfaltung? Ist die einfachste, schnellste und zugleich intelligenteste Methode nicht einfach, alles fließen zu lassen, sich selbst zu entfalten, die anderen Energien sich entfalten zu lassen und mit ihnen zu kooperieren, indem man sich gegenseitig verstärkt oder zusammenschließt? Ganzheitliche Harmonie und Verbindung statt ständigem Kampf scheinen mir logisch betrachtet und auch aus eigentlich jeder „vernünftigen"

Perspektive (wir legen ja so viel Wert auf unsere Vernunft) die klaren Gewinner zu sein.

Wir sind jedenfalls in der Lage zu allem. Und doch blockieren wir uns häufig selbst und geraten in Konflikt mit uns selbst und mit anderen. Ein einfaches, aber oft zutreffendes Beispiel wäre auch hier wieder die Angst vor Veränderung und damit der Versuch, das Leben, so wie es gerade ist, krampfhaft festzuhalten. Menschen und Dinge an sich fest zu binden und sie zu kontrollieren, anstatt sie loszulassen. Der Energiefluss wird blockiert und staut sich, Konflikte werden geschaffen. Das Leben beziehungsweise den Lebensfluss selbst und damit die Zeit festhalten und gewissermaßen stoppen zu wollen, ist ein Versuch, der zum Scheitern verurteilt ist. Das Resultat kann nur eines sein: Begrenzung und Widerstand in einem Raum unendlicher Möglichkeiten. Bleibt die Frage, warum und wie es so oft dazu kommt, wenn es eigentlich doch so einfach sein könnte.

Der Ist-Zustand

Ich schätze, so wie ich selbst auch nicht, wird kaum ein Mensch tatsächlich mit diesem Bewusstsein, dieser Sichtweise und den damit verbundenen Möglichkeiten groß. Ein Kampf findet bereits zum Zeitpunkt unserer Geburt statt, überall um uns herum. Wir stolpern ins Leben, fangen langsam an unsere Umwelt wahrzunehmen, schnell werden uns Dinge beigebracht und nach und nach lernen wir dazu.

Wir lernen die Welt kennen, die Situation, in die wir nun mal geboren werden, und das ist dann die „Wahrheit“, unsere Wahrheit, und diese spiegelt unser Bewusstsein gegenüber der Welt und unserem Leben wider. Wir sind eigentlich unschuldig, egal wie verkorkst oder „schlecht“ wir sind. Wer von Beginn an keine Liebe kennen lernt, sondern Hass, Verachtung, Angst und Zurückweisung, wer vom Leben eher bedroht wird statt umsorgt, der weiß womöglich eben gar nichts von der Möglichkeit des Friedens oder kann es sich nicht vorstellen. In der Psychoanalyse spricht man auch oft vom Phänomen der Übertragung (und Gegenübertragung) – unsere Wahrnehmung ist verzerrt durch unsere Erfahrungen und Erwartungen, sodass wir andere Menschen und die Welt oftmals nicht so sehen, wie sie wirklich sind, sondern vor allem, wie sie uns erscheinen und wie wir sie durch unsere Projektion, ausgehend von unseren Erfahrungen, wahrnehmen. Dies wiederum wirkt sich auf das Verhalten in der Realität aus und zieht dementsprechend auch eine Gegenreaktion nach sich. In diesem Sinne trifft kaum jemanden eine „Schuld“, dass er ist, wie er geworden ist. Vor allem, wenn das eigene Weltbild und die Auffassung der Realität nur immer weiter bestätigt, anstatt entkräftet wird.

Auch die Auffassung der Ungerechtigkeit kommt leicht ins Spiel, wenn man andere Menschen beobachtet, schließlich auf sie trifft und sich mit ihnen austauscht. Eine völlig andere, vielleicht bessere, vielleicht schlechtere Ausgangssituation, Umgebung und Erziehung, die dieser andere Mensch erlebt hat. Wir haben nicht die gleichen Anfangsbedingungen – einige haben es viel leichter, andere schwerer. Das

Vergleichen, das Messen beginnt. Der Gedanke, dass das Leben nicht gerecht, nicht „gut“, nicht schön ist fällt leicht, je nachdem wo man eben hinschaut. Aber auf Hass wird in der Regel auch mit Hass und Rache reagiert, statt mit Verständnis, Vergebung oder Wohlwollen – ganz zu schweigen von Liebe. Schließlich lernen die meisten Menschen eben auch gar keine andere Möglichkeit als Reaktion darauf kennen oder fühlen sich nicht in der Lage dazu, etwas anderes anzuwenden. Der Überlebenskampf beziehungsweise „Survival of the fittest“ ist seit Jahrtausenden im Gange. Und obwohl wir eine Welt geschaffen haben, die diesen Kampf theoretisch völlig überflüssig macht oder machen könnte, ist dieser tief in uns verankert, wurde weitergegeben von Generation zu Generation. So weiß ich auch nicht, ob ich einer Person jemals verzeihen könnte, die eine von mir geliebte Person tötet, egal welche „guten“ Gründe sie auch immer haben mag. Ich bin nicht frei davon. Und trotzdem glaube ich an einen Ausweg, vor allem für weniger drastische Situationen. Denn auch hier kann man, je nachdem wie schwer es eben fällt, bei Kleinigkeiten anfangen. Auch hier rede ich von einer Fähigkeit, die man im Grunde ganz einfach erlangen kann, indem man umdenkt und/oder Schritt für Schritt übt. In erster Linie geht es mir darum, einen möglichen Ausweg aus diesem Kreislauf aufzuzeigen. Die Bewusstmachung anderer Möglichkeiten, die da sind – die Bewusstwerdung der Möglichkeit, dass man eine Wahl hat, immer.

Es ist nicht deine Schuld, dass du so bist wie du bist.
Es ist nur deine Schuld, wenn du so bleibst.

Gerechtigkeit

Gerechtigkeit ist einer dieser Begriffe, den sich wohl irgendwie die meisten wünschen, aber niemand so recht weiß, wie dieser überhaupt aussehen soll, ähnlich wie etwa Freiheit.

Wie könnte man Gerechtigkeit also beschreiben, sodass dieser Begriff realistisch wird und auch von Nutzen ist, anstatt dass er nur irgendein unerreichbares Ideal darstellt? Im herkömmlichen Sinne verbinden viele meistens wohl damit, dass jeder die gleichen Chancen haben sollte, jeder das Gleiche bekommen sollte oder jeder das bekommen sollte, was er verdient, je nachdem wie er sich verhält. Wie soll das also funktionieren? Dass jeder die gleichen Chancen hat, ist wieder vergleichbar mit dem Wunsch nach Freiheit. Jeder müsste in einer gleichen Umgebung mit gleich vielen Mitteln und Möglichkeiten und gleicher Gesundheit groß werden, was realistisch betrachtet einfach nicht möglich ist. Und naja, würden du und ich nun würfeln, kriegt vielleicht der eine eine Sechs und der andere eine Eins – doch wir hatten die gleichen Chancen. Wenn alle das Gleiche bekommen sollen, werden nahezu dieselben unrealistischen Bedingungen vorausgesetzt, zusätzlich gibt es keine Individualität, keine Möglichkeiten und Chancen. Dass jeder bekommt, was er verdient, ist im Prinzip fast genauso unmöglich. Wer „verdient" denn was? Wer entscheidet das? Und wer sich das Rechtssystem in einer Gesellschaft anschaut, der sieht schnell, dass es oft eher weniger mit „Gerechtigkeit" zu tun hat als mit juristischen Verfahren, Regeln, Präzedenzfällen und Hintertüren und es geht oft eher um Beweisbarkeit als um die tatsächliche Sache. Wer viel Geld hat, kann sich die besseren Anwälte leisten, wer „wichtig“ oder mächtig genug ist, bleibt eher verschont. Große Konzerne haben gegenüber dem einzelnen, einfachen Mann den Vorteil und Kinderschänder kriegen geringere Strafen als Raubkopierer oder Whistleblower. Das ist eine plakative und nicht korrekte Aussage, die lediglich eine gewisse Grundproblematik darstellen beziehungsweise gezielt dramatisieren soll. Außerdem spiegelt sie eine durchaus weit verbreitete Meinung wider – ein subjektives Gerechtigkeitsempfinden, das, ob nun faktisch zutreffend oder nicht, ebenso real im Leben vieler Individuen ist. Es scheint keine wirklich befriedigende Lösung zu geben, um das pauschal zu lösen.

Darüber hinaus gibt es grundsätzlich weder eine „zeitübergreifende Gerechtigkeit“ noch eine „ortsübergreifende Gerechtigkeit“. Während die vorige Generation in Deutschland noch in eine Kriegszeit geboren wurde, viele Opfer eben dieser wurden oder selbst daran teilnehmen mussten, da sie zum Beispiel eingezogen wurden, genießen wir in den letzten Jahrzehnten eigentlich eine sehr friedliche und vor allem äußerst bequeme Zeit. Wo ist das bitte fair oder gerecht? Genauso verhält es sich im Grunde mit der ortsübergreifenden Gerechtigkeit. Wer wiederum in der heutigen Zeit an einem anderen Fleck auf der Erde geboren wird, der hat auch wieder ein ganz anderes Los, das mit dem Beispiel eben vergleichbar ist oder sein kann. Ein Kind in Madagaskar muss eventuell jeden Tag darum kämpfen nicht zu verhungern, ein Kind in Syrien erlebt Bombenanschläge, Terror, muss aus seinem Land flüchten oder Ähnliches. Auch hier steht das in keinem Verhältnis zu unserer derzeitigen Luxussituation in Deutschland. Es scheint kein festgeschriebenes „Gerechtigkeitssystem" in der Natur zu geben. Es passieren einfach Dinge. Und alle eingangs genannten Varianten oder Vorstellungen von Gerechtigkeit haben gute und schöne Kerngedanken, aber sie lassen sich nicht radikal umsetzen oder verwirklichen, ohne selbst wieder in großer Ungerechtigkeit und letztlich in einer Dystopie zu enden. Es ist ein ständiger Balanceakt zwischen Freiheit und Regulierung.

Meine Antwort hat etwas mit meiner Oma zu tun, die diese Kriegssituation damals miterlebt hat. Sie wünscht mir irgendwie nur Gutes. Obwohl es weder fair noch gerecht ist, so ist sie doch überglücklich, dass ich nicht in einen Krieg hineingezogen wurde. Da ist weder etwas von Ungerechtigkeit noch von Groll oder Wut zu spüren, nicht mal ein Anflug. Abgesehen davon, dass meine Oma also einfach nur cool ist, bringt mich das auch zu meiner Vorstellung von Gerechtigkeit.

Wir müssen meiner Meinung nach wieder auf einer persönlichen, individuellen Ebene anfangen, um einen besseren und sinnvolleren Gerechtigkeitsbegriff zu finden. Für mich hat dieser viel mit Vergebung zu tun und diese war eine der schwersten, aber auch bereicherndesten Lektionen für mich persönlich, die ich auch immer wieder üben und verinnerlichen muss. Sie fiel und fällt nämlich manchmal extrem schwer. Oft fühlt man sich vom Leben ungerecht behandelt und „schlechten" Menschen scheinen dafür gute Dinge zu widerfahren, obwohl sie sie in keinster Weise verdienen. Es geht darum, dir selbst, dem Leben und möglichst allen anderen Menschen zu vergeben und dich zu befreien. Vielleicht hast du dich selbst schon mal dabei erwischt, wie du denkst: „Warum passiert mir das alles? Womit habe ich das verdient?" Ich habe diesen Gedanken auf jeden Fall schon mehr als einmal gehabt. Und wie gesagt, ein verhungerndes Kind in Afrika hätte eigentlich viel mehr Grund und „Recht", sich diese Frage zu stellen als ich. Und andersrum, wenn du einer Person gegenüber Groll hegst, neidisch oder eifersüchtig bist, oder „zu Recht" sauer auf sie aufgrund irgendeiner Sache bist, dann gilt es trotzdem, ihr schnellstmöglich zu vergeben. Denn letztendlich vergibst du damit dir selbst und befreist dich von deinen negativen Gefühlen. Generell ist es schwierig zu bewerten, wer was verdient. Jemand, der dir etwas angetan hat und dem du daher wünschst „Gerechtigkeit" zu erfahren, weiß eventuell nichts davon oder es ist ihm einfach egal. Vielleicht ist er in seinen Augen sogar ein guter Mensch und hat alles richtig gemacht, damit steht es objektiv betrachtet 1:1. Wie soll nun also Gerechtigkeit aussehen? Streit oder Krieg beruht meist darauf, dass beide Parteien sich gegenseitig als böse betrachten und sich selbst als gut.

Vergebung ist eine der besten Sachen, die du dir selbst schenken kannst, und eine der höchsten Stufen der persönlichen Entwicklung. Das Problem ist folgendes: Wenn wir nicht vergeben – wenn wir also uns selbst, einer Person oder einer Sache gegenüber weiter Groll hegen – dann tun wir im Endeffekt nichts anderes, als dieser Person oder dieser Sache Macht über uns zu geben. Sie kontrolliert unser Leben. Anstatt unser Leben besser, glücklicher, produktiver und freier zu machen, gehen wir weiter dieser Sache nach. Häufig sind das vergangene, von uns selbst begangene Fehler, Dummheiten oder Unzulänglichkeiten. Häufig sind das die eigenen Eltern, Freunde, Partner oder Ex-Partner, oder einfach die ungerechten Umstände des Lebens selbst. Dabei gibt es kaum etwas Dümmeres, als einem Menschen zu grollen, dem das einfach völlig egal ist – und einer Sache oder einem Umstand ist es das ohnehin. Du kannst den ganzen Tag oder sogar dein ganzes Leben damit verbringen, dich über jemanden zu ärgern, der dir etwas angetan hat, dir Chancen ruiniert hat oder deine Zeit verschwendet hat. Genauso kannst du dich ewig darüber beschweren, was dir alles an Zeit und Möglichkeiten durch die Umstände, in die du mehr oder weniger hineingeboren wurdest, genommen wurde. Aber wem hilft das? Du hängst weiter schlechten Gefühlen nach und verschwendest damit wirklich lediglich deine Zeit und Energie. Der anderen Person ist es in der Regel egal. Wenn du sie damit konfrontierst, zieht dies in den wenigsten Fällen wirklich Gutes oder Erstrebenswertes nach sich, da du wohl eher auch nichts Gutes im Sinn hast. Ein zwar nachvollziehbarer, aber einfach nicht gewinnbringender Gedanke, nachtragend zu sein. Entferne deine Aufmerksamkeit davon, hör auf, Schuld zu suchen und zu geben und erlange wieder die Kontrolle in deinem Leben. Menschen wollen schon immer verstehen und vor allem verstanden werden, weswegen man wohl gerne auf die ein oder andere Weise klar machen will, wie man sich fühlt und warum, aber das kann einfach nicht die Lösung des Problems sein. Keine gute zumindest.

Die Lösung kann meiner Meinung nach nur Vergebung heißen, wie man es auch dreht und wendet. Im Endeffekt hat sie weniger mit anderen Menschen oder Dingen zu tun, als dass sie einfach nur dir selbst dient und gut für dich ist. Damit meine ich keinesfalls, handlungsunfähig zu werden oder dass du zum Beispiel in einer Beziehung alles mit dir machen lassen solltest. Du kannst der Person vergeben und weiter machen, du kannst der Person vergeben und die Beziehung beenden – in beiden Fällen gilt es aber, ihr zu vergeben. Der Sache oder der Person nicht mehr die Macht über dich zu geben und nicht der Vergangenheit hinterher zu hängen. Es bedeutet einfach nur, sich von dieser Sache oder Person in dieser Form zu befreien und wieder Platz für gute, erstrebenswerte Dinge zu schaffen, die man sich doch eigentlich viel lieber in seinem Leben wünscht, anstatt die eigene Zeit mit schlechter Laune, Wut, Frust und Groll zu verbringen. Vergangene Fehler sind ein wichtiger Punkt deiner Entwicklung, die dich dazu gemacht haben, was du jetzt bist. Manche Dinge sollten einfach nicht so sein, wie man sie sich wünschte, oder für die Ewigkeit halten. Akzeptiere das und akzeptiere dich, außerdem kannst du es jetzt besser machen. Schlechte Beziehungen können dir zeigen, was du nicht willst und damit auch, noch viel wichtiger, was du in einer Beziehung beziehungsweise von einer Person wirklich willst. Deine Eltern haben getan, was sie den gegebenen Umständen entsprechend getan haben und haben ihr Bestes versucht. Oft waren auch sie nur Gefangene ihrer Probleme und haben dementsprechend Fehler gemacht. Das Leben, der Ort und die Zeit, in die du geboren wurdest, auch denen ist es egal, ob deine Situation „gerecht“ ist. Du kannst dich entscheiden, das Beste daraus machen zu wollen und deine eigenen Umstände zu schaffen oder du kannst dich ihnen ergeben und für immer darin verweilen. Versuche, dir selbst und allen anderen Menschen aufrichtig nur das Beste zu wünschen – sei ein Gönner. Auf eine gewisse Art und Weise können wir uns selbst Gerechtigkeit schenken. Vergebung ist die Kunst, das Leben zu akzeptieren, anzunehmen und Frieden zu schließen. Viel zu oft sind Menschen damit beschäftigt, Lektionen zu erteilen, Rachegelüsten nachzugehen oder sich in Selbstmitleid zu baden, statt einfach mal wirklich etwas zu machen und zu ändern, oder es zumindest zu versuchen.

Ist es fair, dass wir dafür zahlen müssen, was andere tun oder getan haben? Nein. Ist es fair, dass wir das ernten, wofür andere zahlen mussten? Nein. Menschen haben ein Leben in Armut gelebt, ihr Leben in der Sklaverei verbracht, in Kriegen gekämpft und erbaut, worauf wir heute stehen.

Was ist gut, was ist schlecht? Was richtig und falsch? Was ist gerecht? Diese Dinge scheinen irgendwie nicht so wirklich zu existieren. Fakt ist aber, wenn wir uns vergeben würden, müssten wir nicht kämpfen. Wenn wir uns Wohlwollen schenken würden, könnten wir uns sogar helfen. Und wer Krieg will, sollte sich nicht über die Toten beklagen.

Die Zeit & das Hier und Jetzt

Schon Albert Einstein hatte seine Probleme mit dem Phänomen des „Jetzt". Wir teilen unser Leben in unsere Vergangenheit, in die Gegenwart (Jetzt) und die Zukunft ein. Gleichzeitig haben wir aber zu keinem Zeitpunkt direkten Einfluss auf Vergangenheit oder Zukunft, uns bleibt nur das „Jetzt". Aber auch jeder Moment, jedes „Jetzt", vergeht schon im selbigen wieder und wird zu Vergangenheit, während ein Stück Zukunft zu unserem neuen „Jetzt" wird.

Wissenschaftlich beziehungsweise physikalisch, wie Einstein es eigentlich bestrebte, lässt sich das „Jetzt" nicht erfassen. Als sich jederzeit verändernde Schnittstelle zwischen Vergangenheit und Zukunft ist dieser Moment nicht quantitativ greif- oder messbar. Wenn wir uns die Zeitskala, aufgeteilt in Vergangenheit, Gegenwart und Zukunft, vorstellen, hat die Gegenwart immer die Ausdehnung Null. Das „Jetzt" taucht in der Physik nicht auf, während wir als Mensch die genau gegenteilige Erfahrung machen und zu jedem Zeitpunkt immer nur das „Jetzt" erleben. Egal, ob wir uns erinnern oder etwas planen, wir machen das immer genau jetzt. Das „Jetzt" ist für uns ein niemals aufhörender, unendlicher Zustand. Du liest diese Worte genau jetzt, ich spreche zu dir genau jetzt, obwohl ich diese Worte nicht jetzt zu dir spreche.

Wir betrachten Zeit in der Regel als eine objektive Gegebenheit, genau wie den uns umgebenden Raum. Außerdem betrachten wir sie als konstant. Jeder kennt wohl Einsteins Relativitätstheorie und

„weiß", Zeit ist relativ, aber für die Praxis ist uns das herzlich egal. Und normalerweise kann es das uns im Alltag ja auch sein. Zeit an sich ist jedenfalls nicht einfach etwas, was existiert, vor allem nicht so, wie wir sie uns vorstellen. Sie ist eigentlich keine objektive Gegebenheit, die „da" ist. Zeit ist subjektiv, Zeit in unserem Sinne ist eine Kreation, die wir uns geschaffen haben. Und doch läuft unsere Zeit auch objektiv unterschiedlich schnell ab. Sie lebt mit uns und stirbt mit uns. Wir leben nicht in Zeit und Raum, sondern mit Zeit und Raum. Zeit und Raum werden von ihrem Beobachter geschaffen, um das Chaos seiner Wahrnehmungen zu ordnen und überlebensfähig zu werden, während er ständig das „Jetzt" erlebt und dort im Grunde jederzeit wieder die Macht besitzt, sich neu zu erschaffen, denn es existiert ja gar nichts anderes. Das „Jetzt" ist der Augenblick der Freiheit. Wenn man will, existiert außer diesem „Jetzt" (und Hier) überhaupt gar nichts, wenn man will, existiert alles, was je gewesen ist, irgendwann und irgendwo mal sein wird, wenn man will, ist alles bereits festgelegt oder auch unbestimmt.

Alles ist relativ. Es lohnt sich niemals, sich gegen das „Jetzt" zu wehren. Genauso wenig lohnt es sich, sich gegen Veränderung aufzulehnen. Denn genau das ist unser Wesen, das ist der Lebensfluss. Sich dagegen aufzulehnen, schafft einen Konflikt, der nicht überwindbar ist. Die Dinge um uns herum und uns selbst nicht zu akzeptieren, so, wie sie genau jetzt sind, bringt uns nicht weiter. Das krampfhafte Festhalten dieser Dinge, so wie sie im Moment sind, macht genau so wenig Sinn, da das „Jetzt" und damit auch wir selbst und alles andere einem konstanten Wandel unterliegen. Plakativ enden der Lebensfluss, der Fluss der Zeit und das Hier & Jetzt nur mit dem kompletten Stillstand, dem Tod und Ende des Erlebens.

Man kann das natürlich auch wieder ganz anders auslegen. Man könnte wieder sagen, man sei Gefangener des „Jetzt“ und so weiter. Diese Sicht der Unfreiheit ist ebenso frei wählbar.

Unser Aktionsradius bleibt jedenfalls immer das „Jetzt“. Es lohnt sich nicht, in der Vergangenheit zu leben und sie festzuhalten. Es lohnt sich nicht, zu planen und in der Zukunft zu leben, ohne im „Jetzt“ auch etwas daraus zu ziehen oder dafür zu tun und ohne jederzeit jede neue Sache, die da ist, aber nicht in den gedachten Plan passt, zu akzeptieren und damit zu arbeiten. Solange wir krampfhaft an etwas festhalten, machen wir uns selbst unfrei. Wenn wir vor etwas flüchten, machen wir uns unfrei. Es lohnt sich nur, das „Jetzt“ anzunehmen, wie es jetzt ist, die Vergangenheit zu akzeptieren, wie sie uns jetzt erscheint und uns selbst, den anderen oder dem Leben zu vergeben, um es »jetzt« in vollen Zügen genießen zu können. Dann können wir uns frei ändern, neu erschaffen und unsere Träume aktiv verfolgen. Wenn wir von einem IST zum SOLL kommen wollen, müssen wir zwangsläufig mit dem anfangen, was ist, und auch jederzeit damit weiterarbeiten.

Jeder Augenblick in diesem Leben ist ein Geschenk, das wir ganz umsonst bekommen. Manchmal gelingt es mir, das zu verstehen – ich meine, wirklich zu verstehen. Bei einem schönen Sonnenuntergang etwa, wenn ich in der Atmosphäre guter Gesellschaft aufgehe, oder wenn ich in die Betrachtung einer Wolke, einer Blume, einer Biene oder sonstigen scheinbaren Banalitäten versinke. Wenn ich diese Schönheit des Augenblicks erkenne, wenn für den Moment alle Erwartungen und Ansprüche von mir abfallen. Dann ist für den Moment alles in Ordnung. Fast so, als wäre mein Sinn des Lebens, sonst so aufgeladen mit Plänen, Träumen, Hoffnungen, Verpflichtungen, Sehnsüchten, Zweifeln und Zielen, vielleicht letztendlich einfach nur das Erleben allein dieses Moments – und es wäre mir genug. Vielleicht bin ich in 24 Stunden schon tot, und ich will mir die Zeit nehmen, die „Jetzt's" und „Hier's" wertzuschätzen, die mir bleiben. Ich will dankbar sein und darauf achten, dass ich mein „Jetzt" so verbringe, dass es meinem Wesen und Idealen entspricht, ich Dinge tue, die mich erfüllen und mich mit Menschen umgebe und Beziehungen pflege, die mir etwas bedeuten. Du kannst nichts Wertvolleres schenken, als deine Lebenszeit – deine Energie und Aufmerksamkeit. Wenn du noch eine Woche zu leben hättest, was würdest du tun? Was würdest du bereuen? Mit wem würdest du deine restliche Zeit verbringen? Welchen Dingen würdest du noch eine Bedeutung beimessen?[21]

Meine Verwirrung und die Lösung meiner Probleme… vielleicht

Eine Sache hat mir sehr lange und sehr viele Kopfschmerzen bereitet. Ich habe viel darüber nachgedacht. Viele vor allem spirituelle Bücher kommen zu einer Schlussfolgerung, die den Weg zum Glück aufzeigen soll. Diese Antwort ist grob formuliert oft die totale Akzeptanz des Jetzt und das Mit-Fließen im Moment und in der Welt. Den inneren Kampf aufgeben, jegliche Konflikte loslassen und sich das Sein widerstandslos entfalten lassen, die Loslösung von so ziemlich allem Streben. Ich kann mich mit diesem Gedanken anfreunden. Er hat mir sehr viel Positives gegeben, mir definitiv geholfen und mich tatsächlich immer wieder dazu gebracht, mich frei und glücklich zu fühlen. Aber irgendwie hatte er für mich manchmal auch den faden Beigeschmack des „Sich-damit-Abfindens" und des Wegsehens. Ich will nicht das Leid, das in dieser Welt eben nun mal da ist, ignorieren oder gutheißen müssen und nur in meiner eigenen Welt leben, um glücklich sein zu können. Ich will alles sehen. Außerdem wird auch oft behauptet, dass es Widerstand bedeuten würde, Pläne für die Zukunft zu machen und sich damit ja irgendwie auch Ziele zu setzen, die man erreichen will. Materieller Reichtum wird oft herabgewürdigt oder als negativ deklariert. Dabei geht es doch eigentlich gerade in der Spiritualität um »alles«, was ist, oder nicht? Wieso wird das, was vor der Nase erscheint und sichtbar ist, ignoriert? Gibt es wirklich nur Entweder-Oder? Oft wird gesagt, dass durch diese Methoden die eigenen Ziele, Personen und Dinge von selbst zu mir kommen, dass ich zu einer Art Magnet werden würde, der alles anzieht, was er will, wenn ich es nur richtig anstelle. Mir fehlte da noch irgendetwas – oder ich verstand eben irgendetwas noch nicht richtig. Vielleicht hatten die Schreiberlinge dieser Bücher auch bereits etwas in sich verinnerlicht, was ich einfach noch nicht hatte. Ich habe auch Zeiten erlebt, in denen mir dies wirklich gelang, diese vollkommene Akzeptanz. Ich habe damit sehr viele meiner Probleme lösen können und mich zeitweise phänomenal gefühlt. Teilweise war ich erschrocken davon gewesen, wie gut meine Laune war und wie viel Lebenslust ich empfand, und richtig viele Dinge liefen wie geschmiert. Meine grundlegende Lebenseinstellung und mein Lebensgefühl wurden tatsächlich besser. Ich war beziehungsweise fühlte mich authentisch, irgendwie echt. Tatsächlich fühlte es sich so an, als würden mir viele Dinge zufliegen. Ich hatte auf einmal Glück und es geschahen erstaunliche Dinge. Ich glaube aber, ich habe zu diesen Zeiten, ohne, dass es mir bewusst war, mehr angewendet als nur das, was ich bis dahin verstand beziehungsweise geplant hatte anzuwenden. Und es gelang mir noch nicht, auch die (für mich) „großen" Dinge in meinem Leben zu manifestieren. Ich hatte zum Beispiel immer noch nicht viel Geld oder eine Beziehung, auch wenn es mich dadurch nicht mehr aktiv störte. Es gab nach wie vor Dinge und Situationen, die mich aus dem Gleichgewicht werfen konnten, und es kamen Fragen und Zweifel, die mich beschäftigten.

Kommen wir nun langsam wieder zu etwas, wovon ich auch ein wenig Ahnung habe. Vielleicht zahlt sich mein Mathematik-Studium ja noch aus. Sie ist nicht ohne Grund das Hilfsmittel schlechthin für so ziemlich jede Wissenschaft. Einsteins Genialität lag vor allem in der Einfachheit seiner Gedankengänge. Er hatte die Fähigkeit, aus einer komplexen Sache ein ganz einfaches Gedankenexperiment zu machen. Vielleicht war es auch anders herum, dass er sich etwas ganz einfach vorstellte und damit dann komplexe und größere Dinge begreifen und erklären konnte. Wie auch immer. Um sich zum Beispiel das Phänomen der Relativität der Gleichzeitigkeit zu erklären, hat er nicht mehr gebraucht, als sich einen Mann am Bahngleis und einen Mann in einem fahrenden Zug vorzustellen, während zwei Blitze „zur gleichen Zeit" einschlugen. Der Mann am Gleis befindet sich zwischen den beiden Blitzen, gleich weit von diesen entfernt. Der Mann im fahrenden Zug ist zum Zeitpunkt des Blitzeinschlags auf selber Höhe wie der am Gleis. Während für den einen Mann, der am Gleis steht, beide Blitze in der Tat gleichzeitig erscheinen, nimmt der sich im Zug befindende und sich bewegende Mann den einen Blitz früher als den anderen wahr. Durch seine Bewegung muss das Licht des einen Blitzes einen längeren Weg bis zu ihm zurücklegen. Somit existieren für ihn ein erster und ein zweiter Blitzeinschlag. Dieser Gedankengang war wohl die Geburtsstunde der speziellen Relativitätstheorie. Vorher, Gleichzeitig oder Nachher sind beobachterabhängige Begriffe und Erlebnisse und damit keine „objektiven" Gegebenheiten. Es gibt kein absolutes „Jetzt" und „Hier". Um es allerdings auch zu begründen und zu beweisen, sodass seine Theorie auch tatsächlich „wahr" ist und so anerkannt werden konnte, kam er nicht um die Mathematik herum. Um die Menschheit zu überzeugen und um etwas zu verstehen, muss es anscheinend kompliziert werden. Letztendlich wird aber selbst in der Mathematik auch wieder die Einfachheit gesucht. Außerdem dient die Mathematik als ein ausgezeichnetes Werkzeug zum Vorhersagen von Dingen. Irgendwie scheint Mathematik, wenn sie denn richtig angewendet wird, in diesem Universum einwandfrei zu funktionieren, egal wie chaotisch oder kompliziert eine Angelegenheit zu sein scheint. Und wenn Mathematik für die Physik beziehungsweise den „Weltenbau" gilt, der wir irgendwie alle unterliegen, wieso sollte man dann nicht auch etwas Nützliches für uns Menschen selbst aus ihr ziehen können?

Ich komme jetzt also langsam dazu, zu erklären, was dieses ganze Gerede über Raum und Zeit, Objektivität und Subjektivität tatsächlich bringen soll und welcher Nutzen dahinterstecken könnte. Ich kann dem Ganzen einfach sehr viel abgewinnen und mir gefallen die Gedankengänge, die diese Verrücktheit unseres Universums ermöglicht. Und selbst einer der wohl klügsten Menschen, der auf unserem Planeten gewandelt ist, hat die Dinge nicht komplett verstanden (Einstein). Das Verhalten von Menschen bereitet vermeintlich aus einer logischen Perspektive betrachtet einige Kopfschmerzen. Insbesondere Gefühle erscheinen oft unlogisch, sodass sich Menschen irrational verhalten und irrational denken. Dabei ist meiner Meinung nach alles darauf ausgelegt, Sinn zu ergeben. Denken und Fühlen vertragen sich wie gesagt nicht, weil eines von beidem oder beides eben nicht richtig verstanden und angewendet wird. Man gelangt zu Antworten, die Sinn machen, aber irgendwie auch nicht. Ich selbst komme immer wieder, je nachdem wie ich gerade denke, zu zwei unterschiedlichen, sich gegenseitig ausschließenden Antworten und auch stoße ich immer wieder auf sie, ob beim Beobachten im Alltag, in Sprichwörtern, in Büchern, im Leben oder in der Wissenschaft. Es heißt, Gleiches ziehe sich an, aber es heißt auch, Gegensätze ziehen sich an. Um Ziele zu erreichen und „Erfolg" zu erlangen, soll man, je nachdem, welches Buch man liest oder mit wem man spricht, massiv in Aktion treten, oder komplett loslassen und sie zu sich kommen lassen. Beide Ansätze sind meistens wohl begründet und machen Sinn, zumindest auf ihre eigene Art. Also was denn nun? Das „Jetzt" existiert objektiv betrachtet nicht und doch erleben wir es. Gleichzeitig endet das „Jetzt" in jedem Moment, aber es ist unendlich. Es gibt unzählige dieser Beispiele. Der Kampf der Gegensätze und Widersprüche. Und ich wurde nicht schlau draus. Muss ich vielleicht einfach eine der beiden Methoden aussuchen? Einfach eine Entscheidung treffen? Gibt es vielleicht gar keine Lösung? Gibt es mehrere?

Möglicherweise erscheint es banal, aber ich habe einen Gedanken aus der Mathematik gezogen, der mich auf eine bestimmte Weise fasziniert hat. In der Mathematik gibt es für Problemstellungen oft mehrere mögliche Lösungen, häufig sogar unendlich viele. Alle diese Lösungen sind also richtig. Obwohl die Suche meist darauf basiert, eine eindeutige Lösung zu finden, muss man sich damit abfinden. Jeder, der im Unterricht etwas aufgepasst hat, weiß, für die Gleichung

$$x^2 = 1$$

gibt es zwei Lösungen. 1 und -1. Keine Lösung ist richtiger als die andere, keine schneller oder irgendwie besser. Anzunehmen, dass es auf das Leben und die Beantwortung der wichtigen Fragen des Lebens, der Welt und des Universums nur eine richtige Antwort gibt, ist vielleicht eher naiv. Immerhin ist es die komplizierteste Sache überhaupt. Es kann also zwei oder oft auch mehrere Antworten geben, keine besser als die andere. Allerdings können zwar unendlich viele richtige Lösungen existieren, aber auch unendlich viele falsche. Immerhin gibt es doch stets die richtigen Lösungswege. Auch hier gibt es jeweils unendlich viele richtige und falsche Lösungswege. Und mit etwas Glück kann man selbst mit einem falschen Lösungsweg beim richtigen Ergebnis landen. Dann gibt es da noch diese Situationen, in denen es überhaupt keine Lösung zu geben scheint. Eben durch einen Widerspruch in sich oder „Unsinn". Vielleicht das Teilen durch 0 etwa. Ähnlich sah es wohl jedenfalls aus, als man sich das erste Mal mit

$$x^2 = -1 \quad \text{oder} \quad \sqrt{-1}$$

beschäftigt hat. Unsinn. Die Lösung beziehungsweise der Ausdruck existiert nicht. Aber eigentlich musste man nur etwas kreativ werden – so kam es zur Einführung der komplexen beziehungsweise imaginären Zahlen. Nichts weiter als ein Gedankenkonstrukt, das zwar so nicht wirklich zu existieren scheint, aber irgendwie doch. Ob das nun Sinn im herkömmlichen Denken macht oder nicht, eins ist unbestreitbar: Es funktioniert wunderbar. Mal wieder löst ein eigentlich unlogisch und unmessbar erscheinendes Phänomen jede Menge Probleme des herkömmlichen Denkens und ergänzt beziehungsweise rundet es auf eine Weise ab, die letztlich sogar notwendig zu sein scheint, damit die Dinge in unserem Universum tatsächlich so funktionieren und so Sinn machen können, wie sie sind. Die komplexen Zahlen sind eine

Konstruktion – imaginär, aber doch real – wenn man sie dazu macht. Eigentlich, wie die Mathematik selbst auch. Sie sind funktionsfähig und sinn-ergebend, wenn man sie richtig konstruiert und anwendet, und sie lösen jede Menge zweifelsohne realer Probleme. Ob man sie nun versteht oder nicht, ob man an sie „glaubt" oder nicht, ob man sie einsetzt oder nicht – so oder so sind sie da. In irgendeiner Form erscheinen sie uns. Und wenn wir uns dazu entscheiden, sie nicht zu sehen (sie nicht oder falsch einzusetzen, oder nicht an sie zu „glauben"), so erscheinen sie uns eben in Form von unlösbaren Problemen, in Sackgassen, in Widersprüchen und endlosen Irrwegen – in Form von realen Problemen, für die wir keine Lösung finden und nicht weiterkommen.

Für mich heißt das alles… Zwei Dinge können nebeneinander zeitgleich existieren und die Antwort auf dieselbe Frage sein. Dinge können gewissermaßen existieren und gleichzeitig nicht existieren. Widersprüche müssen sich nicht ausschließen, sondern können sich wunderbar ergänzen. Kurz: Unsinn macht Sinn – wenn man will.

Oft komme ich also in Bezug auf mich selbst, dem Leben und meiner Fragen zu zwei unterschiedlichen Lösungen, die sich scheinbar widersprechen – und ich frage mich, welche wohl die richtige ist. Ich denke, oft ist die eine Antwort die aus rein seelischer oder gefühlsgeleiteter Perspektive und die andere die aus rein vernünftiger oder „logischer" Perspektive. Vielleicht sind beide Antworten richtig. Und vielleicht lassen sich beide miteinander vereinbaren und sogar gleichzeitig verfolgen. Nur muss man dazu wohl erst mal den Verstand ausschalten – oder erweitern – können, um das zu akzeptieren. Allmählich formt sich meine Vorstellung von dem Unterschied zwischen reiner (Denk-) Logik und tatsächlicher, ganzheitlicher Intelligenz. Die Lösung liegt für mich in Dingen, die sich gegenseitig ausschließen. Warum das nicht unsinnig sein muss, dazu komme ich noch. Die dringendere Frage bleibt wohl aber: Wie kann das nun konkret in der Praxis, im Leben, funktionieren und aussehen?

Jeder will in den Himmel, aber niemand will sterben – Glaube, Wissenschaft, Religion

Schauen wir uns mal das Konzept des Himmels oder eines Gottes näher an. Ich würde sagen, dass Glaube an sich etwas sehr Wichtiges ist, wie ich vorher schon in Sachen Körper betont habe. Sei es der Glaube an einen Gott, an Wissenschaft, an sich selbst, an nichts, daran, alles anzuzweifeln, oder an was auch immer. Jeder glaubt an etwas, ob er will oder nicht, und dieser Glaube bestimmt maßgeblich das eigene Verhalten und auch das eigene Wohlbefinden, er formt direkt oder indirekt unsere Werte, unser Moralempfinden und, wenn wir genau hinsehen, sogar unsere Logik. Wir alle glauben an ein gewisses Weltbild und nennen es Realität, dabei existiert das, was du Realität nennst, mit allem, was dazu gehört, nur genau einmal. Und zwar in deinem Kopf. „Die Welt" oder „das Universum" existiert ausschließlich in menschlichen Köpfen. Und der Ort, an dem du gerade bist, zumindest in der Form, nur in deinem.

An einem gewissen Punkt scheiden sich dabei immer wieder die Geister. Bei der Frage, wie wir denn nun in dieses Leben kamen und darüber hinaus, was der Ursprung des Lebens, der Welt, des Universums ist. Und ob das alles eine Bedeutung hat. Diese Frage und wie man sie beantwortet, scheint so wichtig zu sein, dass seit Jahrtausenden immer wieder Kriege entstehen und sich die Menschen auf der ganzen Welt in verschiedene, rivalisierende Gruppen einteilen. Die, die an etwas „Höheres" glauben und die, die an „nichts" glauben. Die, die „Wunder" als höhere Macht bezeichnen und die, die alles für erklärbar halten. Und auch die, die ihren Gott X nennen und die, die ihn Y nennen.

Ich persönlich bin kein großer Freund von Religionen und ihren auf mich teilweise fragwürdig wirkenden Bräuchen. Auch die große Auseinandersetzung zwischen Wissenschaft und Glaube halte ich für mehr oder weniger überflüssig. Die einen sagen wie gesagt nur, dass es eine höhere Macht, ein höheres Ideal oder ähnliches gibt, was unseren Verstand überschreitet. Die anderen halten ausnahmslos alles für erklärbar und ein Prinzip von Ursache und Wirkung, beziehungsweise von logischen Abfolgen und Gegebenheiten. Ein übergeordnetes Etwas, das ins Geschehen eingreift, gegen das Prinzip der Kausalität. Aber wo genau ist der Widerspruch? Ich sehe im Grunde keinen wirklichen, außer, dass die einen es als etwas Personifiziertes bezeichnen und betrachten, das allerdings niemand genau erklären, beschreiben oder greifen kann, und die anderen es Gesetze nennen, die jederzeit und überall wirken und somit ebenfalls jederzeit ins

Geschehen eingreifen – allerdings wohl auch niemals komplett erfasst und begriffen werden kann, woher sie kommen und sich hinter jedem Rätsel wieder ein neues verbirgt.

Ich glaube, dass viele Menschen im Grunde an das Gleiche glauben und es nur unterschiedlich benennen und veranschaulichen. Ob ich es nun Gott, Energie oder Naturgesetze nenne spielt keine Rolle. Vor allem nicht eine so große, dass man sich dafür trennen, hassen oder töten müsste. X und Y haben meist die gleichen oder ähnliche Ideale, nur jeweils verschiedene Eigenheiten, sie sehen vielleicht ein bisschen anders aus. Jeder hat trotzdem eine Vorstellung von Gut und Böse, die zwar sehr mit dem jeweiligen Glauben verknüpft ist, aber in der Grundausrichtung doch meist übereinstimmt. Schlimmer sind die Missverständnisse, die daraus entstehen, einem anderen seine Meinung aufzwingen zu wollen und die vielen Manipulationsmöglichkeiten, die solche Götter bieten. Wie kann es sein, dass Krieg zwischen zwei Religionen herrscht, die beide den Frieden anpreisen? Und wie kann es sein, dass ein Mensch sich mit anderen unschuldigen Menschen zusammen in die Luft sprengt, zu einem „guten“ Zweck? Und das im Namen eines Gottes, der den Frieden und das Gute verkörpern soll. Kriege, Streitereien, Terror, Massenmord. All diese Dinge brechen wegen dieser Missverständnisse und Meinungsverschiedenheiten seit tausenden von Jahren aus. Ein Mensch, der an einen Gott glaubt, den er aus seiner Erfahrung heraus als „gut“ definiert, kann mit jemand anderem, der genau das Gleiche tut, in einem Kampf auf Leben und Tod enden, nur weil sich beide Seiten nicht gegenseitig anerkennen. Weil beide nicht akzeptieren, dass die Gedanken des jeweils anderen genauso real sind wie die eigenen, tun beide etwas, das in den meisten Fällen allen Lehren ihres jeweiligen Gottes und dessen Ideal widerspricht. Aus etwas Gutem wird etwas Schlechtes, von außen kann man das leicht beobachten, während die Involvierten dies aus ihrer Sicht heraus nicht realisieren und in ihrer Realität weiter im Namen der „Wahrheit" und des „Guten" kämpfen. Dabei sollte „Gut" doch eigentlich gar nichts mit Kampf zu tun haben. Oft ist dies eine Folge der Missverständnisse von Metaphern und Bildern und der Manipulationsmöglichkeiten eines solchen Gottes, die eine Organisation wie beispielsweise eine Kirche erhält, die letztendlich eben doch nur aus Menschen besteht und oft genug menschliche Ziele verfolgt. Gedankengut für Angst vor dem Unbekannten oder einer Strafe dieses Gottes für Ungehorsam oder Gotteslästerung sowie Kampf gegen diejenigen, die eben dieses tun, ist leicht geschaffen. Und wo liegt die Belohnung oder Strafe? Eben, im Unbekannten. Im Paradies beziehungsweise im Himmel oder in der Hölle.

Ich kann trotzdem nur zu einem Schluss kommen. Absolut jeder Gott, an den jemals geglaubt wurde, existiert auch. Gedanken sind Dinge. Sie sind real. Das ist für mich allein dadurch bewiesen, dass jeder Gedanke, so klein er auch sein mag, in irgendeinem Kopf existiert hat und somit auch Einfluss auf den Menschen und damit den Lauf der Dinge hatte. Wie war das nochmal mit Kausalität? Und nur, weil wir uns daran gewöhnt haben, lediglich das als real anzuerkennen, das man auch sehen, irgendwie wahrnehmen oder nachweisen kann, glauben wir nicht mehr daran. Wir müssen uns einfach nur der eigenen Relativität und auch der Macht unserer Gedanken, unserer Welt und unseres Universums bewusst werden. Wäre das endlich jedem klar, wüsste auch jeder, dass er frei ist, seine eigene Realität zu erschaffen und genauso eben auch jeder andere frei ist, dies zu tun. Wird die Freiheit bedroht oder eingeschränkt, sind Konflikte vorprogrammiert. Jeder Mensch ist sein eigenes kleines Universum, das ständig, wie auch das Universum, in dem wir uns alle befinden, expandiert und sich entfaltet. Mit jedem Augenblick wächst unsere gesammelte Erfahrung und verändert eben jene.

Gibt es Wunder? Gibt es einen Gott? Gibt es Magie? Wir nennen vieles nur deshalb nicht mehr Magie, Wunder oder Gott, weil wir es ansatzweise nachvollziehen oder anwenden können, vergessen aber, dass wir eigentlich immer noch keinen Schimmer haben, was wirklich dahintersteckt.

Auch die Wissenschaft treibt allerdings ein wenig Unfug. Während grundsätzlich erstmal die Ausrichtung auf Gut und Böse losgelassen wird und mehr oder weniger lediglich das Forschen mit dem Ziel der Wahrheit verfolgt wird, also Richtig und Falsch, wird häufig auf Ethik, Moral, Gefühle, Subjektivität oder Glauben herabgeblickt oder sie werden komplett außen vor gelassen. Und auch die Wissenschaft legt sich mit X und Y an und endet im Streit. Geht es dabei um nachweisbare Wirkungsweisen, ist das natürlich nachvollziehbar und aus meiner Sicht zu befürworten. Doch häufig geht es darum, die Wahrheit für sich zu beanspruchen. Vor allem die Wissenschaft ist es oft, die die Denkfähigkeit auf den Podest stellt und die Rolle der Gefühle und des Glaubens, dieses subjektive Etwas, das die Wahrnehmung trübt, herabstuft. Es gibt in der Wissenschaft keinen Platz für rein Subjektives oder Nichtmessbares. Was nicht irgendwie messbar ist, ist nicht Teil der Gleichung. Jeder, der wirklich nach „Wahrheit" sucht, kann allerdings nicht etwas ignorieren, das offensichtlich da ist und damit Teil dieser Wahrheit ist. Die Suche und das Streben nach Wahrheit gäbe es wie gesagt überhaupt nicht, wäre da nicht dieser Antriebsmotor, der dafür sorgt, dass man danach sucht und davon fasziniert ist. Nur wer stark fühlt und stark „glaubt", in diesem Falle an die Wahrheit oder an einen Sinn in dem Sinne, dass alles, was passiert, einen (kausalen) Sinn hat, der nimmt die Strapazen auf sich, diesen Glauben zu ergründen und zu beweisen. Wissenschaft ist so gesehen nur die Religion, die der Struktur und dem Aufbau des Universums eine Vernunft und einen Sinn unterstellt und die Sehnsucht des Begreifens fördert und betreibt (mehr oder weniger Einsteins Worte). Letztendlich sagt die Wissenschaft jedenfalls nur, dass es irgendeine Erklärung für Wunder gibt – nicht, dass es sie nicht gibt. Sie lässt die Dinge oft „tot" erscheinen, als getrennt und in kleine Bestandteile zerteilt, wirkt vielleicht trocken und unromantisch. Sie nimmt der Magie scheinbar ihre Magie. Ein „wahrer" Wissenschaftler sieht es vielleicht anders und ist völlig fasziniert von eben dieser Magie. Dieser sieht es vielleicht eher als den Versuch des Nachvollziehens, Nachkonstruierens oder Neuerschaffens von Magie, von Teilen dieses riesigen lebendigen Prozesses, der ständig und überall stattfindet. Ein solcher „wahrer" Wissenschaftler ist sich wohl auch dessen bewusst, dass die Wissenschaft eben nicht die „letzte Wahrheit" für sich beansprucht, sondern gerade darüber, da keine Aussagen gemacht werden können, keine macht, und sich mit den Gesetzmäßigkeiten innerhalb unserer Grenzen und des Erfassbaren beschäftigt. Insofern korrigiere ich mich, dass nicht die Wissenschaft Unfug treibt, sondern diejenigen, die sie dazu missbrauchen. Das Faszinierende an der Wissenschaft bleibt aber wohl, dass sie richtig beziehungsweise funktionsfähig ist, ob man daran glaubt oder nicht.[22] Man sollte aber nicht gänzlich vergessen, dass das Universum keine Regeln und Gesetze kennt – es lässt sich letztendlich nicht in von uns erfundene, einzelne Fachbereiche aufteilen oder „trennen". Widmet man sich der Wissenschaft, kann man sich definitiv von einigem Irrglauben befreien und sich helfen. Allerdings fängt jede Theorie und jede Erfindung mit dem Glauben an etwas an, das es (noch) nicht gibt. Glaube ist Kreation, die Sinn macht und – richtig angewendet – real wird.

Wer fest an die Kausalität der Dinge glaubt, der behauptet, dass jedes kleine Detail in diesem Universum ineinandergreift und Sinn ergibt. Diese Person müsste im herkömmlichen Sinne eigentlich zwangsläufig auch daran glauben, dass sie, wenn sie alle Informationen aller Teilchen beziehungsweise Objekte besäße, wie sie sich bis zu diesem Zeitpunkt verhalten haben und gegenwärtig verhalten, sie die Zukunft vorhersagen könnte. Damit wäre die Zukunft bestimmt. Das könnte man wohl auch als Schicksal bezeichnen, wobei sich viele Gemüter beim Hören selbigen Begriffs wohl sofort sträuben würden. Im Grunde ist das die Idee des Determinismus.

Jedenfalls vernachlässigt die Wissenschaft in vielen Fällen ganz einfach eine Ethik. Und trotz des Ideals der Wissenschaft, etwa nur der Wahrheit verpflichtet und objektiv zu sein, ist auch sie nicht frei davon, letztlich von Interessen und bestimmten Zielen angetrieben und gelenkt zu werden. Es wird schließlich nicht alles erforscht, sondern vor allem das, was nützlich, lukrativ (für unterschiedlichste Akteure) oder eben auf irgendeine Weise interessant für jemanden ist. Heutzutage sind immer weniger Menschen einer Religion zugehörig. Das muss nicht schlecht sein, allerdings fehlt dadurch oft auch ein bewusster Glaube – den man allerdings notwendigerweise in irgendeiner Form hat, ob man sich nun dessen bewusst ist, oder nicht. In der Praxis könnte folgen, dass dadurch Erziehung und Verinnerlichung bestimmter Werte und Ideale vernachlässigt wird oder überhaupt nicht stattfindet. Es wird wohl oft damit verwechselt, aber sich mit dem Leben auseinanderzusetzen, die Tiefe im eigenen Erleben zu finden und zu einer gewissen Spiritualität zu gelangen, hat nichts mit Religion zu tun. Ebenso muss ein Glaube nichts mit Religion zu tun haben. Die Notwendigkeit einer Ethik und damit auch eines Glaubens an eine Art Gut und Böse besteht darin, dass ohne Ethik und Moral, die auf Gutes im Sinne von Förderung gegenseitiger Freiheit, des Lebens und des Miteinanders generell abzielt, kein Sinn und kein Wille zur Fortführung von Leben oder Existenz existieren würde. Das ganze Universum (und die Wissenschaft) funktioniert nur, weil die Dinge irgendwie aufeinander aufbauen, miteinander verbunden sind und ineinandergreifen. Diese simple aber fundamentale Tatsache, die tatsächlich in der Natur beziehungsweise in der objektiven Realität selbst angelegt zu sein scheint, sollten wir nicht einfach ignorieren. Wären wir wirklich und fundamental getrennt, könnten wir uns gar nicht sehen. Die Auffassung der Sinnlosigkeit des Lebens gewinnt leicht an Macht, wenn man Menschen unterstellt, dass sie getrennt wären, keinen Sinn hätten, keinen Unterschied bewirken würden, klein oder unbedeutend seien – oder es bewirkt eine Gegenreaktion, sodass sie nur sich selbst für wichtig halten, da sonst ohnehin alles sinnlos ist. Glaube oder eine durchdachte Ethik schafft Sinn, Möglichkeiten und Freiheit – ganz ähnlich, wie Gefühle das Denken ergänzen und komplettieren (können). Während ein nicht durchdachter Glaube auch unlösbare Probleme und Irrwege sowie Konflikte mit sich selbst, anderen und dem Leben erschaffen kann. Glaube, Ethik und Gefühle stellen für mich die komplexen Zahlen des Denkens dar – eine Bewusstseinserweiterung.

Natur an sich besitzt weder Kopf noch Herz, aber auch beides – und erzeugt alles.

Zufall vs. Schicksal

Ach Schicksal, was hast du denn da nur wieder angestellt…?

In dieser Welt passieren immer wieder rätselhafte Dinge. Dinge, bei denen man sich fragt, warum sie geschehen und die offensichtlich völlig sinnlos oder schlecht erscheinen. Ich denke, nahezu jeder erlebt in seinem Leben solche Momente. Manche schreiben es Gott zu, andere dem Schicksal oder dem Zufall und wieder andere, nun ja, der Sinnlosigkeit des Lebens, dem Nichts.

So wie ich glaube, dass Wissenschaft und Glaube sich nicht wirklich widersprechen, so denke ich auch über Zufälle und das, was viele Schicksal nennen. Ich würde sagen, dass der Unterschied zwischen Zufall und Schicksal mal wieder reine Haarspalterei ist. Und letztlich viel mehr davon abhängt, wie wir diese Begriffe verstehen und welche Schlüsse wir daraus für uns selbst ziehen. Zwei Personen können an unterschiedliche Begriffe glauben und das Gleiche meinen. Und sie können an den gleichen Begriff glauben, aber etwas Unterschiedliches meinen. Ich glaube also an beides, wenn man so will. Ich bin mir sicher, dass ich mein Leben selbst in die Hand nehmen kann und es selbst maßgeblich beeinflusse und bestimme. Ich versuche lediglich, diese „komischen“ Zufälle, die einem passieren – diese „Unwahrscheinlichkeiten“ oder eben „schicksalhaften Momente“ – zu nutzen und das Beste daraus zu machen. Ich erkenne diesen Moment, diese Gelegenheit, diese Chance als solche an, als Wink vom Universum, und versuche einfach was Cooles daraus zu machen. Und ehrlich gesagt unterstelle ich diesem Zufall auch, dass er nicht lediglich ein zufälliger Zufall ist, aber dazu komme ich später. Sei das die wunderschöne Person, die mir jetzt zum fünften Mal über den Weg läuft, sei es die unverhoffte Möglichkeit, einen Schritt Richtung Traumjob wahrnehmen zu können und eventuell dafür sogar einen anderen Weg einzuschlagen und manche Dinge aufzugeben, oder eben sonstige Gelegenheiten. Vielleicht auch einfach nur die Glückszahl oder Lieblingsfarbe, ein Name oder sonstige Kleinigkeiten, die man auch einfach als Grund zur Freude und Dankbarkeit nehmen kann, um den Tag besser zu gestalten. Es ist völlig willkürlich, das kann von der kleinsten Kleinigkeit bis zur größten Sache gehen, du selbst hast die Wahl.

Denn wie »wahrscheinlich« war es, dass mir genau diese Sache zu diesem Zeitpunkt in dieser Form passiert? In der Mathematik lautet die Antwort auf diese Frage, egal in welcher Situation, „fast sicher null". Das heißt im Grunde Null, oder so gering, dass es praktisch unmöglich ist. Dass du genau da bist und das erlebt hast, was du bisher erlebt hast, und dass »du« – so wie du bist – überhaupt geboren wurdest, hätte kein Computer der Welt vorher berechnen können. Wir sind wahre Wunder. Und dieser Gedanke lässt sich ewig weit weiterspinnen, ob bis zur Entstehung der Erde oder noch weiter in die Grenzenlosigkeit des Universums. Fakt ist, dass – bleiben wir mal bei dem Beispiel deiner Geburt und der Tatsache, dass du überhaupt jetzt existierst und denken, fühlen und wahrnehmen kannst – es oft (eigentlich immer) nur ein kleiner Moment war, der dann dazu geführt und bestimmt hat, was anschließend kam. Eine Gelegenheit, die wahrgenommen wurde, ein Gedanke, der sich in den Kopf gesetzt wurde. Wie haben sich deine Eltern kennen gelernt? Vielleicht waren sie zufällig im gleichen Café oder einer Bar, oder haben sich im Urlaub getroffen? Vielleicht verfolgten sie das gleiche Hobby oder lernten sich in der Arbeit kennen, studierten zusammen oder waren in der gleichen Schule? Vielleicht hat er sie oder sie ihn auch einfach nur irgendwo gesehen und spontan angesprochen? Vielleicht weiß es auch keiner mehr. Fakt ist, irgendwie trafen sich diese zwei Lebenswege einmal durch eine Reihe von Zufällen – oder wenn man so will, durch eine unüberschaubare Kette von Abfolgen, die nicht vorhersehbar, aber logisch war – oder eben durch Schicksal, vielleicht einmal, vielleicht mehrmals, und dann bist du nach einer weiteren Reihe von ebenso „zufälligen" Momenten irgendwann irgendwie irgendwo entstanden. Und da haben wir sie, die Geschichte deiner Entstehung. In jedem anderen Szenario wäre es nicht dazu gekommen und du wärst jetzt nicht du. Wir sind einzigartige, nicht wiederholbare Wesen.

Man kann dieses Phänomen wissenschaftlich natürlich auch nüchterner beschreiben – Stephen Hawking beschreibt hierzu in seinem Buch „Kurze Antworten auf große Fragen" das sogenannte „Anthropische Prinzip". Sinngemäß lässt sich in diesem Zusammenhang sagen: Wärst du nicht du, könntest du dich das gar nicht fragen. Deine Existenz ist so gesehen eine Prämisse dafür, dass du dich überhaupt jetzt über das Wunder deiner Existenz wundern kannst. Es gibt also keinen Grund, sich zu wundern. Schließlich kann sich jeder Mensch, der existiert, darüber wundern, und jeder, der nicht existiert, kann das nicht. Auch, wenn diese Argumentation wohl sinnvoll ist, kann ich ihr nicht wirklich viel abgewinnen.

Ich will damit erst mal sagen, man sollte diese Unglaublichkeit trotzdem anerkennen und jeden Moment zum Besten nutzen. An dieser

Stelle finde ich es angebracht, es so zu formulieren: Drauf geschissen, dass deine Existenz eine Notwendigkeit dafür ist, dass du dir solche Fragen überhaupt stellen kannst, du bleibst doch trotzdem ein unwahrscheinliches Wunder. Die schlechtesten Varianten der Begriffe Schicksal oder Zufall sind in meinen Augen die, bei denen jede Unwahrscheinlichkeit als „dummer Zufall" abgetan wird oder bei der man sich mit „seinem Schicksal abfindet". Wenn dir die wunderschöne Person zum fünften Mal über den Weg läuft, kannst du das als Anreiz nehmen, sie in deine Erfahrung zu bringen und anzusprechen, oder du kannst, nun ja, dich lediglich über diesen komischen Zufall wundern oder sie eben nicht als Teil deines Schicksals sehen, weil du ja immer noch etwas dafür tun müsstest. Wurde dir die Möglichkeit denn nicht etwa genau gerade, genau hier geboten? Auch hier kannst du, egal ob du nun an Zufall oder Schicksal glaubst, entscheiden, ob du dich zurücklehnst und dein Leben beobachtest, während es an dir vorbeizieht und mit den Dingen lebst, die du zugelost bekommst, oder ob du aktiv daran teilnimmst und es gestaltest. Wie gesagt, Menschen können zu völlig unterschiedlichen Antworten gelangen, und das Gleiche meinen – und umgekehrt.

Mein Leben will ich jedenfalls leben, als ob es weder Zufall noch Schicksal gibt, gleichzeitig aber doch beides existiert – und ich irgendwie einen Mix aus beidem oder auch beides gleichzeitig praktiziere. Im Idealfall blicke ich später mal auf mein Leben zurück und kann einfach absolut nicht sagen, ob mein Leben jetzt eine Reihe von völlig verrückten Zufällen war oder ob so eine Verrücktheit vielleicht doch nur durch etwas wie „Schicksal“ vorherbestimmt sein konnte. Und trotzdem ist mir irgendwo klar, im Endeffekt war »ich« das alles.

Ich frage mich, ob Einstein nicht sogar versucht hat, gerade das Schicksal zu beweisen oder vielleicht auch, es gezielt zu widerlegen. Aus der Relativitätstheorie folgt im Grunde, dass Raum und Zeit nicht zwei voneinander getrennte Einheiten sind, sondern in Wahrheit miteinander verwoben und verbunden sind. Dies wird unter dem Begriff Raumzeit zusammengefasst und alles, was einmal (aus unserer Menschenperspektive im Jetzt) existiert hat, existiert oder existieren wird, könnte „in Wahrheit“ bereits existieren. Somit könnte man, wenn man alle Positionen, alle Geschwindigkeiten jeder Sache und jedes Teilchens, sprich, wenn man alle Informationen, die es zu diesem Zeitpunkt gibt, besitzt, theoretisch die Zukunft vorhersagen und die Vergangenheit rekonstruieren. Dadurch könnte man meinen, dass es tatsächlich dieses Schicksal geben muss, von dem immer alle sprechen. Das Einzige, was uns an dieser Bestimmung hindern würde, wäre die gegenwärtige Praxis – die Unfähigkeit, alle gegenwärtigen Informationen zu erfassen. Wieso unterscheiden sich Vergangenheit und Zukunft in ihrem Wesen für uns so sehr? Wieso erscheint uns das eine bereits festgeschrieben und es entfernt sich immer weiter, während das andere unsichtbar, unbekannt und ungewiss ist und stets auf uns zukommt? Aus unserer Sicht als Beobachter sind Vergangenheit und Zukunft gleichzeitig existierende, miteinander wechselwirkende Phänomene und in ihrer Natur unvereinbar.

Einige Theorien, die sowohl in der Physik als auch der Philosophie diskutiert wurden oder werden, sagen aus, dass möglicherweise sogar alle „Hätte-Wäre-Wenn"-Szenarios ebenfalls existieren. Simpler ausgedrückt, alle Universen, Welten und auch mögliche Verläufe deines Lebens und seiner Umstände existieren und sind »real«. Zumindest ist das möglich. Dieses Szenario kann allerdings weder widerlegt noch belegt werden. Doch wenn wir daran zurückdenken, dass die meisten Menschen früher die Erde für das Zentrum des Universums hielten, sollten wir vielleicht nicht automatisch davon ausgehen, dass dies bei unserem Universum der Fall ist. Wie auch immer. Selbst dann bliebe nun die Frage, ob dann also alle möglichen Universen existieren und es so ist, dass man in einem „Raumzeitstrang" gefangen wäre, oder man ihn selbst formen beziehungsweise die Stränge wechseln könnte. Streng genommen bliebe die Frage im Extremfall dann aber doch nicht, denn wenn es alles gäbe, gäbe es auch jede dieser Möglichkeiten. Und dennoch bliebe die Frage eben doch, denn wie könnten wir herausfinden, in welcher der Möglichkeiten wir uns befinden?

Am Ende steht jedenfalls erst mal nur wieder eine Erkenntnis: Ob Zufall, Schicksal, das Nichts, Gott oder was auch immer – es sind nur Begriffe für etwas, das wir nicht erklären können und unseren Horizont überschreitet.

Je mehr unser Blickwinkel erfasst, je mehr Überblick und Informationen wir haben, desto gewisser erscheint etwas. Zufall ist relativ, und streng genommen gibt es ihn vielleicht gar nicht. Ob es nun das

Schicksal gibt oder nicht, es wird uns trotzdem nicht die Gelegenheit des Augenblicks genommen, in dem jeder ganz allein die Freiheit und Bestimmtheit genießt, durch eben diesen in welchem Maße auch immer Einfluss zu nehmen. Und was mich bei der Beschäftigung mit der Relativitätstheorie, die sonst alle Tests auf ihre Gültigkeit hin bestanden hat und weiterhin besteht, sehr gefreut hat, ist, dass sie genau an winzig klein werdenden Stellen versagt beziehungsweise an ihre Grenzen stößt und Chaos in dieses, wissenschaftlich gesehen, sonst so schön durchschaubare System gelangt.

Womit wir an dieser Stelle für uns arbeiten können, ist auch hier wieder unsere Wahrnehmung, der wir uns bewusst werden können. Wir sind evolutionär so entwickelt, den Zufall (oder was auch immer) zu unterschätzen. Wenn wir ein (vermeintliches) Muster entdecken, egal wie klein es ist, suchen wir nach Ursache und Wirkung. Wenn ein Paar hintereinander vier Jungen bekommt, so sehen wir vielleicht ein Muster und suchen nach Ursachen für die „Tatsache", dass dieses Pärchen ausschließlich Söhne bekommt. Viele würden wohl auch sagen, es sei wahrscheinlicher, dass das nächste Kind ebenfalls ein Junge werde und kein Mädchen. Aus einem etwas größer gefassten Blickwinkel ist es jedoch absolut natürlich und sicher – es wäre sogar erschreckend, wenn es anders wäre – dass es Pärchen gibt, die vier Jungen nacheinander bekommen. Man muss nur eine genügend große Stichprobe nehmen und schon ist es ein fast sicheres Ereignis, dass irgendwo irgendjemand vier Kinder gleichen Geschlechts hat – im anderen Fall gäbe es wohl tatsächlich irgendeine Gesetzmäßigkeit, ein Muster, welches dies verhindern würde. Die Frage, die sich wohl schon die meisten Menschen in irgendeinem Kontext gestellt haben, etwa: „Warum passiert das ausgerechnet mir (oder jetzt)?“, führt daher wohl schnell zur Versuchung, etwas wie Schicksal – eine Ursache – in Betracht zu ziehen. Eine Gesetzmäßigkeit außerhalb des Zufalls eben. Besonders, wenn solche Momente, solche unwahrscheinlichen Zufälle öfters vorkommen. In jeder Situation könnte man argumentieren: bei zig Milliarden Menschen ist es ebenfalls nur natürlich, dass es Menschen gibt, die besonders viele erstaunliche Zufälle erleben. Genauso sicher ist es, dass früher oder später jemand im Lotto gewinnt, so unwahrscheinlich das dann auch für den einzelnen Menschen sein mag. Eigentlich liegt es so gesehen nahe, dass es kein Schicksal gibt, sondern eher Zufälle. Aber kann man Dinge, die wir nicht verstehen, nicht sehen, nicht überblicken können oder von denen wir nichts wissen, die letztendlich Grund dafür sind, dass etwas geschieht und wir dieses „etwas“ als Zufall (oder auch Glück oder Pech) oder Schicksal betrachten, was also somit eigentlich eine klare Ursache hat, kann man das als Zufall bezeichnen? In diesem Sinne ist Zufall letztlich ein Widerspruch in sich und lediglich eine Umschreibung für Ereignisse mit (für uns) verborgenen Ursachen. So gesehen liegt es wiederum nahe, dass es keinen Zufall gibt, sondern „Schicksal“.

Der Filter unserer Wahrnehmung funktioniert jedenfalls jederzeit so, wie er eben bis zu diesem Zeitpunkt zu funktionieren gelernt hat. Und das basiert zum größten Teil auf unserem Weltbild und unserem Glauben. Während uns das Leben eigentlich fortwährend eine unüberblickbar riesige Menge an Möglichkeiten anbietet, sehen wir nur einen ganz kleinen Teil davon – und ob das eben Möglichkeiten oder Hindernisse, Gutes oder Schlechtes ist, das hängt nur von uns selbst ab. Ich finde es immer wieder völlig verrückt, wenn ich das Phänomen der selektiven Wahrnehmung an mir selbst beobachten kann. Wenn uns etwas Bestimmtes auffällt, beschäftigt oder im Kopf hängen geblieben ist, wir nach etwas suchen oder uns auf etwas konzentrieren, so kann dies anschließend verblüffend oft im Leben auftauchen. Noch viel verrückter und spannender finde ich allerdings, dass unsere Wahrnehmung ja immer selektiv ist. Wir wählen uns aus, welche Muster wir sehen, welche Dinge wir tun und denken, und beschweren uns anschließend womöglich schon wieder über sie.

Der Beobachter

Die Idee der Kausalität erscheint natürlich, aber sie muss nicht gegeben sein – zumindest nicht im herkömmlichen Sinne. Die Quantenphysik stellt das Verständnis der Wahrheit mal wieder auf den Kopf. Während große Objekte beziehungsweise das große, makroskopische Universum exakt bestimmbar und gesichert erscheinen, scheinen in der Welt der kleinsten Teilchen fundamental andere Gesetzmäßigkeiten zu wirken und zu existieren. Quanten (kleinste Teilchen, zum Beispiel Elektronen) können scheinbar aus dem Nichts entstehen. Sie können zur selben Zeit an zwei oder mehreren Orten gleichzeitig sein und sich augenscheinlich teleportieren. Zwei Quanten können miteinander „verschränkt" sein, das heißt, sie beeinflussen sich mit »sofortiger« Wirkung gegenseitig: wenn das eine beeinflusst wird, wird dadurch das andere beeinflusst, ohne dass sie in irgendeiner nachweisbaren Form von Kontakt zueinanderstehen müssen und ungeachtet der Distanz zueinander. Quanten sind letztendlich nicht genau messbar oder einschätzbar – was wohl nicht aufgrund mangelnder Technik auftritt, sondern tatsächlich eine Eigenschaft der Natur selbst zu sein scheint. Und eigentlich müsste doch alles aus diesen kleinsten Teilchen zusammengebaut sein, oder nicht?

Das bedeutet: Wenn wir Kausalität so auffassen, dass jederzeit das Prinzip von Ursache und Wirkung gilt, dann spielt im ständigen Ineinander-Greifen der Dinge auch eine Art Zufall (oder eine Gesetzmäßigkeit, die wir eben nicht ganz verstehen oder durchschauen können) eine Rolle und nimmt Einfluss. Wir bekommen es hier, zumindest hat es den Anschein, mit tatsächlichem, „objektivem" Zufall zu tun – also Zufall, der sich allen Kausalgesetzen entzieht und kein Teil der Ursache-Wirkungs-Kette ist. Es lassen sich zwar stochastische Berechnungen anstellen und Wahrscheinlichkeiten kalkulieren, mit denen man arbeiten kann, aber letztendlich scheint es tatsächlich »zufällig« zu sein. Für mich ist das eine wunderschöne Sache, denn das heißt, es muss nicht alles bereits festgelegt sein. Aber liefert diese Erkenntnis automatisch ein vernünftiges Argument dafür, warum wir selbst tatsächlich frei sein und Einfluss haben könnten?

Es kann jedenfalls jederzeit einen Moment der Wirkung und damit des Einflusses geben, der anscheinend aber keine, oder eine stets unbekannte, Ursache hat.[23] Das ist zwar verrückt, aber wahr. Und es eröffnet Spielraum für Argumente, dass die Lösung für sich selbst in Dingen liegen kann, die sich gegenseitig eigentlich ausschließen oder herkömmlicherweise nicht gleichzeitig existieren könnten.

Zur Verdeutlichung kommen wir zum Doppelspaltexperiment.[24] Der Versuchsaufbau des Experiments gestaltet sich relativ einfach. Es gibt eine Testumgebung, in der es eine Platte gibt, die zwei freie Spalten hat. Hinter dieser Platte befindet sich, mit einiger Distanz entfernt, eine Wand mit Detektor. Es werden nun kleinste Teilchen (Elektronen), also Materie, durch diese zwei Spalten gefeuert. Zur Vereinfachung kannst du dir das Szenario mit geschrumpften Billardkugeln vorstellen. Erwartungsgemäß sollten auf der Wand dahinter ebenso zwei Spalten, zwei Aufprallstellen, entstehen. Das Ergebnis jedoch ist ein anderes. Es entsteht ein sogenanntes Interferenzmuster auf der Wand. Du kannst es dir vorstellen als ganz viele Spalten beziehungsweise Aufprallstellen nebeneinander – über die Wand verteilt. Ein solches Interferenzmuster entsteht eigentlich nur bei Wellen, die sich überlagern. Diese kleinsten Teilchen verhalten sich also auf einmal nicht wie Materie, sondern wie Wellen. Selbst wenn man die Elektronen einzeln und nacheinander schießt, ergibt sich dieses Interferenzmuster. Ein einzelnes Teilchen müsste quasi beide Spalten gleichzeitig passieren, es müsste an zwei Orten gleichzeitig gewesen sein, damit sich eine solche Interferenz bilden kann. Wie kann das sein und was bedeutet das? Das fragten sich die Wissenschaftler natürlich auch und als Nächstes wurde ein Messgerät angebracht, um zu beobachten, was dort tatsächlich geschieht und wie die Teilchen von ihrer „natürlichen" Laufbahn abkommen. Tja, was soll man sagen. In dem Moment, in dem dieser Vorgang beobachtet oder gemessen wird, verhalten sich die Teilchen wie Materie. Immer wieder. Irgendwie scheinen sie sich dazu zu entscheiden oder auf diesen Moment des Beobachtens beziehungsweise der Messung zu reagieren und verhalten sich auf einmal anders. Als Muster an der Wand ergeben sich unter Beobachtung stets die zwei Aufprallstellen hinter den beiden Spalten, die man anfangs eigentlich erwartet hätte. Bei Nicht-Beobachtung ergibt sich das Interferenzmuster.[25]

Es bleibt nur eine Schlussfolgerung: Der Moment der Beobachtung selbst beeinflusst das Experiment und damit auch das Resultat des Experiments. In der Welt der Quanten gilt: Wenn Materie beobachtet wird, verhält sie sich wie Materie. Wenn Materie nicht beobachtet wird, verhält sie sich wie Wellen. Dies wird auch Welle-Teilchen-Dualismus genannt. Ein Objekt in der Quantenphysik muss so betrachtet werden, dass es tatsächlich beides ist beziehungsweise sein kann, Welle und Teilchen, und Eigenschaften beider besitzt. In der Quantenphysik lässt sich gewissermaßen kein vernünftiges Experiment durchführen, da allein die Messung das Experiment selbst und das Resultat beeinflusst. Selbst bei einer exakten Kopie des Versuchsaufbaus kann es bei der Messung zu unterschiedlichen Ergebnissen kommen. Schießen wir die Elektronen im Doppelspaltexperiment einzeln ab, landet das erste vielleicht irgendwo links an der Wand und das zweite vielleicht rechts. Es scheint mehrere Möglichkeiten zu geben, wo sich das Teilchen befinden kann.

Auch Einstein ist hier erstmal an seine Grenzen gestoßen. Er hatte bereits Dinge berechnet, die die Existenz der verrücktesten Sachen in Betracht gezogen haben. Diese waren aber selbst ihm zu verrückt, um wirklich an sie glauben zu können – und ich glaube nicht, dass er einen Mangel an Vorstellungskraft hatte. Ein Beispiel wären da schwarze Löcher, die mittlerweile fast jedem zumindest ein Begriff sind. Tja, es gibt auch sie. Seine Theorien waren bereits kontraintuitiv, aber beruhten zumindest noch irgendwie auf einem „natürlichen" Weltbild. Er hatte die Vorstellung, dass, wenn er zum Mond schaut und sich anschließend umdreht und wegsieht, der Mond auch ganz sicher trotzdem noch existiert und an dieser Stelle ist.[26] Nach diesem Experiment ist theoretisch ja selbst das in Frage zu stellen. Auch, wenn es damals allen bisherigen Vermutungen und physikalisch-mathematischen Gesetzen widersprach, gegen die Wahrheit kann man nichts machen. Und vielleicht ist sie tatsächlich unbegreiflich.

Einsteins Relativitätstheorie war jedenfalls nicht unbedingt falsch, aber unvollständig. Seine Theorie versagt bei sehr kleinen Dingen und Abständen – hier wirken andere Kräfte. Das Schöne ist, dass aus der Tatsache dieser mathematisch gesehenen Zufälligkeit beziehungsweise Unvorhersehbarkeit der kleinsten Dinge im Grunde keine eindeutige und bestimmte Beschreibung oder Quantifizierung einer Sache zulässig ist, da letztendlich alles irgendwie aus diesen kleinsten Dingen zusammengesetzt ist. Wir bewegen uns in der Welt der kleinsten Teilchen vom Bestimmten, Festgelegten hin zum Reich der Ungewissheit, der Möglichkeiten und Wahrscheinlichkeiten.

Grundsätzlich ist beim Argumentieren mit dem Doppelspaltexperiment sowie generell mit den Gesetzen der Quantenmechanik Vorsicht geboten. Zum einen, um nicht sofort verrückt zu werden und einfach alles in Frage zu stellen, zum anderen sollte man es nicht missverstehen. In der makroskopischen Welt taucht der Welle-Teilchen-Dualismus praktisch nicht auf und die Rolle des Beobachters (oder des Messinstruments) ist umstritten und unklar. Wenn du wegsiehst, wird der Mond also wohl trotzdem noch da sein und existieren.

Was dabei allerdings auf den Menschen übertragbar ist, ist erneut die Unfähigkeit, die Wahrheit an sich als solche erkennen oder identifizieren zu können – oder vielleicht die Fähigkeit, eine erschaffen zu können. Der Moment, in dem man eine Sache beobachtet – sein Bewusstsein auf etwas ausrichtet, sich konzentriert oder etwas sieht zum Beispiel – ist der Moment, in dem man einer Sache eine gewisse Form verleiht und sie erschafft. Durch den selbst eingenommenen Blickwinkel eben, zum Beispiel gibt man der Sache einen Namen oder hat ein gewisses Bild vor Augen. Ist diese Form nun „richtig“ oder „falsch“, eine Täuschung oder eine Erkenntnis, etwas bereits Vorgeschriebenes oder etwas Erschaffenes? Schwer zu beurteilen. Diese Eigenschaft scheint aus menschlicher Sicht eine Eigenschaft der Wahrheit selbst zu sein, die erst durch diese Beobachtung oder „Störung“ geformt und verändert wird. Technisch ist die Wissenschaft mittlerweile so weit fortgeschritten, dass wir sagen können, dass die Unfähigkeit der genauen Messung oder Beobachtung kleinster Dinge nicht auf unzureichende Messtechniken oder ähnliches zurückzuführen ist, sondern, dass der Realität im Kleinen tatsächlich diese Nicht-Eindeutigkeit, Unbestimmtheit und Unsicherheit zu Grunde liegt. In der Welt der Quanten kann man immer nur eine Version von ganz vielen möglichen Versionen beobachten – und diese beobachtete Version bewahrheitet sich dann in ihren Folgen, da die unterschiedlichen Zustände auch unterschiedliche Eigenschaften und Konsequenzen haben.

Ich finde es faszinierend, wie sich dieses Phänomen auf gewisse Art und Weise in unserem Bewusstsein und unserer eigenen Erfahrung wiederholt. Die Fragen, die mich dabei am meisten beschäftigen, aber wohl nicht zu beantworten sind, sind also dennoch: Sind wir selbst auf eine gewisse Art und Weise „Beobachter“? Und hat in dem Fall die Art unserer Beobachtungen einen Einfluss? Wie formt sich diese oder formen wir sie selbst? Könnten wir gezielt etwas erschaffen?

Ich will anmerken, dass die Quantenphysik letztlich kein konkretes Argument oder gar einen Beweis für etwa den freien Willen oder den Einfluss von Bewusstsein auf Materie liefert. Solche Aussagen sind, ebenso wie gegenteilige Aussagen, spekulativ oder Ausdruck der eigenen Überzeugung. Dennoch finde ich diese Welt äußerst faszinierend und sie liefert enorm viele Phänomene, die uns klar machen können, wie viele Verrücktheiten und Möglichkeiten es in diesem Universum gibt und geben kann. Zum anderen bewegen wir uns, dem Anschein nach, von einer deterministischen Auffassung zu einer indeterministischen, was mir persönlich einfach gefällt. Es bleibt dabei aber die offene Frage, worauf sich dieser „Indeterminismus“ letztendlich gründet – auf Zufall, doch auf einer Art Schicksal (Determinismus), oder auf etwas wie Freiheit.

Die erste Sekunde

Physikalisch betrachtet ist in der ersten Sekunde nach der Entstehung unseres Universums eigentlich mehr passiert als in den nachfolgenden 13,8 Milliarden Jahren. Alle fundamentalen Kräfte in diesem Universum sind entstanden, mit denen sich mehr oder weniger plausibel die restliche Entstehung und Ausdehnung des Universums erklären lassen. Versteht man den Ursprung von etwas, so versteht man auch die Auswirkungen. Dennoch ist die Entstehung des Universums immer noch unerklärlich. Es entstand irgendwie „spontan“ aus dem „Nichts“. Wir können nahezu alles messen bis zu einer minimalsten, messbaren Zeiteinheit – der sogenannten Planck-Ära – von etwa 10^{-43} Sekunden. Diese bildet eine Art Black Box und entzieht sich unserem Einblick. Planck-Einheiten, zum Beispiel die Planck-Zeit und analog die Planck-Länge, stellen eine minimale Grenze für zum Beispiel Zeit und Länge dar, bis zu der wir Ursache und Wirkung voneinander unterscheiden können. Hinter beziehungsweise innerhalb dieser Grenze sind die bekannten Naturgesetze nicht mehr anwendbar. Wissenschaftlich verstehen wir mittlerweile mehr oder weniger die Auswirkungen nach dieser Planck-Ära und können damit die in diesem Universum geltenden Gesetze herleiten, beobachten und nachvollziehen. Aber wir kennen und verstehen immer noch nicht den Ursprung dieses „Ursprungs“, welcher sich weiter unserem Einblick entzieht. Der Prozess der Entstehung von Realität, von Zeit und Raum, von allem, was ist, ist das wahre Rätsel.

Ich finde es faszinierend, dass man sich für die eigene Geburt nahezu dieselben Fragen stellen kann. Wie genau sind wir „entstanden“, seit wann genau ist unser Bewusstsein, unser „Erlebnis“, da und wie kam es zustande? Was genau sind wir? Was war vor unserer Entstehung und was wird nach unserem Tod sein? Es entzieht sich unserem Einblick. Der Prozess der Entstehung von Leben selbst – die Organisation von toter Materie zu Lebendigem – ist ebenso unbekannt. Auch existierte für uns vor der Geburt weder Zeit noch Raum, ähnlich wie (vermutlich) vor dem Urknall und nach unserem Tod. Wir waren irgendwie nicht da – und nun sind wir es, und unser Leben, unser Erleben, befindet sich in einem Zustand ständiger Entfaltung und Ausdehnung. Wie kamen wir von einer Welt ohne Zeit und Raum zum Leben? Es wird etwas geformt, das nach und nach eine gewisse Gestalt annimmt und sich ständig wandelt. In jedem Augenblick, jedem Jetzt, geschieht es aufs Neue.

Zwei wesentliche Grundideen zum Verständnis der Funktionsweise unseres Universums seien an dieser Stelle in aller Kürze vorgestellt.

Wir sind bereits ein wenig in die rätselhafte Welt der Quanten beziehungsweise der kleinsten Dinge eingetaucht. Die Quantentheorie behandelt drei der vier Elementarkräfte (elektromagnetische Wechselwirkung, schwache Wechselwirkung und starke Wechselwirkung) und beschreibt die Wechselwirkung zwischen kleinsten Teilchen in kleinen Raumgebieten. Die Unschärferelation bietet uns ein zentrales Ergebnis der Quantenphysik. Sie beschreibt die Unmöglichkeit, zwei komplementäre Eigenschaften eines kleinsten Teilchens gleichzeitig eindeutig zu messen. Diese Unmöglichkeit der eindeutigen Bestimmung beruht auch nicht auf technischer Unzulänglichkeit, sondern liegt in der Natur der Dinge selbst. Sie sind tatsächlich so beschaffen. Wir können immer nur eine Wahrheit sehen und dadurch festhalten, wodurch gleichzeitig ihr Gegenstück unsichtbar oder unkenntlich gemacht wird. Gleichzeitig bewirkt dieses Festhalten beziehungsweise diese Messung somit selbst eine Veränderung und „stört" das Teilchen. Reine Beobachtung bewirkt tatsächliche Veränderung. Wir befinden uns gewissermaßen in einer Welt nahezu unbegrenzter Möglichkeiten und damit auch in einer Welt der Unsicherheit – so lange, bis wir uns dazu entscheiden, hinzusehen. Außerdem gibt es in der Quantenwelt generell nur konkrete und feste, also diskrete, Zustände und Werte, die angenommen werden können: Zwischen zwei Werten beziehungsweise Zuständen gibt es keine beliebige Teilung und keinen Zwischenzustand, keinen Weg oder weiter unterteilbaren Abstand. Quanten „springen". Zwischen 1 und 2 gäbe es so gesehen keine Zahlen dazwischen.

Die allgemeine Relativitätstheorie hingegen wird manchmal auch als Theorie der großen Dinge bezeichnet und beschreibt den Aufbau des großen, makroskopischen Universums. Sie bezieht sich auf Raum,

Zeit und auf die letzte der vier Grundkräfte: die Gravitation. Diese ist die schwächste der vier Grundkräfte, dominiert allerdings im Großen trotzdem die Phänomene der anderen und bestimmt das Weltbild der Physik. In dieser Welt der großen Dinge können wir Dinge exakt messen und voraussagen, es herrscht Sicherheit und die Dinge bleiben von der Messung unbeeinflusst. Sie entspricht im Grunde einer natürlichen, wenn auch in vielerlei Hinsicht kontraintuitiven, Weltanschauung und ist im Detail ebenfalls ziemlich verrückt. Sie hat das Verständnis von Raum und Zeit revolutioniert – Raum und Zeit sind nicht voneinander getrennt, sondern eine in sich verwobene Einheit, die verformt und gekrümmt werden kann und wird. Es entsteht Gravitation, die so gesehen im Grunde keine »Kraft« darstellt, sondern sich als Eigenschaft der gekrümmten Raumzeit selbst ergibt – und besitzt, im Gegensatz zu allen anderen Kräften, die man jeweils immer in positiv und negativ aufteilen kann, nur eine Ladung: sie wirkt ausschließlich anziehend. Es gibt im Grunde kein „Gleichzeitig", kein „gemeinsames Hier & Jetzt", das wir erleben. Jeder hat seine eigene Zeit, mit der er sich in der Raum-Zeit bewegt. Beobachtung bewirkt hier nur in dem Sinne eine Veränderung, welcher Beobachter man ist, also die Perspektive, die man selbst hat. Einsteins berühmte Gleichung $E=mc^2$ stellt einen unmittelbaren Zusammenhang zwischen Energie und Materie her. Sie scheinen nämlich im Grunde das Gleiche, beziehungsweise austauschbar und äquivalent, zu sein und stehen in einer Wechselbeziehung zueinander.

Diese beiden Ansätze bilden die zwei grundlegenden physikalisch-mathematischen Theorien zur Beschreibung und Erklärung von Allem.

Zwischen beiden Theorien gibt es allerdings Widersprüche oder nicht miteinander zu vereinbarende Unterschiede. Dennoch scheinen beide bestätigt und für sich „richtig" zu sein, und liefern äußerst exakte Voraussagen. Beide beschreiben dasselbe Universum, aber aus unterschiedlichen Perspektiven und ihre Grundvoraussetzungen könnten – ebenso aus philosophischer Sicht – kaum verschiedener sein, dennoch müssten sie ja irgendwie gleichzeitig wirken, sich überschneiden und zusammenführen lassen. Es ist nach wie vor ungelöst, diese beiden sinnvoll miteinander zu einer vereinheitlichten Weltformel zu verknüpfen. Auch in der Wissenschaft kommt es zum Kampf der Widersprüche und Gegensätze.

Ganz ähnlich geht es uns im Leben, wenn wir wieder das »Jetzt« betrachten. Wir können unser Leben in Zukunft und Vergangenheit aufteilen, wir können zwischen zwei Zeitpunkten immer unendlich viele neue Zeitpunkte finden, Abstände unterteilen und in der Gesamtheit ergibt sich im Großen die Geschichte beziehungsweise der Zeitstrang unseres Lebens, der alle Momente beinhaltet und verbindet. Doch aus einem anderen Blickwinkel ist jeder Moment unteilbar und für sich abgeschlossen. Das »Jetzt« und die einzelnen Momente sind gewissermaßen beides. Das »Jetzt« ist ein Zustand, den wir erleben, es ist da, oder nicht. In einem Moment ist es da, im anderen Moment ist es wieder weg und wir erleben ein neues. Ein nicht unterteilbarer, stets präsenter und sich doch in einem nahtlosen Übergang verflüchtigender Zustand, der irgendwie ständig und überall sowie niemals und nirgends ist. Zwei Wahrheiten, die auf widersprüchliche Art und Weise ständig ineinandergreifen.

Ich²

Man könnte wohl unzählige weitere Fragen stellen, Beispiele nennen oder Überlegungen anstellen, wie unsere Wahrnehmung, unser Denken, unser Fühlen, unsere Welt und das Universum funktionieren oder beeinflusst werden könnten. Doch dies würde den Rahmen sprengen. Im Grunde verdient wohl so ziemlich jedes noch so „kleine" Thema ein eigenes Studium. Da es meist unterschiedlichste Herangehensweisen zu all diesen Themen gibt, was wiederum unterschiedliche Perspektiven zulässt, scheinen die Möglichkeiten, sich dieser Welt zu nähern, unerschöpflich. Genauso gibt es wohl unzählige Menschen und Lebewesen mit den unterschiedlichsten Erfahrungen und Blickwinkeln, von denen man lernen kann.

Was mich betrifft, ich interessiere mich neben der Suche nach „Wahrheit" und den grundlegenden Fragen, zum Beispiel die nach dem Klassiker „Was ist der Sinn des Lebens?" oder „Wer bin ich?", auch und vor allem dafür, wie man sich diese faszinierenden, schier unendlichen Möglichkeiten zum Bestreiten des eigenen Lebens gut zu Nutze machen kann. Und dafür, ob es da nicht einen großen Zusammenhang gibt, der diese unterschiedlichen Zugänge alle miteinander vereint, auch wenn sie sich vielleicht auf den ersten Blick zu widersprechen scheinen. Zum Beispiel eben der Zugang aus wissenschaftlicher Perspektive und der aus einer Glaubensperspektive. Ich will alles anzweifeln und gleichzeitig tief glauben und vertrauen. Grundsätzlich fällt mir immer wieder auf, dass der Grat zwischen zwei Extremen, zwei völlig verschiedenen Antworten auf die gleiche Frage, sehr schmal sein kann – und dass man trotz zwei solch verschiedener Antworten manchmal doch wieder zum gleichen Konsens kommt. Zunehmend kommt es mir vor, als ob in unserer Welt überwiegend über das Gleiche gesprochen, nur in völlig verschiedenen Sprachen aneinander vorbei geredet wird.

Ich denke zurück an mein Leben, meine Erfahrungen und meine „vergangenen Ich's". Es gibt so viele Erinnerungen, die mir jetzt weit entfernt, anders und teilweise sogar fremd vorkommen, fast so, als wäre ich gar nicht diese Person, die diese Erinnerungen durchlebt hat. Obwohl das doch immer und durchgehend »ich« war und niemand anders. Der Wandel des Bewusstseins im Laufe der Zeit ist schon seltsam. All diese kleinen Veränderungen, die eigentlich ständig stattfinden, aufgrund derer man sich aber irgendwann gewissermaßen wie eine neue Person fühlt und auf sein „früheres Ich" zurückblicken kann. In meiner jüngeren Vergangenheit durfte ich dieses Gefühl recht intensiv und oft erleben. Allen voran wären da wohl mein Studium der Angewandten Mathematik und das sich nähernde Ende dessen, mein Nebenjob im Studium als Fitnesstrainer, Bücher, die ich gelesen habe, neue Erlebnisse und Erfahrungen, Fragen, die sich mir gestellt haben, und Antworten, die ich gefunden habe, Menschen, die ich kennen lernen durfte, und ganz neue Sichtweisen. Das Überdenken und Ändern seiner Vorstellungen und Überzeugungen, selbst wenn man sich derer nicht bewusst ist, oder eine neue Erfahrung können in kürzester Zeit ein neues, völlig anderes Ich und Lebensgefühl schaffen, so scheint es mir. Um es also nochmal zu betonen, letztendlich ist all dein Wissen und deine Realität nur eine Summe deiner Erfahrungen und der Dinge, die du entweder als „wahr" oder „falsch" eingestuft hast und dir darauf aufbauend deine Wahrnehmung der Realität geschaffen hast. Damit will ich sagen: verlasse dich nicht nur auf das, was du siehst oder wahrnehmen kannst und erkenne an, dass da draußen noch unendlich viel mehr vor sich geht, als du jemals begreifen kannst und können wirst. Also stütz dich auch nicht nur auf das, was du zu wissen glaubst, das unmittelbar vor deiner Nase erscheint, und öffne deinen Verstand für die Möglichkeiten, die dieses unergründliche Universum uns allen bietet. „So bin ich eben" oder „So ist die Welt nun mal" sind vielleicht die unsinnigsten und gleichzeitig machtvollsten Gedanken über uns selbst, die wir haben können. Auch wenn es unbewusst stattfindet, wir identifizieren uns dadurch immer mit einem Selbst- oder Weltbild und blockieren womöglich unzählige Möglichkeiten, die eigentlich da sind. Wir erheben unsere Wahrheit zur einzigen Wahrheit, die es gibt. Und da wir uns entsprechend verhalten und unsere Wahrnehmung anpassen, finden wir überall Bestätigungen. Der Glaube festigt und verstärkt sich, und langsam aber sicher werden ein anderes Lebensgefühl, eine andere Sichtweise, eine andere Realität und die Möglichkeit, eine Wahl zu haben, gefühlt unmöglich.

Ich denke wieder zurück an meine Vergangenheit. Seit je her gehen meine Interessen bunt durcheinander und in scheinbar entgegengesetzte Richtungen. Mathematik faszinierte mich schon immer und auch grundsätzlich die Wissenschaft, während ich früher noch an eine Art Gott glaubte – und dachte, diese zwei Pole müssten sich zwangsläufig widersprechen. Mit zunehmender Beobachtung der „Realität“ und auch meines eigenen Lebens, der „Erkenntnis“, dass das Leben nicht „gerecht“ sei, guten Menschen schlechte Dinge passieren und die Welt offenbar maßgeblich von schlechten Menschen geführt und geleitet würde, entfernte ich mich jedoch immer weiter von dem Gedanken eines Gottes. Insbesondere von der Idee eines »gerechten« Gottes, ein solcher allmächtiger Gott wäre nämlich ein ziemlicher Arsch. Ich verließ mich sozusagen auf das, was ich sehen konnte. Doch irgendwo hatte ich doch immer den Kopf in den Wolken, ich war und bin ein Träumer, wenn man so will. Irgendwas müsste es da doch noch geben und es gibt viel zu viele unerklärliche Dinge in dieser Welt. Statt Religion interessierte ich mich eher für Ethik. Mittlerweile denke ich eher, wenn es ein höheres Wesen gibt, dann hat es uns das Geschenk der Willensfreiheit gegeben und wir bestimmen unser Leben eben selbst. Also wohl doch kein Arsch (gegebenenfalls: sorry). Aber völlig unabhängig von der Idee oder Vorstellung eines Gottes nimmt die Beantwortung der eigenen, individuellen Glaubensfrage und der Umgang mit dieser einen wichtigen Stellenwert ein. Eine weitere große Leidenschaft war und ist Sport und alles, was dazu gehört. Dieser eignet sich auch als hervorragende private Übungs- oder Forschungsplattform zum Austesten bestimmter Phänomene für sich selbst. Auch die Kommunikation mit dem eigenen Körper und die damit verbundenen physischen und psychischen Veränderungen und Anpassungen sind ein sehr interessanter Aspekt. Und damit führte das Ganze dann auch langsam in Richtung Psychologie. Da ich lange Zeit einige Probleme der Vergangenheit mit mir rumgeschleppt habe und schon immer viel zu viel Wert darauf gelegt hatte, wie mich andere Leute sehen und wie ich sein „muss", um akzeptiert zu werden, vernünftig zu sein und in die Gesellschaft zu passen, boten sich dort einige für mich interessante Entdeckungen. Kurz gesagt, Einblick in meine eigene sowie anderer Leute Wahrnehmung, Verhalten, Moral, welche oft wieder von Erziehung, Herkunft, Kultur und Genetik abhängen und der jahrelangen Anpassung. Am Ende der Schulzeit war ich jedenfalls so planlos, wie man nur sein konnte. Und einen wirklichen Antrieb oder ein wirklich bewusstes, konkretes Interesse oder eine Leidenschaft hatte ich sowieso nicht. Viele der eben beschriebenen Dinge, die mich nach und nach interessierten, wurden mir typischerweise erst irgendwann im Nachhinein klar. Hat man unmittelbare Probleme, Ziele, Ängste und Verpflichtungen, die einen beschäftigen, rücken andere Dinge eben in den Hintergrund. Mit Zeit- und vor allem Gelddruck im Hinterkopf entschied ich mich damals ziemlich spontan für die Mathematik. Und es war eine gute Entscheidung. Auch wenn ich mir im Nachhinein nicht sicher bin, ob ich jemals überhaupt auf diese Idee gekommen wäre oder sie ernsthaft verfolgt hätte, wenn mein älterer Bruder nicht bereits einige Jahre vorher zufällig sein Mathematikstudium begonnen hätte. Wie ich aber schon sagte, bereue ich es nicht. Ich würde sogar sagen, es war eine der besten Entscheidungen, die ich treffen konnte, auch wenn ich sie eher unwissend traf. Eine gute Sache, die ich in diesem Zusammenhang verinnerlicht hatte: Ich habe an mich geglaubt. Ich hatte eine der schlechtesten Abiturnoten (3,6) meiner Stufe, rekordverdächtige 0 Punkte im mündlichen Abitur und galt damit nicht etwa als Überflieger. Ich wurde bei der Entscheidung, Mathematik zu studieren, eher belächelt. Aber ich habe mich selbst nicht in Frage gestellt, es gemacht – und geschafft. Und auf einmal sehen mich manche Menschen, die mich nun kennen lernen, als intelligenten Menschen an. Was ein Schwachsinn. Wäre das auch so, wäre ich in den Sport gegangen? Es ist wunderlich, wie Menschen dazu neigen, ihr Denken von Begriffen und oberflächlichen Kategorien beeinflussen zu lassen, sich einbilden, etwas zu wissen, und ihr Bild von der Welt kreieren. Natürlich bin ich nicht frei davon, genauso wie wohl jeder andere auch nicht. Aber sich selbst daraufhin mal kritisch zu hinterfragen und aufmerksam zu sein, könnte sich lohnen. Hat sich dein Bild von mir durch diese Infos geändert, hat sich meine Glaubwürdigkeit verändert? Wer bin ich – ein Versager in der Schule oder ein erfolgreicher Master-Absolvent der Mathematik? Beides und weder noch. Viele Begriffe und Herausforderungen wirken abschreckend und unerreichbar – bis man sich dem einfach mal unvoreingenommen widmet. Menschen drückt man einen Stempel auf oder stuft sie als fremd oder anders ein – bis man sie mal richtig kennen lernt.

Es ist Fakt, dass es diverse Beobachtungen gibt, die gegen fundamentale Theorien sprechen – oder sogar beweisen, dass sie nun mal falsch beziehungsweise unvollständig sind – an denen wir uns trotzdem weiterhin orientieren und sie als unumstößliche Tatsache ansehen. Sie sind nun mal falsch oder unvollständig. Ist es wirklich sinnvoll,

Beobachtungen, die eine Theorie widerlegen, einfach zu ignorieren, nur weil sie (noch) nicht erklärt werden können? Und immer weiter auf diesen falschen Theorien aufzubauen?

Das Schöne an allgemeinen Gesetzen (und warum sich als solche bezeichnete so gut verkaufen lassen) ist, dass man sie eben auch überall einsetzen kann und sie jederzeit zuverlässig wirken. Sie garantieren Erfolg, wenn man so will – sie befriedigen unser Bedürfnis nach Sicherheit. Naturgesetze zum Beispiel sind daher so mächtig, da sie universell gültig sind, also überall im (messbaren/beobachtbaren) Universum wirken und somit auch auf jede Form und in jeder Form von Existenz wirken – sie bringen Ordnung ins Chaos und erklären uns die Welt. Nahezu alles erscheint heutzutage wissenschaftlich erklärbar, nur ein paar Fragen sind und bleiben ungeklärt. Es scheint noch einige rätselhafte und mysteriöse Kräfte zu geben, zum Beispiel die dunkle Materie oder dunkle Energie, die wir bisher weder nachweisen noch verstehen können, schwarze Löcher, in die wir nicht hineinschauen können, oder vielleicht auch Wurmlöcher, die theoretisch möglich oder denkbar wären, aber keine Spur von ihnen existiert. Und der Ursprung natürlich. Niemand weiß wirklich etwas über ihn. Wissenschaftlich betrachtet macht die Frage nach dem Ursprung nicht einmal Sinn, denn erst in unserem Universum scheinen Zeit und Raum entstanden zu sein. Es gab also kein „Vorher", in dem der Ursprung sich hätte ereignen können – aber wir sind da. Wir können auf Basis unserer bisher gesammelten Informationen und Erfahrungen keinerlei stichhaltige Vermutungen anstellen. Die wichtigen Fragen des Universums und des Lebens – die, die uns eigentlich so brennend interessieren – sind und bleiben ungeklärt. Ein Segen oder ein Fluch? Liegt in diesem Unwissen nun Freiheit oder Gefangenschaft?

Es bleibt jedenfalls nach wie vor spannend – und es bleibt jede Menge Platz für Spielraum und eigene Ideen. Was mich betrifft, mich interessieren diese Fragen brennend. Und da die Antworten ungeklärt sind, beziehungsweise mich einige bereits gefundene oder verkaufte Antworten nicht oder nicht vollends überzeugen, habe ich mich selbst auf die Suche begeben. Ehe wir zu meinen nach und nach gefundenen Antworten gelangen, nehme ich dich jetzt erst mal mit zu einigen Haltestellen und Erlebnissen auf meiner Suche, welche mir neue Inspiration, Indizien und Betrachtungsweisen lieferten – vielleicht ja auch dir.

Ein paar Beobachtungen, Selbstexperimente und Gedanken

Einige der folgenden Kapitel stammen aus ganz unterschiedlichen Zeiten, angefangen mit der Zeit, in der ich gerade mit dem Schreiben anfing und auch damit, mich bewusst und intensiv mit mir selbst auseinanderzusetzen – und ich gab es ungern vor anderen zu. Ich schrieb gerade an meiner Masterarbeit, war mit mir am Hadern und legte mir mein erstes Notizbuch zu. Dieses Buch hat wie gesagt nicht als Buch angefangen, sondern als Übung und Selbstdokumentation. Als erster Schritt raus aus einer ausgewachsenen Sinnkrise und einer jahrelang gehegten Depression und Lebenseinstellung (die mir damals das erste Mal überhaupt als solche so richtig bewusst wurde) – und zum anderen als neue Leidenschaft und neues Interessengebiet, über das ich gerade erst gestolpert war: das Lesen und Schreiben… und die Themen, über die ich hier so schreibe. Es begann als Übung und wurde schnell zu mehr. Mit Blick auf das Ende meines Studentenlebens und einige Tiefpunkte, meine Unzufriedenheit, Zweifel, Wut und Ängste in meinem Leben, wovon ich vieles in jüngster Vergangenheit, nach langer Zeit, endlich hinter mir ließ, angegangen war oder überwand und manch anderes aber noch weiterhin hartnäckig und immer wieder mein Leben beeinflusste, fühlten sich meine Fragen über mich selbst und die Welt und ihre Klärung wichtiger an als alles andere. Ich selbst und die Dinge, die mir wichtig vorkamen, hatten nun oberste Priorität. Hinsichtlich einer zeitübergreifenden Beobachtung meiner selbst, meiner Ansichten und Zweifel finde ich die Einträge irgendwie passend. Die Einträge in diesem Abschnitt sind also persönliche, subjektive Erfahrungsberichte, Beobachtungen und Gedanken zu unterschiedlichen Zeitpunkten, die nicht immer ganz vollständig oder zu Ende gedacht sind, aber hoffentlich Inspiration bieten können.

Einstellungssache

Es gibt diese Menschen, die eine besondere Ausstrahlung haben. Sie scheinen völlig im Einklang mit sich selbst und ihrer Umgebung zu sein. Oft sind das – so kommt es mir zumindest vor – Menschen, die viel Zeit alleine verbringen oder, vielleicht treffender formuliert, Menschen, die es schaffen, sich in irgendeiner Weise Zeit für sich selbst zu nehmen und mit sich zu kommunizieren. Sie erfreuen sich an kleinen, scheinbar unbedeutenden Dingen und finden Spaß an dem, was sie tun. Ob man dafür alleine sein muss, weiß ich nicht. Das ist lediglich meine Methode, mir selbst zuzuhören und mit mir kommunizieren zu können und herauszufinden, ob ich überhaupt das tue, was ich tun will. Andere Menschen und Informationseinflüsse lenken mich einfach ab. Vielleicht bist du ein anderer Typ Mensch und hast einen anderen Weg. Auf der anderen Seite gibt es jedenfalls diese Menschen, die gar nicht mit sich selbst alleine sein können und immer eine Ablenkung in irgendeiner Form brauchen, seien das andere Menschen, der Fernseher, das Smartphone oder sonst was. Jeder Moment der Stille muss umgehend unterbrochen werden. Für mich ist das immer ein Zeichen der Unzufriedenheit. Flucht ist immer ein Zeichen von Unfreiheit – sonst müsste man ja nicht fliehen. Man hat sich so weit von sich selbst entfernt, dass man es nicht mehr mit sich selbst – dem eigenen Geist, Bewusstsein oder wie auch immer man es bezeichnen mag – aushält. Versteh mich nicht falsch, ich kann diesen Impuls sehr gut nachvollziehen. Mich plagte dieses Problem jahrelang. Man ist allein, die Gedanken tauchen auf und zeigen einem allmählich, was alles schiefläuft. Man fühlt sich einsam, krank und zweifelt an sich selbst, man weiß nicht, worauf das alles hinauslaufen soll. Und wieso passiert einem das alles überhaupt, während andere so ein Glück haben?

Vor allem beim Einschlafen haben mich diese Gedanken oft gequält. Also schaltet man den TV oder das Smartphone ein, ruft jemanden an, lädt jemanden ein, raucht oder trinkt vielleicht einen – und lässt sich berieseln. Hauptsache Ablenkung. Und schon vergisst man die negativen Gedanken. Nur leider übersieht man dabei etwas Wichtiges. Ein Geschenk. In gewisser Weise vielleicht das beste Geschenk überhaupt. Diesen einwandfrei funktionierenden, inneren Kompass, der uns jederzeit zuverlässig mitteilt, ob wir in die richtige Richtung gehen. Ob das, was wir in unserem Leben gegenwärtig tun und denken auch dem entspricht, was uns glücklich macht und erfüllt. Wieso wirst du grundlos unzufrieden, wenn du doch eigentlich glücklich oder zumindest zufrieden bist? Wieso fühlst du dich einsam, unwohl oder unruhig, wenn du mit dir alleine bist, anstatt die Gesellschaft deiner selbst oder einfach das Dasein zu genießen? Unser innerer Kompass teilt uns mit, ob wir auf dem Weg sind, auf dem wir sein wollen, oder davon abgekommen sind. Vielleicht sagt er auch nur, dass wir vergessen haben weiter zu gehen und erinnert uns daran, dass wir uns im Stillstand befinden. Meiner Erfahrung nach hört man diesem inneren Kompass nur ungern zu, wenn man nicht wirklich zufrieden oder erfüllt ist, wenn man nicht das tut, was den eigenen Zielen und Idealen entspricht. Und vor allem nicht, wenn man vielleicht sogar tut, was vermeintlich jenen eigenen Zielen und Idealen entspricht, diese aber vielleicht schlicht und ergreifend falsch gewählt sein könnten. Ich glaube, der Kompass lässt sich nicht austricksen, er ist schlicht und ergreifend Ausdruck unserer Existenz. Womöglich schlägt er Veränderungen vor, die so groß erscheinen, dass sie kaum zu bewerkstelligen sind oder man dafür nahezu alles neu überdenken und vieles aufgeben müsste. Als bräuchte man dazu eine ganz andere Welt und ein anderes Ich. »Noch mehr Arbeit, und das bei dem ganzen Stress und den Problemen, die ich sowieso schon jeden Tag habe.« Eigentlich ist dieser Satz schon ein Widerspruch in sich. Ich war schon so an meinen Alltag und mich selbst, an den Stress, die Probleme und meine Launen und Unzulänglichkeiten gewöhnt, dass mir eine bessere Version meines Alltags und meines Selbst – das, was meinen Stress und meine Unzufriedenheit tatsächlich auflösen könnte – unmöglich erschien, wegen, nun ja, gegenwärtigem Stress und Problemen oder Barrieren auf dem Weg dahin. Gute Laune, Glück und Gelassenheit erschienen mir wie ein hartes Stück Arbeit. Gefangener meiner Situation, in die ich mich mehr oder weniger hineingeboren fühlte, und meines Alltags, aus dem man sich ja nicht so einfach verabschieden kann.

Warum verbinden wir oft etwas, das uns Glück bringen würde, mit harter Arbeit und haben so sehr Angst davor, dabei zu scheitern, dass wir es gar nicht erst versuchen, obwohl die derzeitige Situation keinen Deut besser ist? Wir haben an diesem Punkt eigentlich nichts zu verlieren. Und doch verweilen wir in der Situation. Sei es der Job, der einen ankotzt, schlechte Beziehungen oder schlechte Gewohnheiten, die wir eigentlich gar nicht haben wollen. Also bleiben wir da, wo wir sind, mit Dingen, von denen wir schon wissen, dass sie uns nicht glücklich machen, auch wenn wir es uns vielleicht nicht eingestehen können oder wollen. »So ist das Leben nun mal.« Und es könnte ja auch schlimmer sein. Der größte Denkfehler überhaupt. Seien es Arbeit, Freunde, Partner, Geld, Zeit oder die eigenen Unzulänglichkeiten, an denen man vermeintlich nichts ändern kann. Es könnte ja auch schlimmer sein? Es wird schlimmer! Man merkt nicht einmal wirklich, in welcher Abwärtsspirale man sich befindet und wie man sich selbst belügt. Es entstehen Unzufriedenheit, Ängste, Wut, schlechte Beziehungen, Krankheiten und Stress. Man befasst sich gar nicht mehr mit der Ursache für diese Unzufriedenheit, weil man sie gar nicht mehr erkennt. Man ist oder fühlt sich gefangen in bestimmten Situationen und Gegebenheiten, aus denen man nicht mehr herauskommt. Man fühlt sich untrennbar gebunden und schutzlos ausgeliefert an sie, teilweise abhängig. Weil man wirklich denkt, dass es eben so laufen muss, es nicht ändern könnte oder man eben nicht so viel Glück hatte wie so manch anderer. Man flüchtet möglicherweise sogar selbst in diese Beziehungen, Ablenkungen oder Süchte, die einem zumindest kurze Befriedigung verschaffen oder von der Unzufriedenheit ablenken. Es ist alles nur noch halb so schlimm, für den Moment vielleicht sogar gut. Dass es eigentlich trotzdem noch schlimm ist, vergisst man dabei. Wir sind wie Tiere in einem Käfig, die sich diesen selbst gebaut und darin eingesperrt haben – und anschließend vergaßen, dass sie den Schlüssel eigentlich haben. Wir müssten nur raus gehen, um etwas anderes zu erleben. Eventuell sehen wir den Käfig nicht einmal mehr und bezeichnen das dann als die Welt, in der wir leben.

Ein sinnvoller Plan – Konstruktives Grübeln vs. zeitverschwenderische Angst

Lohnt es sich, Gedanken zu denken, die man nicht verfolgen will, oder sogar nicht mal haben will? Lohnt es sich, einen Plan zu schmieden, den man nicht »jetzt« verfolgen oder zumindest Schritte für seine Durchführung angehen will? Sollten wir überhaupt planen, uns sozusagen gegen den natürlichen Lauf der Dinge wehren, oder, wie so oft vorgeschlagen, im Hier und Jetzt aufgehen und einfach unsere Zeit genießen?

Die letzte Frage ist, glaube ich, sehr leicht zu beantworten, auch wenn es in der Praxis wohl oft anders läuft. Ich denke, wir dürfen durchaus planen. Planen bedeutet meiner Meinung nach nicht immer Widerstand. Und nur weil ich damit im »Jetzt« ans »Später« denke und damit ja praktisch weder im »Jetzt« etwas für dieses »Später« tue noch meine Zeit genieße, muss es keine Zeitverschwendung sein. Ein sinnvoller Plan ist eigentlich ganz einfach geschmiedet. Wenn mein Plan lautet, dass ich heute für ein besseres Morgen plane und arbeite, und nicht weiterdenke, dann heißt das auch, dass ich morgen für ein besseres Übermorgen plane und arbeite. Und übermorgen für ein besseres Überübermorgen… und so weiter. Ein logischer, in sich schlüssiger und sinn-ergebender Plan kann nur beinhalten, dass ich während diesem geschaffenen, besseren Morgen eben auch ein besseres Heute erlebe. Der Plan muss beinhalten, dass ich das Geschaffene auch wahrnehme, genieße und wertschätze, damit er tatsächlich aufgeht. Ein solcher Plan muss gezielt das Nicht-Planen, das Erleben und die Spontaneität beinhalten – das »Jetzt«. Das pausenlose Denken, ohne auch mal zu fühlen, ergibt keinen Sinn. Zumindest, wenn man nicht nur für andere leben will und Freude im eigenen Leben erfahren will. Außerdem bietet ein besseres Morgen schließlich auch ganz neue Möglichkeiten, die man nutzen könnte – aber auch erst mal erkennen muss.

Im Prinzip lohnt es sich daher auch nicht, einen Gedanken zu denken und einen Plan zu schmieden, den man nicht auch jetzt angehen will. Wenn du etwas haben willst, solltest du schließlich mindestens dazu bereit sein, auch das Nötige dafür zu tun. Sonst ist er ja nur Zeitverschwendung. Allerdings gibt es wohl auch dabei ein paar kleine Feinheiten zu beachten. Man kann ja auch nur zum Spaß denken, phantasieren, sich erinnern und träumen. Und man kann einen Plan schmieden, nur um ihn in Erinnerung zu behalten, auch wenn man ihn nicht oder noch nicht ausführen will. Doch am tatsächlichen Handeln, also dem Durchführen eines Plans, hindern einen eben auch oft ganz einfach Angst und Zweifel. Ich denke, es gibt eine bestimmte Menge an Sorgen, Zweifel, Angst und dadurch auch eine gewissenhafte Vorbereitungszeit, die durchaus Sinn macht. Und das ist wohl eine dieser Feinheiten. Bei genauem Hinsehen können wir gar keinen Plan schmieden, ohne jetzt auch etwas dafür zu tun, selbst wenn wir etwas planen, das noch weit entfernt liegt oder vielleicht niemals passieren wird. Wenn wir uns über etwas klar werden, tun wir »jetzt« etwas. Wir versetzen uns zum Beispiel vielleicht in die Lage und die geistige Haltung, einen Plan ausführen zu können. Oder wir setzen uns ganz neue Ziele und ändern die gesamte Ausrichtung. Wenn wir zweifeln, hadern oder abwägen, tun wir ebenfalls »jetzt« etwas. Wir bewahren uns dadurch schließlich oft vor vermeidbaren, übereilten Fehlern. Doch irgendwann sollte man etwas tun. Angst muss nicht zwangsläufig etwas Schlechtes sein, oft zeigt sie schließlich auch, dass man an etwas Wichtigem dran ist – sie ist ein Handlungssignal. So oder so ist sie aber auch nicht notwendig, man kann schließlich auch

Dinge gewissenhaft durchdenken oder Dinge, die einem wichtig sind, angehen, ohne Angst zu haben. Ab einem bestimmten Punkt sollte man sich jedenfalls vielleicht fragen: „Ist das noch nützlich?“ Wenn du dich auf dem Weg zum Bahnhof zum 17. Mal fragst, ob du den Zug verpassen könntest, ist das nicht mehr nützlich oder sinnvoll, es lässt dich dich einfach nur schlecht fühlen. Angst, Zweifel und Sorgen sollten lediglich ein begrenztes Zeitfenster einnehmen.

Am Ende ist es viel einfacher für sich selbst und sein Leben, und wohl auch für das Verständnis dessen, was man letztlich erlebt und was einem im Leben widerfährt, einfach das zu tun, was man denkt und will. Im Grunde immer dann, wenn ich will, dass etwas nicht nur meine Phantasie ist und bleibt, sondern zu Realität werden soll, sollte ich auch dazu bereit sein, es zu tun und es zu versuchen. Ansonsten entstehen nur Komplikationen, verpasste Gelegenheiten, Hätte-Wäre-Wenn-Szenarios und Frustration im eigenen Kopf, die nicht einmal in der Phantasie einen Sinn machen, geschweige nützlich oder schön sind. Ein wenig konstruktives Grübeln und Besinnen kann durchaus sinnvoll sein, lähmende Angst wohl eher nicht. Vielleicht nimmt einem der Versuch auch die gedachte schöne Illusion oder Phantasie – man bekommt also nicht, was man wollte. Das ist natürlich möglich. Aber bisher habe ich immer die Erfahrung gemacht, dass die dadurch gewonnene Gewissheit und Freiheit viel bereichernder ist, als der verpassten Situation ewig hinterher zu trauern und lediglich über mögliche Szenarien zu phantasieren. Schließlich kann man weiter machen, man hat Gewissheit, gewonnene Erfahrung und darf stolz darauf sein, eine Person zu sein, die ihrem Willen folgt, Dinge tatsächlich angeht und es versucht, statt sich zu einem Sklaven der Angst zu machen. Ein schönes Gefühl. Vielleicht gibt es dumme Fragen, aber dumm bleibt nur der, der seine dummen Fragen nicht stellt.

» I know it's easy to imagine, but it's easier to just do. See, if you can't do what you imagine, then, what is imagination to you? «

- *Kid Cudi*

In Grenzen denken – Grenzwert ∞

So ziemlich jeder macht es. Und macht man es falsch, ist das mit einer der größten Fehler, den man machen kann. »Es ist zu schwer«, »Dafür habe ich keine Zeit«, »Ich verdiene das nicht«, »Ich bin nicht gut genug«, »Das kann ich nicht«, und so weiter. Sich zu erlauben, in Grenzen zu denken, ist im Grunde dasselbe, wie sie sich wirklich aufzuerlegen. »Ob du glaubst, du kannst es, oder du kannst es nicht – in beiden Fällen hast du Recht.«[27] Eine der treffendsten Aussagen überhaupt. Das Problem sind eben nur diese immer wiederkehrenden Selbstzweifel und die Umstände natürlich, die Gegebenheiten des Lebens. Man denkt an ein Szenario, in dem man alles erreicht hat, was man im Leben begehrt. Und schon kommt der nächste Gedanke angeflattert. »Wie soll ich das denn erreichen?«, oder noch schlimmer: »Schön wär's« oder »Das schaffe ich nicht«. Eine dumme

Träumerei eben. Die eigene Vernunft siegt, tut es als Hirngespinst ab und man versucht nicht einmal, es zu erreichen, geschweige denn daran zu denken. Und in dem Moment hören wir eben wirklich auf, es zu versuchen. Wir verlassen diesen Pfad, auf dem wir bekommen könnten, was wir uns erträumen, und es wird wirklich unmöglich. Im nächsten Moment fragen wir uns vielleicht schon wieder, warum wir so viel „Pech" haben, warum wir nicht bekommen, was wir wollen, schließlich ist man doch kein schlechter Mensch. Alles, ohne es zu bemerken. Wir arbeiten nicht auf die Dinge hin, die wir wollen, und fragen uns, warum wir sie nicht kriegen. Wir glauben doch nicht mal daran, natürlich bekommen wir sie nicht. Warum tun wir uns das alles freiwillig an? Meistens wohl, weil uns das, was wir wirklich wollen, zu groß oder unerreichbar erscheint und weil wir nicht an uns selbst, oder an eine Welt, eine Realität, in der das möglich ist, glauben. Nicht wirklich jedenfalls, auch wenn wir uns das vielleicht gerne ab und zu vorlügen.

Also setzen wir uns andere Ziele. Leider entsprechen diese halt oft nicht dem, was wir eigentlich wollen und was uns glücklich machen würde. Das ist ganz einfach der falsche Weg. Er kann ja nur falsch sein. Wir sollten uns nicht andere Ziele setzen, wenn wir etwas »wirklich« wollen, sondern kleinere Ziele. Fürs Erste zumindest. Etappenziele. Und das große im Hinterkopf behalten, aber niemals vergessen. Und verdammt nochmal daran glauben. Ein beliebter Trick ist es, sich vorzustellen, dass man sein Ziel bereits erreicht hat. Jeden einzelnen Tag. Und dabei spielt es keine Rolle, wie lächerlich hoch dieses Ziel gesteckt sein mag. An kleinere Ziele kann man aber nun mal leichter glauben und man bleibt auf dem richtigen Weg. Kleine Schläge fällen große Eichen.

Eine Methode, die ich gerne im Sport anwende. Und etwas, das mich dabei sehr fasziniert. Ich liebe das Gefühl, ein Ziel zu erreichen. Einen Erfolg zu erringen, einen Schritt weiter zu sein. Etwas, was damals »jetzt« unmöglich war, ist »jetzt« möglich. Wie ist das möglich? Beim Sport lässt sich sowas super bewerkstelligen, veranschaulichen und spürbar machen. Um konkreter zu werden, habe ich vor einiger Zeit mit Calisthenics begonnen. Das ist im Grunde Training, das auf dem eigenen Körpergewicht basiert und viele Elemente des Turnens miteinbezieht. Damit anfangen wollte ich, als ich bei meinem Krafttraining im Fitnessstudio im Vorbeigehen jemanden Muscle-ups machen sah. Bei einem Muscle-up zieht man sich ähnlich wie bei einem Klimmzug an einer horizontalen Stange nach oben, allerdings noch weiter als gewöhnlich, sodass man sich anschließend an der Stange hochdrückt (ein „Dip") und sich oberhalb von ihr befindet. »Das will ich auch können.« Der Gedanke war geboren, die Absicht diesen auch wirklich zu verfolgen, war ebenfalls da – fehlte also nur noch das »Wie?«. Immerhin trainierte ich schon relativ lange, hatte nach meiner Einschätzung eine gute Grundkraft aufgebaut und Klimmzüge oder Dips waren kein Problem. Das Ganze in einer miteinander kombinierten, flüssigen Bewegung hatte ich allerdings noch nicht gesehen. Es sah einfach cool und beeindruckend aus. Also fragte ich ihn, wie er das macht. Glücklicherweise hatte ich mittlerweile meine Angst, Leute einfach so anzusprechen, mehr oder weniger abgelegt. »Üben, üben, üben« war seine Antwort. Er erklärte mir die grundlegende Technik und ich probierte es gleich mal aus. Tja, nach dem ersten Versuch war ich nicht mehr so zuversichtlich. »Shit, wie soll das denn gehen?« Zum Glück, wie ich rückblickend sagen kann, war nur das mein Gedanke und nicht etwa »Unmöglich«. Dann wäre ich wohl gleich gegangen und hätte es nie wieder probiert oder vergessen. Und eben auch nicht geschafft. Nur so eine weitere Sache, die ich gerne könnte, aber eben nicht kann, weil ich halt „zu schlecht" bin oder „keine Zeit" dafür habe. Einen Grund findet man da sehr leicht. So oder so ähnlich wäre es mir wohl im Kopf geblieben. Und einfach völlig falsch, wie ich jetzt weiß. Denn mittlerweile sind mir Muscle-ups ein Leichtes und ich versuche mich an schwereren Übungen. Rückblickend betrachtet gab mir meine Selbstüberschätzung zum nötigen Zeitpunkt den Mut, etwas zu probieren – aber anschließend auch die Ernüchterung, schlechter zu sein, als ich dachte.

Zu dieser Zeit war es mir nämlich wirklich ein Rätsel, wie mir das gelingen sollte. Ich versuchte es wieder und wieder und ein Versuch scheiterte kläglich nach dem anderen. Ich war nicht mal nah dran. Der Frust wurde größer. Ich hatte wirklich gedacht, ich wäre besser darin. Das ging eine Weile so. Bis ich beschlossen habe, das Ganze etwas anders anzugehen und, was genau so wichtig ist, mir wieder helfen zu lassen. Mittlerweile sah ich nämlich immer öfters Leute, die es bereits konnten oder auch probierten. Woher auch immer die plötzlich kamen... Das Phänomen der selektiven Wahrnehmung bleibt irgendwie immer gleich faszinierend und gespenstisch. Ich will hier anmerken, dass ich mich davon auch entmutigen hätte lassen können. »Er ist eben besser als ich«, zum Beispiel. Ausreden/Ausflüchte und Chancen/Möglichkeiten liegen oft nah beieinander. Ich suchte mir also ein paar Hilfsübungen aus dem Internet, die mir im Hinblick auf die Muscle-ups helfen sollten und sah ich jemanden, der es schon konnte oder Fortschritte machte, fragte ich öfters mal, wie er das gemacht und in Angriff genommen hatte. »Vergleich nicht dein Kapitel 1 mit jemandes Kapitel 20«.[28] Die meisten Menschen sind überraschend nett und hilfsbereit, wenn man sich denn traut, sie anzusprechen – und natürlich selbst freundlich und irgendwie ehrlich ist. Also probierte ich Übungen aus, die ich mir ausdachte, im Internet oder sonst wo gesehen habe oder mir von anderen empfohlen wurden und ging dabei ganz einfach vor. Übungen, die mir das Gefühl gaben, weiter zu kommen, übte ich weiter und diejenigen, bei denen ich dieses Gefühl nicht hatte oder die mir gar keinen Spaß machten, habe ich verworfen. Falls es dir mal aufgefallen ist, das liest man oft bei erfolgreichen Personen, die etwas geschafft haben – oft hören wir nur nicht richtig hin oder tun es als Lappalie ab. »Hab Spaß an dem, was du tust. Fühl dich gut dabei.« Ein unterschätzter Rat. Befolgt man diesen, fühlt es sich oft nicht mal wirklich wie „Arbeit“ (oder „Lernen“), diesem negativ behafteten Begriff, dem man möglichst aus dem Weg gehen will, an. Was aber nicht bedeutet, dass es nie anstrengend ist oder man keine Disziplin bräuchte. Ich versuchte also, auf mein Gefühl zu hören. Heute wird ja aus allem gerne eine Wissenschaft gemacht. Das endet, um beim Beispiel Training und Fitness zu bleiben, dann meist in vorgeschriebenen und kalkulierten Trainings- und Ernährungsplänen. Sie werden als der „richtige Weg“ verkauft. Das sind aber nun mal immer Verallgemeinerungen und Pauschalisierungen, sie sind für die breite Masse und nicht individuell, nicht für »dich«. Daher eignen sie sich eher als mögliche Inspiration auf deinem Weg. Klappt's, ist es gut – klappt's nicht, brauchst du es auch nicht. Ob es nun in irgendeinem Plan steht oder nicht. Strikt vorgegebenen Plänen für die Masse zu folgen, lediglich das zu tun, was die meisten tun, macht einen meist eben auch nur durchschnittlich, mehr nicht.

Würde es anders sein, müsste es auch nur einen Trainingsplan geben (für ein Ziel), der dann auch immer gleich gut funktioniert. Wenn du allerdings mal nach Trainingsplänen, egal für welches Ziel, suchst, dann wirst du nicht nur zwei finden, sondern eher tausende. Teils von den gleichen Personen mehrere. Frag fünf Personen nach einem Trainingsplan und du kriegst zehn zurück, so ungefähr. Und alle behaupten etwas anderes. Dabei kann dir letztendlich niemand besser sagen, was für dich funktioniert und was nicht, als du selbst, denn niemand anderes lebt in deinem Körper. Niemand erlebt deine Realität. Das ist letzten Endes auch der Grund dafür, dass es scheinbar unendlich viele Pläne gibt und nicht nur einen. Man ist mit dieser Einsicht eben mehr oder weniger auf sich allein gestellt. Man ist selbst für seinen eigenen Erfolg – oder Misserfolg – verantwortlich. Man kann es nicht mehr bequem auf jemand anderen oder sonst was schieben. Übernimm Selbstverantwortung. Ich glaube, dass sich diese Methode auf so ziemlich alles anwenden lässt. Wenn du etwas begehrst, das du in deinem Leben haben willst, dann hole es dir. Worauf ich dabei später noch eingehen werde: Lass dich nur nicht von dir selbst täuschen. Oft wollen wir Dinge, von denen wir eine gewisse Vorstellung haben, wir brauchen oder wollen sie aber eigentlich gar nicht und bemerken es erst, wenn wir sie haben… oder nie. Oft steht am Ende eines solchen Weges, für den vielleicht vieles geopfert und von dem man sich etwas Bedeutendes versprochen hat, doch nur die ernüchternde Erkenntnis, dass anstatt dem Erreichen von Glück und Zufriedenheit allenfalls ein Trieb oder eine Gier temporär befriedigt wurde – und sich nicht das ganze Leben auf mystische Weise schlagartig ändert. Das, was man sich wohl eigentlich von etwas erhofft, ist häufig etwas ganz anderes als gedacht. Geh tief in dich und frage dich, warum du es haben willst. Im Notfall gilt allerdings, zumindest meiner Meinung nach, trotzdem: Probieren geht über Studieren. Kannst du es nicht sofort haben, fang an darauf hinzuarbeiten. Hör dabei auf dich selbst und dein Gefühl, aber hab keine Scheu, dir helfen zu lassen oder um Hilfe zu bitten. Fast immer stand schonmal irgendjemand auf irgendeine Art und Weise vor dem gleichen Problem und hat einen Weg gefunden, es zu lösen. Lass dich inspirieren! Meistens sind wir mit unseren Problemen gar nicht so einsam, wie wir das vielleicht denken. Setze dir Etappenziele, die in deinen Augen möglich und erreichbar sind, erfülle sie und verbessere dich. Behalte dein Hauptziel immer im Hinterkopf. Und auf einmal bist du möglicherweise schon am Ziel, womöglich ganz unverhofft und vielleicht bist du sogar schon darüber hinausgeschossen.

Ich kann mich noch genau an den Moment erinnern, als ich meinen ersten Muscle-up geschafft habe. Ca. 6 Wochen waren seit meinem ersten Versuch vergangen. Auch nach wie vor erschien mir die Sache wie ein Rätsel, da ich es bisher nicht geschafft und es seit zwei Wochen gar nicht mehr probiert hatte. Ich konzentrierte mich auf eine meiner Zwischenübungen. Für die Sport-Interessierten: Eine bestimmte Klimmzugvariante, bei der man sich im schulterbreiten Obergriff explosiv nach oben zieht, nur nicht wie beim normalen Klimmzug, sondern in einer Art „C-Kurve", sodass man sich am obersten Punkt des Klimmzugs noch so weit wie möglich um die Stange weiterzieht, sodass die Hände irgendwann eine Höhe zwischen Brust und Bauchnabel erreichen sollen. Tja, auf einmal war ich oberhalb der Stange und musste mich nur noch nach oben drücken. Muscle-up. Den ganzen restlichen Abend war mir ein dummes Grinsen ins Gesicht eingebrannt. Das hatte ich so wirklich nicht erwartet. Das Tolle war, dass der Knoten tatsächlich geplatzt war und es seitdem immer klappte, und auch nicht nur einer, sondern mehrere am Stück. Eine Sache ist genau so lange schwer, bis sie auf einmal einfach ist. Rückblickend betrachtet war das auch nur ein Etappenziel auf meinem Weg – oder eher ein neuer Startpunkt für neue Ziele. Ziele, von denen ich zu Beginn gar nichts wusste. Jetzt konnte ich noch viel mehr Übungen angehen und meine Technik verfeinern. Und bisher hat es jedes Mal wieder funktioniert – und auch wesentlich einfacher ohne diese Zweifel, dass ich versagen könnte. Selbstvertrauen macht einiges aus. Die Gewissheit, dass Erfolg nur eine Frage der Zeit ist und nicht, dass der Erfolg selbst fragwürdig ist. Ich persönlich versuche nur immer darauf zu achten, dass ich etwas mache, weil ich es wirklich will und in mir eine gewisse Leidenschaft dafür entfachen kann. Nicht, weil ich es „muss“ oder mir etwas zu beweisen habe. Dieses „Wissen“ an sich finde ich das wirklich Wertvolle und nicht unbedingt das, was man damit erreichen kann.

Beim Sport ist das zugegebenermaßen vielleicht etwas leichter zu bewerkstelligen als bei anderen Themen, wie vielleicht Geld, Karriere oder Liebe. Oder eher, es ist leichter, es sich vorzustellen. Zumindest aus meiner Sicht. Ich war zu jener Zeit sportlich und habe es daher für möglich gehalten. Ich hatte in diesem Bereich bereits einen guten Glaubenssatz in mir verankert. Und ich hätte es nicht für essenziell gehalten, wenn ich es vielleicht tatsächlich nicht geschafft hätte. Hat man kein Geld oder sogar Schulden, keine Bildung oder „Pech in der Liebe“, scheint die Aussicht auf Reichtum, Erfolg oder Glück nur schwerer vorstellbar. Es tauchen mehr Zweifel und Hindernisse – Grenzen – auf, die einen alle (scheinbar) daran hindern. Eine Erkenntnis der Sozialpsychologie lautet: »Wenn jemand eine Situation für real hält, dann ist diese in ihren Folgen real«.[29] Bei vielen Dingen muss man wohl letztendlich „einfach nur“ seine Einstellung zu ihnen ändern, um sie tatsächlich zu ändern und diese Grenze zu überwinden. Das Wichtigste ist, dass es dir die Zeit wert ist und du daran glaubst, dein Ziel erreichen zu können. Verändere ganz einfach deinen Blickwinkel, wenn er dir nicht gefällt. Vielleicht merkst du, dass einige Ziele eigentlich gar keine darstellen. Oft wurden sie einem nur von klein auf so vermittelt oder man hatte eine andere Vorstellung davon.

Man vergisst oft, diese zu hinterfragen und hält sie für bare Münze. »Um Erfolg zu haben, brauchst du Geld und um glücklich zu sein, brauchst du einen Partner« ist wohl ein weit verbreiteter Glaubenssatz, eine gängige Lebensphilosophie sogar. Wie der Trainingsplan für die Massen wird dies als der richtige Weg verkauft. Es hängt aber nur davon ab, wie du Erfolg und Glück definierst, welchen Wert du Geld beimisst, wie du es dir verdienst, was du damit machen willst und was du unter einem Partner verstehst. Ich bin überzeugt davon, dass Menschen im Busch von Afrika durchaus glücklich sind oder sein können und ein erfülltes Leben führen. In deren Realität existiert Geld nicht einmal. Viele sind ohne Partner glücklich. Und meine Katze, die der ganze Kram ohnehin nicht die Bohne interessiert und einfach ihr Ding durchzieht, sieht sowieso immer sehr zufrieden aus.

Vielleicht bin ich schon reich und weiß es nur noch nicht

Ich gebe zu, dass der Gedanke, ganz ohne Geld glücklich zu sein und alles zu erreichen, was man so begehrt, weit hergeholt scheint. Nicht, weil es nicht möglich wäre, sondern weil wir seit unserer Geburt in dieser westlichen Welt mit dem Gedanken des Geldes, des Profits und der materiellen Dinge groß wurden. Es ist gar nicht mehr wegzudenken und die meisten unserer Wünsche stehen wohl in einem Zusammenhang mit Geld und unserer Gesellschaft, sie bauen darauf auf. Alles ist Einstellungssache, und eine gewisse

Einstellung bekommt man erst mal anerzogen, bis man sie hinterfragt – oder eben auch nicht.

Womöglich erscheint dir dieser Gedanke, sich komplett von Geld zu lösen, ja sogar ganz einfach. Dann auf, worauf wartest du? Vielleicht geht es dir aber auch eher wie mir. Hat man erst mal all die Möglichkeiten gesehen und ein wenig gekostet, will man nicht auf sie verzichten. Und der Grundgedanke hinter Geld und diesem System ist ja auch nicht unbedingt ein schlechter. Wir haben so viele Privilegien. Wir müssen nicht jagen und nicht sammeln, um essen zu finden; wir haben zu jedem Zeitpunkt sogar eine riesige Auswahl. Wir haben Häuser, die Wind und Wetter standhalten. Elektrizität, Zugang zu Bildung, Reisen, Hobbies, denen wir nachgehen können. Und eine Währung, die jeder versteht und anerkennt und jegliche Art von Tauschgeschäften extrem vereinfacht. Jede Menge Dinge, die unser Leben eigentlich extrem einfach machen. Leider haben wir uns jedoch an diesen Luxus gewöhnt und wissen ihn nicht mehr zu schätzen. »So ist das Leben nun mal« funktioniert eben auch in eine andere Richtung. Erst, wenn uns etwas genommen wird, wissen wir zu schätzen, was wir hatten. Wie oft habe ich mich schon selbst dabei ertappt, wie ich wehmütig an die gute alte Zeit zurückdachte, in der der Sauerstoff frei und geschmeidig durch meine Atemwege zirkulierte, als ich erkältet und meine Nase verstopft war. Und wie oft wusste ich das zuvor zu schätzen? Es ist mir nicht einmal aufgefallen. Diese schöne Zeit, an die ich da zurückdachte, die existierte zwar irgendwie, aber irgendwie auch nicht. So viele Dinge laufen jederzeit perfekt, ohne dass wir irgendetwas dafür tun müssen. Diese Dinge sind nicht selbstverständlich, wir halten sie nur dafür. Und das, obwohl sie häufig extrem wertvoll und keineswegs selbstverständlich sind, wie zum Beispiel eben unsere Gesundheit. Mittlerweile schreibe ich mir jeden Tag eine Sache auf, für die ich dankbar bin. Meist sind das „Kleinigkeiten". Und es hilft wirklich. Nimm dir Zeit, die Dinge, die du hast, zu schätzen, wahrzunehmen und zu genießen.

Ich denke wieder an die zwei Menschentypen. Der grundsätzlich glückliche und der grundsätzlich stets schlecht gelaunte Mensch. Beim Beobachten fällt mir dabei auf, dass es oft „objektiv" betrachtet gar keinen großen Unterschied zwischen den Zweien und den Dingen, die sie tun, zu geben scheint. Mir ist es zunehmend aufgefallen, da ich versuche, bewusst darauf zu achten. Du ziehst das in dein Leben, worauf du dich konzentrierst und was du erwartest. Es gibt aber nur einen Menschen, den ich dabei wirklich rund um die Uhr beobachten und sein Innenleben nachvollziehen kann. Ich kann sogar seine Gedanken lesen. Ja, ich meine natürlich mich selbst. Und da ich glücklicherweise früher oft unglücklich war – auch wenn mir das oft nicht unbedingt so bewusst war – und sich das mittlerweile geändert hat, kann ich mir mich selbst in diesem Fall als zwei verschiedene Personen vorstellen. So kommt es mir ohnehin oft vor.

Ich habe immer wieder gemerkt, dass ich Schwierigkeiten dabei habe, das Gesetz der Anziehung und generell positives Denken bei „großen" Dingen anzuwenden, da sich bei mir zwangsläufig Zweifel in mein Denken einschlichen. Statt aufzugeben habe ich versucht, klein anzufangen. Auch meine Freunde und andere Personen, die sich mit dem Thema beschäftigten oder mit denen ich über diese Idee gesprochen habe, schienen es zwar interessant zu finden und wünschten sich teils auch, dass es funktioniert, aber »das tut es nun mal nicht«. Also hören viele wieder auf und widmen ihre Zeit wieder den „wichtigen" Dingen, ihrem Alltagsstress, vermeintlichen Pflichten und Beziehungsproblemen zum Beispiel. Dabei sind wir meiner Meinung nach nur nicht hartnäckig genug und wollen zu viel auf einmal oder verstehen es einfach falsch. »Wo bleiben denn meine Millionen, wenn es so einfach ist?« – ein Gedanke, der mir auch schon durch den Kopf gegangen ist. Erst mal muss man begreifen, dass ein Gedanke, der tatsächlich etwas bewirken soll, auch wirklich kraftvoll und ohne Zweifel sein muss. Das äußert sich im Gefühl eines Gedankens. Und dann muss man noch darauf achten, dass man nicht erst einen Schritt in die richtige Richtung macht – indem man einen kraftvollen Gedanken erzeugt – und wenig später zwei Schritte zurück macht. Das Bewusstsein und die Vernunft raten vielleicht dazu, den Gedanken wieder zu verwerfen oder sich zumindest nicht voll und ganz darauf zu verlassen und nicht alles auf eine Karte zu setzen. Denn wenn man dann verliert, wäre ja der Beweis dafür da, dass es wirklich nicht funktioniert und die Welt doch so funktioniert, wie es oft eingetrichtert wird. Man lässt den Gedanken also nicht richtig zu und versieht ihn nicht mit einer hohen Erwartung. Das war zumindest oft mein Zweifel bei wichtigen Dingen – und mein Fehler. Bei „wichtigen" Dingen sind häufig auch Angst und Zweifel im Spiel, und letztendlich führen oft genug genau diese dazu, dass es eben nicht klappt. Es sind Dinge, die uns persönlich bewegen, von denen wir vielleicht meinen, dass sie uns fehlen oder wir sie brauchen, bei denen wir uns unsicher sind oder uns selbst etwas beweisen wollen – Dinge, bei denen wir uns in hohem Maße davon abhängig fühlen, ob es Erfolg haben wird oder nicht. Oft verspüren wir einen Mangel und Misserfolg bedeutet vermeintlich eine Katastrophe. Mit solchen Gedanken im Hinterkopf ist auch immer eine Saat des Zweifels da. Dabei ist ein Gedanke, der sicher funktioniert, einer ohne Zweifel, er hat also eine sichere Erwartung und trifft auf jeden Fall zu. Also brauchen wir uns eigentlich auch nicht zu wundern, wenn etwas nicht funktioniert. Im Prinzip entspricht das, was passiert, oft genau unserer „Erwartung“ und dem, worauf wir uns vordergründig konzentriert haben, dem wir Kraft, Zeit und Raum gegeben haben – auch wenn zumindest ich mir oft glaubhaft eingeredet habe, ich hätte etwas anderes getan und erwartet. Wenn ich meinen Arm bewegen will, dann zweifele ich daran nicht groß, sondern handle und es passiert. Ich verbringe nicht viel Zeit damit, mich vorher groß abzusichern, ich denke nicht darüber nach, ob ich es denn kann, wie ich es anstellen könnte und stelle mir keine Szenarien vor, wie es wäre, wenn ich es nicht schaffen würde ihn zu bewegen. Ich bin von diesem Gedanken durchdrungen, ohne ihn bewusst denken zu müssen. Ich habe beschlossen, nicht aufzugeben zu versuchen, an dieses Prinzip zu glauben und werde es immer wieder versuchen – bis es klappt. Und ich glaube daran, dass es klappen wird. Ich muss nur noch daran glauben, dass es klappt. Gegenwart. Bei kleineren Dingen hat es auch schon auf verblüffende

Art und Weise funktioniert, was meinen Glauben immer wieder bestärkt. Ich versuche oft bei „kleinen“ Dingen, die mich im Alltag nerven, einfach meine Einstellung zu ihnen zu verändern, mich nicht von kleinen Problemchen stressen zu lassen, sondern sie einfach zu bewältigen oder sie gar nicht erst als Problem oder Hindernis zu betrachten. Wenn ich mir morgens als erstes den Zeh anstoße, dann kann das ein Indiz für einen Scheißtag sein… oder auch einfach nicht.

Regentage

Alles ist Einstellungssache. Dabei denke ich oft an einen Spruch, der mir irgendwie sofort hängen geblieben ist, als ich ihn gehört habe, und der mir im Leben seitdem immer wieder begegnet:

» Some people feel the rain, others just get wet « – von Bob Marley.

Regen habe ich schon immer gehasst. Man konnte nichts mehr draußen machen, es war trist, meist kalt (was ich auch hasste) und wenn ich sowieso schon schlechte Laune hatte, dann hat er diese nochmal erfolgreich untermauert und bestätigt. Erst den Zeh gestoßen und dann regnet‘s auch noch… Scheißtag. Eigentlich liegt es doch nahe, etwas, das einen so sehr stresst wie mich der Regen, und eben zwangsläufig immer wieder im Leben auftauchen wird, einfach in etwas Gutes zu verwandeln. Immerhin habe ich nur die Wahl, mich lebenslang darüber zu ärgern, mich damit abzufinden oder mich darüber zu freuen… oder ich lerne, das Wetter zu beeinflussen. Was ist wohl die klügste Wahl?

Ich begann also damit, zu üben, meine Einstellung zum Regen zu ändern. Ich wollte nicht nur einfach pitschnass und dadurch genervt im Regen stehen, sondern den Regen irgendwie genießen, wie Bob Marley es mir riet. Also stellte ich mich ab und zu einfach mal absichtlich in den Regen, begann mich genau auf das Gefühl und meine Empfindungen dabei zu konzentrieren und herauszufinden, warum sie überhaupt da waren. Anfangs fiel es mir sehr schwer. Erwartungsgemäß wurde ich halt nass. Und wenn ich mich dem Regen nicht mit Absicht gestellt habe, sondern er mich mal wieder ungeplant im Alltag überfiel, hasste ich es. Aber ich machte weiter. Und es gelang mir mit der Zeit. Ich konzentrierte mich auf das Gefühl der Regentropfen, die auf meine Haut fielen. Mir wurde nach und nach klarer, dass es nur eine anerzogene Gewohnheit war, mich durch den Regen genervt zu fühlen. Es waren nichts weiter als negative Assoziationen, die das, was ich für dieses schlechte Gefühl hielt, weckten. Diese werden auch nachhaltig gefüttert, da Regen im Allgemeinen von Menschen mit etwas Unangenehmem und Schlechtem assoziiert wird. »Schlechtes« Wetter eben. Es ist gefährlich auf den Straßen, es wird vorgewarnt und oft kommt er in Kombination mit Unwetter. Es wird vorgelebt, dass Regen schlecht ist. Regenwetter passt zu einer tristen Stimmung und Unwohlsein, außerdem herrscht erhöhte Gefahr. Vielleicht gibt diesbezüglich es auch einige instinktive Assoziationen durch unsere Vorfahren. Ich begriff langsam. Das Gefühl an sich war gar nichts Schlimmes, es war weder gut noch schlecht. Nur ich war es, der es intuitiv in etwas Bestimmtes umwandelte und Assoziationen und Emotionen damit verband. Nach und nach gelang es mir, die negativen Assoziationen zu vergessen und sie durch positive zu ersetzen. Wasser ist Leben, Leben ist Energie. Ohne Wasser, ohne Regen wären wir längst alle tot. Wir sollten eigentlich jedes Mal dankbar sein, wenn wir ihn fühlen dürfen. Wenn ich aufwache, aus dem Fenster schaue und es regnet, denke ich nicht an die vielen Verkehrsunfälle, die er wohl gerade „verursacht" (Regen verursacht in den seltensten Fällen wirklich den Unfall), sondern wie viel Leben er gerade wohl spendet. Wir alle, jedes Lebewesen und unser ganzer Planet braucht ihn, um zu leben und zu überleben. Auf einmal habe ich ihn genossen. Einstellung geändert. Man soll sich ja nicht am Leid anderer erfreuen, aber es hat doch etwas, im Regen zu stehen, ihn zu genießen und zuzusehen, wie alle anderen Menschen um einen rum panisch einen Unterschlupf suchen und schimpfen, während man einfach nur dasteht und gute Laune hat. Ein Stress weniger in meinem Leben und eine gute Sache mehr. Auch, wenn ich zugegebenermaßen auch immer weiter üben muss, zum Beispiel, wenn ich wie gerade draußen in der Sonne sitze, diesen Text in mein Notizbuch schreiben will und der Regen mir spontan einen Strich durch diese Rechnung macht. Also schnell weg.

Während ich diesen Spruch von Bob Marley als Erstes für das wohl Offensichtlichste genutzt habe, trifft er auch auf so viele andere Situationen zu. Kälte zum Beispiel. Vielleicht kennst du ja diesen einen Typen, der bei gefühlten -20 Grad mit kurzer Hose und T-Shirt rumläuft. Stimmt mit dem was nicht oder hat er vielleicht einfach nur seit klein auf eine andere Einstellung zu Kälte vermittelt bekommen, eine andere Assoziation dazu, eine andere Gewohnheit entwickelt? Und damit einfach ein anderes Gefühl beim Empfinden von Kälte? Genug wissenschaftliche Erklärungen gibt es für den Typen bestimmt. Vielleicht ist es ähnlich wie bei Chinesen, die Schwierigkeiten beim Aussprechen vom Laut für das „R“ haben. Sie werden schließlich auch nicht ohne die Fähigkeit geboren, ein „R“ auszusprechen, sondern der Laut kommt in ihrer Sprache schlicht und ergreifend nicht vor. Sie haben es einfach nur nie geübt und gelernt und die Verbindung im Gehirn zu diesem Laut fehlt beziehungsweise müsste erst aufgebaut werden. Genauso, wie vielen vielleicht einfach nur etwas Positives beim Empfinden von Kälte fehlt. Die offensichtlichsten Assoziationen sind immerhin auch hier zum Beispiel schlechtes Wetter und Dunkelheit und vermutlich auch aus evolutionärer Sicht die drohende Gefahr eines Kältetodes oder einer allgemein lebensfeindlichen Umgebung. Evolutionstechnisch macht es wohl Sinn, Kälte als etwas Schlechtes zu empfinden und sie somit zu meiden. Vererbt seit vielen Generationen, da früher die Kälte ein echter Feind war, ist es für die meisten – verständlicherweise – wohl ziemlich schwer, sich von den negativen Assoziationen zu lösen und dann noch Gefallen daran zu finden. Vielleicht werden wir einfach von Beginn ein wenig in eine Richtung geschubst und beeinflusst, überdenken diese niemals und verstärken und befeuern ab dann stetig das, was wir immer tun. Unter dem Gesichtspunkt, dass wir heute fast nie wirklich in Gefahr sind, nur weil es kalt ist, erscheint mir auch diese „Umpolung" als durchaus möglich. Alles eine Frage des Blickwinkels und des Glaubens – und du hast die Freiheit, dir auszusuchen, was dir gefällt.

Eine finster schauende Person bietet immer die Möglichkeit, den finsteren Blick zu erwidern, sie unsympathisch zu finden und sich von der schlechten Laune anstecken zu lassen. Du kannst auch wegschauen. Du kannst ihr aber auch ein dummes Lächeln entgegen schmettern und sie eventuell sogar aufheitern. Vielleicht auch nur fragen, was los ist, oder – wenn auch etwas egoistisch – dich einfach daran erfreuen, wie gut es dir selbst geht. Letztendlich triffst du die Entscheidung selbst.

Immer mehr fällt mir auf, dass sich mein angestrebtes Szenario – mein Traum von einem erfüllten, »erfolgreichen« Leben – in dem ich alles habe, was ich will, mehr und mehr von materiellen Dingen und Orten oder Personen entfernt und verändert. Das Ganze spiegelt sich auch hier eher in einem bestimmten Gefühl wider. Es gefällt mir. Ich träume zwar irgendwo immer noch vom großen Geld, aber es ist mehr oder weniger nur Mittel zum Zweck, um mir, meiner Familie und meinen Freunden zu ermöglichen, was auch immer sie machen wollen und Gutes damit zu bewirken. In diesem Szenario habe ich aber nie das Gefühl, mein Leben für dieses Ziel und das Geld zu „opfern". Ich genieße einfach jede einzelne Sekunde und dabei kam alles gefühlt wie von selbst zu mir. Ganz schön naiv, aber zutiefst befriedigend, dieser Gedanke.

Luzide Träume

Eines der ersten Bücher, die mich zum Lesen brachten und mich wirklich faszinierten, war „Träume, was du träumen willst – Die Kunst des luziden Träumens“ von Stephen LaBerge und Howard Rheingold. Eine Freundin hatte mich auf das Thema gebracht und ich war sofort von dem Gedanken angetan. Luzide Träume sind Träume, in denen du realisierst, dass du gerade träumst und dann wirklich im Traum „aufwachst“. Du hast dein volles Bewusstsein, alles fühlt sich real an und du kannst deinen Traum theoretisch nach Belieben verändern und steuern. Eine Welt, in der alles möglich ist, was du dir vorstellen kannst. Es gibt kein Limit, außer deiner eigenen Vorstellungskraft. Alles fühlt sich für dich genauso real an wie in der wirklichen Realität, du »erlebst« es wirklich. »Das will ich lernen« war mein erster Gedanke, als ich davon hörte. Also habe ich mir das Buch gekauft und begann zu lesen. Cool war, dass so ziemlich auf der ersten Seite steht, dass man dazu kein angeborenes Talent braucht, sondern es wirklich jeder lernen kann. Man muss es nur ein wenig üben. Wie leicht man mir da mal wieder eine Grenze hätte auferlegen können, wenn ich vor dem Kauf noch mit jemandem darüber gesprochen hätte. Leute, die dieses Phänomen der Klarträume, wie man sie auch bezeichnet, oberflächlich kennen, sagen gerne mal etwas wie »Ich habe gehört, dass das ziemlich schwer und krass ist und nur wenige es können.«, oder so ähnlich. Also das bekannte »Es ist zu schwer« oder »Keine Zeit«. Das übliche Geschwätz von anderen Leuten eben, die schon lange in ihren eigenen Grenzen denken und gefangen sind, und sie dir am liebsten gleich mit auferlegen – wahrscheinlich ganz unbewusst und ohne böse Absicht ihrerseits. Jedenfalls las ich das Buch – und ja, es hat ein bisschen gedauert und ich hatte auch einige Schwierigkeiten auf dem Weg zu meinem ersten luziden Traum. Die Erfahrung war es aber allemal wert, und zeitaufwendig an sich war es eigentlich nicht. Es gibt eine Menge Übungen und Techniken, die es ermöglichen können. Natürlich auch entwickelte Gerätschaften oder Methoden, die einen luziden Traum „garantieren", und natürlich auch etwas kosten. Naja, ich wollte das jedenfalls sowieso aus eigener Kraft schaffen. Ich suchte mir wieder Übungen, ähnlich wie beim Training, die mir zusagten und machbar erschienen. Hatte ich das Gefühl, dass sie mir halfen, machte ich weiter. Bei mir waren das Übungen, die ich mehr oder weniger bequem in meinen Alltag integrieren konnte. Das waren das Führen eines Traumtagebuchs, da ich mich meist schlecht oder gar nicht an meine Träume erinnern konnte, der bewusste Vorsatz kurz vor dem Einschlafen, einen luziden Traum zu erleben, und ein paar Mal pro Tag einen sogenannten Realitätscheck durchzuführen. Da man im Traum im Grunde die gleichen Gewohnheiten und Verhaltensweisen wie im echten Leben hat und das Ganze im Gehirn durchaus „real" ist, kann man sich gut einfach immer wieder zwischendurch im Alltag die „kritische Frage" stellen. Das ist die Frage, ob man gerade träumt. Hier liegt wohl die größte Schwierigkeit darin, sich diese Frage ernsthaft zu beantworten und sich dabei nicht wie ein Idiot vorzukommen. Man muss sich »glaubhaft« und kritisch davon überzeugen, dass man wirklich wach ist und nicht träumt – oder eben doch. Oft sieht man im Traum zum Beispiel

Personen, die eine senkrechte Wand hoch krabbeln und wundert sich nicht einmal darüber. Oder man spricht mit toten Verwandten, trifft eigentlich weit weg lebende Freunde oder ist vielleicht auf dem Mond unterwegs. Die Idee ist also einfach, durch diese kritische Frage sein „kritisches Bewusstsein" beziehungsweise sein Wachbewusstsein zu aktivieren, die Sinne zu schärfen und aufmerksam die Umgebung zu beobachten – und das verpackt in der Gewohnheit sich diese Frage immer mal wieder zu stellen, was dann eben auch im Traum passieren kann. »Was ist in den letzten fünf Minuten passiert?«, »Wie bin ich hierhergekommen?«, »Passiert hier irgendetwas Komisches oder Unübliches?« wären zum Beispiel Fragen, die du dir zur Beantwortung der Frage, ob du träumst, stellen könntest. In diesem Zusammenhang kann man auch einen „Realitätscheck" anwenden: Ein Indiz, das unmittelbar dafür oder dagegen spricht, dass man träumt und das bei vielen Menschen funktioniert. In meinem Fall ist das ein Kniff in die Nase und der Versuch, trotzdem durch die Nase zu atmen. Man muss es wirklich versuchen, daran glauben, dass es funktioniert. Da im Schlaf deine Nase nicht zugekniffen ist, sondern frei, kannst du im Traum häufig trotz der zugekniffenen Nase atmen. Es gibt aber mehrere, verschiedene Realitätschecks.

Irgendwann funktionierte es jedenfalls. Ich stellte mir im Traum die kritische Frage »Träume ich gerade?« und stellte fest, dass wirklich komische Dinge um mich herum passierten. Ich kniff mir in die Nase und konnte trotzdem atmen. »Ich träume!!!« Sofort erlangte ich mein Bewusstsein im Traum und war euphorisch, aber auch gleichzeitig extrem nervös und aufgeregt. Im nächsten Moment bin ich in meinem Bett aufgewacht. »Scheiße...«. Aber irgendetwas war immer noch komisch und nach ein paar Sekunden oder Minuten – ein Zeitgefühl habe ich da im Nachhinein nicht wirklich – stellte ich mir die kritische Frage einfach nochmal. Wieder klappte es, durch die zugekniffene Nase zu atmen. Schon verrückt, wie das eigene Unterbewusstsein manchmal versucht einen an der Nase herumzuführen. Ich konnte mich auf einmal beobachten, wie ich im Bett schlief und hatte ein verrücktes, schwer zu beschreibendes Gefühl. Eine Art aufgeregte Gewissheit. Ich musste nur noch in die Traumwelt übergehen und wusste irgendwie auch, dass ich das jetzt konnte und wie ich das mache. Es fühlte sich an, wie wenn man an einem Radio die Frequenz ändert, es kurz quietscht und rauscht. Und von jetzt auf gleich war ich da. Ich stand auf einmal mitten auf einer breiten, unbefahrenen Straße bei Nacht in einer schlecht beleuchteten, düsteren Großstadt. Wie Gotham etwa. Ich fühlte mich sofort unwohl. Aber ich war mir bewusst, dass ich gerade träumte. »Dann dürfte ich diese Stadt ja jetzt nach Belieben verändern können.«, dachte ich mir. Die Hochhäuser, Laternen und alles um mich herum fingen an, in den Boden hinein zu sinken und verschwanden. Vom Erdboden verschluckt. Und direkt kamen neue aus dem Boden geschossen, die eine neue Skyline bildeten und die mir schon wesentlich besser gefiel. Aber noch nicht perfekt. Das Ganze wiederholte sich. Wieder und wieder. Bis ich mir eine Stadt „ausgesucht" hatte. Ich konnte mir sozusagen eine Stadt per Zauberhand bauen, wie auch immer ich diese gerade formte, denn ich habe natürlich nicht bewusst jedes einzelne Haus durchgeplant. Ein unbeschreibliches Gefühl. Ich stand immer mitten auf der Straße an diesem Punkt und die Häuser schossen um mich herum entweder in den oder aus dem Boden, gleichzeitig konnte ich irgendwie die ganze Stadt erkennen und überblicken. Das Erste, was ich machen wollte, war fliegen. Da es ja mein Traum war, sollte das funktionieren. Es klappte allerdings nicht auf Anhieb. Ich hielt an meiner Überzeugung fest: »Alles, was ich mir vorstellen kann, kann ich jetzt auch tun.« Ich überzeugte mich immer wieder von diesem Gedanken und der Tatsache, dass ich noch träumte. Ich musste das Fliegen wohl erst lernen. Erst ein paar normale Sprünge, bis mir auf einmal ein etwas weiterer Sprung gelang, als es mir normalerweise möglich wäre. Dann noch einer – und so weiter… Vielleicht hast du ja den Film Hancock gesehen. In einer Szene am Ende des Films (Spoilerwarnung) ist er verletzt und stürzt aus dem Krankenhaus auf die Straße. Er versucht, wie für ihn üblich, loszufliegen. Erst ein Sprung, dann ein etwas weiterer, dann ein 10-Meter-Sprung und schließlich hebt er ab. Und so ähnlich konnte auch ich auf einmal fliegen. Noch so ein unbeschreibliches Gefühl, das ich zur Genüge auskostete. Vom Rest des Traums will ich jetzt gar nicht so viel erzählen. Es war einfach insgesamt eines der verrücktesten Erlebnisse meines Lebens bis dahin und auf jeden Fall lohnenswert!

Ich will den Fokus auf ein Hindernis setzen, das mir in diesem Traum immer wieder begegnete. Wände. Besser gesagt aber mal wieder ich selbst und meine Zweifel. Ich konnte in meinem Traum nämlich auch durch Wände gehen beziehungsweise fliegen. Allerdings geschah es immer wieder, dass ich, statt durch sie hindurch zu gleiten, direkt gegen sie gerannt oder geflogen und abgeprallt bin. Wie, wenn man gegen eine Wand läuft eben, wie Harry Potter am Gleis 9 ¾. Schmerzen fühlt man übrigens auch im Traum. Das geschah immer dann, wenn ich an mir zweifelte oder an der Tatsache, dass ich noch träumte und das wirklich konnte. Da alles real wirkt, ist es ziemlich befremdlich, grundlegende physikalische Gesetze einfach außer Kraft zu setzen. Ich war so gewöhnt daran, dass ich nicht durch Wände gehen kann, dass es so tief in mir verankert war, an Wänden abzuprallen, dass es mir selbst im Traum kontinuierlich zu schaffen machte. Ich befand mich buchstäblich in einer Welt, in der ich alles machen konnte, was ich wollte, in der mir selbst die Naturgesetze gehorchten – und verbrachte allen Ernstes viel Zeit und Schmerzen damit, immer wieder gegen Wände zu laufen. Und das nur, weil ich zweifelte, aber auch gleichzeitig so stur war, es immer wieder zu probieren. Grenzen sind vor allem genau da, wo du dir sie selbst setzt – das wurde mir da nochmal deutlicher denn je aufgezeigt. Oft sind es nur Dinge, die uns durch Gewohnheit und Erfahrung oder durch die Meinung anderer gelehrt wurden und deswegen in unserem Gehirn tief mit einer bestimmten Erwartung assoziiert und vernetzt sind. Kurz ausgedrückt, wir glauben daran, dass etwas wahr oder falsch ist, möglich oder unmöglich. Uns könnte die ganze Welt offen stehen – und wir könnten es nicht einmal bemerken.

Im Übrigen hätte ich mir die Wände ja auch einfach wegdenken oder umgehen können, umbauen oder was mir eben sonst so einfallen hätte können. Es gab unbegrenzte Lösungsmöglichkeiten. Aber ich wollte da sprichwörtlich mit dem Kopf durch die Wand.

Zweifel

Immer wieder stelle ich fest, dass mir das Aufschreiben meiner Gedanken in dieses Tagebuch und generell das Lesen und Beschäftigen mit diesen Themen Spaß macht und mir extrem hilft. Ursprünglich war es nur als kleine Übung für mich selbst gedacht, mich selbst im Auge zu behalten und mir über ein paar Dinge klar zu werden. Auf einmal schreibe ich Seite um Seite. Es macht für mich immer mehr Sinn, meine Zeit dafür zu investieren. Wäre ich „vernünftig", so sollte ich gerade wohl den Großteil meiner Energie und Zeit in meine Masterarbeit und in Zukunftspläne stecken. Welche Entscheidung ist nun also besser? Objektiv betrachtet liegt die Antwort doch auf der Hand, was ist schon besser, als seine Zukunft gewinnbringend zu planen? Tja, ich bin wohl nicht vernünftig. Die Gedankenwelt und die Grübelei darüber interessieren mich einfach so viel mehr als meine Masterarbeit. Sobald ich einmal anfange, kann ich oft drei bis vier Stunden durchschreiben, ohne wirklich Pause zu machen oder es überhaupt als „Arbeit" wahrzunehmen. Es ist irgendwie einfach „richtig", ich fühle mich danach besser, wacher und energiegeladener als vorher. Gleichzeitig bemerke ich immer wieder diese Stimme meines Gewissens. Werde ich das mal bereuen? Was bringt mir das hier überhaupt, verschwende ich nicht doch nur meine Zeit?

Positives Denken, sich für sich Zeit zu nehmen und sich selbst als wertvoller zu sehen als die Errungenschaften für den Lebenslauf und das Portemonnaie scheint tatsächlich Übungssache zu sein. Es ist nicht einfach und nicht immer schön, was angesichts des Ziels des positiven Denkens doch irgendwie paradox ist. Sobald ich mal ein paar Tage nicht lese oder schreibe oder mich wieder den „wichtigen" Dingen meines Alltags widme, merke ich, wie die Zweifel wieder stärker werden und ich mich schäme. Was würden all die anderen wohl von mir denken, wenn sie wüssten, dass ich Tagebuch führe und was für Hirnergüsse ich dort teilweise reinschreibe. Woran ich glaube, beziehungsweise glauben will. Es ist nicht „cool". Aber naja, ich bin eben nicht mehr cool genug, um nicht einfach ich selbst sein zu wollen. Vielleicht würden mich viele für komplett geistesgestört halten für meine Ansichten und eine derartige „Zeitverschwendung", die ich fast täglich betreibe. Je mehr Abstand ich davon gewinne, desto mehr befürchte ich auch, dass ich selbst meine Gedanken für Schwachsinn halten könnte.

Was andere über mich denken (könnten), ist im Grunde das, was ich über mich selbst denke und stellt meine eigenen Zweifel an mir dar – immerhin bin nur ich es, der sich vorstellt eine andere Person zu sein, um mich dann vermeintlich von außen betrachtet zu bewerten. Was sie wirklich denken, kann etwas ganz anderes sein. Nach wie vor spielt es für mich noch eine viel zu große Rolle, was andere von mir denken (könnten). Es ist mir zwar bewusst, aber doch sind diese Stimmen allgegenwärtig da. Glücklicherweise mache ich mittlerweile meistens trotzdem das, was ich letztendlich wirklich will und für richtig halte, aber im Idealfall sollten diese ständigen Gedanken wohl gar nicht existieren. Und bei kleineren Lügen über mich selbst, vor allem wenn ich die andere Person nicht so gut kenne oder weiß, wie sie zu manchem steht, ertappe ich mich auch immer wieder. Dass ich schreibe, verrate ich auch nur den wenigsten. Zu oft dieser schräge Blick, wenn man eben aus der Reihe tanzt oder nicht daran geglaubt wird, dass man auch tatsächlich gut darin sein oder es etwas bewirken könnte. Wieso spielt das überhaupt so eine große Rolle?

Wenn ich wieder anfange mich mit mir auseinanderzusetzen, zu lesen und zu schreiben, ist alles gut und es macht für mich wieder alles einen klaren Sinn. Der Kram hilft mir eindeutig, also was sollte falsch daran sein, das jetzt zu machen? Mein Selbstvertrauen wächst wieder. Es ist, als ob ich selbst einen Kampf zwischen meinem „Vorher-" und meinem „Jetzt-Ich" beobachten kann. Zwei verschiedene Denkarten, zwei unterschiedliche Gewohnheiten, die sich nicht miteinander vereinbaren lassen. Ich bin zerrissen. Je nachdem, welcher Gewohnheit ich gerade nachgehe, umso stärker wird eben diese. Paradox, dass ich eigentlich irgendwo genau weiß, mit welcher mein Leben einfach lebenswerter und glücklicher ist, die Entscheidung aber trotzdem so schwerfällt. Materieller Besitz, sozialer Status, Ego, Effizienzdenken und so weiter scheinen viel Macht über mein Leben auszuüben. Ich fühle, was meine innere Stimme mir mitteilt. Aber ich höre zwei Stimmen in meinem Kopf. Es tut gut, das alles mal aufzuschreiben und zu Ende zu denken. Ich muss weiter üben. Ich muss mir die

Zeit nehmen, eine Entscheidung treffen. Tag für Tag, immer wieder. Welches Leben will ich führen? Die Antwort bleibt doch nach wie vor eigentlich eindeutig. Wenigstens das ist mir mittlerweile klar.

Jetzt schon in ein Berufsleben einzusteigen, einem „vernünftigen" 9-5-Uhr-Job mit guten Zukunfts- und Verdienstaussichten nachzugehen, würde meine Entscheidung, mein Schicksal derzeitig aber wohl besiegeln. Ich bin noch nicht gefestigt genug. Ich würde in mein altes Ich zurückfallen. Irgendwie eine sehr ernüchternde Erkenntnis. Und gleichzeitig bin ich stolz, das zugeben und sehen zu können. Sonst wäre erstens die Zeit, die ich jetzt für mich investiert habe, vielleicht tatsächlich Zeitverschwendung und zweitens wäre wohl auch die Zeit, die mein restliches Leben darstellt, größtenteils auch Zeitverschwendung – da ich wissentlich leben würde, wie ich es gar nicht wirklich will. Nicht, weil ein solcher Job sinnlos ist oder sein muss, sondern weil ich dem Geld, der Bequemlichkeit und meinen in mir existenten Automatismen und Denk- und Fühlgewohnheiten verfallen würde, und das in einem Job, der mich ganz einfach nicht erfüllt, in einem Ich, das wahrscheinlich gar nicht zu erfüllen ist. Ehrlich gesagt habe ich zurzeit keinen Schimmer, was mich tatsächlich überhaupt erfüllen könnte. Ich wäre nicht glücklich, da ich zurzeit, so ungerne ich es zugebe, ohne mir aktiv und bewusst Zeit dafür zu nehmen, einfach unglücklich werde und in meine alten Gewohnheiten zurückfalle, mich täglich eher von meinem Unglück ablenke als es anzupacken. So sehe ich das zumindest im Moment. Glück, Zufriedenheit und Freiheit eingetauscht gegen vernünftige Sachen, wie Erfolg, Geld und sonstige Dinge? Klares Nein! Oder stelle ich es mir einfach nur zu schlimm vor, könnte es mich nicht sogar positiv überraschen? Was soll ich sagen, für jede Antwort und jede Lösung gibt es wohl eine neue Frage und ein neues mögliches Problem.

Wenn sie mich besänftigen wollen, bringen Bekannte öfters das Argument, man gewöhnt sich irgendwann schon dran. Ich weiß allerdings nicht, was mich daran beruhigen soll. Man gewöhnt sich auch an jeden Mist, also was will man mir damit sagen? Man gewöhnt sich an Luxus, an Gesundheit, ans Rauchen, an Stress, an Donald Trump und an diese Unruhe im eigenen Kopf. Man gewöhnt sich an jeden Scheiß, wenn man etwas nur oft und lange genug tut oder zulässt – und nicht hinterfragt. Aber was hat das damit zu tun, ob man eine richtige oder gute Entscheidung trifft? Nur weil viele etwas tun, ist es lange noch nicht richtig und nur weil man sich an etwas gewöhnt hat und es schon lange so läuft, ist es nicht erstrebenswert oder gut.

Welchem Problem will ich hier eigentlich genau auf den Grund gehen? Im Endeffekt läuft alles wohl mal wieder auf das Vertrauen in sich selbst hinaus, auf Selbstverantwortung und auf Ehrlichkeit. In meiner Lage gibt es kein richtig und falsch. Da können andere sagen, was sie wollen. Immerhin kann dann auch ich sagen, was ich will. Ich habe die Wahl, mich zwischen zwei Versionen meiner selbst zu entscheiden – und die Konsequenzen zu tragen, die die jeweils getroffene Entscheidung nach sich ziehen wird. Nur ich kann nun für mich selbst entscheiden, was richtig und falsch ist.

Ich fühle mich zum Beispiel beim Lesen immer sehr bestätigt, wenn Zitate oder Aussagen von anerkannten Persönlichkeiten oder Wissenschaftlern erwähnt werden, die meine Meinung teilen. Sie bestärken mich. Eigentlich sollte es mich doch aber ohnehin nicht scheren, ob irgendjemand irgendetwas sagt und wie berühmt oder anerkannt dieser Irgendjemand ist – irgendein anderer Irgendjemand behauptet bestimmt etwas anderes. Immerhin geht es doch gerade darum, meinen eigenen Weg und eine neue – meine – Denkweise zu finden. Soll die Summe der Aussagen von anderen Menschen darüber bestimmen, was ich denke und für richtig oder falsch halte? Nein. Viel zu oft wurden in der Geschichte schon Dinge für wahr gehalten, die es, wie wir jetzt „wissen", nicht waren. Aber alle haben daran geglaubt, und sind auch so gestorben. Dass jetzt etwas anderes wahr ist, spielt für sie gar keine Rolle und das hat es auch nie in ihrem Leben. Irgendwie erleichternd. Und doch fühlt sich dieser Gedanke auch beklemmend an. Diese ewige Ungewissheit. Anscheinend gibt es kein Mittel gegen sie. Außer Illusionen vielleicht, die ich mir nicht mehr machen will. Habe ich letztlich vielleicht nur Angst, eine Entscheidung zu treffen, bei der diese Ungewissheit deutlich und spürbar wird und bei der ich mich vom bisher Bekannten, Einschätzbaren und Geplanten womöglich trennen muss? Ich sitze und zweifle und hadere und komme nicht voran. Wenn ich aber also meine Entscheidung getroffen habe – wenn ich wirklich weiß, was für »mich« gerade richtig ist – dann sollte ich auch nicht mehr ein Buch, eine Person oder irgendetwas brauchen, das oder die mich daran erinnert, was „richtig" ist, was Glück, Erfolg und Freiheit für mich bedeutet, um diesen Weg weiter zu gehen. Und kann das dann überhaupt ein „Fehler" sein? Ich sollte gar nicht daran zweifeln und in diesem Zwischenstadium verweilen, denn dieses bedeutet tatsächlich Stillstand und Zeitverschwendung, wenn man zu keinem Ergebnis kommt. Selbst wenn ich das „Falsche" mache, könnte ich es dadurch womöglich wenigstens erkennen. Naja, wie gesagt, es ist wohl Übungssache – hoffe ich. Es bringt wohl nur wenig, immer wieder einen Schritt in die eine Richtung zu machen, und dann wieder einen in die entgegengesetzte. Ein starker Glaube ist es, was gebraucht wird. So stark, dass er irgendwann „Wissen" gleichkommt und klare Entscheidungen, klare Meinungen und Taten entstehen. Da ist kein großer Platz für Zweifel. Wenn ich gegen eine Wand laufe, werde ich's hoffentlich schon irgendwann merken.

Stress

Ein seltsames Phänomen dieser Zeit und dieser Gesellschaft ist, dass ausgerechnet Stress das psychische Problem schlechthin in unserer eigentlich gemütlichen, recht friedlichen Zeit voller Möglichkeiten ist und die Ursache für weitere, sowohl psychische als auch physische, Beeinträchtigungen und Krankheiten darstellt. Depressionen, Angststörungen, Burnout und Krebs scheinen etwas Alltägliches zu sein. Und, dass es trotz unserer so fortgeschrittenen Medizin und Technik kein Heilmittel zu geben scheint, das diese Ursache tatsächlich heilen oder verhindern könnte.

Stress lässt sich im Gehirn ebenfalls als Schwingung messen. Während Stress in einem gewissen Rahmen und für eine gewisse Zeit durchaus anregend sein kann, wird bei dauerhaftem oder überlastendem Stress die Energie zum Beispiel in Teilen des Körpers abgeladen, der als Ventil dient. Es gibt unterschiedlichste Krankheiten und Auswirkungen, die auf Stress zurückzuführen sind. Das Verhalten und das Wohlbefinden sind davon mindestens genauso schwer betroffen, was allerdings wohl recht klar auf der Hand liegt.

Wer hätte noch vor einigen Jahrzehnten gedacht, dass wir mal ständig ein Allrounder-Gerät mit uns tragen, das uns zuverlässig navigiert, weckt, erinnert, erreichbar macht, uns Zugang zu nahezu unbegrenztem Wissen und Antworten auf jede x-beliebige Frage liefert? Dass unser Überleben, unsere Versorgung und unsere Gesundheit mehr oder weniger durchgehend sichergestellt sind? Dass fast jeder über ein mobiles Fahrzeug verfügt und man mit Flugzeugen ins Land der Wahl in den Urlaub fliegen kann? Man sollte meinen, wir haben verglichen mit der Vorzeit eigentlich doch eine wesentlich einfachere und dankbarere Lebensaufgabe und uns werden jede Menge Dinge abgenommen. Und wer hätte gedacht, dass wir es schaffen, in diesem Szenario die vielleicht gestressteste Generation mit den meisten psychischen Problemen zu sein?

Das Verstehen von und der Umgang mit sich selbst, den anderen, dem Leben, der Natur und der Technik… das Element des Bewusstseins wird viel zu oft außen vor gelassen und vernachlässigt, während es eigentlich die einzige Waffe darstellt, die wir wirklich besitzen.

Gesetz der Anziehung

Das Gesetz der Anziehung besagt, dass wir erleben, was wir denken und fühlen beziehungsweise erwarten. Und, dass das alles sein kann, was wir wollen. Das Innere wirkt sich auf das Äußere aus und wiederholt sich gewissermaßen. Gleiches zieht Gleiches an. Ein universelles Gesetz. »So einfach kann es doch eigentlich nicht sein.« Der erste Zweifel ist gesät. Dann müsste ja jeder schon das haben, was er will. Die Welt müsste viel besser sein. Das Ganze wird mir allerdings etwas klarer, wenn ich wieder betrachte, wie lange ich blind durchs Leben gelaufen bin, wie oft unnötig negativ und falsch ich »gedacht« (und demzufolge gehandelt) habe und wie sehr ich mich durch andere Menschen und Umstände habe beeinflussen lassen. Mich fasziniert dieses Gesetz, oder eher diese Art zu denken, zutiefst. Ich bin mir sicher, dass viele dieses Gesetz falsch verstehen. Bei mir selbst bin ich mir auch nicht sicher. »Ich habe schon an etwas geglaubt und es passierte nicht, vielleicht sogar das genaue Gegenteil. Ich habe mich geirrt.« Wie viele zweifelnde Gedanken ich dabei aber gleichzeitig immer wieder aussäte und auch, wie viele Gelegenheiten ich dabei habe verstreichen lassen, zögerte, mich durch Angst und Wut bestimmen ließ, habe ich nicht einmal bemerkt oder wollte es mir nicht eingestehen. Vielleicht habe ich weder Gelegenheiten noch meine inneren Vorgänge überhaupt wahrgenommen oder sie wirklich als »Gelegenheiten« erkannt und identifiziert. Vielleicht habe ich sie als ihr genaues Gegenteil gesehen. Einer der verheerendsten Fehler, den man beim Versuch, dieses Gesetz zu verstehen, machen kann ist meiner Meinung nach, dass man es in etwa so versteht: »Ich lehne mich mal zurück und muss nur fest genug daran glauben, dass ich bekomme, was ich gerade will.« Vielleicht klappt das ja sogar, wenn du weit genug bist. Wenn du wirklich fest, leidenschaftlich und ohne jeden Zweifel daran glauben kannst. Ich kann das jedenfalls nicht, zumindest noch nicht. Außerdem bin ich in jeder guten Vision meiner Zukunft nicht der „selbe“ Mensch, der ich jetzt bin, sondern ich habe mich weiterentwickelt. Ich habe Dinge erreicht, indem ich sie angegangen bin und mich verbessert habe – persönlich, charakterlich, spirituell. Ich will und werde mein Leben nicht zurückgelehnt auf der Couch verbracht haben. Die meisten Gegebenheiten in meinen Wunschszenarios der Zukunft implizieren bei genauerem Hinsehen eigentlich sofort, dass ich in diesem Szenario vorher gar nicht die ganze Zeit nur auf der Couch verbringen konnte – und auch nicht wollte.

Ich kann – wie immer – wieder nur für mich selbst sprechen. Ich denke, es geht beim Gesetz der Anziehung vor allem darum, sich eine gewisse Art zu denken anzueignen. Eine, mit der man jede Gelegenheit ergreift, die in einem das Gefühl auslöst, sie ergreifen zu wollen, ungeachtet möglicher Risiken oder Zweifel, ob man ihr gewachsen ist.

Entschlossenheit. Eine Art, bei der man lernen kann, an sich selbst zu glauben und die Dinge aus einem anderen und positiveren Blickwinkel zu betrachten. Bei der man herausfindet, was man wirklich in seinem Leben tun und erreichen will, Verantwortung übernimmt und dieses Projekt entschlossen angeht. Und zwar jetzt, nicht irgendwann mal. Ziehe ich das wirklich konsequent durch und bringe mich damit in die gewünschte Position, kann ich mich vielleicht tatsächlich auch irgendwann zurücklehnen, und die von mir geschaffenen Dinge werden mir auch weiterhin zufliegen. Du bist verantwortlich für die Dinge, die du tust, und auch für die Dinge, die du unterlässt.

Gleichzeitig geht es auch hier darum, ehrlich zu sich selbst zu sein, sich selbst und die Welt besser verstehen zu lernen und klarer zu erkennen. Auf was du dich konzentrierst, das wächst. Wer sich ein Ziel setzt, sich anschließend aber zunehmend oder ausschließlich auf die Zweifel und die „Was, wenn…?‘s“ konzentriert, der wird sein Ziel letztendlich nicht verfolgen oder eher dabei scheitern. Das Gesetz der Anziehung lehrt vor allem, nach meiner Auffassung, Ursache und Wirkung genau und selbstkritisch zu beobachten sowie die Angst- und Aggressionsbefreiung. Das Gesetz der Anziehung funktioniert ohne Hemmung und ohne Zwang. Das Streben nach dem Erkennen der Wahrheit ist für mich hier die Quintessenz. Ein Mann, der seine Frau anschreit, weil er einen schlechten Tag hatte, erlebt nicht die Wirklichkeit, sondern erlebt immer noch seinen eigentlich bereits vergangenen schlechten Tag. Er erlebt seine Stimmung. Er sieht nicht die Realität, sondern seine Wahrnehmung. Er ist im hohen Maße selektiv – eingestellt auf das, was er in diesem Moment sehen und erleben „will" – und zieht es in sein Leben. Er lebt in der Vergangenheit und auch so funktioniert das Gesetz der Anziehung. Wer Angst, Aggressionen oder Leid empfindet und sich nur weiter auf diese konzentriert, der wird diese Dinge auch vermehren und diese werden mehr und mehr Einfluss auf die eigenen Entscheidungen ausüben. Die Fähigkeit, sich von Emotionen und der daraus resultierenden selektiven Wahrnehmung zu befreien, ermöglicht es sich selbst und die Dinge um uns herum eher so zu erkennen, wie sie wirklich sind. Dann können wir verstehen – und dann können wir auch zielgerichtet damit arbeiten. Das Gesetz der Anziehung an sich funktioniert völlig willkürlich und individuell, aber überall, universell und in jede Richtung. Wer allerdings in einer Geisterwelt und an der Realität vorbei lebt, für den wird es wohl auch nur einen Effekt in seiner Geisterwelt haben.

Neben der fehlenden Belegbarkeit ist ein wichtiger Kritikpunkt des Gesetzes der Anziehung oder die Kehrseite sicherlich das Potenzial, sich selbst unter Druck zu setzen und sich die Schuld für alles zu geben. Insbesondere bei schweren Krankheiten, Unfällen oder ähnlichem gestaltet sich das eher fragwürdig und kaum anwendbar. Abgesehen davon gibt es ja auch andere Menschen – wie genau verhält es sich in Wechselwirkung mit ihnen? Und auch so hat wohl jeder Mensch mal Angst, Zweifel und negative Gedanken. Und diese sind nicht schlecht oder „falsch". Man muss sie nicht bekämpfen. Sich zu verbieten, Angst zuzulassen und sich selbst dauernd zu verurteilen und zu bekämpfen ist sicherlich nicht, was hier ausgedrückt oder erreicht werden sollte. Man driftet wohl leicht in eine andere Welt ab. Doch während eine radikale und unhinterfragte Auffassung dieses Gesetzes vielleicht eher fragwürdig ist, lässt sich ein kausaler Zusammenhang von Gedanken und Realität wohl kaum von der Hand weisen und sollte nicht unterschätzt werden. Naja, ich habe ohnehin noch offene Fragen zu diesem Gesetz, welche ich im weiteren Verlaufe untersuchen werde.

Verkaufen und manipulieren

In der Kommunikation dreht es sich zu einem großen Teil darum, Täuschung von Wirklichkeit zu unterscheiden. Dies muss nicht unbedingt ein direkter Konflikt zwischen den Kommunizierenden selbst sein. Schließlich kann jeder getäuscht werden und somit für sich selbst die (vermeintliche) Wahrheit sagen, obwohl er bereits getäuscht wurde, ohne es gemerkt zu haben.

Man könnte auch behaupten, es sei ein ganz einfacher Verkaufstrick, dass ich dieses Buch in der Du-Form schreibe. Duzen führt dazu, dass wir uns auf einer persönlicheren Ebene begegnen und du mir eben mehr vertraust (zumindest, wenn ich dir sympathisch bin). Mit anderen Worten, du kaufst mir unbewusst auch tatsächlich mehr von dem ab, was ich so erzähle. Eigentlich erscheint es mir ganz einfach am natürlichsten, dieses Buch in der Du-Form zu schreiben. Es fühlt sich für mich gut und richtig an und ich habe mir nicht viel dabei gedacht. Aber ich habe es eben auch mal als Verkaufstrick gelernt. Ab wann verkauft man und ab wann manipuliert man – wann wird man manipuliert und wie erkennt man es? Verkaufe ich dir etwas, weil ich wirklich von meinem „Produkt" überzeugt bin oder wurde ich so manipuliert, dass ich davon überzeugt bin?

Am Ende verkauft man auf die ein oder andere Art meistens sich selbst. Möglichst überzeugend ist man, indem man möglichst authentisch und selbstbewusst ist und tatsächlich an das glaubt, was man sagt. Es ist also immens wichtig, die Fähigkeit zu erlangen, zwischen Wahrheit und Täuschung unterscheiden zu können, einen differenzierenden Blick zu erlangen und sich trotzdem (oder genau deswegen) immer mal wieder selbst zu hinterfragen. Offen und wissbegierig bleiben für Neues, ohne dabei die Fähigkeit zu verlieren, sich selbst eine starke Meinung zu bilden und sie gleichzeitig kritisch zu hinterfragen. Weisheit schließt das Wissen über die eigene Unwissenheit ein. Wer ein solches Gespür entwickelt, der kann auch leichter durchschauen, ob der Gesprächspartner aufrichtig, ehrlich und authentisch ist oder nur versucht, etwas zu verkaufen und einen zu diesem Zwecke zu manipulieren. Und er erkennt auch einfacher, ob dieser Gesprächspartner vielleicht einfach selbst verblendet ist oder wie er gewiefte Verkäufer aus der Reserve locken kann.

In meinem Nebenjob als Trainer im Fitnessstudio war es auch eine meiner Aufgaben zu verkaufen. Mein erster Schritt bestand darin, diesen oft negativ behafteten Begriff neu zu verstehen. Anfangs wollte ich nämlich nicht verkaufen. Weder akzeptierte ich es wirklich als Teil meiner Aufgabe als Trainer noch wollte ich Menschen etwas „andrehen“. In der Folge verhalf mir mein damaliger Chef dazu, mein Verständnis vom Begriff „Verkaufen“ zu erneuern beziehungsweise zu erweitern: Im herkömmlichen Sinne bedeutete Verkaufen für mich zum Beispiel, die im Studio erhältlichen Nahrungsergänzungsmittel den Kunden anzubieten und gegebenenfalls zu verkaufen. Im erweiterten Sinne bedeutete es zum Beispiel aber auch, in meinen Einzelterminen mit Kunden meine empfohlenen Übungen, meinen vorgestellten Trainingsplan und den Sport beziehungsweise Zweck an sich erfolgreich zu „verkaufen“. Schon das erstaunte mich. Diese Leistungen kosteten nichts, und ich tat es bereits, und das auch noch gerne. Es waren letztlich einfach nur diejenigen Übungen und Ratschläge, die ich gemäß meiner Einschätzung des Kunden als sinnvoll empfand. Bei „Erfolg“ bleibt der Kunde eben auch Kunde, bekommt Motivation und hat Erfolgserlebnisse sowie Spaß. Im Grunde musste ich also auch nur mich selbst, meine Herangehensweise und meine Empfehlungen, „verkaufen“ können. Statt den Kunden hinterherzurennen, ist es schließlich am effektivsten, wenn man es schafft, von den Kunden als vertrauensvolle und kompetente Ansprechperson wahrgenommen zu werden – ein guter Verkäufer bringt sich in die Situation, dass Kunden von selbst zu ihm kommen. Im Idealfall kann „Verkaufen“ etwas wirklich Schönes sein – etwa das Trainieren einer Art positiven Ehrlichkeit. Wenn man ein gutes Produkt hat, von dem man weiß, dass es gut ist und wirkt, so darf man es auch entsprechend gut beschreiben und seine Stärken betonen. Wenn ich von einem Menschen viel halte und ihn mag, so werde ich natürlich auch entsprechend gut von ihm reden, ihn in ein gutes Licht stellen. Wenn ich also ein gutes Produkt habe und beim Gegenüber einen entsprechenden Bedarf erkenne, wäre es eigentlich fahrlässig, das Produkt nicht anzubieten oder zumindest zu erwähnen – ganz unabhängig davon, ob es Geld kostet oder nicht. Letztendlich hat mir mein Chef damals das Verkaufen verkauft – und zwar erfolgreich. Wurde ich also manipuliert?

Erschreckend in meiner Zeit als „Verkäufer" war die zunehmende Erkenntnis, wie leicht man vielen Menschen teilweise etwas, wenn man Lust darauf hätte, verkaufen oder einfach irgendetwas andrehen könnte. Verkauft man sich selbst gut genug und steht im jeweiligen Bereich für Erfolg oder Kompetenz, kann man nicht wenigen Menschen so ziemlich alles verkaufen – egal, ob sie es tatsächlich brauchen. Moralisch gesehen finde ich es gut, als Verkäufer einem Kunden bei geeignetem Bedarf etwas anzubieten und dafür zu werben, sofern man selbst von der Wirkung überzeugt ist und fundierte Kenntnisse darüber hat. Auch ist es in Ordnung, diesen Bedarf bewusst zu machen und eben dem Kunden seinen eigenen Bedarf, den er aufgrund seiner Unwissenheit nicht erkennt, vor Augen zu führen. Aber es ist nicht in Ordnung, einen Bedarf zu schaffen, der gar nicht wirklich existiert oder für ein Produkt zu werben, das man nicht gut genug kennt. Das war stets eine Grenze, die ich nicht überschreiten wollte, auch wenn es wohl nicht sonderlich schwer gewesen wäre und angesichts bestimmter Verkaufszahlen, die in meinem Job erzielt werden sollten, manchmal doch verführerisch war. Das Erschreckende war jedenfalls, dass ich anfangs nicht einmal sonderlich gut war und es trotzdem teilweise ziemlich gut funktionierte. Wenn es sich ergab, bot ich Produkte an, von denen ich wusste, dass sie wirken und für den Kunden hilfreich oder zielführend sein könnten, war dabei aber nicht sonderlich selbstsicher oder authentisch. Ich war weder geübt im Verkauf noch fühlte ich mich sonderlich wohl dabei. Ich war bereits recht gut in Form und ein banales, aber effektives Argument war wohl ganz einfach, dass ich selbst dieses und jenes beim Training oder bei der Ernährung befolgte. Ich hätte wohl Vieles erzählen können. Mein Gegenüber war oft eben noch viel unwissender, unsicher und „leicht zu beeindrucken“. Ganz offensichtlich muss man nur authentisch genug sein – oder eben besser schauspielern können, als das Gegenüber Lügen durchschauen kann. Viele Menschen sind leicht manipulierbar, wenn man ein paar einfache Verkaufsstrategien und Tricks beherrscht (welche das Gegenüber nicht (er-)kennt). Doch niemand kann in allen Gebieten einen Durchblick haben.

Viele Verkäufer übernehmen leider keine Verantwortung, sondern machen einfach ihren Job. Leichtgläubige Menschen sind da das beste Geschenk überhaupt. Für gewöhnlich mag man keine gekünstelten, falschen Menschen. Aber eben nur, wenn man das erkennt. Und heute wird ja gerne aus allem eine Wissenschaft gemacht. Einem guten Verkäufer merkst du unter Umständen nicht einmal an, dass er dir etwas verkauft. Es wird gelernt, gut etwas vorzuspielen: Ehrlichkeit, Wohlwollen, Freundlichkeit, Erfolg. Viele nach außen „erfolgreiche" Menschen sind nicht unbedingt besser, schlauer oder sonst irgendetwas – sie sind einfach nur schamloser und skrupelloser in der Verwirklichung ihrer Ziele und werden dafür auch noch von einer großen Masse geehrt. Sie lügen oder betrügen zum Beispiel. Der Placebo-Effekt kann sich auch auf eine solche Weise entfalten – gute Lügner, die eben nur kompetent oder erfolgreich wirken, ohne es tatsächlich zu sein, werden manchmal genau dazu gemacht und auch noch bewundert. Die Kehrseite ist: Sie verkaufen oft sich selbst – und diesmal tatsächlich – um sich gut verkaufen zu können. Wer kennt diese Geschichten nicht? Der Mann, der immer lächelte und so glücklich wirkte – und sich das Leben nahm. Der Millionär, der am Sterbebett erkannte, dass er den falschen Dingen hinterherjagte. Es ist nicht alles Gold, was glänzt.

Einige Herrscher wurden und blieben Herrscher, weil sie dem Volk versprachen, was es hören wollte und es geschickt manipulierten. In Wahrheit verfolgten sie oft ganz andere Interessen und waren eigentlich weder gute Anführer noch hätten sie jemals dazu gemacht werden sollen. Doch sie wurden eben dafür gehalten – und das ist, was zählte. Erfolg und Verehrung einiger Menschen in der Öffentlichkeit sind manchmal eher ein Armutszeugnis der Gesellschaft und beruhen letztlich oft mehr auf Schein als auf Sein. Manchmal beruht äußerer Erfolg, wie Reichtum, Schönheit, Berühmtheit oder besondere Leistungen in bestimmten Bereichen, eher auf einer Kompensation bestimmter Komplexe, Süchte oder dem zwanghaften Wunsch nach Anerkennung, Ruhm, Macht, Schönheit und so weiter. Letztlich nicht beneidenswert, auch wenn es oft danach aussieht. Natürlich ist das nur die negative Seite, da nicht jeder, der nach etwas strebt, von Komplexen oder egoistischen Zielen geleitet wird. Am Ende bleibt jedenfalls: Ein nicht unerheblicher Teil dieser Welt wird vor allem durch diejenigen gelenkt, die sich auf die eine oder andere Weise am besten verkaufen und so ihre Ziele umsetzen können – ob ehrlich oder nicht.

Nur Bildung, das Erlernen von eigenständigem und kritischem Denken sowie von Empathie und grundlegender Menschenkenntnis können einen klaren Blick verschaffen, der Täuschungen und Lügner auch als solche entlarvt. Die eigene Authentizität, Ehrlichkeit sowie Selbstsicherheit, welche sich auf Reflexion gründet, kann eine der besten Hilfen dabei sein. Selbstreflexion, Empathie und kritisches Denken schaffen einen Blick fürs Echte, während man zunehmend selbstbewusster auftritt. Auf diese Weise ist man weder leicht zu manipulieren, noch muss man ein grundsätzliches Misstrauen pflegen, welches wiederum lediglich Offenheit und Möglichkeiten mindern würde. Es erscheint mir in diesen Zeiten immer wichtiger, diese Fähigkeit zu schulen, denn diese Welt wird komplizierter und schwerer zu durchschauen. In diesem Zusammenhang kann es wohl kaum etwas Besseres geben, als sich die Menschen, mit denen man sich umgibt, zwar genau anzusehen, auszuwählen und einen ehrlichen Blick auf sie zu werfen, aber letztlich ein Vertrauensverhältnis zu schaffen, statt auf paranoide Kontrolle zu setzen. Nur wirkliche Authentizität, Ehrlichkeit zu sich selbst und Vertrauen bringen langfristig „Erfolg" – und dienen dabei auch automatisch und unwillentlich als „Verkaufsstrategie". Lügen – sich selbst zu verkaufen, um gut verkaufen zu lernen und sich letztendlich vielleicht sogar selbst etwas vorzuspielen und eine Lüge zu leben – bringen höchstens kurzfristigen „Erfolg" und unmittelbare „Vorteile".

Was bedeutet Ehrlichkeit? Können wir ehrlich zu uns selbst sein und gleichzeitig andere Menschen belügen? Eben, um zu bekommen, was wir wollen, beispielsweise. Oder kann ich nur ehrlich sein, indem ich wirklich und gnadenlos ehrlich bin? Auch, wenn ich dafür bereit sein müsste, etwas, was ich will, vielleicht nicht zu erreichen? Lohnt sich das? Was bedeuten diese zwei Wege mit Blick auf die Entwicklung des eigenen Lebens? Gibt es hier ein „Richtig" und ein „Falsch"?

Kommoden und Schubladen

In diesem Abschnitt geht es um Sucht. Eine ausgeprägte Gewohnheit, die langsam Macht über einen selbst gewinnt. Man neigt relativ leicht dazu, sich in eine Sucht oder suchtähnliche Zustände zu flüchten. Vielleicht fängt es nur als Ablenkung an und wird zu einer Gewohnheit. Vielleicht, oder wahrscheinlich sogar, kommt es einem unbedenklich vor. Sie prägt sich schleichend aus. Sucht fängt oft als simple Ablenkung an. Sie gibt immer wieder kurzfristige Befriedigung. Also müsste sie auf Dauer auch zu langfristiger Befriedigung führen, oder nicht? Eigentlich ein ziemlich einleuchtender, nachvollziehbarer Gedanke. Ein Gedanke, der vor allem eher unterbewusst kommt und wirkt.

Man hat einfach immer wieder Lust darauf, weil es einem ein gutes Gefühl gibt oder ein bestimmtes Bedürfnis temporär befriedigt wird. Man vergisst, dass man eigentlich unzufrieden ist und fühlt sich kurz besser – und es scheint jedes Mal zu funktionieren. Dabei geht es nicht um die Handlung selbst, sondern um das psychische und/oder körperliche Bedürfnis, das dadurch scheinbar erfolgreich befriedigt oder gelindert wird.[30] Unterbewusstsein und Körper lernen dazu. Nur, dass man sich kurz danach eben wieder schlecht fühlt, oft noch schlechter als vorher – denn man tut durch die Handlung meist nichts gegen die Ursache. Also das ganze Spiel nochmal von vorne, nur braucht man dann eben ein klein bisschen mehr davon. Solange, bis es nicht mehr wegzudenken ist. Geist und Körper haben sich daran gewöhnt, man »braucht« es, man ist abhängig – oft ohne es zu merken, zu realisieren oder es zugeben zu können. Vielleicht nur eine Belohnung nach einem harten Tag? Man hat es sich doch verdient. Dabei sind Menschen sehr kreativ. Drogen, Geld, Sex, Macht, Glücksspiel, Soziale Medien, andere Menschen, Medikamente, Shopping, Gaming, Smartphone und vieles mehr. Die ganze Menschheit scheint sich an irgendetwas berauschen zu müssen, um durch den Tag zu kommen oder sich davon zu erholen. Die Möglichkeiten sind nahezu unbegrenzt. Hier geht es nicht um die generelle Verteufelung all dieser Dinge, sondern um das Phänomen Sucht – also eher um einen problematischen Umgang mit diesen Dingen, der sich mehr oder weniger verselbstständigt.

Das Gute ist, dass mittlerweile anerkannt wird, wie gefährlich das Ganze ist. Es gibt gute Hilfsangebote und Sucht wird als Krankheit anerkannt. Eigentlich eine tolle Sache. Aber unser Gehirn ist dazu konzipiert, vernetzt zu denken. Alles wird mit allem in Verbindung gebracht, wenn es einen erkennbaren Zusammenhang gibt. Das funktioniert auch und vor allem mit Sprache. Und somit mit Wörtern. Wir nennen Sucht Krankheit und es entsteht eine Verbindung zwischen dem, was wir unter Krankheit verstehen und allem, was dazu gehört. Da kommt es dann darauf an, wie man selbst den Begriff Krankheit kennen gelernt hat. Sucht und Krankheit sind nun in einer „Schublade", oder eher, Sucht ist jetzt in einer Schublade der Krankheits-Kommode. Wenn „dieses" gilt, dann gilt „jenes", und wenn „jenes" gilt, so folgt „solches". Und wenn „solches" gilt, dann gilt vielleicht auch schon wieder „dieses". Ein Prinzip, auf dem auch die Mathematik aufbaut und dem auch unser Gehirn, unser Denken folgt, das in einem Netz aus Schlussfolgerungen und logischen – oder auch unlogischen – Argumentationen mündet. Eigentlich auch ein gutes und sehr praktisches Prinzip, wenn es eben sinnvoll angewendet und aufgebaut wird. Hier haben wir also „Wenn Sucht, dann Krankheit". Und wenn Krankheit, dann… Sag du's mir. Was machst du, wenn du krank bist?

Sucht in eine Schublade mit Krankheiten zu stecken und sie gleichzusetzen hat eine gefährliche Kehrseite. Zumindest, wenn ich beobachte, wie Menschen in unserer Gesellschaft häufig mit Krankheit umgehen und das Wort „Krankheit" verstehen. Im Endeffekt haben viele mal wieder eine Ausrede. »Ich kann nichts dafür, ich bin krank.« Das mit Forschungsberichten zu füttern, die besagen, dass man genetisch dazu veranlagt sein könnte, und suggerieren, dass man selbst nichts dagegen machen könnte, finde ich teilweise fast schon fahrlässig. Damit begebe ich mich nun auf eine gefährliche Gratwanderung. Ich möchte im Folgenden einen bestimmten Aspekt und eine Problematik deutlich betonen und benennen, will hier aber vorab darum bitten, mich nicht misszuverstehen. Das aus meiner Sicht gefährlichste an Süchten ist gerade diese Gratwanderung zwischen der Einsicht und dem Zugeständnis, süchtig beziehungsweise suchtkrank zu sein und sich helfen zu lassen, vielleicht auch sich helfen lassen zu »müssen«, und auf der anderen Seite dabei nicht das eigene, ständige Mitwirken zu verleugnen, nicht die eigene Verantwortung abzugeben und die „Krankheit" nicht als Erklärung oder Grund für fehlende Handlungsfähigkeit und Schwäche vorzuschieben. Das „Fahrlässige" an solchen eben erwähnten Berichten ist aus meiner Sicht, dass, wenn jemand in der Folge zum Beispiel die eigene Veranlagung vollständig verantwortlich macht oder sich der Krankheit ausgeliefert fühlt und das wirklich für die Wahrheit hält, er oder sie also daran »glaubt«, dann kann ein im Zweifelsfall verheerender Nocebo-Effekt in Gang gesetzt werden. Denn man hat nun etwas, das man nicht selbst besiegen kann. Und etwas, das bei dem oft in der Tat sehr steinigen und schwierigen Weg, der vor einem liegen kann, unüberwindbar erscheinen, Motivation rauben oder eben als „attraktiver" Grund, als Ausrede und Begründung dienen kann. Die Kunst und Schwierigkeit besteht wohl darin, sich als die einzige Person anzusehen, die diese Erkrankung besiegen kann, daran zu glauben und Verantwortung für das eigene Handeln zu übernehmen, während man sich gleichzeitig eingesteht, dass man es ohne Hilfe von außen vielleicht nicht schafft, womöglich wieder und wieder „besiegt" werden wird und es jedes Mal erneut versuchen müssen wird. Vielleicht besteht generell in genau solchen Vereinigungen von scheinbar widersprüchlichen Haltungen gegenüber sich selbst und dem Leben die wahre Lebenskunst, mit der sich alles meistern lässt.

Was fangen wir nun mit dem Begriff „Krankheit" an? Krankheit bedeutet, dass man Heilung braucht. Häufig wird „Heilung" auch missverstanden oder zumindest anders, als sie sollte. Sie wird oft mit Medikamenten und Behandlungen der Symptome oder Auswirkungen verwechselt, statt dem Ursprung und der Ursache. Man ist auf jemand anderen oder etwas anderes angewiesen, sei es ein Arzt oder ein Medikament. Allein ist man jedenfalls schutzlos und kann nichts daran ändern. Und wenn das Medikament nicht wirkt, bleibt man eben krank. Der Raucher klebte sich lange Zeit ein Nikotinpflaster auf und wenn es nicht wirkte, tja, dann »musste« er eben weiter rauchen. Nikotinmangel ist nicht die Ursache für die Sucht, es ist eine Auswirkung, ein Symptom. Die Idee, dies durch Medikamente zu behandeln oder angenehmer zu gestalten, ist gar nicht schlecht. Sich helfen zu lassen ist wie gesagt generell die richtige Entscheidung. Und in manchen Fällen vielleicht auch notwendig. Eventuell kriegt man es tatsächlich nicht mehr ganz alleine in den Griff. Aber die Ursache findet man eben meistens doch bei sich selbst, und diese zu finden sollte oberste Priorität haben. Kein guter Arzt empfiehlt dir irgendetwas, ohne deine Krankengeschichte zu kennen. Er kennt aber eben nur deine äußere Krankengeschichte, oft also nur die Auswirkungen, und versucht ein Muster zu erkennen und die Ursache zu finden. Letztendlich kann das aber keiner besser als du selbst, nur du kennst deine Gedanken und deine ganze Geschichte. Oft ist die Ursache gar nicht leicht zu finden, und generell die Sucht als solche zu identifizieren ist oftmals das Schwierigste. Nicht umsonst heißt es, (Selbst-)Erkenntnis sei der erste Schritt zur Besserung. Wenn wir uns wieder auf die Befriedigung eines bestimmten Bedürfnisses oder ähnliches als möglichen Ausgangspunkt einer Sucht konzentrieren, lässt sich vielleicht durch einen gesunden Umgang, eine gesunde Befriedigung des Bedürfnisses oder die Loslösung davon ein kleines Wunder erreichen. Schließlich hat eine Sucht meist nicht als Sucht begonnen, sondern ist dazu herangewachsen und wurde so allmählich zum Problem an sich, während die Ursache, und damit das wirkliche Problem an sich, oft eben schlicht in einem negativen, unreflektierten oder kritischen Umgang mit bestimmten Gefühlen (beziehungsweise Situationen, die letztlich bestimmte Gefühle hervorrufen) liegt.[31]

Man sollte gewissenhaft zwischen Gewohnheit und Sucht unterscheiden. »Warum« macht man überhaupt etwas? Wann eine Gewohnheit vielleicht mal etwas genauer und kritischer betrachtet werden sollte, kann man sich vielleicht gut an der Beantwortung folgender Fragen klar machen: Habe ich ein gutes Gefühl gebraucht und war nicht in der Lage dazu, es mir aus eigener Kraft zu geben? Hilft es mir langfristig gegen das Problem, also den eigentlichen Grund für meine schlechte Laune? Ich behaupte nicht, dass man süchtig ist, wenn man beide Fragen entsprechend „negativ“ beantwortet. Vielleicht muss man einfach zwischendurch mal den Kopf frei kriegen oder man hat eben mal Langeweile. Sport zum Beispiel ist da oft eine sogar positive Ablenkung, die gute Nebenwirkungen mit sich bringt, auch wenn es am Problem an sich nichts ändert. Und Gesundheit und Fitness sind fast immer eine wünschenswerte Sache im Leben. Zu irgendeinem Zeitpunkt oder in irgendeiner Lebensphase braucht jeder mal Hilfe von außen oder etwas Ablenkung. Man sollte sich die Gewohnheit vielleicht einfach nur mal genauer anschauen und im Auge behalten. Hat man mal Kummer und geht mit Freunden einen über den Tee trinken, ist das in Ordnung. Muss man sich aber immer betrinken, um mit seinem Kummer fertig zu werden und überhaupt Gefühle empfinden oder ausdrücken zu können, vielleicht nicht unbedingt. Wenn man sich das vermeintlich „gute Gefühl“ immer auf die gleiche Art und Weise gibt oder holen muss und sich die Frage ehrlich beantwortet, ob diese Art und Weise denn überhaupt hilft, nicht immer wieder an diesem gleichen Punkt zu landen, oder sie vielleicht sogar gerade dazu führt, wieder dort zu landen, wird man sich vielleicht etwas klarer über sich selbst und kann etwas ändern.

Worauf ich hinaus will: Wenn du süchtig bist, dann bist du nicht krank in dem Sinne, dass du dieser Krankheit ausgeliefert bist, sondern im Grunde kannst nur du allein sie wirklich besiegen. Also überlass nicht alles den Ärzten, Betreuern oder Psychologen, sondern wirke selbst an deiner Heilung mit. Die einzigen wahren „Heiler“ in dieser Welt sind diejenigen, die es schaffen, (auch) die Selbstheilungskräfte anzuregen. Ist ein Alkoholiker wirklich geheilt, der jeden Tag zählt, den er trocken ist, in der Erwartung, dass er eventuell irgendwann wieder rückfällig wird und alles umsonst war? Besteht Heilung beziehungsweise Freiheit nicht gerade darin, dass diese Sache diese Macht über dich verliert? Übernimm Selbstverantwortung. Du bist verantwortlich für dein Handeln, und du bist auch verantwortlich für das, was du unterlässt. Alle Hilfsmittel sind erlaubt, aber letztendlich steht und fällt das Ganze nur mit dir.

Allgemein betreiben wir viel zu häufig Schubladendenken, verlassen uns auf allgemeine Aussagen und Pläne, anstatt auch unseren eigenen Verstand einzusetzen. Wir gehen die meisten Sachen voreingenommen an, ob bewusst oder unbewusst. Wenn du eine mögliche Beziehung zum Beispiel mit der Einstellung „Alle Männer sind Arschlöcher" oder etwa „Alle Frauen sind Bitches" beginnst, anstatt einfach den jeweiligen Menschen kennen zu lernen, tust du dir selbst keinen Gefallen. Das Paradoxe dabei ist wohl, dass so ein Vorurteil oft genau mit einem gegenteiligen Wunsch einher geht, aber gleichzeitig dazu führt, dass genau dieses Vorurteil dabei (vermeintlich) bestätigt wird, da die Wahrnehmung stets Bestätigungen des eigenen Weltbilds sucht und das dadurch beeinflusste eigene Verhalten solche „Bestätigungen" herbeiführen kann. Stichwort selbsterfüllende Prophezeiung.

Durch jedes Wort werden in uns Assoziationen geweckt, ebenso durch alles, was wir sehen, riechen, hören, schmecken, fühlen und denken. Diese können gut oder schlecht sein, harmlos oder mit immensem

Einfluss auf uns wirken. Wenn wir uns dieses Phänomen bewusst machen, können wir diese Assoziationen aber womöglich erkennen, uns von ihnen lösen und sie umgestalten.

» Wenn ich beginne mich schlecht zu fühlen, dann höre ich einfach auf damit und bin stattdessen super gut drauf «

- Barney Stinson in How I Met Your Mother

Ich liebe diesen Spruch, denn ich habe selten weniger Quatsch gehört. Nur ist es oft eben wesentlich leichter gesagt als getan.

Rückfall

Ich teile zwar die oben beschriebene Ansicht über Sucht und ihre Heilung, allerdings darf man auch die andere Seite nicht ignorieren oder unterschätzen. Das Bild eines Alkoholikers, der seine trockenen Tage zählt, kann sowohl negativ, wie ich es eben tat, als auch positiv betrachtet werden: Jemand, der immer noch mit seiner Sucht kämpft, und jemand, der seine Sucht bekämpft, realistisch einschätzt und an sich arbeitet. Der Schritt zu einem Rückfall ist oft nicht weit und die Versuchung groß. Das Tückische ist, dass ein einmaliger Rückfall oft eben nicht nur bei diesem einen Rückfall bleibt. Ob körperliche oder psychische Abhängigkeit, sobald man zurückfällt, werden auch schon wieder die alten Mechanismen und neuronalen Verknüpfungen aktiviert, welche lange und tief gefestigt und daher auch so gefährlich sein können. Daher kann es durchaus gut und vernünftig sein, sich lieber zu lange als gefährdet oder süchtig anzusehen als zu kurz. Sich zu früh als geheilt oder als ungefährdet zu betrachten, ist fahrlässig. Ein Rückfall kann sich wie eine Krankheit auswirken, die sich wieder ausbreitet – eventuell noch schlimmer als vorher. Dieser Effekt lässt sich allerdings auch für Positives nutzen. Fängt man zum Beispiel nach längerer Pause wieder an regelmäßig zu trainieren, tritt der Muskelgedächtnis-Effekt ein – der Körper erinnert sich an alte, bekannte Informationen und baut früher einmal aufgebaute Muskulatur schneller wieder auf – und sogar noch mehr.

Dieser Effekt kommt aus dem Bereich der Epigenetik und kann im Positiven wie im Negativen wirken. Die Epigenetik beschäftigt sich mit dem Einfluss der Umwelt, beziehungsweise der Wahrnehmung der Umwelt, auf Gene und die DNA. Das bedeutet, Gene sind nicht immer statisch gleich, sondern durch Umgebung und Lebensweise werden bestimmte Gene ein- und ausgeschaltet und geformt. Eine früher schon einmal trainierte Muskulatur, beispielsweise, hat veränderte Geneigenschaften, die bei erneutem Trainingsreiz schnelleres und besseres Muskelwachstum erzeugen. Analog kann ein Rückfall oft nicht nur ein Rückfall, sondern ein tatsächlicher Rückschritt – eine Vergrößerung des vorigen Problems – sein. Eine ehrliche und korrekte Selbsteinschätzungsfähigkeit sowie die eigene Willenskraft können einem die besten Waffen dagegen sein.

Erwachsene

Was bedeutet es, erwachsen zu sein? Wie hast du dich dir selbst vor zehn Jahren vorgestellt? Stehst du auch nur annähernd da, wo du es dachtest? Sind wir heutzutage überhaupt richtig erwachsen, so viel Verantwortung und Bestimmung über unser Leben wir anderen überlassen, so wenig wie wir von dieser Welt erfassen und verstehen und wie schnell wir aufgeschmissen oder überfordert sind?

Ich denke, viele werden heutzutage erst später (oder gar nicht) „erwachsen" als das früher der Fall war. Wir wissen heute zwar mehr, aber lernen weniger, so scheint es mir oft. Warum auch etwas lernen und verstehen, wenn man per Mausklick die Antwort herausfinden kann? Was einen Erwachsenen wohl eigentlich ausmacht, ist seine Selbstbestimmtheit. Er ist sich seiner selbst und der Welt, die ihn umgibt, (zumindest einigermaßen) bewusst. Er besitzt die Fähigkeit zu differenzieren. Er ist weitestgehend unabhängig und weiß, was er tut. Kurz gesagt, er kann notfalls alleine zurechtkommen und ist nicht völlig überfordert. Und er ist sich bewusst, dass er nicht der einzige Mensch auf diesem Planeten ist. Er übernimmt Verantwortung und hat nicht ständig die rosarote Brille auf. Ich glaube zwar, wer als Erwachsener nicht vergisst, auch noch Kind zu sein und sich sein inneres Kind zu bewahren – Spaß und Faszination im Alltäglichen zu finden, spontan und offen zu bleiben – der meistert das Leben tatsächlich, aber die meisten bleiben mittlerweile in vielerlei Hinsicht viel zu lange nur Kind. Sie entscheiden nicht selbst, glauben unbeirrt, was sie sehen und was andere sagen und flüchten vor sich selbst und dem Leben in Konsumrausch, Beziehungen und Ablenkungen.

Unwiderstehlich zum falschen Zeitpunkt

Viele kennen dieses Phänomen, zum Beispiel bei der Partnersuche. Das, was man haben will, will einen nicht, und das, was einen will, will man nicht. Gerade wenn sich der Beziehungsstatus ändert oder man jemanden gefunden hat, kommen gefühlt auf einmal haufenweise andere daher und bekunden offensichtlich Interesse. Was soll das?

Ich denke, dieses Phänomen wird im hohen Maße beeinflusst durch zwei Zustände oder Verhaltensweisen, die wir dann bewusst oder unbewusst betreiben und ausstrahlen. Zum Beispiel geht zum einen das Finden eines Partners in der Regel mit einer Verliebtheit einher und damit auch dem Glücklich-Sein. Man ist zuversichtlich und positiv, voll freudiger Erwartung des Lebens und auch oft unabsichtlich viel netter zu anderen Menschen. Zum anderen hat die Suche endlich ein Ende und man befindet sich, nun ja, eben nicht mehr auf der Suche. Man ist zufrieden mit dem, was man hat – man hat alles, was man braucht. Man ist voller Energie, glücklich und selbstbewusst. Genau das, was die meisten Menschen an anderen Menschen bewundern und auch haben wollen. In dem Zustand ist man in dieser Hinsicht eben ein „erfolgreicher“ Mensch. Zum anderen kommt dadurch die eigene Authentizität ins Spiel. Wenn man krampfhaft jemanden sucht, eine bestimmte Person unbedingt kennen lernen, etwas haben oder erreichen will, dann wird man häufig allein dadurch nicht mehr authentisch, dass man es unbedingt will und sich an vielen Stellen womöglich anders verhält, als man es eigentlich tun würde. Unter Umständen versucht man Situationen zu erschaffen und herbeizuführen, die sich nicht natürlicherweise entwickeln würden. Man versucht, zu beeindrucken und Schwächen zu tuschieren, sich eben anders zu verhalten und darzustellen als man ist – gepaart mit der daraus resultierenden Unsicherheit. Braucht oder begehrt man hingegen nichts mehr und befindet sich in diesem Zustand, sieht es anders aus. Wofür sollte man sich verstellen, wenn man gar kein Ziel verfolgt oder etwas braucht? Man ist einfach man selbst. Gepaart mit einer glücklichen und zufriedenen Ausstrahlung und einem solchen Lebensgefühl wohl eine sehr anziehende Kombination. In jedem Bereich werden „erfolgreiche" Menschen bewundert und wirken anziehend. Leicht wird man zu einer Art Magnet, der allerdings oft ohne Absicht anzieht. Wie wird man aber zu einem zielgerichteten Magneten? Wie ziehe ich Erfolg in einem Bereich absichtlich an?

Sind wir besonders?

Wir Menschen übersetzen unser Sein durch ein Gemisch aus Gedanken und Gefühlen. Zu denken und zu fühlen, man sei besonders, also „einzigartiger" und damit irgendwie wertvoller als etwa ein Tier – oder auch als ein anderer Mensch – ist vielleicht auch nur Teil oder

Auswirkung unseres Überlebensinstinkts und viel gewöhnlicher als wir glauben. Würde uns dieses gewöhnliche Gefühl, besonders zu sein, fehlen, so würden wir uns wohl nicht selbst verteidigen oder andere Lebewesen töten, sei es zu Nahrungszwecken oder was auch immer. Ein, vor allem in der klassischen Natur, wo es heißt „töten oder getötet werden“, eher nicht überlebensfähiger Instinkt. Jedes Tier stellt das eigene Leben über das eines anderen – auch hier gibt es natürlich wieder Ausnahmen, wie etwa für die eigenen Nachkommen zu sterben oder bei einem Schwarm, wo das Prinzip „Einer für Alle“ gilt. Ein Tiger tötet einen Menschen ohne zu zögern, wenn er muss oder sich bedroht fühlt, oder vielleicht auch einfach nur Bock darauf hat. Übersetzen wir das mal in unser Bewusstsein – auch wenn wir uns natürlich niemals wirklich in ein Tier hineinversetzen können, sondern uns nur vorstellen können, wie wir ein Tier wären – empfindet sich der Tiger auf gewisse Weise also vielleicht auch wertvoller als der doch „überlegene“ Mensch. Und als Mensch machen wir nichts anderes als der Tiger. Wir denken uns vielleicht nur ein paar Gründe aus, sodass es auf uns anders wirkt. Zu denken, wir seien besonders, wertvoller oder lebensberechtigter als etwas oder jemand anderes, macht uns vielleicht also einfach nur ziemlich gewöhnlich. Nach dieser Logik würde es uns eher besonders machen, wenn wir eben nicht so denken würden – wenn wir uns also nicht wertvoller oder besonderer als ein anderes Lebewesen fühlen würden. Allerdings wäre, wenn wir uns wirklich so fühlen, dann ja keiner mehr da, der denken würde, dass wir deswegen besonders sind. Nach der Logik wären wir „objektiv“ besonders, aber es wäre keiner da, der das denkt. Naja… sind wir es dann, oder nicht? Offensichtlich kommt man mit diesem Gedanken mal wieder nicht wirklich weiter. Ich sage, entscheide doch einfach selbst. Und dabei würde ich gar nicht darauf aufbauen, ob ich besonders bin, weil ich etwa ein Mensch bin. Sondern einfach, weil ich ich bin. Und du du bist. Bist du besonders oder nicht? Meiner Meinung nach ist die einzig richtige und gesunde Antwort darauf: Natürlich bin ich besonders! Aber warum und auf welche Art und Weise entscheide nur ich alleine. Allerdings macht mich das nicht „besonderer“ – es macht andere nicht weniger besonders – im Gegenteil.

Tiere

Ich sehe mich selbst grundsätzlich als jemanden, der (nichtmenschliche) Tiere schon immer gemocht hat. Die meisten zumindest. Mittlerweile faszinieren sie mich, statt sie eben einfach nur irgendwie cool oder süß zu finden. Ich fühle mich ihnen verbunden – und meiner Katze sowieso schon immer. Ich verstehe eigentlich gar nicht mehr, wieso wir Menschen uns ihnen so überlegen fühlen. Naja, ich verstehe es schon irgendwie, aber empfinde es eigentlich als falsch. Wir fühlen uns überlegen, weil wir vermeintlich „schlauer“ zu sein scheinen und sie kontrollieren können. Es obliegt sozusagen unserer Entscheidung, wo, ob und wie sie leben dürfen, und wie viele. Dass wir dadurch eine überlegene Spezies sind, den Kampf gewonnen haben, ein besseres oder lebenswerteres Leben haben, ist allerdings nur eine Schlussfolgerung, mit der wir Menschen uns beschäftigen und uns einbilden. In der Realität der Tiere, in ihrer Wahrnehmung, existiert so ein Gedanke nicht einmal – hoffentlich. Sie wissen teilweise nicht einmal, was mit ihnen geschehen wird – zum Glück – was für uns Menschen anscheinend noch so eine Bestätigung zu sein scheint, dass wir „besser" sind.

Ihr Verhalten erscheint viel mehr instinktgesteuert als das unsere, ihre Welt oft viel kleiner, simpler und „begrenzter". So erscheint es zumindest, letztlich können wir natürlich nur mutmaßen. Kurz gesagt, sie denken nicht so viel nach wie wir und sind anscheinend auch nicht in dem Maße in der Lage dazu. Oft bin ich neidisch darauf. Was genau ist denn besser an unserem Verhalten und unserem Verstand, was ist besser an unserem Leben? Wir erschaffen uns Probleme, wo gar keine sind. Wir streben ständig nach mehr, sind niemals zufrieden mit dem, was wir haben. Wir besitzen einen unglaublichen Verstand und gesammeltes Wissen, was es uns ermöglicht, im hohen Maß die Umwelt umzugestalten, so wie wir es uns vorstellen und wie wir es wollen, anstatt uns der Umwelt anzupassen. Und wir benutzen diese Möglichkeiten auf die dümmste Art und Weise. Wir haben es geschafft, dass das Leben nicht mehr ein Überlebenskampf sein muss, wie das in der Natur und der Tierwelt der Fall ist, und schaffen es gleichzeitig, die mit sich selbst unzufriedenste und unglücklichste Spezies von allen zu sein und bedrohen den ganzen Planeten. Und da liegt das Problem. Wir setzen unseren Verstand völlig falsch ein. Wenn ich an irgendeine Sache denke, die ich gut kann, die mir Spaß macht oder die mir ein wirklich gutes Gefühl gibt, dann ist das meist etwas, das mir mehr oder weniger leicht fällt, es hat etwas Instinktives. Eine Sache, bei der ich mich fallen lassen, den Kopf mal ausschalten kann und wirklich in der Gegenwart bin, in dem Moment lebe. Das Fühlen steht im Vordergrund und nicht das Nachdenken. Kein Wenn und Aber, keine Ängste, kein Hätte, Wäre oder Könnte. Es ist ausnahmsweise mal alles gut so, wie es ist.

Was können wir uns also von den Tieren abschauen? Tiere leben viel mehr „in den Tag hinein" als wir. Es wird nicht allzu viel im Voraus geplant. Und die Aufgabe, das Ziel oder der Lebenszweck ist relativ klar: Überleben, fressen, fortpflanzen, schlafen und eventuell den Rest der Zeit, falls es denn welche gibt, genießen, irgendwas tun oder vielleicht einfach nur „da sein". Wir dagegen haben uns ein System geschaffen, das zumindest sehr vielen Menschen Unterkunft, Nahrung und so weiter bereits sicherstellt. Nicht schlecht, sollte man meinen. Um das System aufrecht zu erhalten muss gearbeitet werden. Um zu arbeiten, muss gelernt werden. Dazu wird möglichst viel beigebracht, um möglichst viele Möglichkeiten zu schaffen, damit man sich entscheiden kann, was man machen will. Die Idee an sich ist mal wieder gut, die Umsetzung jedoch schlecht. Sehr früh wird uns vorgesagt, worin wir schlecht und worin wir gut sind, was man im Leben erreichen soll und wie man sich verhalten muss. Gleichzeitig kriegen wir eher Nachhilfe in dem, worin wir schlecht sind, statt Förderung in dem, worin wir gut sind. Dann werden wir wiederum früh unter Druck gesetzt, »jetzt« irgendetwas zu machen und zu arbeiten, da man sonst untauglich für das System wird und somit auch Vorzüge sowie Möglichkeiten nicht verdient. Gleichzeitig erschaffen wir so viele neue Dinge und Möglichkeiten neben dem bereits bestehenden unüberblickbaren Angebot gesammelten Wissens, dass wir nicht mal annähernd alle sehen können, ehe wir uns entschieden haben müssen.

Menschen sind oft das ganze Leben lang mit irgendetwas beschäftigt, das „getan werden muss" und sind die restliche Zeit entweder gestresst und müssen sich erholen oder lenken sich ab. Sie sind dabei jedoch unzufrieden und streben nach etwas ganz anderem. Es wurde eine Version des Lebens geschaffen, die gelehrt wird und vorgibt, was richtig und was zu tun ist. Dabei hat das Genießen des Lebens oder das Verrichten einer sinnvollen, erfüllenden Arbeit einen eher niedrigen Stellenwert angenommen und ist „Luxus", den man nach dem ganzen anderen Kram vielleicht mal in Anspruch nehmen kann. Immer, wenn ich meine Katze beobachte, oder auch andere Tiere, kommt mir der gleiche Gedanke: »Wir sind nicht schlauer als sie.« Sie genießt fast durchgehend ihre Zeit, wann immer sie Lust dazu hat, während ich anscheinend immer etwas habe, weswegen ich mich stressen, ärgern oder mir Fragen stellen kann. Selbst wenn sie nicht den Luxus genießen würde, den sie bei uns zu Hause hat, so wäre sie wohl ganz einfach nicht unglücklich, sondern würde mit den Umständen leben und tun, was sie eben tun muss. Sie wäre trotzdem zufrieden. Oder eher, sie würde sich vermutlich niemals fragen, wieso sie nicht zufrieden sein sollte, wenn sie es gerade nicht zwangsläufig sein muss.

Notfalls denkt sich der Mensch etwas aus oder zerdenkt irgendeine simple Sache, sodass sie zu einem eventuellen Problem wird, weswegen er sich dann wieder den Kopf zerbrechen kann. Bloß nicht einfach mal die Zeit genießen. Zeit ist schließlich wertvoll und muss „genutzt" werden. Welch paradoxer Denkfehler. Selbst die Freizeit wird zunehmend effizient geplant. All der Aufwand der Menschheit, um das Leben zu „verbessern", zu erleichtern, sicherer zu machen, und doch betreiben wir nur immer mehr und mehr Aufwand, verplanen und verzichten dafür auf freie Zeit. Das Gefühl, ständig etwas machen zu müssen, besser in etwas sein zu müssen, mehr von etwas zu brauchen, ist weit verbreitet. Wir sind viel dümmer als Tiere.

Längst ist eigentlich bekannt, dass wir nicht unbedingt besser als die Kuh sein könnten, die nur „auf den Tod wartet" – was sie nicht tut, weil sie es weder weiß noch irgendeinen Gedanken daran verschwendet (hoffentlich). Das Universum hat uns klar gemacht, dass es kompliziert ist. Viel komplizierter und verrückter als es sich jemand hätte vorstellen können. Das ist im Prinzip die Erkenntnis der Wissenschaft. Wir haben längst festgestellt, dass unsere Wahrnehmung evolutionstechnisch sehr begrenzt ist, nicht in der Lage dazu, die „Wahrheit" zu sehen. Wir erkennen nur, was unsere Sinne zulassen, und das gefiltert und nur auf eine bestimmte Art und Weise. Wir wissen um unsere Unwissenheit und Dinge außerhalb unseres Verständnisses und unserer Kontrolle. Es könnte einfach irgendetwas im Universum, das außerhalb unserer Reichweite und Kontrolle liegt, jederzeit unser aller Schicksal besiegeln. Wir sind nicht besser als die Kuh, wir sind schlechter. Wir wüssten wohl kurz vorher, dass wir sterben, was nicht unbedingt schön ist. Erst dann würde vielen wohl auffallen, dass sie eigentlich ganz andere Dinge machen wollten, als sie es getan haben. Auf einmal würde bereut werden, warum man nicht dieses und jenes in seinem Leben getan hat – das, was man doch wollte – während man ein ganzes Leben Zeit dazu hatte, es aber vor sich hergeschoben hat. Dann würde die Person wohl wenigstens ihre letzten Tage genießen, so wie die Kuh es – sofern wir zulassen, dass es ihr gut geht – tut. Oder, was bei uns leider auch ein vorstellbares Szenario ist, in Panik oder eine Depression verfallen und auch die letzten Tage vergeuden.

Viele verschwenden nahezu ihre gesamte Zeit und Energie mit Dingen, die sie gar nicht tun wollen und die nicht einmal zielführend sind. Wir erschaffen uns unendlich viele Probleme, die uns alle Zeit und Energie kosten. Dann lösen wir das Problem, was ebenfalls Zeit und Energie kostet, in der Hoffnung, dass es uns Zeit und Energie bringen wird und haben anschließend erfolgreich ein Problem, das vor seiner Schaffung gar nicht existierte, gelöst und fühlen uns kurz gut. Irgendetwas arbeiten bis zur Rente, um dann endlich die Zeit genießen zu können… Wir verschieben den Zeitpunkt, ab dem wir endlich „frei" unser Leben leben auf Tag Y in der Zukunft. Dabei wissen wir nicht mal, ob wir an Tag Y noch am Leben sind. Wir wissen auch nicht, ob wir dann überhaupt noch gesund genug sind, da Gesundheit ja gegenüber dem gegenwärtigen Alltagsstress allzu oft das Nachsehen hat und gerne aufs Spiel gesetzt wird, ob psychisch oder körperlich. Ein Tag X, an dem wir sterben, wird aber wohl gewiss kommen. Wir wissen, dass wir ungefähr zwei Drittel unseres Lebens arbeiten und vom Ertrag möglichst viel sparen „müssen". Sparen für die „schlechten Zeiten". Ich dachte, die guten Zeiten kommen auch irgendwann, oder habe ich da was verpasst? Es wird sich zwar gern vorgelogen, aber eigentlich erwarten die meisten Menschen gar nichts Gutes in der Zukunft – es ist eher ein vorzeitiges, möglichst gutes Absichern gegen all die schlechten Dinge, die noch passieren könnten – ohne das wirklich mal zu realisieren. Der Trugschluss dabei: Gerade durch diese Lebensweise haben sie hinterher so oft „Recht" – die Lebensweise bewahrheitet sich. Sie stoßen auf die Probleme, die sie erwartet haben, und können diese lösen, unwissend, dass sie sie selbst durch ihre Lebensweise geschaffen haben. Viele verschieben so Tag Y immer und immer weiter bis auf einen späteren Zeitpunkt als Tag X, ohne es zu bemerken. Ein einziger riesiger Denkfehler. „Die besten Jahre des Lebens", wie es oft heißt – wann wäre ein guter Zeitpunkt dafür? Wenn ich mir das so vor Augen führe, ist die einzige zufriedenstellende Lösung, sofort damit anzufangen, den Augenblick und das Leben in jeder Sekunde ausschöpfen zu wollen und zu tun, was ich wirklich will. Und dabei auch viel weniger mein Glück und meine Zufriedenheit ständig von diesem und jenem, das ich erreichen, haben oder tun will, abhängig machen. Ich sollte das Genießen selbst lernen, das bloße Dasein, ohne ständig etwas zu wollen oder mir den Kopf zu zerbrechen, und zu schätzen wissen, was ich bereits alles habe. Und einen Job – so weit er für gewisse Privilegien eben notwendig ist – finden, der mir Spaß macht und mir Erfüllung bringt, mehr oder weniger ungeachtet des Geldes, oder mir eben so schnell so viel Geld bringt, dass ich wieder tun kann, was ich sonst so will. Vielleicht ist es ohnehin übertrieben und totaler Quatsch, sich so sehr über sein Tun, speziell in Form eines Jobs, zu definieren und nur darin eine Möglichkeit zu einem erfüllten Dasein auf dieser Erde zu sehen. Es scheint mir, als ob wir alle irgendeiner „Religion" angehören – nur bemerken wir es nicht. Man könnte auch dieses von Geld und Gier dominierte System verlassen, in eine andere Kultur eintauchen und ein ganz anderes Leben führen.

Nennt mich bequem, faul, naiv oder sonst was, schaut auf mich herab. Wenn ich mehr Freude am Leben habe als irgendein erfolgreicher, angesehener Geschäftsmann oder eine Berühmtheit, dann habe ich gewonnen. Erfolg ist reine Definitionssache. Die Menschen haben sich viele, verschiedenste Parameter einfallen lassen, wie sie Erfolg und „Fortschritt" messen oder definieren können, wie sie evaluieren können, welche Spezies die „Gewinner" des Überlebenskampfes sind. Doch fast nie, so erscheint es mir zumindest, wird das bloße Glück, die Empfindung der eigenen Existenz, wirklich zu Rate gezogen oder gar als oberstes Ziel und Priorität gesetzt, auf das in der Gesellschaft hingearbeitet wird. Und wäre dieses Ziel nicht eigentlich das einzig Sinnvolle?

Tiere essen

Oft frage ich mich, ob die Menschen in einigen Jahren auf unsere Generation zurückblicken und den Kopf schütteln angesichts dessen, was die Menschheit gegenwärtig mit Tieren und der Umwelt (und dadurch auch mit sich selbst) veranstaltet. Ähnlich, wie wir jetzt auf die Nazis zurückblicken. Natürlich hätte da keiner von uns mitgemacht oder einfach tatenlos zugeschaut, nicht wahr? Gerne lügen wir uns das vor. Wir sprechen uns das Recht zu, dass unser Leben wertvoller sei als beispielsweise das eines nichtmenschlichen Tieres. Wir züchten sie, wir essen sie, wir töten sie für Schmuck und Pelz, wir benutzen sie zu unseren Zwecken, zur Belustigung – und allzu oft quälen wir sie dabei bis zu ihrem Tode.

Ich stelle mir vor, eine fremde Spezies aus dem Weltall entdeckt uns. Sie sind intelligenter, größer und mächtiger als wir Menschen. Drum fangen sie an uns zu töten, sie siedeln auf der Erde an und züchten uns, halten uns gefangen, benutzen uns, quälen uns. Vielleicht nutzen sie unsere Zoos und fügen noch ein Gehege für Menschen hinzu, damit sie uns bestaunen können, während wir dort gehalten und gefüttert werden. Tja, was für Monster diese Aliens doch sind…

So gesehen sind wir Menschen keinen Deut besser als diese, zum Glück erfundene, fremde Spezies aus dem All. Ich kann mich da ja selbst leider nicht mal ausschließen, seit klein auf esse ich viel und gerne Fleisch. An einem Tag beobachte ich die Enten im Park, erfreue mich an ihnen und bezeichne mich als Tierfreund. Am nächsten Tag bestelle ich beim Asiaten um die Ecke Ente Süß-Sauer, ohne mich dabei schlecht zu fühlen oder einen Gedanken daran zu verschwenden, dass diese Nahrung ein Tier ist, oder war, und auf welche Art und

Weise es gehalten wurde. Wie geht das überhaupt? Wie lässt sich das miteinander vereinbaren? So, wie es wohl die meisten machen. Ich belüge mich einfach selbst und verstecke mich vor der Wahrheit, die sich enthüllen würde, wenn man die Thematik mal konsequent zu Ende durchdenken würde – und die meiste Zeit gelingt das ziemlich gut. Doppelmoral zu praktizieren ist erschreckend einfach – man misst einfach das, was man tut, mit dem einen Maßstab und das andere mit dem anderen Maßstab – et voilà. Außerdem: »Ich würde die Ente ja nicht töten, um sie zu essen, aber es ist ja schon geschehen, also macht es keinen Unterschied. Sie wird ja so oder so getötet.«, so ungefähr. Eigentlich bin ich die aus meiner Sicht schlimmste Sorte. Wäre ich wenigstens bereit, sie zu töten oder wenn ich eben eine andere Haltung zu Tieren hätte, etwa einfach „dem Laufe der Natur" seit Jahrtausenden zu folgen, dann wäre ich mir nicht mal böse. Ich aber unterstütze dieses System, das ich eigentlich verachte. Gleichzeitig kann ich mir kaum eine Doku anschauen, in der gezeigt wird, auf welche Art und Weise Tiere teilweise gehalten und geschlachtet werden – nicht artgerecht. Ich bin so gewöhnt an mein Essen, dass es einfach normal und natürlich erscheint. Ich mag es mir kaum wegdenken, finde genug Ausreden vor mir selbst und verschließe die Augen. Praktisch, dass die heutige Gesellschaft durch den Fortschritt Haltung und Schlachtung auf der einen Seite und das fertige Essen im Geschäft auf der anderen Seite augenscheinlich so gut trennen kann, dass es kaum auffällt. Die moderne Technik liefert wahrlich bequeme, glaubhafte und schöne Illusionen. Man kommt zu keinem Zeitpunkt wirklich in Berührung mit dem, was man wirklich tut. Eine

Entfremdung von Ursache und Wirkung. An der Sache selbst ändert es letztendlich aber nichts. Letzten Endes bin ich doch nur ein Heuchler, der Doppelmoral betreibt und nicht hinter die Kulissen schauen will. Nur werde ich ausreichend darin unterstützt, sodass ich mit dieser Frage kaum konfrontiert werde und sie mir nicht stellen muss, wenn ich das nicht bewusst will. Durch Fortschritt und Gesellschaft muss ich nicht einmal mehr wegschauen, sondern muss einfach nur nicht bewusst und gezielt danach suchen, um nicht mit solchen Fragen konfrontiert zu werden.

Auch das Argument, „dem Laufe der Natur weiter zu folgen", ist ein Argument, das oft eigentlich keines ist, wenn man sich selbst als „Mensch" und nicht als „Tier" betrachtet – eben als Wesen, das sich von einem normalen Tier unterscheidet und die Fähigkeit zur Selbstreflexion und die Fähigkeit zu einer Wahl besitzt – nicht barbarisch, sondern »zivilisiert« ist. Der Lauf der Natur ist eine Geschichte eines Überlebenskampfes, voller Kriege und Ungerechtigkeiten, den die meisten transzendieren und sich selbst als zivilisiert und vernünftig bezeichnen wollen. Aber wir töten und quälen schon längst nicht mehr, weil wir uns wehren müssten oder als Nahrungsquelle darauf angewiesen wären – wir töten letztlich, weil wir es wollen. Weil wir daran gewöhnt sind und diese Entscheidung weiterhin treffen. Und immer wieder vergessen wir, dass wir Tiere sind. Wir bleiben Tiere, nur eben Tiere, die sich selbst nicht als solche erkennen oder sehen wollen und werden dabei grausamer. Grausame Wesen sind in ihrem eigenen Wesen und Erleben wohl oft nicht wirklich „böse", sondern eher einfach nur empathielos beziehungsweise -unfähig und/oder wissen gar nicht wirklich, was sie genau tun. Die Wenigsten empfinden beim Kauf von Fleisch Skrupel, machen sich Gedanken über Tierhaltung oder generell darüber, dass sie ein Tier essen. Entwickeln wir uns wirklich weiter oder entwickeln wir uns zurück? Entwickeln wir uns zu „besseren" Menschen?

Ich verurteile, was in der Massentierhaltung geschieht und ich verurteile, was für Tiere in anderen Ländern teilweise gegessen werden. Ersteres unterstütze ich aber gleichzeitig und Letzteres ist das Gleiche, was auch hier passiert, nur in grün. Alles mal wieder eine Frage des Blickwinkels und der Gewohnheit. Für uns ist es normal, Kühe, Rinder und Hühnchen zu essen, woanders ist es normal, Katzen und Hunde zu essen. Nochmal woanders ist die Kuh heilig, so wie bei uns sozusagen Hunde und Katzen. Warum nochmal ist eine Kuh weniger wertvoll als ein Hund oder eine Katze? Weil sie nicht so süß oder als Haustier ungeeignet ist? Weil wir ihr die Bezeichnung Nutztier gegeben haben? Warum sind wir gut und Hunde-Esser herzlos und barbarisch? Warum sind wir Menschen wertvoller als Tiere? Ein Nazi oder ein Sklaventreiber hat den Wert eines Lebens – sozusagen die Grenze zwischen „niederem Tier" und dem „wertvollen" Menschen, wenn man so will – und dementsprechend die Erlaubnis, gewisse Lebewesen zu quälen oder zu töten oder als wertlos zu betrachten, anhand Zugehörigkeit, Hautfarbe oder Geschlecht bewertet und eingeteilt. Inwiefern haben wir uns seitdem verbessert, außer, dass diese Grenze mittlerweile willkürlich etwas verschoben wurde? Es gibt für all das keine plausiblen Gründe, es ist eine willkürliche Einteilung. Wäre ich besser als ein Sklavenhalter, wenn ich selbst zwar keine Sklaven halte, aber aktiv von seiner Dienstleistung profitiere und ihn wohlwissend dafür bezahle und fördere? Aus meiner Sicht: Nein... Wir sind jedenfalls gegenwärtig nüchtern betrachtet eigentlich die größte Plage auf diesem Planeten. Wir zerstören ja sogar eben diesen und damit zunehmend wohlwissend uns selbst, zusammen mit allen anderen Lebewesen. Sogar innerhalb unserer eigenen Art herrscht Uneinigkeit darüber, wer „Tier" und wer „Mensch" ist.

Das Besondere an unserer Situation als Menschen in dieser Zeit ist, dass wir an einem Punkt angelangt sind, an dem wir tatsächlich die Wahl haben, nicht mehr zu kämpfen, nicht mehr zu quälen und tatsächlich Menschen werden könnten, die das Verursachen und Unterstützen unnötigen Leids vermeiden, die nach Frieden und Kooperation streben und dies sogar organisieren und leben könnten – und damit wäre es möglich aus einem scheinbar ewigen Kreislauf auszubrechen.

Frag dich einmal: Magst du Tiere? Jetzt frag dich, ob du monatlich mehr Geld für Dinge ausgibst und/oder Dinge tust, die für Leid und Tod von Tieren sorgen, oder dafür, dass sie ein gutes Leben führen können? Und nun frag dich nochmal: Magst du Tiere? Anhand welcher Kriterien entscheidest du, was wertvolles Leben ist? Ab wann ist es in Ordnung, Lebewesen in Kategorien einzuteilen und sie anhand dessen zu bewerten und zu behandeln? Wir quälen und töten letztlich aus freien Stücken. Es ist weder nötig noch zwingt uns etwas dazu.

Wir entscheiden uns dazu, mit Absicht, wieder und wieder. Passt das zu dem Bild, das wir von uns selbst haben?

Auch, wenn wir die moralische Frage des Tiere-Essens an sich eher außen vor lassen, beziehungsweise sie jedem selbst überlassen, so sollte zumindest artgerechte Haltung und das Vermeiden von Leid angestrebt werden. Neben der moralischen Frage kann man sich allerdings auch die gesundheitliche und die ökologische Frage stellen. Kurz gesagt, eine drastische Reduzierung des Fleischkonsums und der Massentierhaltung hätte sowohl gesundheitlich als auch ökologisch betrachtet äußerst positive Konsequenzen, die vor allem mit Blick auf Umwelt und Natur (und damit auch auf den Menschen) ein riesiges Potenzial darstellen.

Wenn du ähnlich denkst wie ich, dann gilt es langsam eine Lösung zu finden und ein Umdenken sowie Handeln einzuleiten, denn so geht es nicht weiter. Mich zumindest kann ich nicht mehr mit meinen Argumenten beruhigen, die sich bei genauerem Hinsehen alle als Scheinargumente oder Doppelmoral entlarven lassen – und andere fallen mir nicht ein. Ich schwafele davon, ehrlich zu sich selbst zu sein, Idealen nachzugehen und so weiter – in dieser Hinsicht sind es wohl nichts als leere Worte.

[Nachtrag: Ich bin stolz, nicht lange nach diesem Notizbucheintrag tatsächlich mein Verhalten geändert zu haben und mich nun als Vegetarier bezeichnen zu können. Etwas, das für mich als täglichen

Fleisch-Esser sehr lange unvorstellbar erschien. Es ist einfacher und vor allem schöner, als ich dachte. Ich merke, dass ich nach und nach konsequenter werde. Ich belüge mich weniger selbst, schreibe mir unangenehme Themen und Wahrheiten über mich auf und beschönige sie nicht mehr, lasse keine Ausreden gelten. Und handle tatsächlich mehr und mehr so, wie ich es für gut und richtig halte. Und tatsächlich fühlt es sich gut an, auch wenn es zuerst unbequem ist. Dranbleiben.]

Gewohnheitstiere im ständigen Wandel

Vielleicht kennst du das Video von einem Astronauten, der sich etwas zu sehr an das Leben in seiner Raumstation gewöhnt hat.[32] Zurück auf der Erde lässt er in einem Gespräch beiläufig den Becher und den Kugelschreiber in seiner Hand los und ist sichtlich erstaunt, dass sie auf den Boden fallen. Er hatte damit gerechnet, dass sie, wie für ihn üblich, einfach in der Luft schweben würden. Er hat diese kleine Sache namens Schwerkraft vergessen. Dieses Beispiel veranschaulicht gut, was wir sind und wie wir dazu geworden sind. Und auch, wie wir voraussichtlich werden, was wir mal sein werden. Wir sind Gewohnheitstiere, die sich ständig neu anpassen.

Das Erste, was dir bei dieser Bezeichnung wahrscheinlich in den Sinn kommt, sind recht offensichtliche, einfache Dinge. Die tägliche Routine eben. Morgens stehen wir auf, essen etwas, erledigen dann, was am Tag so ansteht, essen wieder, machen abends noch etwas und gehen wieder schlafen. Ein typischer Tagesablauf, außer vielleicht für jemanden, der in der Nachtschicht arbeitet oder sonst wo. Jeder hat irgendwie so seinen eigenen Rhythmus, seine Rituale und Abläufe. Doch neben solch offensichtlichen Dingen steckt noch viel mehr dahinter. Wir gewöhnen uns nämlich so ziemlich an alles. Selbst so eine eigentlich „selbstverständliche“, allseits wirkende Kraft namens Gravitation existiert nur in unseren Köpfen, weil wir sie erstens kennen und uns zweitens daran gewöhnt haben, dass sie Teil unseres Lebens ist. Sie ist eben da. Doch wie der Astronaut kann man sich recht schnell an etwas vollkommen anderes gewöhnen, nicht mal absichtlich. Es passiert einfach unbewusst. Im Falle des Astronauten war die Schwerkraft auf einmal weg und schon spielte sie langsam aber sicher keine Rolle mehr. Solche Vorgänge des Gewöhnens an etwas passieren ständig und überall in uns, an Stellen, bei denen man gar nicht daran denkt. Unser Unterbewusstsein und unser Körper machen dabei fleißig mit. Wir gewöhnen uns daran, wie wir uns in bestimmten Situationen verhalten, wie wir uns unter bestimmten Umständen fühlen und wir gewöhnen uns sogar an ein Muster, das steuert, was und wie wir etwas erleben. Unsere gesamte Wahrnehmung ist Gewohnheitssache. Der Alltag erscheint uns stets normal – auch, wenn er alles andere als das ist. Und so natürlich uns die Schwerkraft heute erscheint, so hat es doch ziemlich lange gedauert, bis sie uns aktiv aufgefallen ist.

Zu jedem Zeitpunkt, in dem du die Augen offen hast, siehst du deine Nase. Aber irgendwie auch nicht, oder? Sie ist ständig da und in deinem

Blickfeld – „objektiv" betrachtet – aber dein Gehirn blendet sie aus. Fast, als ob du tatsächlich einfach durch eine Sache hindurchsehen könntest. Das Gehirn hat sich daran gewöhnt und deine Nase als „unwichtig" eingestuft, also fällt sie dir gar nicht auf. Außer jetzt natürlich, wo sie aus der Gewohnheit herausgerissen wurde und in den Fokus deiner Wahrnehmung und Aufmerksamkeit geraten ist. Sie ist auf einmal interessant, für einen kurzen Moment zumindest. Genau solche Sachen passieren jederzeit, seitdem du geboren bist. Du lernst gehen und gewöhnst dich daran, so sehr, dass du gar nicht mehr darüber nachdenken musst. Wie denkst du gerade? Wahrscheinlich in Sprache und Wörtern, die du seit klein auf gelernt hast und nun funktioniert dein gesamtes Denksystem nach diesem Prinzip. Ebenso sind Bilder möglich, die auf deinem Sehsinn beruhen. Kannst du es dir vorstellen, ohne Sprache oder Bilder zu denken? Und wenn du bedenkst, dass du nur an einem anderen Ort hättest geboren werden müssen und wie willkürlich das Ganze eigentlich ist, könntest du jetzt auch in einer ganz anderen Sprache mit ganz anderen Worten und anderer Schrift denken. Wärst du noch die gleiche Person? Wer bist du? Fang doch mal an… Wahrscheinlich ist der erste Gedanke, beziehungsweise die Sache, mit der du beginnst, dein Name. Dein Name, der dir gegeben wurde, an den du dich seit je her gewöhnt hast und mit dem du dich mittlerweile vermutlich identifizierst. Vielleicht hast du Spitznamen, die „zu dir passen". Sie alle wären ohne ihn nicht existent. Was ich damit sagen will, ist, dass »Gewohnheit« in viel mehr Dingen steckt, als man zunächst denkt, und dass Gewohnheit der Schlüssel zu vielen Problemen und schlechten Eigenschaften, aber auch der Schlüssel zu vielen Lösungen und guten Eigenschaften ist. Und damit auch der Schlüssel zu einer Veränderung. Das augenscheinlich Selbstverständliche zu erkennen – die eigenen Gewohnheiten, die Welt, wie die du sie siehst – ist der Knackpunkt.

Jeder hat sich bereits an sein eigenes Bild von „gut und schlecht" und „falsch und richtig" gewöhnt, also an eine bestimmte Moral. Geist und Körper gewöhnen sich seit Geburt daran, „existent" zu sein. Und seitdem lernen wir. Wir lernen sehen, hören, fühlen, schmecken, riechen. Und daraus lernen wir dann zu fühlen und zu denken. Und vor allem zu filtern. Es prasseln mehr Eindrücke auf uns nieder, als wir verarbeiten können, also gilt es, sich schnellstmöglich ein Muster anzugewöhnen. Ein Muster, nach dem diese Eindrücke gefiltert werden können. Das simpelste ist wohl das Filtern nach brauchbar und überflüssig – nach dem „Sinn" und der Relevanz hinter etwas. Da könnte man wieder das Beispiel mit der Sicht der eigenen Nase nennen, die in diesem Sinne einfach überflüssig ist. Wir werden sozusagen entlastet, indem wir nicht dauernd damit konfrontiert werden, die eigene Nase bewusst wahrzunehmen und können uns auf wichtigere Dinge konzentrieren. Das gleiche Prinzip geschieht bei der Einteilung von gut und schlecht und von richtig und falsch, was uns meist maßgeblich von den Eltern und anderen Menschen vorgegeben und vorgelebt wird. Die dort festgelegten Dinge werden mit Gefühlen und Emotionen verknüpft. Gefühle... Die Grundlage unserer Existenz. Würden wir nicht fühlen, gäbe es überhaupt keinen Sinn im Leben und keinen Willen. Kein Bedürfnis, am Leben bleiben zu wollen, oder etwas dafür zu tun. Wie gesagt, seltsam, dass so viele Menschen ihre Gefühle als Feind betrachten. Sie scheinen ziemlich oft das Urteilsvermögen zu trüben und sind schuld daran, wenn man sich schlecht fühlt. Sie überwältigen den Verstand und hindern oft daran, das zu tun, was man eigentlich will. Angst, ein mächtiges Gefühl – wenn man es zulässt beziehungsweise sich davon überwältigen lässt. Es kann den ganzen Körper in Schockstarre versetzen, ebenso den Verstand, und scheint tief in uns verankert zu sein. In vielen Situationen ein durchaus sinnvoller Instinkt, weswegen wir wohl auch so oft auf sie hören, doch sollte man ihr nicht zu viel Freiraum gewähren. Oder eher, wir sollten hier vielleicht eines richtig stellen: Jedes Gefühl hat einen Sinn. Es soll uns helfen, Impulse geben und uns etwas mitteilen. Jedes Gefühl ist im Grunde positiv, wenn wir es nicht zu etwas anderem machen und es missverstehen. Alarmbereitschaft ist gut, doch am Handeln sollte Angst uns nicht hindern. Natürlich ist das mal wieder leichter gesagt als getan. Vor allem, weil sie ja, wie schon erwähnt, angeboren erscheint. Doch wir erlernen solche Gefühle und unsere Interpretation dieser viel mehr, als dass wir sie einfach haben. Wir bringen sie uns selbst bei, entscheiden, wann uns ein Gefühl passend oder angemessen erscheint und gewöhnen uns umso mehr daran, je öfter es passiert. So sehr, dass wir es verinnerlichen und als Teil von uns betrachten. Eine unveränderliche Sache, bei der uns womöglich nicht mal mehr in den Sinn kommt, dass sie gar nicht so unumstritten fest steht, wie es scheint. Oft „sehen" wir sie nicht einmal mehr, wie unsere eigene Nase – oder unser „Ich". Mein Standpunkt ist also klar: Wir lernen Gefühle, die aller meisten zumindest. Und wir halten Etliches für normal, was es eigentlich nicht ist oder nicht sein muss. Unsere Wahrnehmung, unser Ich wird geformt, Gesellschaften, Länder und Kontinente wachsen und entwickeln ihre ganz eigenen Normen.

Achtsame Gewohnheit

Gewohnheiten sind also das mit wichtigste Werkzeug, um das Leben, das wir gerne haben wollen, zu bekommen und die Person zu werden, die wir gerne sein wollen. Gewohnheiten ermöglichen es uns, Dinge ohne subjektiv großen Arbeits-, Konzentrations- und Motivationsaufwand zu erledigen. Musst du von einem Tag auf den nächsten statt um 10 Uhr morgens auf einmal um 6 Uhr morgens aufstehen, so wird dieser Morgen wahrscheinlich die Hölle (wenn du wie ich gerne schläfst). Er wird anstrengend. Machst du das dagegen ein paar Wochen lang so – was du vermutlich nicht freiwillig tun würdest – dann fällt es dir nach einiger Zeit nicht mehr halb so schwer. Und irgendwann wirst du vielleicht schon fast automatisch um diese Uhrzeit wach. Du hast dich daran gewöhnt. Wir können uns im Grunde einfach das antrainieren, oder angewöhnen, was es braucht, um ein Ziel zu erreichen. Es heißt oft, es dauere mindestens 21 Tage, um eine neue Gewohnheit zu etablieren.[33] Das ist so pauschal nicht richtig, doch führen wir uns dieses Szenario mal vor Augen. Das hieße, 21 aufeinanderfolgende Tage den Schweinehund besiegen – ohne Ausnahme. Das klingt wesentlich leichter als es ist. Dazu benötigt es Disziplin und Verantwortung, deren konsequentes Antrainieren die wohl schwierigsten Herausforderungen darstellen. Zu oft und zu leicht werden Ausreden und Ablenkungen gefunden, weswegen wir dieses und jenes an einem Tag nicht tun konnten. Konsistenz ist allerdings die wichtigste Zutat, um eine Gewohnheit wirklich zu etablieren. Was bringt es, immer wieder einen Schritt voran und zwei zurück zu machen? Auch beim Sport bringt es meist mehr, zum Beispiel eine Übung regelmäßig und dafür vielleicht nur zwei Minuten täglich zu machen, als einmal alle paar Wochen und dafür dann zwei Stunden lang am Stück. Auch beim Frühaufstehen hilft es wenig, es nur jeden dritten Tag zu machen und dazwischen immer zwei Mal auszuschlafen. Doch es braucht nicht unbedingt „dogmatische Konsistenz". An einem Tag das Ziel zu verfehlen ist nicht tragisch. Es ist kein Grund, Motivation zu verlieren oder alles als gescheitert anzusehen. Es ist die Konsistenz im Großen und Ganzen, die grundlegende und langfristige Regelmäßigkeit, die sich schlussendlich durchsetzen wird. Und um beim Beispiel des Frühaufstehens zu bleiben, kann man noch anführen, dass man zunächst Vieles vielleicht nicht freiwillig machen würde, sondern eher, weil man sich dazu verpflichtet. Wenn man eben zur Arbeit muss, zum Beispiel. Verpflichtung kann ein sehr gutes Hilfsmittel sein, um den Schweinehund zu besiegen. Vor allem bei den ersten Versuchen. Und man kann sich diese schließlich auch selbst auferlegen. Du willst auf Menschen offen zugehen können, kannst es aber nicht? Such dir einen Job oder irgendetwas, bei dem du dazu gezwungen bist. Wenn du ein Ziel einfach nicht erreichst, es nicht aus reiner Willenskraft schaffst, weil dir nun mal die dazu nötige Disziplin oder der Mut fehlt, dann verpflichte dich. Schaffe dir geeignete Rahmenbedingungen, eine Umwelt, die dich zum erwünschten Verhalten ermuntert oder notfalls sogar förmlich zwingt. Erleichtere dir dein Leben, gestalte es angenehm, belohne dich – die neue Gewohnheit soll doch schön sein und dein Leben bereichern. Irgendwann sollte man im Idealfall zwar wahre Disziplin und Willenskraft entwickeln und die äußeren Bande nicht mehr unbedingt brauchen, doch aller Anfang ist schließlich schwer. Ob man sich ein neues Ziel setzt, eine neue Sportart beginnt oder eine nicht wünschenswerte Charaktereigenschaft an sich aufgeben will, die ersten Schritte sind damit getan. Sie erscheinen oft wie unüberwindbare Grenzen, bis man sie dann doch überschreitet und es mit der Zeit ganz einfach werden kann. Eine Sache ist nur so lange schwer, bis sie auf einmal einfach ist.

Scheiß auf den ersten Eindruck – eventuell

Wie gesagt, am Anfang ist so ziemlich alles schwer – oder eher, es kann schwer sein. Oft ist das der Fall, manchmal nicht. Wenn wir andere Menschen sehen, entscheiden wir unterbewusst schon in einer Zehntelsekunde über den ersten Eindruck dieser Person.[34] Ganz ähnlich ist es bei neuen Tätigkeiten. Dieser kurze erste Eindruck hinterlässt, ob richtig oder falsch, einen äußerst realen und langanhaltenden Effekt, auch und vor allem, wenn man sich dessen nicht bewusst ist. Eine unsympathische, unfreundlich wirkende Person muss erst einige Gegenbeweise liefern, um dieses Bild wieder von sich los werden zu können. Sind wir schlecht in etwas, so überkommt uns ein schlechtes Gefühl und schon neigen viele dazu, eine Sache nie wieder zu versuchen. Das Miteinander-Messen gepaart mit Schamgefühl. Als soziales Wesen in einer Wettbewerbsgesellschaft ist kaum einer frei davon. Die Verhaltensweise, schlechte Gefühle vermeiden zu wollen, ist ein natürlicher Schutzmechanismus. Aber es ist nicht immer sinnvoll, diesem zu folgen und diese Gefühle unhinterfragt zu lassen. Zumindest, wenn uns dieser erste Eindruck nicht von Nutzen ist oder falsch sein könnte. Ja, oft ist das Bauchgefühl richtig, aber manchmal eben auch nicht.

Ist ein Mensch nicht viel zu komplex, um anhand seines Äußeren innerhalb einer Zehntelsekunde in eine Schublade gesteckt zu werden? Wie oft täuscht man sich in Menschen und hatte sie ganz anders eingeschätzt, als sie dann letztendlich sind? Viele langjährige, gute Freundschaften sind entstanden, obwohl ich die Personen erst mal richtig unsympathisch fand. Und wie oft stellt es sich heraus, dass wir in einer Sache, in der wir anfangs schlecht waren, eigentlich sogar ziemlich gut sind? Es war eben nur eine Frage der Zeit. Eine Frage der Anzahl der Versuche oder der Herangehensweise. Als Kind waren wir in vielerlei Hinsicht klüger als wir es als Erwachsene sind. Stelle ich mir ein Kind mit Erwachsenenbewusstsein vor, das gerade in einer Gruppe versucht, die ersten Schritte zu bewältigen, so würden viele wohl schnell heulend aufgeben. Es würde sich Neid entwickeln gegenüber den anderen, besser laufenden Kindern und Frust, dass es selbst nicht so gut ist. Einige würden vielleicht einfach damit leben, immer weiter zu krabbeln. Scheinbar ist diese Geherei eben nichts für sie, so schlecht wie der erste, zweite, dritte und vielleicht sogar zwanzigste Anlauf war. Wir machen unsere künftigen Entscheidungen zu sehr vom ersten Eindruck abhängig. Ein Junge, der zum ersten Mal in seinem Leben ein Mädchen anspricht, oder andersrum und kreuz und quer und so weiter, wird seine künftigen Handlungen mit hoher Wahrscheinlichkeit abhängig davon machen, ob dieser Schritt von Erfolg gekrönt war und wie er verlaufen ist. Natürlich kann es passieren, dass der Versuch nicht nur nicht von Erfolg gekrönt war, sondern noch schlimmer. Dabei war es ein Verhalten, das eigentlich richtig war. Er hatte Interesse und hat dieses bekundet, falsch ist daran jedenfalls nichts. Und es ist ehrlich und direkt. Vielleicht hatte er im Falle des Misserfolges einfach Pech, das Mädchen war vergeben oder naja… hat einfach „ungünstig" reagiert. Wenn du etwas haben willst, mach was dafür. Eine Lektion, die in diesem Fall leider eher mit einem Nein beantwortet wird, da bereits Misserfolg und negative Assoziationen, zumindest in diesem konkreten Fall, verknüpft wurden.

Interessant ist die mögliche Reichweite eines solchen Effekts. Er kann sich auf andere Lebensbereiche ausdehnen, zum Beispiel ein grundlegendes Frauenbild schaffen oder die Selbstwahrnehmung drastisch verändern. In Zeiten willkommener Hilfsmittel wie Facebook, Instagram, Tinder und Co. wird der Junge es wahrscheinlich so schnell auch nicht mehr auf die direkte Art versuchen, bei der man dieses „Risiko" eingehen muss, eine intensive Erfahrung zu machen (im Guten wie im Schlechten). Und schon verlernt er womöglich Stück für Stück die ganz normale Kommunikation und seine offene Art, nur ausgehend von diesem einen, ersten Misserfolg, dessen schlechtes Gefühl und Empfindung immer in Erinnerung bleiben wird. Wir dürfen Taten nicht zu sehr anhand ihrer Ausgänge bewerten. Vor allem nicht, wenn wir es nicht genügend oft versucht oder etwas verändert haben. Und wir dürfen diese Ausgänge nicht zu sehr in unsere Gefühlswelt einflechten. Viele Dinge sind wesentlich dramatischer als sie es eigentlich sein müssten – eben dann, wenn wir sie dazu machen. Oft wurden die richtigen Entscheidungen getroffen und trotzdem kommen die falschen Ergebnisse zustande, so ist das Leben nun mal (andersrum funktioniert das natürlich genauso). Und dann hält es auf einmal ein paar Momente später womöglich ein viel besseres Szenario für dich bereit, das du dir vorher nicht einmal hättest ausmalen können. Auch so ist das Leben. Betrachten wir die Sache mal ganz nüchtern: Sollte ich künftig ein Gewinnspiel ablehnen, bei dem ich eine Wahrscheinlichkeit von 80% habe, zu gewinnen und von 20% zu verlieren, nur weil der erste Versuch ein Misserfolg war? Natürlich nicht! Hinter dem ersten Eindruck steckt oft ein ganz einfaches, mathematisches Gesetz (wenn man mal tatsächliche, persönliche Talente oder ähnliches außen vor lässt).

Die Zuverlässigkeit eines Ergebnisses einer Studie hängt letztlich von der Größe der Stichprobe ab. Was soll uns das nun sagen? Es wurde zum Beispiel einmal in den USA festgestellt, dass die Städte mit den niedrigsten Nierenkrebshäufigkeiten in Regionen liegen, die eher klein und ländlich sind.[35] Schnell wurde diese Studie aufgegriffen und es wurden gute und plausible Gründe für die Untermauerung der plausiblen Behauptung gefunden, dass das Risiko in kleineren, ländlicheren und dünn besiedelteren Städten generell geringer ist – also ein kausaler Zusammenhang besteht. Bessere Luft, geringere Schadstoffbelastung, frischeres Essen, und so weiter. Die Vorteile eines Dorfes gegenüber dem hektischen Großstadtleben eben. Worauf dabei nicht geachtet wurde, ist, dass es ebenfalls viele kleine und ländliche Städte gibt, in denen die auftretende Häufigkeit höher war als in den Großstädten. Die Antwort auf dieses Problem ist das Gesetz der kleinen Zahlen. Es ist ganz einfach eine mathematische Gesetzmäßigkeit, dass in kleineren Stichproben allein durch den Zufall mehr extreme Ergebnisse zustande kommen als bei großen Stichproben. Werfe ich 10000 Mal eine Münze, kann ich ziemlich sicher voraussagen, dass ungefähr die Hälfte der Würfe Zahl und die andere Hälfte Kopf sein werden. Werfe ich zwei Mal eine Münze, kann ich mich sehr schnell irren. Sicher davon auszugehen, dass ein Mal Kopf und ein Mal Zahl herauskommen wird, ist ein Fehlschluss. Hier wird es häufig vorkommen, dass zwei Mal hintereinander Kopf (oder Zahl) geworfen wird – Stichproben mit extremen Ergebnissen. Genau dieses Prinzip gilt auch für die größeren und die kleineren Städte. In den kleineren Städten kommen allein durch den Zufall extremere Ergebnisse einfach öfters vor als in großen Städten. Und so ähnlich verhält es sich auch mit dem ersten Eindruck. Wir neigen dazu, aus wahnsinnig kleinen Stichproben vermeintlich repräsentative Aussagen ableiten zu können. Ein Münzwerfer, der bei zwei Münzwürfen zwei Mal Kopf hatte, ist nicht talentiert darin, Kopf zu werfen (außer er könnte es beliebig oft wiederholen und zeigen). Wenn ich zehn gleich talentierte Menschen einmal einen Golfball schlagen lasse, so werden einige einen guten Schlag machen, während andere einen ziemlich schlechten machen werden, obwohl keiner besser ist als der andere. Sollten nun also die mit einem guten Schlag eine Karriere als Golfer in Betracht ziehen und die anderen nicht? Nur die Erfahrung, die Vermehrung der Versuche und das weitere Üben können und werden so gesehen zeigen, ob man etwas tun sollte und ob man gut in etwas ist oder nicht. Das Interessante bei Menschen ist allerdings der äußerst reale und im Gehirn neurologisch verfolgbare Sieger-Effekt: Ein Erfolgserlebnis wirkt sich oft positiv zu Gunsten weiterer Erfolgserlebnisse aus – es macht diese wahrscheinlicher. Vielleicht sollten die mit einem guten Schlag wirklich eine Karriere in Betracht ziehen. Bereits ein guter Versuch kann sich einprägen, ein Fundament bilden und neue Wege und Möglichkeiten schaffen. Eine Sieger-Einstellung kann tatsächlich dazu führen, häufiger oder wahrscheinlicher zu siegen (und umgekehrt). Und Menschen mit „Sieger-Einstellung", die einen Misserfolg erleben, tendieren auf der anderen Seite dazu, dies nicht direkt als Mangel ihrer Fähigkeiten einzustufen, sondern als Rückmeldung, es nächstes Mal anders und/oder besser zu versuchen – oder einfach als Ausrutscher. Sollten „Sieger" unter den Personen mit schlechten Schlägen sein, könnten sie es also ruhig auch mit der Karriere versuchen. Der Effekt lässt sich natürlich auch in die andere Richtung, die „Loser-Richtung", verfolgen.

Kannst du aus dem ersten Eindruck also etwas Positives mitnehmen, mach das – es lohnt sich. Daher sind Glücksbringer, gute Omen, Rituale oder sonst was zwar an sich oder für Außenstehende vielleicht Quatsch, aber andererseits auch wieder überhaupt nicht. All das kann gewisse Assoziationen wecken, Impulse geben, zu einer selbsterfüllenden Prophezeiung werden und damit einen enorm positiven Einfluss auf künftige Entwicklungen nehmen. Kannst du aber keinen positiven ersten Eindruck gewinnen, gib der Sache, wenn du sie willst, noch eine zweite Chance und wenn nötig, auch eine dritte oder beliebig viele. Sei ein Sieger. Viele Menschen sind unbewusst daran gewöhnt sich für Verlierer zu halten. Misserfolge müssen mit Bewusstheit dieses Phänomens, oder mit einer Sieger-Einstellung, allerdings keinen negativen Einfluss auf dich nehmen und somit nichts über dich aussagen. Glück, Pech, Timing, Launen und andere Menschen spielen fast immer eine Rolle. Wir sollten lernen, unserem Bauchgefühl und unserem ersten Eindruck zum richtigen Zeitpunkt zu vertrauen und sie zu schulen – und wir sollten lernen, sie zum richtigen Zeitpunkt zu hinterfragen und uns davon loszulösen.

Lernen durch Erfahrung

Während wir uns eben mit dem ersten Eindruck befasst haben, kommen wir nun zum Lernen aus Erfahrung. Auch hier gibt es ein paar interessante Dinge zu beachten. Kommen wir zunächst zu einem Beispiel: der Lernerfolg durch Lob oder durch Kritik. Auch eine solche Philosophie kann als selbsterfüllende Prophezeiung wirken, basiert aber erstmal ebenfalls auf einer einfachen, mathematischen Gesetzmäßigkeit. Betrachten wir zwei gleich talentierte Sportler und beziehen den Zufall mit ein. Der Versuch von Sportler Nr. 1 ist überdurchschnittlich gut, der von Sportler Nr. 2 ist überdurchschnittlich schlecht. Sportler Nr. 1 wird vom Trainer gelobt, Sportler Nr. 2 wird getadelt. Gehen wir nun zum zweiten Versuch über. Die Wahrscheinlichkeit, dass der zweite Versuch von Sportler Nr. 1 noch besser ist als sein schon vorher überdurchschnittlich guter Versuch, ist sehr gering. Andersrum wird Sportler Nr. 2 wahrscheinlich ein besseres Resultat gelingen als sein vorher unterdurchschnittliches. Nehmen wir nun an, die Dinge, die wahrscheinlich sind, treten ein: Sportler Nr. 1 ist scheinbar schlechter, Sportler Nr. 2 scheinbar besser geworden. Das Fazit des Trainers liegt auf der Hand: Nr. 2 hat durch Tadel gelernt, Nr. 1 wurde durch sein Lob schlechter. Die zukünftige Philosophie des Trainers ist klar – Lernen durch Tadel. Nachvollziehbar, aber falsch – zumindest ist diese Schlussfolgerung falsch. Seine Folgerung basiert eigentlich auf keinerlei Argumenten, da die Entwicklung der von den Sportlern durchgeführten Versuche lediglich einer natürlichen, mathematischen Gesetzmäßigkeit folgen – der Regression zur Mitte. Mit zunehmender Wiederholungszahl wird sich der Wert einer Stichprobe dem „Normalzustand“, dem Erwartungs- oder Durchschnittswert annähern (das Gesetz der großen Zahlen). Nach einem eher außergewöhnlichen Messergebnis kommt sehr wahrscheinlich ein gewöhnlicheres, durchschnittlicheres Ergebnis – nach zwei außergewöhnlichen Ereignissen erst recht. Für uns Menschen ein tückisches Phänomen. Wir stellen kausale Zusammenhänge her, wo gar keine sind. Der Sportler Nr. 1 wird nicht „schlechter“, vor allem nicht durch das Lob. Wie der Trainer ziehen wir anhand unserer

Beobachtungen vermeintlich kluge Schlüsse, die letztlich lediglich auf einem Irrtum beruhen.

Dennoch können wir uns vielleicht auch hier, ähnlich wie zuvor, behelfen und einen Sieger-Effekt erzielen. In der Regel kennen wir unseren Mittelwert – den Wert, dem wir uns mit zunehmender Wiederholungszahl annähern würden – nicht. Wir können einerseits positive Ausreißer als positiven, „ersten" Eindruck oder als gefühlte Verbesserungen mitnehmen und so vielleicht unseren Mittelwert erhöhen, und andererseits können wir solche Ausreißer nutzen, um sie nicht überzubewerten und im Anschluss nicht enttäuscht über einen natürlichen Trend zu sein, den wir sonst vielleicht damit verwechseln, uns zu „verschlechtern". Unsere Psyche wird auch von Scheinschlussfolgerungen beeinflusst, und kann Sieger- und Loser-Effekte hervorrufen – die dann auch tatsächlichen Einfluss nehmen können. Ist alles Zufall oder Kopfsache? Es ist und bleibt ein interessantes Spiel zwischen Wahrheit und Wahrnehmung, ein sensitives Zusammenspiel von Psyche und Realität.

Mal wieder erscheint mir mein Versuch, Glück nachzuvollziehen, schwachsinnig: Ich habe mich unzählige Male aus dem Glück herausgedacht, aber noch nie hinein – ich bin zuversichtlich, dass es dieses Mal klappt.[36]

Gemeinsamkeiten & Strukturen, Schlüsselelemente & Antworten

Wissen und Weisheit

Die immer wieder ernüchterndste sowie wichtigste Erkenntnis meines Lebens ist folgende: Wissen bringt nur etwas, wenn man es auch anwendet. Keines dieser Wörter hier hat eine Bedeutung, wenn sie einfach nur zur Kenntnis genommen oder abgespeichert werden. Selbst die klarste Einsicht bringt nichts, wenn sie am Verhalten nichts verändert. Man muss etwas damit anfangen, sich eine Meinung bilden, es aktiv nutzen – die Theorie in die Praxis überführen. Nur dann, wenn in einer passenden Situation neu erlangtes „Wissen" auch umgesetzt wird, hat es einen Effekt. Im Grunde ist das die wichtigste Aussage überhaupt. Das alles hier sind nichts weiter als leere Worte, wenn sie am Ende keinen Unterschied bewirken. In vielen Büchern habe ich diesen Rat schon gelesen und oft habe ich ihn ignoriert.

Wahres Wissen beginnt oft eben mit einer Enttäuschung. Das Erlangen von neuem Wissen ist schließlich nichts anderes als das: eine Ent-Täuschung. Man befreit sich von der Illusion und dem Filter, die einen bisher am Erkennen der Wahrheit gehindert haben. Man ist nicht mehr getäuscht von der Fassade und blickt ins Innere, der Wahrheit ins Gesicht. Auch, wenn sie erstmal unangenehm erscheint. Auch, wenn sie vielleicht nur eine weitere Illusion ist.

Wir lernen und verstehen Lektionen letztendlich eben hauptsächlich durch Erfahrung oder Vorbilder. Erziehung funktioniert nicht durch Worte, sondern vor allem durch Vorleben. Man ist Vorbild oder Negativbeispiel. Letzteres wäre noch ein Glücksfall, denn was der Beobachter (zum Beispiel ein Kind) dabei sieht, ist eben oft nicht das, was ist, sondern lediglich das, was er sieht. So kann ein Negativbeispiel leicht mit einem Vorbild verwechselt werden. Weise ist, wer Wissen lebt – sein Wissen allerdings auch hinterfragt und lernt, Wahrheit von Illusion zu unterscheiden und sich dementsprechend zu verändern. Die vielleicht größte Illusion ist diejenige, alles verstanden zu haben oder besser zu wissen als alle anderen.

Das Jetzt bleibt die größte Möglichkeit, aber auch das größte Hindernis, denn wir neigen zu Bequemlichkeit und Faulheit. Und dazu, uns selbst zu überschätzen. Wenn wir Dinge aufschieben, glauben wir wirklich daran, dass wir es später erledigen. Oft lügen wir uns das selbst bis zum Tod vor.

Gute schlechte Gefühle

Jedes schlechte Gefühl ist gut, weil es dir genau anzeigt, wenn du etwas falsch machst oder etwas tust, das du nicht tun willst oder solltest. Zuverlässig weisen dir deine Gefühle den Weg – wenn du genau zuhörst. Eigentlich haben wir ein äußerst intelligentes emotionales Gefühlssystem, wenn wir mal richtig zuhören und es richtig verwenden würden.

Diese guten schlechten Gefühle zeigen auch schlicht und einfach an, wenn man womöglich etwas verarbeiten muss. Verarbeiten, indem man einfach erlebt und nicht ablenkt, analysiert, verneint oder verleugnet. Gefühle durchleben und ohne Denken ergründen, sie akzeptieren, anstatt sie ändern zu wollen. Vielleicht können wir uns paradoxerweise nur so wirklich selbst verstehen. Nur wer auch erlebt, kann wirklich verstehen.

Und bezüglich tatsächlich guten Gefühlen, also Gefühlen, die sich auch gut anfühlen: Diese sind natürlich wunderschön. Aber auch diese können eine Kehrseite haben und man sollte sich von dieser nicht täuschen lassen. Ständig nach guten Gefühlen zu streben, bedeutet oft nur, sich abhängig von Rauschzuständen oder Triebbefriedigungen zu machen. „Schlechte" Gefühle werden verdrängt oder weggedrückt und somit ist man niemals wirklich ehrlich zu sich selbst, immer auf der Suche nach dem nächsten Hoch.

Wonach im Prinzip meine ganze Ausrichtung und meine Lösung gestaltet ist, sind „höhere" Gefühle. Diese sind mehr oder weniger unabhängig von kurzfristigen Emotionen, Trieben und Empfindungen, und bedeuten auch nicht, immer nur positive Gefühle haben zu müssen. Es sind intensive, grundlegende Einstellungen und langfristige Lebensgefühle, die sich trotzdem in allen möglichen Kleinigkeiten finden. Jeder, der das Glück hatte, mal tatsächliches Glück, Freiheit oder Liebe zu erfahren und zu erleben, sollte es nachvollziehen können: Etwas, das sich so anfühlt, das kann doch nur gut sein. Demnach ist das auch das, was ich „gut" nenne. Und ich hoffe, jeder wird diese Gefühle erleben können oder bereits erlebt haben. Und das ist vielleicht auch schon der Schlüssel zu einem gelungenen Leben. Vielleicht ist es am Ende im Grunde geradezu beschämend einfach.

Unsere freien Assoziationen sind jedenfalls von elementarer Bedeutung. Im weiteren Verlaufe wird es sich vor allem um folgende Frage drehen: Was genau sind nun Gefühle, was sind lediglich verknüpfte Assoziationen oder Emotionen?

Die Richtung des Denkens

Das Gehirn kommt nicht mit dem Begriff „Nicht" zurecht. Wenn ich dir sage, denke jetzt nicht an das Meer, dann tust du natürlich, wenn auch nur kurz, genau das Gegenteil – du denkst ans Meer. Das „Nicht" ist etwas, das »nicht« bedacht wird. Die Sache, auf die du dich konzentrierst, ist von elementarer Bedeutung. Man kann das Ziel haben, reich werden zu wollen – aber auch, nie wieder arm sein zu wollen. In einem Falle denkt man an Reichtum und im anderen Fall an Armut. Assoziativ, wie man eben funktioniert, werden ausgehend von dieser Sache die weiteren Dinge ins Bewusstsein gerufen, die damit verknüpft sind. Bei Reichtum ist es am Ende wohl das, was man anstrebt und womit man positive Gefühle verbindet und somit erzeugt. Bei Armut sind es die Dinge, die man unbedingt vermeiden will und daher werden negative Gefühle erzeugt. Obwohl mit einem Gedanken rein rational betrachtet ein und dasselbe gemeint sein kann, können sie völlig unterschiedliche Dinge bewirken und in Gang setzen. Das, was man vermeiden will, wovor man Angst hat, was man ignorieren will, wogegen man Widerstand leistet, wird gerade erst dadurch äußerst real und man zieht es in sein Leben. Das Gesetz der Anziehung in Aktion.

Pauschalisieren lässt sich dieses Phänomen allerdings nicht wirklich. Assoziativ, wie man funktioniert, funktioniert man eben. Deine Assoziationen sind von dir abhängig, vom Verständnis bestimmter Begriffe und welche Erfahrungen und Gefühle du mit ihnen verbindest. Dies betrifft ebenso deinen Umgang mit den jeweiligen Begriffen, Gefühlen und Wahrnehmungen. Selbst der objektivste Begriff oder irgendeine „neutrale“ Sache wird gefärbt durch unsere Wahrnehmung, durch unser Ich-Erlebnis. Geld, Bäume, Sommer, Winter, Armut, Blumen, Altern; all diese Begriffe wecken in verschiedenen Lesern bereits verschiedenste Assoziationen – und ausgehend davon verschiedene körperliche Reaktionen, Gemütslagen und Erwartungshaltungen. Während die einen mit Geld oder Reichtum Positives, sprich Freude, Chancen und Möglichkeiten verbinden, verbinden die anderen damit Negatives – Hindernisse, Ungerechtigkeit, Angst und Missgunst.

Verantwortung

Ich glaube daran, dass so ziemlich alles, was in meinem Leben schief läuft – wobei ich das mittlerweile nicht mehr als schieflaufen bezeichne, sondern als „anders gelaufen als gedacht" – mein Fehler ist. Das mag vielleicht pessimistisch oder beklemmend klingen, aber für mich ist es einer der befreiendsten und schönsten Gedanken meines Lebens. Bin ich zwangsläufig immer der konkrete Verursacher einer Sache? Nein, aber zu jedem Zeitpunkt bin ich mindestens der Verursacher meiner Reaktion und meiner weiteren Handlungen darauf. Der Moment, in dem du jemanden oder etwas für eine Sache voll verantwortlich machst, ist auch der Moment, in dem du der Person oder der Sache die Macht darüber gibst. Du gibst die Kontrolle ab und befindest dich in der Opferrolle, in der du den Umständen und dem Lauf der Dinge einfach ausgesetzt bist. Auf diese Weise bist du verurteilt dazu, zu warten, bis sich vielleicht etwas ändert – oder sich eben damit abzufinden. Wenn du dir selbst die Schuld oder eine Teilschuld – und damit auch die Verantwortung – gibst, dann kannst du auch etwas unternehmen. Du kannst etwas daraus lernen. Du kannst die Zügel in die Hand nehmen und den Lauf der Dinge selbst beeinflussen.

Du kannst mitwirken und gestehst dir auch ein, dass du fast immer mitwirkst. Das ist natürlich nicht immer einfach, aber es lohnt sich. Selbstverantwortung ist meiner Meinung nach einer der wichtigsten Schlüssel zum Erfolg – egal in welcher Hinsicht. Es sind nicht dein Körper, deine Gene, dein Charakter oder deine Persönlichkeit, und auch nicht die anderen Menschen oder Dinge, die dir im Weg stehen. Nur du selbst bist es. Das mag möglicherweise zu einigem Frust führen und oft schwer zu akzeptieren sein, denn wer hat nicht mal Pech gehabt oder mit guten Intentionen eine Entscheidung getroffen, die nach hinten los gegangen ist? Oder es gab wirklich widrige Umstände und Gegebenheiten. Wann läuft schon alles glatt? Und doch liegt vielleicht die größte Kraft darin, sich die Gewohnheit anzutrainieren, sich selbst verantwortlich zu machen – mit Härte und ohne Ausreden. Denn genau dann kann man etwas ändern und etwas bewirken. Erst dann entlarvt man die eigenen Ausreden als solche und hält sie nicht mehr für Gründe. Ich denke, dass wir genau diese Fähigkeit und das Ausmaß unserer Selbstwirksamkeit oft maßlos unterschätzen.

Es geht dabei nicht darum, zu streng zu sich selbst zu sein oder sich fertig zu machen, wenn man etwas falsch gemacht hat. Es geht vor allem darum, sich auch selbst verzeihen zu können. Wir müssen aus unseren Fehlern lernen, damit wir besser werden. Wir müssen den Weg, den wir gewählt haben, akzeptieren, mit all seinen Konsequenzen. Was bleibt uns denn anderes übrig, als mit den Entscheidungen, die wir getroffen haben, und den Dingen, die uns passiert sind, umzugehen und das Beste daraus zu machen? Trübsal blasen oder in Selbstmitleid baden ist keine Option. Keine, die sich lohnt. Der Schritt zur Selbstverurteilung ist oft nicht weit, wenn man eine vermeintlich schlechte Entscheidung getroffen hat – und zur Verzweiflung, wenn etwas Schlimmes passiert. Doch die Zeit schreitet jederzeit voran und es macht einfach Sinn, möglichst viel Zeit mit guten und produktiven Gedanken zu verbringen, anstatt damit, sich einfach nur selbst zu quälen. Die Zeit lässt sich nicht zurückdrehen, um es besser zu machen. Du kannst es nur »jetzt« und zukünftig besser machen. Oft erkennen wir als Spielfiguren der Zeit nicht das große Ganze. Das, was eben noch kommt. Wir haben zu jedem Zeitpunkt immer nur genau diesen einen als unseren Aktionsradius. Wie oft haben schlechte Entscheidungen und Umwege schon zu unerwartet glücklichen Zufällen geführt, die ohne genau diese „schlechten" Entscheidungen niemals Realität geworden wären? Wenn wir uns selbst verzeihen, verzeiht auch das Leben uns.

Entscheidungsfähigkeit vs. Angst

Wie schon erwähnt, kann unser Gehirn sich sozusagen nur auf eine Sache konzentrieren. Wir können am Ende nur eine Entscheidung auf einmal treffen. Wenn man so will: Die, etwas zu tun oder die, etwas zu lassen.

Und indem wir die ausgewählte Entscheidung dann treffen, treffen wir natürlich gleichzeitig auch die Entscheidung, die gegenteilige sowie alle anderen nicht zu treffen. So gesehen treffen wir also doch mehrere Entscheidungen gleichzeitig. Oft entscheiden wir uns dafür, eine Entscheidung nicht zu treffen, die wir eigentlich gerne treffen würden. Mit anderen Worten, wir treffen die Entscheidung, die uns widerstrebt und für uns eigentlich falsch ist, wir wollen sie ja nicht wirklich treffen. Genügend Gründe findet man oft, doch letztendlich ist es häufig nicht mehr als Angst.

Wenn wir ein Ziel haben, dann ist Angst vielleicht einfach der Gedanke daran, dieses nicht erreichen zu können. Angst ist die Vorstellung davon, etwas zu verlieren. Die Vorstellung, etwas nicht zu bekommen, nicht mehr zu haben, bedroht oder enttäuscht zu werden. Und Angst ist wohl die Ursache, wieso so viele Menschen darunter leiden, keine Entscheidungen treffen zu können, zumindest keine gewagten und bewussten Entscheidungen. Eben diejenigen Entscheidungen, die womöglich tatsächlich dazu führen könnten, dass wir das erreichen, was wir wollen – und damit meist eben auch diejenigen, für die wir etwas Neues, Ungewisses ausprobieren und etwas riskieren müssten.

Oft hat man auch das Gefühl, oder die Angst, etwas zu verpassen. Objektiv betrachtet verpasst man immer unendlich viele Dinge, alle diejenigen eben, die man gerade nicht erlebt. Man könnte daher meinen, das Gefühl sei berechtigt. Ein Problem, das wohl viele umtreibt. Leicht vergessen wir dabei, dass wir auch unzählige, einzigartige, nicht wiederholbare Dinge erleben dürfen. Auch »Verpassen« oder »Erleben« ist eine Entscheidung, die wir aktiv und bewusst treffen müssen. Ich muss aktiv erleben, was ich tue und wozu ich mich entschlossen habe, statt währenddessen nur daran zu denken, was ich gerade verpasse – und somit letztendlich tatsächlich alles zu verpassen und genau das zu bewirken, wovor ich mich fürchte.

Angst ist eine komplizierte Angelegenheit. Das Problem ist nämlich, sie erscheint extrem sinnvoll. Und ihre Richtigkeit bestätigt sich immer wieder, denn Angst hat mit Sicherheit schon vielen, vielen Menschen ihr Leben bewahrt. Die Angst vor dem Tod lässt einen nun mal Situationen vermeiden, die zum Tod führen könnten. So irrational Angst einen oft handeln lässt, sie scheint dennoch auf rationaler Ebene sehr oft sehr viel Sinn zu machen. Es kann eben nichts, oder so wenig wie möglich, passieren, wenn man sich an einem sicheren Ort versteckt. Es ist eine erfolgreiche Risikominimierung. Sie bringt uns in Sicherheit vor der Ungewissheit und all ihren potenziellen Gefahren – und vor konkreten Gefahren. Was Angst oft so irrational macht, ist wohl die eben nur scheinbare Sicherheit, in die man sich wiegt und die man sich lediglich selbst einbildet – und die falsche oder überbewertete Einschätzung von Dingen als „Risiko“, als Gefahr oder Existenzbedrohung etwa. Sie trübt die Wahrnehmung und schränkt unter Umständen die Fähigkeit zum rationalen Denken ein, was bei einer Risikokalkulierung nicht gerade von Vorteil ist. Es ist wohl vor allem die ewige Ungewissheit, die sie antreibt – die eigentlich natürlichste Sache der Welt, wie wir uns immer wieder klar machen sollten. Wir leben in Ungewissheit. Und wenn wir das Gefühl haben, die Folgen von etwas nicht mehr abschätzen zu können, setzt die Angst ein, in verzweifelter Hoffnung, sich gegen den Sturm der Ungewissheit möglichst gut abzusichern oder ihm zu entkommen. Der Erfolg einer Entscheidung ist nämlich tatsächlich nie garantiert – diese Illusion kann und sollte man sich nehmen. Das gilt allerdings auch für die Entscheidungen aus Angst – oft gerade für diejenigen. Meiner Meinung nach müssen wir Vertrauen in die Ungewissheit entwickeln. Und uns darüber klar werden, was wir wollen. Die „Parameter" der Angst sind im Ursprung häufig rational – Gefahren vermeiden etwa. Doch willst du ein Leben leben, in dem es nur darum geht, Gefahren zu vermeiden und möglichst alt zu werden? Vermeidest du es, rauszugehen, Straßen zu überqueren? Oder in Urlaub zu fahren, etwas Neues zu erleben und damit etwas auf rationaler Ebene, risiko-nutzen-technisch, eigentlich völlig Sinnloses zu tun? Das Leben mit Tagen füllen oder die Tage mit Leben… das ist die Entscheidung, die wir wirklich treffen müssen.[37] Während bei diesen zwei Möglichkeiten sicherlich vieles Hand in Hand gehen und eine persönliche goldene Mitte gefunden werden kann, man eben nicht gleich lebensmüde werden muss, sollte man sich diese Frage wohl doch klar stellen und sich entscheiden, was „sinnvoll" ist.

Bei allem Grübeln und Nachdenken gibt es am Ende vielleicht keine eindeutige oder klare Antwort und auch keinen richtigen Zeitpunkt, sondern einfach nur Zeit – und das, was wir mit ihr anstellen. Wir haben nicht alles im Blick, nur deswegen wollen wir so oft nicht das aufs Spiel setzen, was wir schon haben. Wir wissen anscheinend gar nicht wirklich, was wir wollen. Wir wollen etwas, aber irgendwie entscheiden wir uns dagegen. Nicht nur überblicken wir als Spielfiguren der Zeit das große Ganze nicht, auch überblicken wir die Konsequenzen unserer Entscheidungen an sich gar nicht weit genug. Und während wir das wohl tatsächlich nur in einem kleinen, begrenzten Ausmaß können, wäre es an manchen Stellen eigentlich ziemlich einfach, sich über etwas klar zu werden. Viele Menschen wünschen sich zum Beispiel, reich oder berühmt zu sein, blenden dabei aber gleichzeitig die damit verbundenen, eigentlich offensichtlichen Konsequenzen aus. Will ich etwas haben, so muss ich zum einen dazu bereit sein, mindestens das Nötige dafür zu tun, und zum anderen auch die entsprechenden Konsequenzen wollen und mit ihnen leben. Würde ich allen Menschen jetzt das geben können, was sie gerade „wollen" – ich bin überzeugt davon, mindestens die Hälfte wäre nach ein paar Wochen trotzdem schon wieder unglücklich oder gelangweilt und hätte sich darunter etwas ganz anderes vorgestellt.

Wir scheinen das Wesentliche regelmäßig aus den Augen zu verlieren. Es wird nicht immer alles nach Plan laufen. Aber es ist extrem wichtig, die Entscheidungen zu treffen, von denen man denkt, dass man sie »wirklich« treffen will. Vielleicht einfach, um zu erfahren, ob man sie denn treffen wollte – aber vielleicht auch, um tatsächlich dorthin zu gelangen, wo man sein will. Man ist mindestens eine Erkenntnis weiter, kann dementsprechend die weiteren Entscheidungen treffen und befindet sich endlich nicht mehr im Stillstand, gelähmt durch Angst. Die eigenen Entscheidungen vorher ein paar Mal zu überdenken und vielleicht sogar schon im Vorhinein eine Erkenntnis zu gewinnen, schadet ganz sicher nicht. Ich glaube daran, dass wir unseren Traum leben und zielstrebig verfolgen sollten. Aber ich glaube auch daran, dass sich Träume ändern können, dass wir ganz viele, verschiedene Träume haben können, in denen wir glücklich sein würden, und daran, dass ein wundervoller Traum von außen betrachtet auch ganz bescheiden sein kann. Wir sollten uns immer mal wieder gewissenhaft die Frage stellen, was unser Traum ist und warum. Und, ob es uns erfüllen würde, diesen Traum zu leben, samt seinem Weg und seinen Konsequenzen. Was willst du?

Die Angst ist kaum etwas anderes als die Flucht vor etwas, und endet letztlich, wenn man sich von ihr gänzlich einnehmen und leiten lässt, in Handlungsunfähigkeit, Fremdbestimmtheit und einem Leben voller verpasster Gelegenheiten. Auch Wut oder Aggression sind wohl lediglich eine Flucht nach vorn – der Versuch, etwas gewaltsam zu erzwingen oder zu vermeiden. Es ist Widerstand und fehlende Kontrolle. Gleichzeitig bieten sowohl Angst als auch Wut eine geniale Möglichkeit. Nämlich, unsere eigene Ehrlichkeit sichtbar zu machen. Wir können uns selbst erkennen. Schließlich fliehen wir vor etwas, und dieses »etwas« könnten wir nun identifizieren. Freiheit zu erlangen bedeutet oft aber auch die Bereitschaft und den Versuch, sich zu befreien und darüber hinweg zu setzen.

Unzählige Abwehrmechanismen und Zweifel (und darüber hinaus grundsätzliche Verhaltensweisen und Lebenseinstellungen) sind auf Angst zurückzuführen. Wut und Aggression sind kaum mehr als andere Wörter für Angst, beziehungsweise für eine andere Form der Angstbewältigung. Angst und Wut – Flucht oder Konfrontation und Zerstörung – beides entsteht durch Ablehnung beziehungsweise Widerstand. Es bleibt die Frage, ob Angst nun tatsächlich ein Gefühl oder auch eher eine Assoziation ist.

Selbstdisziplin

Die Fähigkeit, auf sich selbst, oder auf seinen Willen, zu hören und auch so zu handeln ist wohl, was man üblicherweise Selbstdisziplin nennt. Das Wollen geht hier über Faulheit, Launen und Ängste hinweg. Letztlich kommt es nicht darauf an, was du an einem guten Tag denkst oder während du ein gutes Buch liest, sondern vor allem auf deine tatsächliche, vorherrschende Einstellung, die Qualität deiner alltäglichen Gedanken – auf das, was du tust.

Den Disziplin-Muskel zu trainieren ist wohl das beste Geschenk, das man sich selbst machen kann – auch wenn es zunächst äußerst anstrengend und lästig sein kann. Die Idee ist, System II dazu zu trainieren, besser, konsequenter und wacher zu werden und nicht so schnell der Trägheit zu erliegen. Und so wird auch mit der Zeit das eigene Gefühlssystem umstrukturiert. Das Verlangen nach sofortigen Belohnungen und triebhaftem Verlangen schwindet, langfristige Ziele und Ideale treten in den Vordergrund und setzen sich durch. Um eine Gewohnheit zu etablieren, muss man eine kritische Zeit lang den Schweinehund besiegen. Disziplin ist die Fähigkeit, dies zu ermöglichen – Willenskraft immer wieder über Launen, Ängste und Umstände zu stellen. Durch solche Disziplin-Übungen – zum Beispiel das Antrainieren einer Gewohnheit, auch wenn es nur um eine Kleinigkeit geht – trainieren wir vielleicht unsere Willenskraft selbst. Während man sich anfangs womöglich klare Restriktionen setzen muss oder Verpflichtungen eingeht, um Ziele zu erreichen, kann man nach und nach System II trainieren, um konsequenter, wacher und besser belastbar zu werden. System II lernt sich durchzusetzen und wandelt dadurch nach und nach die „Vorschläge" von System I – zum Beispiel Müdigkeit, Hunger, schlechte Laune, Angst – um. Das sollte man zumindest meinen. Man kann das Spiel allerdings auch aus einer anderen Perspektive betrachten. Immerhin muss man sich, wie gesagt, vielleicht erstmal zu bestimmten Dingen zwingen, sich verpflichten oder passende Umstände schaffen. Ist das Willenskraft? Es gibt also auch eine andere Möglichkeit. Und zwar schaffen wir uns eben günstige Umstände, unterstützen unser System I und schaffen so Situationen für unser System II, in denen die Handlung tatsächlich nicht mehr so schwerfällt oder kaum eine andere Wahl bleibt. Wir müssen uns nicht jedes Mal aus purer Willenskraft überwinden und alle Schweinehunde dieser Welt besiegen. Auch, wenn das meiner Meinung nach eine zutiefst beeindruckende Kraft ist und, wenn man an den Anfang denkt, die allererste Aktion oder Entscheidung meistens eben doch aus sich selbst heraus und allen gegenwärtigen Gewohnheiten, Trends und Umständen zum Trotz getan werden muss. Doch ab dann können wir uns auch wunderbar helfen. Langfristig bewirkt diese Umgestaltung und das Zusammenspiel mit System I, dass wir zu objektiv mehr Arbeitsaufwand in der Lage sind, ohne dabei einen subjektiv höheren Arbeitsaufwand zu haben. Disziplinierte Menschen sind oft nicht gestresst oder überarbeitet, sondern strotzen vor Energie und Motivation. Und vielleicht sind sie nicht unbedingt „besser" oder haben etwa mehr Willenskraft, sondern schaffen sich einfach gute Gewohnheiten und begeben sich in Umgebungen mit positiven äußeren Einflüssen.

Gleichermaßen bedeutet Disziplin auch ein Eingeständnis: sich selbst gut und realistisch einschätzen lernen. Und damit manchmal auch, nicht alles auf einmal zu wollen, sondern erstmal eins nach dem anderen anzugehen, um sich nicht zu überfordern und angesichts der Menge an Aufgaben schon im Vorhinein einzuknicken. System II ist und bleibt in einem gewissen Maße faul und verbraucht für jeden Vorgang Energie, sodass man es auch überbelasten kann, was irgendwann zum Versagen führt. Oft hatte ich schon einen dieser Momente, in dem ich gefühlt diesen „Durchblick" über mich erlangte. Es war dieses Gefühl, klar sehen zu können. Ich sah mich, ich sah meine Probleme und ich erkannte meine Ziele, meinen „Willen" – die Dinge, die ich nun angehen wollte, und ich war überzeugt davon, dass ich es tun werde. In diesen Momenten wurde mir wohl manchmal etwas zu viel klar. Meine To-Do-Liste erschien endlos. Am nächsten Tag war dieser euphorische und motivierende Moment vorbei und der Alltag und meine Alltagsstimmung waren wieder eingekehrt. Kein beflügelter Geist mehr in Sicht, der das, was er will, wirklich angehen will oder sich in der Lage dazu sieht. Angesichts meiner endlosen Aufgabenliste und der Unmöglichkeit, das alles in nächster Zeit zu erledigen, tat ich an diesem Tag genau eines: nichts. Wir müssen Geduld und Nachsicht mit uns selbst üben. Während unser Entschluss vielleicht klar erscheint und feststeht, so brauchen große Veränderungen mitunter Zeit, um in Fleisch und Blut überzugehen. Unser Körper (sowie unser Gehirn, unsere Psyche und unser Unterbewusstsein, welche eigentlich automatisch auch zum Körper dazu gezählt werden sollten, aber oft nicht werden, kannst du dir in diesem Zusammenhang sonst auch als „zweiten Körper" vorstellen) hat lange von uns gelernt und braucht Zeit, neue Dinge zu verinnerlichen. Gerade daher kann die bloße Willenskraft, die allen Widerständen trotzen kann, so wertvoll sein. Besonders die Selbstreflexion ist Teil der eigenen Disziplin und somit die Fähigkeit, erkennen zu können, wann man überlastet oder überfordert wird, wann man auf seinen Körper (und seine Psyche) Rücksicht nehmen muss und wie man gut an sich arbeiten kann.

Wieder finden wir uns bei der Ehrlichkeit zu uns selbst im Zusammenspiel mit dem Suchen und Erkennen der Wahrheit, beziehungsweise der dadurch bewirkten Veränderung der objektiven Realität, wieder. Es geht letztlich weniger darum, auf Krampf positiv, gut oder sonst etwas zu sein, sondern man muss immer mit sich selbst, mit seiner Ehrlichkeit, arbeiten und Verständnis dafür entwickeln – und damit auch eventuelle Rückschläge sehen, einstecken und intensiv fühlen können.

Trotzdem ist einer der leichtesten und besten Wege, Disziplin zu erlangen und sie ganz nebenbei als einen positiven Nebeneffekt dazuzugewinnen, das Empfinden von Begeisterung, Interesse und Leidenschaft. Diese kann man oft durch neue Herangehensweisen und neue Blickwinkel – ein Umdenken – für sich entdecken.

Mitleid

Lange Zeit war ich der Meinung, dass positives Denken sehr egoistisch sei. Ich sah das Naive an dieser Einstellung – dass man einfach die rosarote Filterbrille aufsetzt. Dass man das Schlechte und all das Leid – die Dinge, die unbequem und unschön sind – einfach ignoriert und ausblendet. Und darüber hinaus dachte ich auch manchmal, dass ich es gar nicht verdient habe, mich gut zu fühlen. Womit auch? Angesichts einiger Sachen, die ich in der Vergangenheit falsch gemacht habe und all meiner Fehler wurde das nochmal untermauert. Wieso sollte ich zufrieden sein, wenn ich nicht zufrieden mit mir bin? Völliger Schwachsinn, mal wieder.

Wenn man denkt, positives Denken habe etwas damit zu tun, die schlechten Dinge dieser Welt auszublenden und wegzuschauen oder seine eigenen Abgründe und die eigene Vergangenheit zu verklären, dann versteht man es meiner Meinung nach völlig falsch. Es geht darum, von diesem Mitleidsgedanken – also einfach nur andere Leidende (oder sich selbst) zu sehen und dann mit ihnen zu leiden – weg zu kommen hin zu Hilfsbereitschaft und Hoffnung. Denn nur das hilft letztendlich auch logisch betrachtet dabei, die Möglichkeit zu schaffen, dieses Leid tatsächlich zu bekämpfen, zu vermindern und zu überwinden, anstatt es zu vermehren. Wem ist damit geholfen, wenn du dich schlecht fühlst? Angenommen, wir betrachten die Welt vereinfacht betrachtet so: 50% geht es schlecht, aufgrund schlechter Umstände, 50% geht es gut, aufgrund guter Umstände. Letztere sind die Privilegierten und Reichen. Besteht die Lösung nun darin, dass sich diese reichen 50% schlecht fühlen sollen, weil sie es vielleicht nicht „verdient" haben und die anderen sich nach wie vor ebenfalls schlecht fühlen? So wären wir dann bei 100%, denen es schlecht geht. Und alle bemitleiden sich selbst und grollen womöglich dieser schrecklichen Welt. Sollten die oberen 50% beschließen, ihr Leben zu opfern, also ihr Leben dem Leid und dessen Bekämpfung widmen, sodass es ihnen zunehmend schlechter und den unteren zunehmend besser geht? Diejenigen, denen es dann irgendwann endlich gut geht, müssten ab diesem Zeitpunkt auch wieder das Gleiche machen und sich ebenfalls opfern. Irgendwie keine befriedigende Lösung. Genieß den Luxus, den du hast. Was für eine Welt soll das sein, in der es nicht mal denen gut geht, denen es gut geht? Und wenn du wirklich etwas ändern willst, dann finde einen Weg, um andere glücklich zu machen und anderen zu helfen, ohne dich selbst dabei unglücklich zu machen und zu opfern. Schau nicht auf dich selbst oder auf andere herab und begib dich nicht auf dieses Niveau, sondern streck die Hand aus und zieh sie hoch. Es ist nicht schlimm, sich gut zu fühlen.

Zum Thema „Verdienen": Scheiß auf die Vergangenheit. Jeder hat Fehler gemacht. Wenn du nicht damit zufrieden bist, wer du warst oder bist, dann fang an, dich zu ändern und besser zu werden. Nur weil du früher ein „schlechter" Mensch warst und nichts Gutes „verdienst", musst du nicht so bleiben. In Selbstmitleid zu versinken hat noch niemandem etwas gebracht, weder einem selbst noch den anderen. Die beste Wiedergutmachung für etwas Unverzeihliches ist es, aufzuhören weiter wie diese unverzeihliche Person zu leben. So kannst du wirklich „Buße tun". Vergib dir selbst und mach's besser.

Positives Denken ist produktives, klares, praktisches Denken. Es geht gerade darum, nach der Wahrheit zu suchen und sie zu entlarven. Positives Denken befreit von Irrtümern. Man erkennt und sieht auch die schlechten und unschönen Seiten – den Schmerz, das Leid, den Hass, die Täuschungen, Denkfehler und Sackgassen – welche man sonst vielleicht gerne mal ausblendet. Man zieht dabei allerdings die richtigen, »positiven« Konsequenzen für sich. Man lernt dazu, wird stärker und hilft sich selbst und anderen. Man schlägt eine produktive, konstruktive Richtung ein. Weder schaut man weg noch bleibt man nur in seiner gemütlichen Komfortzone, sondern strebt nach Wahrheit und Schaffen. Und auch Rückschläge und Enttäuschungen sind kein Grund, aufzugeben.

» Ein Heiliger ist ein Sünder, der nicht aufhört, sich zu mühen «

- Nelson Mandela

Ego vs. Selbstbewusstsein

Das Ego – der vielleicht größte Feind, den man erkennen, akzeptieren und gleichermaßen loslassen wie zulassen muss, um mit ihm arbeiten lernen zu können. Auch, wenn es oft eher andersrum wirkt, zeugt ein großes und ausgeprägtes Ego nicht etwa von Stärke, sondern häufig von großer Schwäche. Das Ego ist oftmals nichts weiter als eine Manifestation von ständigem Zwang und Ansprüchen, sich selbst oder anderen etwas zu beweisen. Es beinhaltet Stolz und Arroganz, das Vertuschen von Ängsten und Schwächen, Egoismus und Gier danach, besser zu sein und Anerkennung zu erhalten. Es ist wohl eher eine Art ausgeprägter Schutzmechanismus, der einen Schleier beziehungsweise einen Schutzwall um das wahre Ich legt.

Ein großes Ego wird oft fälschlicherweise mit hohem Selbstbewusstsein verwechselt, dabei ist es genau das Gegenteil. Wer selbstbewusst ist, der ist, wie das Wort es eigentlich schon sehr deutlich ausdrückt, sich seiner selbst bewusst. Eine selbstbewusste Person ist sich ihrer Stärken und auch ihrer Schwächen bewusst und kann dennoch jederzeit zu sich stehen, ohne sich zu verstellen oder zu schützen. Eine selbstbewusste Person arbeitet nicht gegen ihre Schwächen, sondern mit ihren Schwächen. Selbstbewusstsein erschafft Authentizität, denn es ist letztlich das Verkörpern und (An-)Erkennen der eigenen Person. Das Ego hingegen ist eine um die eigene Person künstlich aufgebaute Schutzschicht zur Verzerrung und Unkenntlichmachung dieser Person beziehungsweise ihrer vermeintlich wunden Punkte, damit andere (oder sie selbst) diese nicht erkennen. Ein großes Ego ist ein guter Ort zum Verstecken, doch wahre Stärke und Selbstbewusstsein beinhalten die Akzeptanz der eigenen Unvollkommenheit. Eigentlich eine triviale Angelegenheit, da jeder Mensch zwangsläufig ein Mensch und damit auch unvollkommen ist.

Das Erkennen und Zeigen der eigenen Schwächen wird häufig von anderen mit Schwäche verwechselt, doch letztendlich zeugt es vom Gegenteil, von großer Stärke. Außerdem bedeutet es keineswegs, sich seinen Schwächen zu ergeben. Nur wer seine Schwächen erkennt und mit ihnen arbeitet, anstatt gegen sie, kann einen guten Umgang mit ihnen lernen oder an ihnen etwas ändern und sie womöglich sogar in Stärken umwandeln. Wer hohes Selbstbewusstsein hat braucht kein großes Ego, um sich durchzusetzen.

Dennoch hat letztendlich jeder Mensch ein Ego. Jeder hat Ansprüche, Ziele, Bedürfnisse etc. – und das ist auch nicht unbedingt schlecht, verwerflich oder muss von „Schwäche“ zeugen. Das Ego kann von großem Nutzen sein. Man sollte eher lernen, richtig damit zusammenzuarbeiten. Wer selbstbewusst ist, ist sich seines Egos bewusst – gleichzeitig ist er diesem allerdings nicht ausgeliefert. Viele Menschen identifizieren sich mit ihrem Ego, obwohl dieses, wie schon beschrieben, eher einem ausgeprägten Schutzmechanismus gleicht – es wird zu einem großen Teil durch Glaubenssätze und Triebe gebildet und geformt. Man sollte sich aber bewusst sein, dass man nicht sein Ego ist. Dass man ihm nicht ausgeliefert ist und dass man sein Ego selbst formen kann. So kann beispielsweise eine grundsätzliche Unempfindlichkeit gegen Kritik von außen von sehr hohem Wert sein. Starke Persönlichkeiten und klare Meinungen haben fast immer Kritiker, von denen man sich nicht beeindrucken lassen sollte. Ein unabhängiger Glaube an sich selbst, an seine Ziele und die eigene Stärke, eine fest gespeicherte Erinnerung und Verinnerlichung bestimmter moralischer sowie persönlicher Werte sind ausgezeichnete Möglichkeiten, um sie in seinem Ego zu verankern. Dennoch sollte man letztlich immer selbstbewusst sein – man sollte differenzieren können, zum Beispiel zwischen angebrachter, ehrlicher Kritik, mit der man sich tatsächlich auseinandersetzen sollte, und unangebrachter Kritik (die zum Beispiel vorwiegend aus Neid oder Undurchdachtheit entsteht). Man sollte immer wieder sein Ego hinterfragen und sich davon loslösen, sich grundsätzlich bewusst sein, dass man nicht sein Ego ist, sondern ein Ego hat – so kann man es gut und zielgerichtet formen und damit arbeiten, ohne sich ihm ergeben zu müssen. Das Ego verzerrt die Wahrnehmung von sich selbst als auch von der eigenen Umgebung und anderen Menschen. Wir können uns als stark oder schwach betrachten, wir können Hindernisse oder Chancen sehen, Feinde oder Freunde, Gefahren oder Möglichkeiten. Wer sich nur vom Ego steuern lässt, befindet sich in einer Traumwelt, erschaffen von der eigenen Wahrnehmung, ohne in diesem Traum jemals wirklich aufzuwachen und sich dessen bewusst zu werden.

An dieser Stelle ein kleiner Buchtipp: „Das Kind in dir muss Heimat finden" von Stefanie Stahl.

Ich bin jetzt gut – das dachte ich zwar früher auch, aber jetzt weiß ich, dass ich schlecht war

Vielleicht gibt es diese von mir angepriesene Willensfreiheit überhaupt nicht. Immer wieder scheine ich in meinem Leben an einem Punkt zu landen, an dem ich mehr begriffen habe als zuvor, obwohl ich vorher schon dachte, ich wäre endlich so weit und hätte es endlich kapiert. Möglicherweise verhält es sich mit der Willensfreiheit ja ähnlich. Vielleicht ist es tatsächlich unmöglich, diese zu erreichen. Der Gedanke, der mich dabei aber verfolgt, ist: Es ist trotzdem die bestmögliche Wahl, an diese Möglichkeit und Fähigkeit zu glauben. Es gibt zwar keine Perfektion, aber es gibt ein Immer-Besser. Vielleicht kann ich letztlich nicht willensfrei sein, aber immer willensfreier. Der Begriff „Grenzwert" aus der Mathematik macht mir da sehr viel Hoffnung. Er beschreibt nichts anderes als die unendliche Annäherung an einen Punkt. Ein Ergebnis kann zwar nicht unendlich sein, aber gegen unendlich streben. Genauso, wie $\frac{1}{x}$ für immer größer werdende Werte für x irgendwann annähernd Null, aber nie tatsächlich Null ist. Doch irgendwann gibt es keinen praktischen, oder vom Menschen erkennbaren, Unterschied zwischen diesem Grenzwert und dem tatsächlichen Wert, da der Unterschied quasi nicht mehr existiert – und wir können damit arbeiten. Ob real oder nicht, es besteht ein fundamentaler Unterschied zwischen diesen beiden Sichtweisen. 0 oder ∞ ? Alles oder Nichts? Tot oder lebendig?

Erwartungen – Erwarten, ohne zu erwarten

Hohe Erwartungen haben oder Erwartungen loslassen? Immer wieder kommt die Literatur zu einem anderen Ergebnis. Vollkommene Konzentration auf ein Ziel und massiv in Aktion treten oder jegliches Streben loslassen und die Sache auf sich zukommen lassen – also was denn nun? Wenn ich eine Sache oder eine Person in meinem Leben haben will, soll ich mich dem voll und ganz widmen? Soll ich Einsatz zeigen, positiv überzeugt davon sein und 100% geben? Soll ich stur sein, alle Hindernisse aus dem Weg räumen und weiter daran glauben? Oder sollte ich versuchen, die Sache nicht zu erzwingen, es sich auf natürliche Weise entwickeln lassen, Freiraum gewähren und lernen, die Sache oder Person auch loslassen zu können? Meine Erwartungen von vorn herein auf null setzen und mich nicht von dieser Sache abhängig machen? Oft heißt es ja, dass die Dinge oder Menschen von selbst in dein Leben kommen, wenn du aufhörst, nach ihnen zu suchen. Wenn du etwas suchst, heißt das schließlich, dass du etwas nicht hast und dir etwas fehlt. Das Mangel-Bewusstsein ist aktiv. Andererseits wird immer wieder gepriesen, zu glauben, zu hoffen und sich einer Sache voll zu verschreiben, oft in ein und demselben Buch. Was ist nur die richtige Antwort? Können beide Antworten richtig sein, auch wenn sie völlig verschieden klingen? Verstehe ich sie einfach nur falsch? Muss ich einfach eine für mich auswählen oder können sie gleichzeitig richtig sein? Oder liegt die Antwort irgendwo in der Mitte, wie so oft?

Ich denke, für mich sind beide Antworten richtig und letztendlich würde ich doch sagen, die Antwort liegt irgendwo in der Mitte. Der Gedanke, von Beginn an keine Erwartung in jemanden oder etwas zu setzen, erscheint mir zunächst etwas zu pessimistisch. Wobei neutral hier wohl eher angebracht wäre, schließlich hat man ja auch keine negativen Erwartungen. Aber trotzdem hat es auf mich lange so gewirkt, als ob es eher aus schlechten Erfahrungen oder Angst und Zweifeln entspringen würde – aus fehlendem Mut, zu hoffen und zu glauben, nur um nicht enttäuscht werden zu können. Überraschungen sind zwar schön, wenn sich unverhofft etwas Gutes und viel Besseres als erwartet entwickelt, aber etwas stört mich daran. Positiv daran auffassen lässt sich, dass man lernt, die Dinge oder Menschen eher so zu sehen und zu akzeptieren, wie sie eben tatsächlich sind und wie sie kommen. Ich lebe nicht im Reich meiner eigenen Phantasien, sondern lasse dem anderen Menschen (oder der Sache, Angelegenheit oder Tätigkeit) die vollkommene Freiheit, so zu sein, wie er (oder sie) ist, und sehe ihn auch so, wie er (oder sie) ist. Es bedeutet, Überraschungen und Unerwartetes zuzulassen und, wenn es eben nicht das ist, was man will, dies zu akzeptieren und die Sache oder Person eben loslassen zu können. Ich denke, mit dieser Haltung ist man gewissermaßen immer frei, man macht sich, seine Laune und sein Glück nicht abhängig von etwas anderem und man ist offen für Neues – offen für alles, was da ist, statt nur für das, was man sich vorstellt.

Ich finde allerdings schon, dass man, wenn man etwas will, mit Erwartungen, positiver Vorfreude und Enthusiasmus auf all das, was sein könnte, starten kann und sollte. Wie gesagt, ich bin gerne naiv. Ich mag es, mich voll und ganz auf eine Sache zu konzentrieren, mich ihr zu verschreiben und meiner Leidenschaft zu folgen, ohne mich zurückhalten zu müssen, nur weil es Risiken gibt, es ja auch schieflaufen könnte und wohl oft sogar wird. Ich mag es, an die Möglichkeit zu glauben, dass meine naiven Träumereien in Erfüllung gehen könnten oder etwas noch viel Besseres geschehen könnte, und dass man mit entsprechendem Einsatz und Glaube alles erreichen kann. Wenn ich eine Person kennen lerne, die mir auf Anhieb sympathisch ist, will ich meine Erwartungen nicht zurückschrauben, nur weil diese eventuell nicht erfüllt werden könnten. Mir ist klar, dass ich durch den ersten Eindruck manipuliert werde, in meinem Körper laufen biochemische Prozesse ab und all das führt zu einer vielleicht völlig unvernünftigen Illusion, diesen mir unbekannten Menschen einschätzen zu können oder gewissermaßen bereits zu „kennen“. Wenn ich also eine Person oder eine Sache in meinem Leben begehre, dann will ich doch etwas dafür tun. Die gefährliche Kehrseite ist hier wohl, dass man sich zu sehr auf etwas, beziehungsweise auf die konkrete Vorstellung von etwas, versteift und sich davon abhängig machen kann. Man will etwas haben, das man nicht hat – und man will sein Ziel zwanghaft erreichen. Mangel-Bewusstsein. Gleichzeitig verschließt man sich und ist blind für anderes. Man investiert eventuell viel Zeit, Energie, Hoffnungen und Erwartungen in eine Sache, die vielleicht einfach nicht so ist, wie man das gerne hätte, oder vielleicht sogar extrem hässlich endet. Viele Dinge beginnen schön und enden dann ganz woanders. Wie können wir nun beide Haltungen sinnvoll miteinander vereinbaren und das Beste für uns aus beiden herausziehen?

Die größte Hürde ist hier wohl das Verzwecklichen beinahe jeglicher menschlichen Handlungen und Gedanken. Wenn ich mich frei von Erwartungen mache, nur um eben nichts zu erwarten, um nicht enttäuscht zu werden und meine Hoffnungen zurückzuschrauben, dann mache ich mich ganz und gar nicht frei von Erwartungen. In diesem Zustand erwarte ich unbewusst bereits Negatives. Loslassen bedeutet nicht, etwas zu verwerfen oder abzulehnen, sondern offen zu sein und zuzulassen. Es ist ein tatsächliches Loslösen, frei von Bewertung, Sinn, Zweck, Nutzen oder Annahmen. Auf der anderen Seite bringt es auch nicht viel, all seine Energie, Erwartungen und Hoffnungen in eine Sache zu stecken, ohne dieser die Chance zu geben, „frei“ zu sein, Veränderungen zu unterliegen und somit auch anders als gedacht zu sein. Auf diese Weise tue ich nicht alles dafür, ein Ziel zu verwirklichen, sondern ich verhindere, dass es überhaupt wirklich Realität werden kann, während ich mich unter den Zwang stelle, alles Reale so umformen zu wollen, dass es irgendwie passt und so wird, wie ich es haben will. Ich übersehe die wahre Schönheit und beraube diese ihrer selbst. Man kann ein Ziel haben, aber nicht bereits jedes Detail und den Weg dorthin durchplanen. Auf diese Weise beraubt man sich selbst seiner Möglichkeiten, seiner Authentizität und seiner Freiheit und muss sich mühevoll durchkämpfen oder irgendwann aufgeben.

Beide Ideen laufen für mich auf ein Wort hinaus: Vertrauen. Heutzutage oft ein sehr rares, schwer zu erarbeitendes Gut. Und oft schneller wieder weg, als man gucken kann. Es scheint leicht zerbrechlich und schwer wiederzuerlangen zu sein. Man ist zu Beginn oft eher misstrauisch, anstatt blind zu vertrauen. Hier gilt bereits von Anfang an nicht „Im Zweifel für den Angeklagten", sondern „Beweis deine angebliche Unschuld". Es scheint oft kaum etwas zwielichtigeres und misstrauenerweckenderes zu geben als eine Sache, die zu gut erscheint oder jemanden, der ohne Gegenleistung einfach nur helfen oder gut sein will. Allerdings gilt das alles nur, wenn man Vertrauen selbst so gestaltet, auffasst und dazu macht. Es besteht ein fundamentaler Unterschied zwischen Vertrauen und Naivität. Wir dürfen Ziele haben, wir dürfen positive Erwartungen und Vorfreude haben, wir dürfen uneingeschränkt an uns glauben. Aber wir sollten dabei unsere Freiheit bewahren, den Blick für den Unterschied zwischen Wahrheit und Illusion schärfen und den Weg sich möglichst auf natürliche Art und Weise entwickeln lassen. Wir sollten offen dafür sein, Schönheit dort zu entdecken, wo wir sonst Enttäuschungen und unerfüllte Vorstellungen sähen. Und wir sollten den Mut aufbringen, Vertrauen aufzubauen, sogar einen Vorschuss zu geben, und damit potenziell enttäuscht oder verletzt werden zu können, denn schließlich könnte etwas Wundervolles passieren – und das ist es wert. Wer alles zerdenkt oder sich selbst blind macht, wer erzwingt, sich selbst aufopfert und ebenso wer seine Hoffnungen und Erwartungen bloß aufgibt, um lediglich nicht mehr enttäuscht werden zu können, der wird wahrscheinlich keinen Erfolg erzielen, Chancen im Keim ersticken und Illusionen erliegen – und kein erfülltes Leben führen. Wer voller Vertrauen und frei von Zwang, Angst, Naivität und Illusionen ist, wer voller positiver Erwartungen und jederzeit trotzdem offen ist und mit dem arbeitet, was da ist, statt dagegen, der kann alles meistern. Erwarten, ohne zu erwarten.

Konzentration und Loslassen

Wenn man sich selbst beobachtet, wird man zunächst unauthentisch – weil man sich eben nicht so verhält, wie man es normalerweise tun würde. Da man aber ja oft gerade eben dieses Verhalten ändern will, ist ein gewisses Beobachten und Eingreifen von Nöten. Eben so lange, bis man tatsächlich (im jeweiligen Bereich) seine Natur geändert hat. Um zur Authentizität zurück zu gelangen, müsste man den Prozess dann aber doch „ohne Beobachtung" durchführen können, sich also ganz natürlich und ungezwungen verhalten. Von einem Gedanken durchdrungen sein, ohne ihn aktiv denken zu müssen. Wünschenswert wäre es natürlich, wenn man von einem Atemzug auf den nächsten oder zumindest möglichst schnell eine solche Veränderung verinnerlichen könnte. Man müsste sich sowohl voll und ganz konzentrieren als auch voll und ganz loslassen können. Etwas unbedingt wollen, ohne es zu brauchen, erzwingen zu wollen oder sich abhängig zu machen. Erwarten, ohne zu erwarten, aber auch nicht einfach etwas nicht erwarten, bloß um es eben nicht zu erwarten.

Oft wird der vollkommene „Frieden" angestrebt. Das vollkommene Loslassen und Nicht-Urteilen. Ich denke, das ist der Zustand, in dem man der Wahrheit am nächsten kommt und sie, alles, was es gibt, wirklich erfahren kann, ohne ein Urteil zu fällen oder überhaupt ein Gefühl für „Gut" und „Schlecht" zu haben. Man kann zu einem neutralen, urteilsfreien, nicht eingreifenden Beobachter seiner eigenen Gedanken und der Welt werden. Die sonst selektiv funktionierende Wahrnehmung verliert zunehmend ihren Filter und ermöglicht klares Erkennen. Für einen Moment löst man sich los von seinen Bindungen, seiner Person und seinem Leben – man schlüpft aus dem Kontext seiner eigenen Person, seiner Geschichte und seiner Vergangenheit sowie der gedachten Zukunft. Das Problem, das sich für mich hierbei stellt: Angesichts dessen hat aber auch nichts mehr einen wirklichen Sinn oder Ähnliches. Ein Stein zum Beispiel lässt gewissermaßen wohl jederzeit (wenn auch ungewollt) vollkommen los, er wird vom Laufe der Natur geformt ohne jegliches Streben oder Eingreifen seinerseits. Würde ich diesen Gedanken konsequent zu Ende denken und als Mensch auf diese Weise loslassen, so würde ich wohl auch jegliche Pläne und jegliches Streben loslassen und mit dem Lauf der Zeit und der Welt mitfließen. Es gäbe weder gut noch schlecht – nur das, was ist. Wie der Stein würde ich durch das Schicksal geformt werden. Erweitere ich dieses Gedankenspiel noch etwas, würde ich durch ein wirklich aktives, dauerhaftes Loslassen wohl mein „Ich" überschreiten und transzendieren, was ganz streng genommen jegliches Handeln, auch meinen Überlebenstrieb (das Eingreifen zum eigenen Zweck), außer Kraft setzen würde. Dadurch würde ich dann zwar letztlich nicht unbedingt zu einem Stein werden, aber zu Staub. Loslassen bewirkt die Möglichkeit zur Erkenntnis und die Fähigkeit, seinen Blickwinkel zu erweitern, zu verändern und sich selbst zu beobachten. Ein Zustand kompletter, wacher Entspannung und des bloßen Seins.

Der Gegensatz wäre für mich hier also die absolute Konzentration. Ganz klar ist sie eine Entscheidung und ausgerichtet auf eine bestimmte Sache, auf eine Seite. Absolute Konzentration ist ein Fokus, ein Tunnelblick, sodass alles andere außer der ausgewählten Sache verschwindet. Man sieht nichts anderes mehr, man interessiert sich für nichts anderes mehr. Für diesen Zeitraum existiert nur das Eine. Wir befinden uns in einem Fraktal, isoliert von jeglichem Raum und jeglicher Zeit außerhalb dieser selbst geschaffenen Raumzeit. Hier wird eine Entscheidung getroffen. Die Kehrseite ist hier offensichtlich die völlig selektiv gesteuerte, verengte Wahrnehmung, die nichts anderes mehr ins System lässt als das Objekt im Fokus – man kann die anderen Dinge, die zwar objektiv betrachtet da sind, aber eben nicht für einen selbst, nicht erkennen und in Betracht ziehen. Konzentration bewirkt aber tatsächliche Veränderung. Man kann sich auf neue Dinge konzentrieren und ihnen somit Form verleihen oder sich auf bereits bekannte Dinge konzentrieren und ihre Form willentlich verändern.

Ist es möglich, beides irgendwie miteinander zu vereinbaren und in Harmonie zu bringen? Jederzeit alles sehen zu können, aber sich doch voll und ganz nur auf ausgewählte Dinge zu konzentrieren? Beides würde schließlich eine perfekte, sich ergänzende Synergie ergeben – doch kann man beides gleichzeitig anwenden, oder muss eines bevorzugt beziehungsweise als Erstes gewählt werden?

Um jedenfalls überhaupt erst diese Fähigkeiten als solche aktiv zu erlernen, führte mich die Suche fast zwangsläufig zur Meditation (verspürst du eine Ablehnung gegenüber diesem Begriff, versuch's vielleicht mit Konzentrationsübung), welche letztlich genau die Schulung dieser beiden Fähigkeiten bewirkt. Sowohl die Fähigkeit zur Konzentration als auch zum Loslassen ist bei den meisten Menschen in hohem Maße gestört und beeinträchtigt. Sie befinden sich bereits in einem halbwachen Zwischenzustand. Dieser Zwischenzustand ist eher eine Art Autopilot, man greift nicht wirklich aktiv ein, lässt aber auch nicht richtig los oder hinterfragt – man ist passiv. Schalte ich jetzt auf Autopilot, werde ich mich wohl gemäß meiner jetzigen Struktur beziehungsweise Natur entsprechend entwickeln, geformt durch das, was eben noch kommt. Einerseits resultiert, vor allem durch fortwährende Ablenkungen wie zum Beispiel dem Smartphone und generell dem Informationsüberfluss, eine Störung der Konzentration und schließlich die Unfähigkeit, sich länger oder intensiv auf nur eine Sache zu fokussieren sowie diese grundsätzlich bewusst und gezielt selbst auszuwählen. Die Wahrnehmung wird getrübt durch den Informationsüberfluss, gepaart mit der entsprechenden Lenkung der Konzentration durch eben diesen. Andererseits wird die Fähigkeit zum Loslassen gestört, da man daran gewöhnt ist, sich ständig in irgendeiner Form mit etwas zu beschäftigen und abgelenkt oder gestört zu werden. Man steigt automatisch und unwillentlich in die Themen der eigenen auftauchenden Gedanken und Gefühle ein – und versucht sich oft wiederum von diesen abzulenken. Man kann weder richtig zuhören noch weghören. Die Welt des Verstandes unterliegt oft einem simplen Irrtum, wegen dem man nicht weiterkommt und immer wieder in einer Sackgasse landet, während man diesen jedoch nicht erkennt und daher nicht versteht, wieso man dort landet. Von diesem kann man sich oft ganz einfach befreien, indem man loslässt und damit die Möglichkeit erlangt, die Angelegenheit einfach aus neuen, unvoreingenommenen und erweiterten Blickwinkeln zu betrachten. Oftmals steht die unausgereifte, unverstandene Gefühlswelt im Weg, statt ein Antrieb zu sein. Gedanken sind getrieben und gelenkt durch Emotionen. Weder lässt man sich darauf ein, sie richtig zu erleben und zu verarbeiten, noch lässt man sie los und versucht sie aus einem objektiveren Blickwinkel zu ergründen und Klarheit über sich selbst zu erlangen. Verkrampfung, Stress, Angst, Wut sind die Folge – ein unaufhörliches, gestörtes und unangenehmes „Overthinking" voller Sackgassen, Unruhe, Ungewissheit und/oder ständiger Ablenkung sowie Flucht vor den eigenen Gedanken. Auch ein zunehmendes Gefühl der Gleichgültigkeit oder Sinnlosigkeit kann entstehen angesichts des Chaos. Ein Großteil der Krankheiten und Unzufriedenheiten mit sich selbst, dem Leben und anderen Menschen sind kaum mehr als die Folgen von mangelnder Konzentrationsfähigkeit, mangelnder Entspannung, innerer Unruhe und ausbleibender Selbstreflexion. Ruhe und Zeit für sich selbst werden zu etwas Unangenehmem, dem man möglichst aus dem Weg gehen will, während man passiv oft weiter ein Leben lebt, das man gar nicht so richtig mag oder als besonders erfüllend oder sinnvoll erlebt – dabei könnte (und sollte) es so sein.

Die Meditation bewirkt, zu einer wachen Sensitivität zu gelangen und sowohl Konzentration als auch Loslassen zu beherrschen – den eigenen Wahrnehmungsfilter besser verstehen sowie steuern zu können. Man befreit sich von Zwängen, von Angst, von Wut, von Störungen. Das bedeutet nicht, sie immer zu verneinen, sondern sich ihnen erstmal zu stellen, sie vielleicht überhaupt erst zu entdecken, und sie und sich selbst zu verstehen. Man lässt zu und man lässt los. Es kann äußerst faszinierend sein, zu entdecken, in welche Dinge und welche Richtungen man passiv eigentlich permanent Energie fließen lässt, ohne es selbst zu bemerken. Man lernt, seine Gedanken und sich selbst zu beobachten und die ihnen zugrunde liegenden Ursprünge sowie Täuschungen als solche zu entlarven (beispielsweise durch Angst (z.B. Eifersucht) und Aggression (z.B. Zwang) entstehende und die Realität verzerrende Gedanken). Man lernt, Gedanken ziehen zu lassen und sich nicht zwangsläufig mit ihnen zu identifizieren und befreit sich zunehmend vom Modus des ständigen Bewertens, Beurteilens und Vergleichens. Somit erkennt man sich selbst, seine Emotionen und Gedanken durch das Einnehmen der Rolle eines distanzierten Beobachters. Und man lernt, sich selbst auszurichten, aus dieser klaren Sicht heraus seine wahren Intentionen und Ziele zu erkennen, sie auszuwählen und sich auf diese zu konzentrieren und zu fokussieren, und somit Störungen und Unterbrechungen der

Konzentration zu unterbinden. Es wird möglich, in Frieden zu leben und sich gleichzeitig aktiv für das Leben zu entscheiden.

Ein weiteres wichtiges Element ist die Gegenwärtigkeit. Man ist präsent im Augenblick. Etwas, das in nahezu jeder Situation und jeder Tätigkeit von höchstem Vorteil sowie positiv für die Gesundheit ist. In der Meditation ist man wach und fokussiert, aber auch ruhig, klar und losgelöst. Man befindet sich tatsächlich dort, wo man ist – keine Sorgen von „gestern", „morgen", „könnte", „sollte" oder „hätte" haben Macht über den eigenen Geist. Die Gegenwart ist die einzige Zeit, in der es sich lohnt zu leben, sogar die einzige Möglichkeit, in der wir leben, weitermachen und Träume tatsächlich wahr werden lassen können.

Wissenschaftlich nachgewiesene Auswirkungen von Meditation sind unter anderem Umstrukturierungen im Gehirn, welche in der Tat bewusstseinserweiternd wirken. Dazu können verringertes Stress- und Angstempfinden, emotionale Stabilität und Positivität, innere Ruhe und Klarheit, erhöhte Leistungsfähigkeit des Gedächtnisses und der Konzentrationsfähigkeit, erhöhte Lernfähigkeit, verbesserte Körperwahrnehmung und Intuition sowie eine Verlangsamung des Alterungsprozesses zählen. (Rein) körperliche Auswirkungen können besserer Schlaf, geringeres Schmerzempfinden, ein gestärktes Immunsystem, die Senkung des Cholesterinspiegels oder etwa ein gesenkter Blutdruck sein. Von all diesen Effekten kann man bei »regelmäßiger« Meditation dauerhaft profitieren. Ein kleiner Tipp am Rande:

Meditation ist anfangs oft schwer zu erlernen, daher sollte man sich gegebenenfalls Schritt für Schritt herantasten und Ehrgeiz sowie Frustrationstoleranz mitbringen. Als erste Übung bietet es sich oft an, lediglich still zu sitzen und möglichst zu entspannen oder auch geführte Meditationen zu machen. Es ist anfangs für Körper und Geist sehr ungewöhnlich, einfach nur zu ruhen und still zu sein. Die Gedanken werden immer wieder wandern, man wird Bewegungsdrang empfinden, bevor man allmählich zur Ruhe gelangt. Empfindungen von Sinnlosigkeit oder Wirkungslosigkeit können auftauchen – kein Grund zur Entmutigung. Schließlich ist das Ziel der Meditation letztendlich nicht die Meditation selbst, sondern ein grundlegendes Spüren der eigenen Existenz, des Daseins. Trotz aller genannten positiven Effekte sollten auch potenzielle negative Erfahrungen oder Auswirkungen nie ausgeschlossen werden. Vor allem kurzfristig können wohl unangenehme Dinge an die Oberfläche gelangen. Ich bin ohnehin der Überzeugung, dass Meditation letztlich nicht verzwecklicht oder falsch verstanden werden sollte, wenn man ihr wirkliches Potenzial erfahren möchte. Es geht hier letztlich nicht um Selbstoptimierung, sondern um echtes, ehrliches Interesse für sich selbst, das Leben und die Wahrheit – nicht um Vorteile. Positive Nebeneffekte wie Wachheit, Klarheit, Ausgeglichenheit, Entspannung, Gesundheit und Achtsamkeit, die man sich durch die Meditation auf Dauer antrainieren kann, entstehen dann wie von selbst als Nebenprodukt.

Meditation ist nicht zwangsläufig der einzige Weg, um zu meditieren. Man kann durchaus kreativ werden und sein eigenes Ding machen.

Es gibt wohl unzählige Tätigkeiten, in denen man eine Meditation oder meditative Elemente für sich entdecken kann. Die Meditation als Tätigkeit selbst ist meiner Meinung nach eben irgendwie die direkteste Form. In manchen Meditationssessions kann man bereits einen Eindruck gewisser Bewusstseins- und Gemütszustände (zum Beispiel ein Empfinden von Freiheit oder von totaler Losgelöstheit von Angst) erhaschen, die stark motivierend wirken können. Man könnte es gewissermaßen auch als Sport für den eigenen Geist betrachten. Nur eben ohne dieses Ziel ständig im Hinterkopf zu haben oder nach Rauschzuständen zu jagen.

Oft ist damit auch ein gewisser Lebenswandel, eine Änderung der Einstellung und der Prioritäten, mit den entsprechenden Konsequenzen, verbunden, die nicht immer auf jeden Außenstehenden sofort positiv oder sinnvoll wirken. Aber wenn man sich ausgewählt konzentrieren sowie loslassen kann und seinem Weg folgt, spielen solche Stimmen im Kopf ohnehin keine Rolle mehr. Nichts ist schlimmer als das, was du fühlst, und nichts stresst dich mehr als deine eigenen Gedanken.

» Die Menschen sterben nicht an Überarbeitung. Sie sterben an Unkonzentriertheit und innerer Unruhe «

- Charles Evans Hughes

Eine weit verbreitete Meditationstechnik ist die ausschließliche Konzentration auf den eigenen Atem. Während man einatmet, kann man spüren, wie sich die Muskeln anspannen und man kalte Luft einatmet. Während man ausatmet wird jegliche Anspannung losgelassen und warme Luft ausgeatmet. Es ist ein ständiger Wechsel von Konzentration und Loslassen, von Anspannung und Entspannung. Alle Dinge in diesem Universum bestehen aus Schwingungen, oder, wenn man so will, gewissermaßen aus Kreisläufen. Bleibt die Frage: Ist eines wichtiger als das andere? Kommt nun eines zuerst? Gibt es ein „gleichzeitig"? Oder gibt es letztendlich überhaupt keinen Unterschied?

Geben und Nehmen – Haben oder Sein

Anscheinend gibt es immer diese zwei Seiten einer Medaille. Auch zwischen Geben und Nehmen kommt dies immer wieder zur Debatte. Kann eine Seite wirklich besser sein als die andere? Sollte es nicht immer ein Gleichgewicht geben? Muss es das nicht sogar?

Heutzutage wird unter anderem erforscht, wieso es unser Universum überhaupt gibt. Durch den Urknall wurde eine Unmenge an Energie und Teilchen freigesetzt. Dabei gibt es allerdings teils Materie und teils Antimaterie, welche in einem vermeintlich gleichen Verhältnis aufgeteilt wurden, 50:50. Generell gibt es zu jedem Teilchen ein entsprechendes Antiteilchen. Treffen Materie und Antimaterie aufeinander oder führt man sie zusammen, heben sie sich gegenseitig auf – es „entsteht" Nichts. Sie vernichten sich und verschwinden in einem Blitz aus reiner Energie.[38] Schnell kommt die Frage auf, wieso es dann aber so vieles gibt. Wenn beides gleichmäßig verteilt wurde und im Rahmen des Urknalls im Ursprungszustand in einem unendlich kleinen, komprimierten Punkt vereint war, so sollte es doch eigentlich nichts geben, oder? Das sagt auch das Standardmodell der Teilchenphysik aus. Die Antwort ist, dass wohl eine winzige Asymmetrie oder irgendein Unterschied zwischen Materieteilchen und Antimaterieteilchen verantwortlich ist. Etwa ein Materieteilchen auf eine Milliarde Teilchen-Antiteilchen-Paare blieb über oder entstand zusätzlich. Ein minimaler Überschuss. Warum oder wie – ist weiterhin ungeklärt. Dieser kleine Unterschied bewirkte auf Dauer, dass wir alle und das Universum existieren und eben nicht im Nichts verpufft sind. Damit eine Richtung eingeschlagen werden kann, damit es einen Anfang gibt, muss es auf einer Seite wohl einen Überschuss geben. Die umgekehrte Variante wäre allerdings natürlich auch möglich und wir könnten heute in einem Anti-Universum auf unserer Anti-Welt anti-spazieren gehen. In einem tatsächlich kompletten Gleichgewicht scheint sich jedenfalls nicht viel zu tun.

Actio = Reactio heißt es in der Physik. Doch ohne Actio keine Reactio – und ohne Reactio scheint trotzdem eine Actio möglich, sie ist sogar Prämisse dafür, dass überhaupt irgendetwas passieren kann. Immer wieder gelange ich zu dem Ergebnis, dass das Geben zuerst kommen muss. Wir müssen die Bereitschaft entwickeln, stets und immer wieder den ersten Schritt zu machen, um Veränderung zu bewirken. Und immer wieder sind es Kleinigkeiten, die den Unterschied machen und nicht unterschätzt werden sollten. Es fängt bei uns selbst an und nicht bei den anderen. Aber was genau bedeutet nun Geben und was Nehmen? Letztendlich treffen hier zwei Lebensweisen aufeinander.

Erich Fromm unterteilt und unterscheidet in seinem Buch „Haben oder Sein“ zwei Lebensweisen – das »Haben« und das »Sein«.[39] Obwohl dieser bereits 1980 verstorben ist, sind seine Schilderungen bezüglich der Gesellschaft, in der wir leben, erstaunlich präzise und treffend. Man könnte sogar sagen, seine Schilderungen treffen heute vielleicht noch deutlicher zu, als sie es damals taten, da die dort beschriebenen Ausmaße mit der Zeit extremer zu werden scheinen. Die meisten angestrebten Dinge in unserer Gesellschaft sind zurückzuführen auf eine Form von Besitzdenken – egal, ob auf Dinge oder Menschen bezogen. Wir planen unser Leben und wollen „Erfolg“: begehrenswerte Errungenschaften, Karriere, Reichtum, Schönheit, Anerkennung, Macht, Sicherheit. Besitz verliert meist an Wert, je mehr man diesen benutzt und damit „aufbraucht“ – und meist auch, wenn dieser geteilt wird oder je mehr andere es auch besitzen. Er wird konsumiert – je mehr man ihn mit anderen teilt, desto schneller ist er meist auch aufgebraucht und desto alltäglicher oder „unexklusiver“ wird dieser. Luxus ist nur Luxus, wenn man es damit besser hat als die anderen und er anderen verwehrt ist. Wenn er besonders und selten ist, nicht Durchschnitt. Man definiert sich in der „Lebensweise des Habens“ vorrangig nicht durch das, was man ist, sondern hauptsächlich durch das, was man hat und besitzt (oder besitzen will). Man wird also auch mehr, je mehr man hat. Es entsteht hier eine mehr oder weniger klare, einleuchtende Hierarchie und Mentalität. Stets entsteht ein Streben danach, seinen Besitz zu vermehren und/oder diesen nicht zu verlieren. Es geht um Erfolg, um Ansprüche, um Leistung, um Nutzen und um Vergleich. Letztlich gibt es einige wesentliche Antriebskräfte, um effektiv zu Erfolg zu gelangen: Aggression und Angst, Gier, Sucht und Zwang, das Ego und die daraus resultierenden Mechanismen. Im Konsum hat entweder jede Sache bei fortwährendem Konsum ein Verfallsdatum oder man wendet fortwährend Energie zum Verteidigen, Beschützen, Instandhalten und Reparieren auf. Dabei stellen andere Menschen in der Regel eher eine Bedrohung oder ein Mittel zum Zweck dar. Ein neuerer Trend ist der des Ersetzens. Da man immer wieder neu gelangweilt oder unzufrieden ist, das „Objekt" aufgebraucht, langweilig oder alt und damit wertlos ist, kauft man sich eben immer wieder etwas Neues, etwas Besseres. Das ist oft leichter, als den Aufwand für die Instandhaltung zu leisten. So oder so, man befindet sich in einem Kreislauf kurzfristiger Befriedigungen, die man sich selbst immer wieder aufs Neue geben muss. Es werden auch immer wieder neue Einfälle gefunden, was zum „Objekt" erhoben beziehungsweise als solches betrachtet und empfunden werden kann. Bei vielen Menschen ist der Umgang mit dem eigenen Körper und die Beziehung zu diesem ein Paradebeispiel dafür, wie man sich selbst oder Teile von sich selbst objektifizieren und trennen kann. Auch in Beziehungen kann eine solche Auffassung leicht Einzug erhalten und ist teilweise bereits normal. Das Haben hat ein großes Suchtpotenzial und kein Ende. Es gibt einem einen Grund, ein Streben, warum man nicht jetzt zufrieden oder glücklich ist, sondern erst oder nur, wenn [...]. Und man ist nur zufrieden, solange [...]. Gier, Egoismus und

Selbstsucht gewinnen hier letztlich an Bedeutung, um zu „Erfolg“ in dieser Lebensweise zu gelangen. Das Sich-Messen, das Einteilen des Werts eines Menschen oder des Ichs anhand starrer Kriterien – beispielsweise anhand des materiellen Besitzes, der sozialen Stellung, der „Schönheit“ und/oder der Macht – und die Ellbogenmentalität treten in den Vordergrund.

Der Gegenpol ist die Lebensweise des Seins, in der grundsätzlich nicht Besitz angestrebt wird, sondern das Leben und die Entfaltung selbst. Beinahe alle Dinge, die ich hier in diesem Buch beschreibe, anstrebe und, zumindest mir selbst, als Ziel gesetzt habe, sind gewissermaßen Einstellungen oder Fähigkeiten. Es sind Tätigkeiten, die durch zunehmende „Benutzung“ erst zur Entfaltung kommen und somit gewissermaßen „an Wert gewinnen“, je mehr man sie nutzt. Sie können geteilt werden und vermehren sich dadurch oft, können sogar noch schneller wachsen oder werden „wertvoller“ und schöner. In dieser Lebensweise geht es nicht zwangsläufig darum, immer besser oder Ähnliches zu werden, sondern vor allem um die Tätigkeit selbst. Es geht darum, eine produktive Arbeit zu verrichten, eine Arbeit, die dem eigenen Wesen entspricht. Hier ist wichtiger, was der Mensch dabei empfindet und dass er in der Tätigkeit aufgeht, als die „Arbeit“ lediglich anhand ihres Endprodukts und ihres Zwecks zu bewerten. »Arbeit« selbst ist ein oft falsch verstandener Begriff, da diese nicht an den Kräften zehren muss, sondern Energie vermehren und Lebensqualität bringen kann – sie kann erfüllend sein. Arbeit ist hier „produktiv“. Eine Meditation ist sehr entspannend sowie belebend, obwohl man im Zustand der Meditation höchst wachsam und aufmerksam ist. Arbeit oder Produktivität an sich sind nicht außerordentlich ermüdend für unser Gehirn. Das Gehirn ist eigentlich fast unermüdlich und arbeitet permanent. Der größte Teil unserer Trägheit, unserer Müdigkeit und Faulheit (oder wahlweise auch unserer Überlastung und unseres Stresses) wird vor allem durch unsere geistige und seelische Haltung hervorgerufen – und diese wird wiederum durch unerfüllende, unproduktive Tätigkeiten provoziert. Eine Quintessenz der Lebensweise des Seins ist für mich die Aufgabe des unmittelbaren Zwecks einer Aktivität oder Tätigkeit hin zur Ausführung der Tätigkeit selbst. Es geht um die Reinheit der Handlungen, darum, authentisch zu sein und zu leben, darum, zu sich zu finden und man selbst zu sein, ohne jemand sein zu müssen.

Dies ist wohl auch der fundamentale Unterschied zwischen den beiden Lebensweisen. Das „Um zu" verschwindet im Sein und tritt in den Hintergrund. Das Problem vieler Menschen besteht nicht darin, erfüllende Tätigkeiten zu finden, die sie mit Leidenschaft ausführen könnten. Die meisten suchen nicht einmal mehr nach so etwas. Das Problem ist, dass der Zweck von Tätigkeiten die Hauptrolle im Leben einnimmt. Um zu beeindrucken…, um viel Geld zu verdienen…, um Anerkennung zu erhalten…, um besser zu sein…, um Aufmerksamkeit zu bekommen…, um beneidet zu werden…, um anders zu sein…, um dazuzugehören…, um besonders zu sein…, um gut zu sein…, um schön zu sein…, um zu funktionieren…, um sich abzusichern…, um seine Aufgabe oder „Pflicht" zu erfüllen… – all das ist dabei wichtiger als tatsächlich etwas Sinnvolles und Erfüllendes zu tun. Daher werden fürs Leben oft unbefriedigende Aktivitäten gewählt. Man lebt so zwar nicht unbedingt gerne, aber man lebt eben so, um zu… Das, was man von etwas haben will, was einem (scheinbar) unmittelbar „nutzt", was man später nehmen kann, steht im Rampenlicht. Dabei scheinen die eigenen Ideale und Interessen, das eigene Wesen, eben oft erst mal eher im Weg zu stehen, als eine Hilfe zu sein.

Es muss nicht ins Extreme gehen, doch ganz klar ist für mich, dass nur eine Bevorzugung der Lebensweise des Seins letztendlich zu einem für sich selbst gelungenen Leben (sowie zu einer gelungenen Gesellschaft) führen kann. Wo hauptsächlich die Gier herrscht, da werden auch immer Klassenkämpfe, angetrieben durch Neid und Eifersucht entstehen. Typischerweise verbinden damit viele erst mal einige Einwände, schließlich muss man seine Rechnungen ja bezahlen, außerdem will man Wohlstand und Reichtum oder sozial anerkannt werden. Das Sein wird leicht verwechselt mit einer Verteufelung von jeder Art von Besitz und der Aufopferung von sich selbst, und ebenso mit Träumerei, die am wahren Leben vorbei ginge. Das Aufgeben des primären Strebens nach Besitz und materiellem Wohlstand im Leben ist allerdings nicht gleichbedeutend damit, jeglichen Besitz zwanghaft aufzugeben und gar nicht mehr nach etwas streben zu dürfen. Das Sein schreibt nicht vor, was einem konkret wichtig zu sein hat. Jeder hat die Freiheit, seine Werte selbst zu bestimmen. Schönheit, Reichtum, Leistung, Luxus, Spaß, all diese Dinge dürfen stattfinden. Es geht nur darum, sich selbst nicht dafür zu verkaufen, mit sich im Einklang zu sein und jedem anderen diese Freiheit ebenso zuzugestehen und sie nicht mit den eigenen Maßstäben zu messen, zu bewerten und zu vergleichen. Jeder Mensch muss ohnehin gewisse Dinge haben – allein als existenzielle Grundlage – und darf Dinge haben. Es bedeutet nur, sich von Zwang, Sucht, Verurteilung, Illusionen, Lügen, Ängsten und Abhängigkeiten zu befreien und eben den richtigen Weg einzuschlagen, um eben wahrlich sein Ziel zu verfolgen und dabei sogar sein »wahres« Ziel zu erkennen und zu erreichen. Zwei Menschen können das Gleiche tun und besitzen, aber völlig verschiedene Beweggründe und Sichtweisen darauf haben. Wichtig ist letztendlich nicht der äußere Erfolg. Das Sein ist lediglich eine Umstrukturierung der Prioritäten und eine Befreiung aus einem Kreislauf kurzfristiger Befriedigungen. Wer glücklich sein will, muss dazu bereit sein, sich von der ängstlich-aggressiven, aber vermeintlich sicheren oder effizienten Lebensweise des Habens zur Lebensweise des Seins hinzuwenden, in der man Mut und Vertrauen zu Freiheit und zum wahren Selbst entwickelt. Was soll „Erfolg" schon wert sein, wenn er nicht glücklich macht, wenn er sich nicht als solcher anfühlt? Ganz klar bedeutet Freiheit und Glück einen Schritt in die Unsicherheit – schließlich öffnet man sich, man gelangt zu Ehrlichkeit, macht sich aber somit (vermeintlich) auch ein Stück weit verletzlich, statt sich primär durch Angst- und Aggressionsmechanismen (vermeintlich) zu schützen. Was von Menschen, die in der Lebensweise des Habens leben, oft mit Aufopferung oder Verrücktheit verwechselt wird, ist für Menschen in der Lebensweise des Seins ein Zugewinn an Freiheit, Zufriedenheit und Selbstverwirklichung. Die Freiheit lässt sich nicht in einen sicheren Käfig oder eine Komfortzone einsperren und sie lässt sich auch nicht bewerten oder messen.

» Der Preis einer Sache ist die Menge dessen, was ich Leben nenne, die ich im Austausch dafür früher oder später hergeben muss «

- *Henry David Thoreau*

Letztendlich gelangen wir nun wohl auch wieder zum anfänglichen Thema Herz und/oder Kopf zurück. Nach und nach kristallisieren sich die Pole immer deutlicher heraus – ob bei der Fragestellung der Erwartungen, bei Konzentration und Loslassen oder beim Geben und Nehmen beziehungsweise Haben oder Sein. Letztendlich scheint es allerdings so, als ob es weniger ein Kampf „Kopf oder Herz" ist, sondern eher ein Kampf zwischen den Betrachtungen dieser zweien als voneinander getrennte Einheiten oder als eine Einheit. Anhand der Schilderung der zwei Lebensweisen Haben oder Sein wirst du relativ gut einschätzen können, welche Betrachtung ich bevorzuge und welche Seite aus meiner Sicht beide Seiten miteinander vereint. Was Sinn und Erfüllung ergibt, wird letztlich durch diese Seite, durch das Sein, geboren.

Sowohl ein unkontrolliertes Herz, verblendet und getrieben durch verirrte Emotionen und Gefühle, als auch ein völliges Vernachlässigen des Herzens, welches in Frust, Hass, Gleichgültigkeit oder Sinnlosigkeit endet, sind nicht zufriedenstellend. Auch der brillanteste

Verstand kann etwas nicht wirklich nachvollziehen oder verstehen, ohne intensiv zu fühlen und zu erleben. Auch so wird alles sinnlos und man entwickelt höchstens eine manipulative Intelligenz, auf der Suche nach etwas, das man so nicht finden kann. Auch ein völlig ausgeschalteter oder vernachlässigter Verstand endet leicht in einer Verblendung, in Naivität und womöglich in Frust und Verzweiflung oder Hass. Auch hier versteht man nicht, was um einen herum passiert und wie das zu einem kommt, was zu einem kommt. Man ist leicht zu manipulieren. Und auch gute Intentionen können schnell nach hinten losgehen.

Wer sich von Zwängen, Ängsten, Aggressionen, Gier, Egoismus, Verurteilungen, dem Ego und Hass befreien kann, der kann klar sehen – der kann die Gesamtsituation überblicken und sich selbst, seine wahren Prioritäten und Ziele erkennen – und die richtigen Entscheidungen frei und reinen Gewissens für sich auswählen und treffen.

Dinge bestehen aus Energiefrequenzen und Wechselwirkungen – beim Vergleich Konzentration/Loslassen ist das Loslassen eine oft verlorene, aber unerlässliche Fähigkeit, um sich überhaupt erst mal von den gewohnten Denkmustern und Betrachtungsweisen befreien zu können und Einsicht zu erlangen. Im Sein lässt man beinahe dauerhaft los, bei allem, was man tut. Es ist eine permanente Entkrampfung, eine Entspannung und eine Befreiung. Allerdings ohne, dass sich jemals etwas sinnlos anfühlt oder man zu nichts mehr eine Bindung aufbauen kann. Es ist auch erlaubt und gewollt sich zu konzentrieren, zu wünschen, unbedingt zu wollen, für etwas zu brennen, Entscheidungen zu treffen, in Aktion zu treten – nur nicht, sich dadurch unfrei zu machen.

Wer beim Bogenschießen sein Ziel treffen will, der muss klar sehen und sein Ziel erkennen können, um es von Freund und Feind unterscheiden zu können – von Wahrheit und Illusion. Anschließend wird die absolute Konzentration, der Fokus, darauf angewendet und der Bogen gespannt. Nach diesem Anvisieren muss dann nur noch losgelassen werden. Nicht mehr grübeln, denken, zweifeln, sondern „einfach machen", um das Ziel zu treffen – womit wir bei der bereits erwähnten mysteriösen Magnet-Wirkung angelangt sind. Wer versucht, blind zu schießen, wird sein Ziel vermutlich nicht treffen und verzweifeln – oder ganz andere, als er wollte. Wer nicht klar sehen und nicht genau zwischen Freund und Feind differenzieren kann, der wird sich womöglich ein falsches Ziel aussuchen. Wer sich lediglich konzentriert und nie damit aufhört, der verkrampft und verengt seinen Blickwinkel, unwissend, ob dieser bereits getäuscht worden ist. Die Magnet-Wirkung entsteht im Sein. Im Wesentlichen beschreibt es die Kunst, Dinge zu sich kommen zu lassen. Im Haben streckt man sich nach einem Ziel aus, man verbiegt sich, man kämpft sich durch, man strengt sich an, man lügt und verkauft sich, man opfert sich – man tut alles, was nötig ist, um... Im Sein lassen wir die Dinge zu uns gleiten und bewegen uns auf eine völlig natürliche Art und Weise auf sie zu, im Einklang mit dem Universum. Wir lassen dort auch jederzeit los, sind natürlich, offen, ehrlich – wir gewähren uns und allen anderen Freiheit. Wir sind bereits erfüllt, aber voller Vorfreude auf das, was kommt, und arbeiten jederzeit mit dem, was ist – statt dagegen.

Wir können uns natürlich nach wie vor irren, aber es ist wichtig, diesen Prozess immer wieder zu durchlaufen. Wir müssen bewusste, klare Entscheidungen treffen, unsere Meinung hin und wieder hinterfragen und loslassen, und uns anschließend wieder eine neue starke Meinung bilden und uns konzentrieren, ohne zu zweifeln oder sich dabei zu versteifen und zu verkrampfen. Wir unterliegen jederzeit einem konstanten Wandel. So sind wir ehrlich zu uns selbst und authentisch. Wir können jederzeit immer nur nach unserem besten Wissen und Willen handeln. Aber wir können immer beobachten, was dabei herauskommt, und uns dann wieder neu entscheiden. Und so lernen wir auch uns selbst weiter kennen, während wir durchgehend wir selbst sind.

Wer nie dem Herzen und immer dem Verstand folgt, schreibt sich ein gutes Rezept zum eigenen Unglück. Er wird nie kreativ, da die wichtigste Zutat fehlt – die richtige Frequenz, um in Kontakt mit sich selbst zu sein. Er denkt womöglich, er denke langfristig – denkt dabei in Wahrheit allerdings stets kurzfristig. Er opfert Lebensqualität für seine Ziele.

Eine der wichtigsten Lehren aus diesen zwei Lebensweisen ist, dass dieser alte Spruch von Konfuzius vielleicht tatsächlich stimmt: »Der Weg ist das Ziel«. Und der Zweck heiligt wohl nicht die Mittel. Es lohnt sich selbst dann nicht wirklich, wenn wir mit diesem falschen Vorgehen, diesem falschen Weg, den Zweck erreichen. Denn der Weg, den wir dabei bestreiten, ist kein schöner oder erfüllter (sofern wir nicht ziemliches Glück haben und uns selbst dabei zufällig treu bleiben). Und meist verbiegen und verformen wir bei diesem Vorgehen auch das Ziel, das wir erreichen wollten – der Weg verformt das Ziel. Wir haben es erreicht, irgendwie, aber es entspricht dann doch gar nicht mehr dem, was wir haben wollten und haben zu viel dafür geopfert – wir haben uns verkauft. Wir ernten, was wir säen. Wir kriegen die Quittung dafür, wenn wir unser Leben ohne Sinn und Liebe und nur für oberflächlichen Erfolg oder Zwecke leben. Das Leben war dann nämlich sinnlos, selbst wenn wir es erst auf dem Sterbebett begreifen. Energie lügt nicht. Langfristig gesehen zahlen wir alle für unsere Taten. Darum macht es auch keinen Sinn, anderen zu grollen oder sich über sie zu ärgern. Wie andere Menschen dich behandeln, ist ihr Karma – wünschen wir ihnen Heilung. Actio = Reactio. Im Grunde können wir nur Actio bewirken, auch wenn wir uns gerne etwas anderes einreden. Wir können nur geben. Wer mehr nehmen will als er gibt, will eigentlich im Minus geben. Und wer Minus gibt, wird Minus ernten.

» Viele versuchen ein Übermensch zu sein, ohne ein Mensch sein zu wollen «

- Erich Fromm

Ich³

Ein Ich zu sein und somit auch irgendwie ein Ich zu haben ist wohl gewissermaßen eine minimale Existenznotwendigkeit, um eine Person zu sein.

Allerdings, je mehr wir unser Ich definieren, desto weniger „sind" wir und desto mehr haben wir beziehungsweise desto festgelegter sind wir, so scheint es manchmal. Wenn wir etwas definieren, führen wir den Akt der Konzentration aus und halten dadurch den beobachteten Zustand fest. Wir ziehen etwas Bestimmtes aus der Wahrheit, das eigentlich alles ist oder sein könnte, wählen die beobachtete Version dieser Wahrheit aus – und verändern somit auch die Wahrheit und damit auch uns selbst beziehungsweise unsere Realität. Ein simples und doch prägendes Beispiel wäre hier die Namensgebung. Eigentlich kann man alle Namen haben, doch man hat nur einen. An diesen ist man gebunden und man identifiziert sich damit (später erfolgt dasselbe oft mit Beruf, Hobbies, Besitz etc.).

Wir können das Ich in ganz viele Ich's aufteilen, wie es viele Philosophen so gerne tun und taten. Beliebte Unterteilungen sind etwa:

Das „private" oder „intime" Ich – das man vielleicht niemandem zeigt und welches die komplette Narrenfreiheit aller Gedanken beinhaltet (hier könnte man auch eine weitere Unterteilung vornehmen, da man unter Umständen gewisse Gedanken nicht einmal mit sich selbst teilen oder wahrhaben will).

Das „vertraute" Ich – das man guten Freunden, der Familie oder eng vertrauten Menschen zeigt und auch sehr intim ist oder sein kann.

Und das „Gesellschafts-„ oder „Außen"- Ich – das man eben nach außen hin, der Öffentlichkeit gegenüber, ist und oft eher eine Rolle darstellt, die man spielt, als dass es wirklich einen selbst repräsentiert.

Im Grunde würde ich sagen, je weniger Unterschiede die Ich's untereinander aufweisen, oder je stimmiger diese in den eigenen Grundwerten miteinander harmonieren, desto einfacher gestaltet sich das Leben in jeder Lebenslage. So erscheint es mir zumindest oft. Man wird dadurch authentisch und fühlt sich gut und angenehm – man nähert sich gefühlt seinem „Selbst" beziehungsweise wahren Ich. Vorausgesetzt natürlich, man versucht nicht, sich einer eigentlich nur gespielten Rolle oder einer falschen Maske anzunähern, welche eben nicht den eigenen Werten entspricht und die das Selbst verzerrt. Eine andere Möglichkeit, oder eher ein Zusatz, wäre allerdings wohl auch, mit jedem seiner Ich's und den gewählten Unterteilungen vollkommen im Reinen zu sein und auch in jedem von ihnen aufzugehen, sich also nie selbst zu verraten. Immerhin leben wir alle unzählige und verschiedene Ich's – unsere Vergangenheits-Ich's, unser Jetzt-Ich, unser Zukunfts-Ich, unser Ideal-Ich, unser erinnerndes Ich, und viele mehr. Und wir haben auch ständig verschiedene Rollen, in denen wir uns wiederfinden – als Bruder oder Schwester, als Sohn oder Tochter, als Vater oder Mutter, als Freund oder Freundin, als Chef oder Angestellter, als Einheimischer oder Fremder, als Mensch oder Tier, und so weiter. In jeder Situation und jeder Beziehung, in all diesen „Rollen" ist man irgendwie eine andere Person – man kann aber wählen, ob man sich dabei unnatürlich verstellt und verbiegt oder authentisch ist. Letztlich kann niemand von außen beurteilen, mit welchen Unterteilungen wir uns wohl und authentisch fühlen. Als Faustregel gilt vielleicht: „Mehr Sein als Schein" – aber auf welche Weise man das leben kann und will, obliegt jedem selbst.

Das Ich dient oft der Beschreibung der Dinge, an denen man festhält und die einem wichtig an sich selbst erscheinen. Das Ich selbst ist eine Beschreibung dessen, dass man ein einzelnes Wesen und sein eigener Fixpunkt ist, sein eigener Kosmos mit eigenen, individuellen Erfahrungen. Wichtiger als ein Ich zu definieren, sich mehr und mehr zu beschreiben und mehr und mehr zu haben, sich in bestimmte Richtungen zu beeinflussen, festzulegen und darzustellen, ist es aber wohl, einfach das Ich zu sein und sich auch dessen bewusst zu sein, dass man eben nicht festgelegt ist und sich jederzeit ändern kann. Die Entfaltung des eigenen Wesens besteht nicht darin, ein Ich mit Dingen und Begriffen zu füllen, sodass man es sich oder anderen präsentieren und sich oder sie damit beeindrucken kann. Wir sind nicht unser Ego, wir sind nicht unser Job […] – wir sind nicht, was wir haben. Wir sind nicht festgelegt. Zu wissen, was man nicht ist, kann einem vielleicht eine größere Hilfe dabei sein, sich selbst zu erkennen, als vermeintlich genau zu wissen, was und wer man ist.

Man kann sich selbst entfalten, sich entwickeln und authentisch leben. Oder man kann eben auch zum Eingesperrten des eigenen, selbst gewählten oder entstandenen Charakters werden – mit etlichen Tricks zur Flucht vor der eigenen wahren Persönlichkeit – und sich daran binden und fesseln. Hinter einer Maske oder einer Rolle versteckt sich allerdings zwangsläufig ein gereizter Mensch, der sich nicht selbst entfalten und ausleben kann, weil er sich selbst durch seine Maske (vermeintlich) schützt und verstellt. Er ist gereizt, denn er wird seiner Möglichkeiten beraubt. Er passt sich an die Gesellschaft an und wird insgeheim oft zum Menschenfeind – schließt sich der Ellbogen-Mentalität, dem Egoismus und der Habgier an.

Ich fand die Frage interessant, wie ein „Meister" des Habens oder des Seins das eigene Ich wohl definieren und aufbauen würden. Entgegen der leicht verführerischen Folgerung, ein Meister des Habens definiere sein Ich komplett zu einem festgelegten Wesen und spiele diese von sich selbst entfernte Rolle, könnte sein oder ihr Ich vielleicht auch im hohen Maße wandelbar sein. Das „Um zu.." ist auch hier der entscheidende Faktor. Ein Meister des Habens ist vor allem das Ich, das er gerade sein muss, um sein Ziel bestmöglich zu erreichen. Er ist so, wie ihn die Gesellschaft und andere Menschen haben wollen oder wie es für die Ziele, die Geschäfte oder die gegenwärtigen Bedürfnisse am besten für ihn erscheint. Meister des Habens haben ein Ich oder ganz viele Ich's, ohne ein Selbst zu sein oder dieses auch nur zu (er-)kennen. Die Person hinter der Maske bleibt oft völlig unerkannt, vor allem von ihr selbst. Das Ich selbst wird zu einem Ding – zu einem ausgereiften, für jede Situation gut angepassten und den Bedürfnissen entsprechenden Werkzeug. Es geht nur noch um Nützlichkeit selbst, egal zu welchem Zweck oder in welche Richtung – aber es bringt eben „Erfolg" im jeweiligen Bereich. Es »funktioniert«... vermeintlich. Man bekommt, was man haben will, verbiegt sich aber auch gerne dafür. Das gesamte Gefühlssystem kann sich dem scheinbar unterordnen, anpassen und entsprechend funktionieren. Während oft scheinbar die Vernunft herrscht, ist die Person trotzdem ständig getrieben durch irgendetwas. Häufig herrschen kaum große Gefühle oder Emotionen, es besteht kaum oder kein Kontakt zu so etwas. Und häufig herrschen doch große Gefühle oder Emotionen, vielleicht spielt sich ein wahres Drama voller Hochs und Tiefs ab. Oft resultiert das Ich zum Großteil aus erlittenen und schmerzvollen Erfahrungen, aus Angst oder Aggression, und verfolgt das Ziel, Schmerzen zu vermeiden und Vergnügen zu konsumieren. Faszinierend an unserer Gesellschaft ist das erfolgreiche Marketing-Gesicht dieses Charakters. Mittelpunkt der heutigen Aufmerksamkeit vieler Menschen sind oftmals Menschen, die eher künstlichen Puppen ähneln, die die Sache, für die sie stehen, gut verkaufen – und letztlich eben auch oft sich selbst, da sie versuchen, zu dieser Sache beziehungsweise zum Gesicht dieser Sache zu werden. Weder sind sie authentisch noch treten sie für bestimmte Ideale ein – sie verkaufen sie lediglich zwecks Nutzen oder Prestige. Sie sind „erfolgreich". Allerdings sind sie oft ganz einfach nur schamloser und skrupelloser bei der Verwirklichung eines gewählten Ziels und bereit, alles dafür zu opfern. Ein „Meister des Habens" ist für mich ein erfolgreicher

Süchtiger. Auch wenn es oft anders wirkt, denkt er nur kurzfristig – er ist gebunden an Ziele, die ihm kurzfristige Befriedigung geben. Da er darin erfolgreich ist, gibt er sich diese kurzfristige Befriedigung aber eben schnell genug, immer wieder und vielleicht auf verschiedene Art und Weise, vielleicht auch über eine lange Zeit. Er verwechselt seine Sucht und seine Gier mit seinem Sinn. Sein Leben ist äußerlich reich, vielleicht ist er auch nicht unglücklich und lebt in Luxus, er ist aber nicht erfüllt. Das Gefühl, „erfüllt" zu sein und intensiv zu leben, kennt er nicht. Er braucht stets Ziele, Beschäftigung und Ablenkung sowie Selbsttäuschung, um befriedigt zu werden. Das ist sein Karma.

Bezüglich eines Meisters des Seins ist die Frage vielleicht leichter zu beantworten. Ein Meister des Seins kennt sein wahres Selbst – er fühlt und erlebt es. Wahrscheinlich stellt sich die Frage für ihn gar nicht mehr, wer und was er ist, weil er sein Selbst, sein Ich eben tatsächlich ist. Wer weiß, wer er ist – oder wer er nicht ist – kann sich aber auch festlegen und sich dessen sicher sein – nur eben wohlwissend, dass sich dies auch wieder ändern und wandeln kann. Die wandelnde Konstante in seinem Leben ist lediglich das Selbst und das Sein, und nicht vermeintliche Dinge oder Bestandteile des Ich's, die sich dadurch von Zeit zu Zeit festlegen oder verändert werden können. Seine Ziele bestimmen nicht seine Werte, sondern seine Werte seine Ziele. Die Vergänglichkeit des Augenblicks, des Selbst und der Zeit in diesem Leben sind ihm bewusst – und damit auch, dass alle Dinge, die er hat, vergänglich sind. Er kann sowohl erfolgreich sein als auch feste Beziehungen haben, er kann seinen Namen tragen und wohlwollend annehmen, er kann sein Ich für den Moment oder für eine Zeitspanne definieren, ist aber nie ein Abhängiger, Gefangener oder Süchtiger. Er umarmt das Leben voll genügsamer Demut.

Wie sollten wir die Frage, wer oder was wir sind, beantworten können? Wie sollten wir eine solche Antwort in Begriffe packen und zur Wahrheit erheben können? Vielleicht ist jeder Versuch zum Scheitern verurteilt. Vielleicht ist dieses Selbst gleichermaßen ein „Nicht-Ich“ oder „Nicht-Selbst“, das durch nichts endgültig definiert werden kann – und das im Kern lediglich darin besteht, ein sich ständig wandelndes, nicht greifbares, subjektives Erlebnis zu sein. Dennoch würde ich sagen, dass es existiert und gleichzeitig eine Verbindung aller einzelnen Erlebnisse ist. Es ist gewissermaßen Jedermann und Keiner.

Gegensätze

Yin und Yang, Tag und Nacht, Sonne und Mond, Licht und Dunkelheit, Wärme und Kälte.

Immer wieder ist es ein Kampf der Gegensätze. Dabei ist oft gar nicht so eindeutig – wie man vielleicht meinen könnte – wie sich Gegensätze zueinander verhalten und was überhaupt das Gegenteil von was ist. Während Hass und Liebe ziemlich einfach als Gegensätze identifizierbar sind, hatte ich so meine Probleme, diese Beziehung innerhalb anderer Begriffe zuzuordnen. Was ist das Gegenteil von Angst, was ist das Gegenteil von Glück, zum Beispiel?

Mut ist es bei Ersterem nicht, denn Mut setzt Angst voraus, während man jedoch keinen Mut benötigt, um Angst zu haben. Mut ist lediglich etwas, das in Konflikt mit der Angst steht beziehungsweise erst aus ihr geboren wird. Ein treffenderer Gegensatz zu Angst ist Vertrauen (oder vielleicht Gewissheit oder Zuversicht), auch wenn es vielleicht irritierend wirkt, da Vertrauen für gewöhnlich nicht wirklich als ein Gefühl oder Ähnliches betrachtet wird.

Auch bei Glück – was auch immer das genau sein mag – stellt sich diese Frage. Ein Merkmal depressiver Menschen ist häufig nicht unbedingt ein Zustand der Trauer, sondern ein Gefühl der Leere und Antriebslosigkeit, ein Abstumpfen und Resignieren. Stark von Hass, Angst oder Wut getriebene Personen tendieren wesentlich seltener zum Suizid oder sehen keinen „Sinn" in ihrem Leben. Die komplette Abwesenheit des Fühlens scheint für den Menschen unerträglicher und „schmerzhafter" zu sein als von negativen, aber immerhin starken Gefühlen oder Emotionen geleitet zu werden.

Liebe und Hass ähneln sich in ihrem Wesen und in ihrer Aktivierung der Hirnareale viel eher als zum Beispiel Liebe und Freude, obwohl diese beiden viel näher aneinander zu sein scheinen. Auch wenn es offensichtlich Gegensätze sind, scheinen sie irgendwie ein und dieselbe Sache zu sein. Es sind nur zwei verschiedene Gesichter.

Kopf oder Zahl. Zwei Sachen, die Teil eines Ganzen und in ihrem Wesen das Gleiche sind.

So real diese Dinge zu sein scheinen, vielleicht gibt es überhaupt keine Gegensätze. In Wahrheit gibt es auch keine Kälte, sondern nur Wärme und die Abwesenheit von Wärme. Die Kelvin-Skala zur Temperaturmessung ist gegenüber der Celsius-Skala um exakt 273,15 Kelvin verschoben. 0 Kelvin entsprechen -273,15 Grad Celsius. Dieser Nullpunkt ist der sogenannte absolute Nullpunkt. Nirgendwo im Universum kann es kälter werden. Der absolute Nullpunkt ist eine ideale Größe, die nicht wirklich erreicht werden kann, sondern Temperaturen können sich dem nur beliebig annähern – es ist ein Grenzwert. Der absolute Nullpunkt entspricht der Bewegungsenergie 0 – es gibt keine Bewegung der Teilchen mehr, keine Energie, nichts. In der Quantentheorie zeigt sich, dass es aber selbst hier eine Nullpunktsenergie gibt, die temperaturunabhängig ist. Aus der Unschärferelation folgt, dass es generell unmöglich ist, dass Ort und Geschwindigkeit eines Teilchens gleichzeitig exakt gemessen werden können – gerade das wäre möglich, wenn ein Teilchen überhaupt keine Bewegungsenergie mehr hätte. Wenn wir sterben, hören wir nicht nur auf, uns zu bewegen (beziehungsweise uns zu entfalten) – wir sind nicht mehr da. Verschwindet also tatsächlich Ort und Zeit? „Entsteht" Nichts? Wir stehen wieder vor einem Rätsel wie dem Urknall – und damit wieder vor dem Rätsel des Ursprungs. Wie entsteht aus Nichts etwas und wie entsteht aus etwas Nichts?

Allmählich gelange ich zu der Überzeugung, dass Liebe und Hass vielleicht die einzig wahren Gefühle sind, die es gibt – die Ursprünge jeglicher Assoziationen und Emotionen. Lediglich die Leere könnte noch eine Sonderrolle zwischen ihnen einnehmen.

Jedenfalls macht es manchmal Sinn, sich diese Betrachtungsweise zu Nutze zu machen, um etwas besser oder anders zu verstehen: Wir nehmen einfach eine andere Skala. Wie im Beispiel können wir gewissermaßen statt der Celsius-Skala, in der es positive und negative Werte gibt, also gewissermaßen Wärme und Kälte, die Kelvin-Skala nehmen, in der es nur Wärme und ihre Abstufungen gibt. Gibt es positiv und negativ? Sind Liebe und Hass wirklich Gegensätze oder ein und dasselbe? Gibt es in Wahrheit vielleicht nur Liebe und die Abwesenheit von Liebe? Andererseits kommt es hier wohl auch nur auf den eigens gewählten Blickwinkel an – gibt es vielleicht nur Hass und die Abwesenheit von Hass?

Liebe

Kommen wir nun also zu einem der seit je her wohl wichtigsten, umstrittensten und missverstandensten Phänomene. Die Liebe. Was ist sie, diese „Liebe"? Vorab will ich an dieser Stelle nochmal betonen, dass ebenso wie meine Folgerungen zum Thema Gerechtigkeit auch die folgende Definition von Liebe für mich mehr oder weniger eine unausweichliche Schlussfolgerung darstellt, die ich ziehen musste.

Diese Darstellung wird ein ziemliches Extrem darstellen, aber sie wird am Ende Sinn ergeben. Naja, fangen wir erst mal wieder beim Anfang und Kleinigkeiten – bei mir – an.

Liebe war eine der Lektionen, die ich ziemlich schmerzhaft begreifen musste, um sie letztendlich zu verstehen und somit anfangen zu können, sie auch zu verinnerlichen. Ich befand mich im Sommer 2018 in einem Zustand der Freude, der guten Laune, des Glücks und auch einer gewissen Selbstzufriedenheit, Weltoffenheit und Ausgewogenheit, in dem ich dachte, dass dieser mir auch nicht mehr genommen werden könnte. Ich dachte, dass ich endlich zumindest so viel begriffen und verinnerlicht hätte, dass mein Lebensgefühl und meine Einstellung zum Leben, egal, was passieren würde und welche Höhen und Tiefen ich gerade so durchmachte, einfach gar nicht mehr schlecht werden könnten. Ich brauchte gefühlt gar nichts, weil ich gefühlt alles bereits hatte. Ich befand mich in diesem Zustand, in dem ich mehr oder weniger magisch Dinge angezogen habe. Ich war authentisch, selbstbewusst, diszipliniert, wusste, was ich wollte und zog auf die eine oder andere Weise das an, was ich wollte oder ging diese Dinge eben an, wenn sie sich mir boten. Ich hatte selten wirkliche Angst, und wenn doch, setzte ich mich über sie hinweg. In meinem Leben gab es einfach diesen Sinn. Eine Sache war da noch, die ich mir wünschte – die Liebe zu einer Person. Es lief bis zu dem Zeitpunkt objektiv betrachtet recht gut mit der Frauenwelt in dem Sinne, dass es eigentlich stets Möglichkeiten oder „Angebote" gab, aber ich fand eben keine, die mir auch richtig gefiel – keine, mit der ich eben diesen Flow spürte, dieses Gefühl, auf einer Wellenlänge zu sein und ein tieferes Verständnis zu teilen. Und siehe da, guter Dinge wie ich war, traf ich nun eine Person, eine Frau, die mir sofort gefallen hat. Für mich passte da irgendwie alles zusammen. Es hat sich mir ein Sinn offenbart, warum ich diese Person genau jetzt traf. Wir verstanden uns auf Anhieb und ich fühlte mich richtig wohl in ihrer Nähe, kleine Zufälle oder Gemeinsamkeiten passten zusammen und sie gefiel mir äußerlich als auch innerlich sehr gut.

Bald schon war es um mich geschehen. Tja, und das war wohl der Anfang vom Ende. Wenn eine Sache wohl irgendwo tief in mir verankert war, dann war es die Angst davor, einem anderen Menschen komplett zu vertrauen. Menschen hatten mir mein bisheriges Leben vermeintlich bewiesen, dass es sich ganz einfach nicht lohnt, ihnen zu vertrauen. Sie sind nicht vertrauenswürdig, so dachte ich immer noch tief in meinem Inneren. Es hieß für mich eigentlich schon immer eher „Ich gegen den Rest der Welt" und nicht etwa „Ich mit dem Rest der Welt". Ich hatte sehr früh gelernt, dass andere Leute oft nicht an mich glaubten, wenn ich ihnen teilweise von Plänen oder Träumen erzählte, und ich entschied mich auch recht früh dazu, dass dafür dann eben ich an mich glaube und ich all die anderen dazu nicht brauche – und zwar nicht nur nicht brauche, sondern auch nicht will. Trotzdem tat ich rückblickend betrachtet sehr viel dafür, es anderen und auch mir selbst zu beweisen. Ich hatte im Endeffekt Angst vor dem Vertrauen und ich hatte Angst, dass andere Leute richtig liegen könnten, und ich nicht.

Aber jedenfalls war ich fasziniert von dieser Frau und wollte es auf einmal, ich wollte mehr und vielleicht könnte sie ja tatsächlich eine Ausnahme sein. Und ich dachte wirklich, dass ich es richtig machte, ich fühlte mich jederzeit irgendwie aufrichtig. Im Nachhinein betrachtet kann ich schon zu einem sehr frühen Zeitpunkt feststellen, warum das Ganze zum Scheitern verurteilt war. Auch, wenn ich das bewusst sicher nicht wollte und überzeugt von der Aufrichtigkeit meiner Zuneigung gegenüber dieser Frau war, so waren meine Gefühle und meine Einstellung ihr gegenüber eben genau dies nicht. Ich fand alles an ihr toll. Etwas zu toll. Ich verlor meine Authentizität, weil ich sie unbedingt sehen wollte und mich auch manchmal verstellte, etwa indem ich so tat, als ob es eben nicht so wäre, und auch auf keinen Fall meine Schwächen offenbaren wollte. Ich wollte nicht schwach wirken. Und damit verlor ich wohl auch schon einen großen Teil meiner Anziehungskraft. Mir war irgendwie immer bewusst, dass ich einfach nicht auf diese Person klarkomme, und ich habe immer wieder versucht es einzudämmen, mal mit mehr Erfolg und mal mit weniger. Irgendwann dachte ich, ich hätte es im Griff, ich schaffte es, sie einigermaßen loszulassen – mich loszulösen von dieser massiven Erwartung, diesem Sinn, dieser Bedeutung und dieser Begierde, die ich ihr von Anfang an zuschrieb – und authentisch zu sein. Ganz klar war ich verschossen in sie, aber immerhin ein bisschen hatte ich bereits dazugelernt. Und alles schien auf einmal doch irgendwie die von mir gewünschte Richtung einzuschlagen. Aber ich ließ aufgrund einiger vergangener Erfahrungen, Enttäuschungen und der zunehmenden Feststellung, dass ich mir meiner Zuneigung ihr gegenüber offensichtlich schon sehr viel sicherer war als sie sich ihrer gegenüber mir, zu einem kurzen Zeitpunkt in einer Situation, die mir zusetzte, voll und ganz meinem Ego, meinen Schwächen, meiner Unsicherheit, der Eifersucht, meiner Angst, dem Gedanken des „Ich will und brauche nichts und niemanden" freien Lauf. Und mehr braucht es für mich leider nicht, um eine Beziehung zu einem Menschen zu ruinieren. Wurden bei mir die richtigen Trigger zum richtigen Zeitpunkt gedrückt, und ließ ich es zu, so mobilisierte sich in mir aus meiner Vergangenheit sehr schnell Wut, Hass, Angst und Missgunst. Und dann war ich in der Lage dazu, mit nur einem Satz alles zu zerstören – weil ich in diesem Zustand eben nur noch verletzen, zerstören und mich von allem trennen wollte – auch, wenn ich das eigentlich ja gar nicht wirklich wollte. Ich fühlte mich dieser Wut und dieser Angst – diesem Hass – ausgeliefert, und ich wusste einfach nicht, wohin damit. Ich vergaß den Atemzug und die Frage, ob ich gerade denn auf eine vergangene Situation reagierte oder wirklich auf die gegenwärtige. Also ließ ich es zu. Mir wurde es am nächsten Tag zwar klar und ich entschuldigte und ergab mich, doch es war zu spät. Jedenfalls hatte ich ein ganzes Stück Zuneigung und Vertrauen ihrerseits zerstört, sodass eine romantische Beziehung nicht mehr in Frage kam. Ihr Argument, welches mich die folgenden Monate am meisten beschäftigen sollte, war: sie gehöre mir schließlich nicht und sie liebe ihre Freiheit. Ich beteuerte sofort, dass das doch in keinster Weise meine Absicht war, ich achtete sie doch als Person und wollte ihr ganz sicher nicht ihre Freiheit nehmen – und ich meinte das auch wirklich so. Ich wurde nicht wirklich schlau aus diesen Worten. Und so kam es zur Entweder-Oder-Entscheidung: Ganz oder gar nicht. Es wurde nichts.

Das Interessante ist, mit etwas Abstand dazu und durch die Beschäftigung mit dem Begriff Liebe wurde mir einiges klar. Da ich Selbstverantwortung für mein Leben übernehmen wollte, musste der Fehler ganz unabhängig von ihr auch bei mir liegen, auch wenn es mir weiterhin ein Rätsel war, wie das alles so schieflaufen konnte und warum und wie ich doch wieder an diesem Punkt in meinem Leben gelandet war, von dem ich dachte, dass ich nie wieder dort landen könnte. Auch wenn wir noch weit entfernt von irgendeinem Punkt waren, an dem Liebe ein Thema gewesen wäre, war es ja Liebe, die ich vorher irgendwie erwartet hatte und irgendetwas musste es damit zu tun haben. Auch wenn ich meine Worte damals, dass ich ihre Freiheit respektieren und achten würde, wirklich so meinte, so meinte ich sie letzten Endes doch nicht wirklich so. Ich konnte mir früh eingestehen, dass meine Laune von ihr abhängig war, dass ich also von ihr abhängig war, und das eigentlich schon nicht so wirklich in meinem Sinne sein konnte. Ich war bereit dazu ihr sozusagen zu gehören, ihr Besitz zu sein. Ich fand den Gedanken schon immer irgendwie romantisch, dass man sich gegenseitig gehört beziehungsweise besitzt. Wenn ich mir das also genau vor Augen führe, war ich nicht abhängig von ihr. Ich war vor allem abhängig von dem, was ich von ihr bekommen wollte – und auch einforderte. Mochte ich »wirklich« diese Person, oder mochte ich eigentlich das, was ich von ihr bekommen wollte? Schließlich wollte ich anschließend in meinem Zustand irgendwie auch aus eigener

Überzeugung nichts mehr mit ihr zu tun haben, da ich eben nicht das bekam, was ich von ihr wollte. Ebenfalls interessant ist, dass die folgenden Monate für mich erst mal einem Kartenhaus glichen, das in sich zusammenfiel. Ich wusste nicht genau, was es war, aber ich hatte etwas verloren – und es war etwas Wichtiges. Ich war gerade mit meinem Studium fertig und total planlos, ich konnte und wollte aber keine Entscheidungen treffen. Meine Tage machten mir auf einmal keinen Spaß mehr. Andere Menschen, die mit jemandem zusammen oder einfach glücklich waren, beneidete ich wieder, statt ihnen aufrichtig Glück wünschen zu können, ob ich wollte oder nicht. Die alten Gefühle waren wieder da, sie breiteten sich aus wie eine Krankheit. Ich habe ungefähr vier Monate nichts mehr geschrieben, nicht weil ich nicht wollte, sondern weil mir zum einen Motivation und zum anderen Ideen fehlten, ich konnte gar nichts aufschreiben, selbst wenn ich es mal probierte. Und wenn doch, war es echt ziemlich schlecht und nur Mist. Alte Gewohnheiten brachen aus, zunehmend wurde mir alles und jeder ziemlich egal, ich war antriebslos, weniger fit, kiffte zunehmend abends alleine, um die plagenden Gedanken loszuwerden, immer weiter rätselnd darüber, warum und wieso das so laufen musste. Ich sah keinen Sinn darin, und ich konnte nicht vergeben. Ja, ich hatte einen Fehler gemacht, aber doch nur einen. Ich war doch auch nur ein Mensch und hatte eben meine Schwächen. Ich konnte weder mir, ihr, noch dem Leben vergeben, beziehungsweise ich wusste nicht einmal, bei wem es angebracht gewesen wäre. Vielleicht wollten wir ja einfach nur verschiedene Dinge und es passte einfach nicht, und ich wollte etwas erzwingen, etwas passend machen, das eben nicht passte.

Die Antwort, auf die ich letzten Endes gekommen bin, ist, dass mein Verständnis vom und mein Verhältnis zum Begriff Liebe gestört war. Wie gesagt, ich war nicht von der Person abhängig, sondern letztlich vor allem von dem, was ich von ihr bekommen wollte. In einem Buch – „Die Liebe – Psychologie eines Phänomens“ von Peter Lauster (das ich jedem weiterempfehle) – erhielt ich eine Inspiration zu einer neuen Definition dieses Begriffs. Und sie gefiel mir. Obwohl diese neue Vorstellung einige Dinge beinhaltete, die mir sehr schwerfielen zu akzeptieren. Die wirkliche, tatsächlich wohlwollende Zuneigung – die Liebe – zu einer Person beinhaltet gnadenlos die komplette Freiheit dieser Person. Sie beinhaltet im Grunde eben einfach nur die Person und Zuneigung beziehungsweise Wohlwollen. Eben wie eine Blume, die man pflücken will und sich zu Hause irgendwo hinstellt, wenn man sie besitzen will, oder einfach nur bewundert und weiterwachsen lässt, wenn man sie wirklich schätzt. Nicht die Vorstellung einer Person, wie sie ist oder sein könnte, wie man sie ändern könnte und vor allem auch nicht, was man von dieser Person haben könnte oder wie gut sie einem im eigenen Bett gefallen würde, ist Liebe. Liebe ist die reinste Form der Zuneigung. Liebe ist reines Geben, sie ist einfach nur positive Zuwendung und Aufmerksamkeit, ohne den Gedanken einer Gegenleistung. Liebe an sich ist Geben und hat mit Nehmen erstmal nichts zu tun. Liebe ist bedingungslos und nicht an einen Zweck gebunden. Liebe kann man nicht einfordern, nicht festhalten, nicht besitzen und auch nicht krampfhaft auf eine Person und auf Dauer fixieren – macht man sich die Hilfsmittel der Energielehre zu Nutze ist das eigentlich ziemlich einleuchtend. Vieles an dieser Vorstellung gefiel mir, weil es tatsächlich einfach eine „reine" Form der Zuneigung darstellte, andererseits, auch wenn ich nicht unbedingt an die eine Liebe glaubte, so teilte ich zum Beispiel auf jeden Fall den Gedanken der Monogamie. Nämlich, dass man zum Beispiel nicht wirklich zwei Personen gleichzeitig lieben könne. Nach dieser neuen Auffassung ist allerdings auch das möglich. Diese Auffassung der Liebe schien mir ein ziemliches Extrem zu sein, das praktisch ziemlich schwer umzusetzen ist. Aber warum diese Definition äußerst sinnvoll ist, dazu komme ich noch. Ich sehe allerdings auch hier schon einige Möglichkeiten. Auch wenn ich so streng genommen nicht versprechen kann, jemanden immer und ewig zu lieben und nur diese eine Person, so ist die Liebe ein Phänomen, welches sich eben immer wieder, jeden Moment und jeden Tag aufs Neue entfalten kann. Eine Person kann ich jeden Tag wieder lieben, und meine Liebe zu ihr kann immer stärker werden – ich muss sie gar nicht festhalten oder fixieren. Darauf vertrauen, dass sie sich wieder ereignet, anstatt sie festhalten, konservieren und kontrollieren zu wollen. Und ich denke im Grunde auch, dass Liebe das intelligenteste Prinzip ist, das es gibt und das den intelligentesten Zustand aller Energien hervorbringen würde, die komplette Harmonie und Verbindung von allem. Liebe als Verbindung von allem könnte tatsächlich selbst gewissermaßen über Zeit und Raum stehen, und so könnte ich einer Person, wenn ich dieses tiefe Gefühl verspüre, das tatsächlich bedingungslos ist, sogar doch versprechen, sie ewig zu lieben.

Im Grunde geht es in der Liebe überhaupt nicht um die Liebe zu einer Person, vor allem nicht nur im herkömmlichen, romantischen Sinne. In der Liebe geht es um die Liebe zu allen Dingen. Liebe ist ein ganz allgemeines Phänomen, eine Einstellung zum Leben, keine kurzfristige Emotion oder etwa ein chemischer Prozess. Ich kann alles und jeden lieben, jeden auf eine ganz gewisse, individuelle Art und Weise und irgendwie doch auf die gleiche. Liebe beinhaltet die Förderung der Freiheit, der Entfaltung. Liebe ist absolute Vergebung, totales Vertrauen und Wohlwollen vereint in einer Sache. Liebe ist Verbindung, Liebe in reiner Form ist Harmonie beziehungsweise die Bereitschaft zur Harmonie in welcher Form auch immer. Und Liebe schafft Sinn.

Im Zuge dieses neuen Verständnisses von Liebe wurde mir also einiges über mich und diese Frau klar, auch wenn wir wie gesagt nie annähernd in einem Stadium waren, in dem von Liebe die Rede hätte sein können. Ich konnte mir, ihr und meinem Leben nun vergeben, denn, wie sollte es auch anders sein, es lag letztlich vor allem an mir und meiner Unfähigkeit, grundsätzlich richtig lieben zu können. Und ich konnte ihr nicht nur verzeihen und einsehen, dass ich sie nicht brauche, sondern auch einsehen, dass ich sie trotzdem mag und ihr Wohlwollen schenken kann. Was ich damals von ihr wollte, war nicht Liebe, es war eher ein Egoismus zu zweit, ein gegenseitiger Besitz und eine gegenseitige Abhängigkeit. Meine Vorstellungen und sogar meine Gefühle waren dominiert und strukturiert durch das Haben-Prinzip. Ich „liebte" grundsätzlich vorrangig in der Lebensweise des Habens, was sich für mich im Nachhinein als falsche Liebe herausstellte. Liebe ist kein Objekt, das man haben oder besitzen kann – und sie ist ganz sicher auch nicht Ausdruck einer Obsession. Ich war dumm. Ich begriff diese Lektion wenig zuvor bereits bezüglich Geld und anderer Dinge, nämlich, dass ich sie nicht brauche, um jetzt anzufangen glücklich und frei zu sein und das Leben genießen zu können. Und nun kam eine Frau, die das gleiche Schema in mir aktivierte – nur sah ich es nicht. Mein ganzes Leben habe ich bis dahin wohl nach falscher Liebe gesucht, das wurde mir nun allmählich klar – und ich bin zutiefst dankbar, dass ich sie nicht fand. Niemals wieder will ich einer Person oder irgendetwas in meinem Leben die Verantwortung, die Bürde und die Macht aufhalsen, gewissermaßen die Antwort auf mein Leben oder meine Suche nach Glück zu sein. Liebe ist nicht im irgendwo im Außen, sondern im Innen, sie ist jetzt und hier. Sie kann uns letztlich von nichts und niemandem gegeben werden, nur von uns selbst. Dennoch ist Liebe überall. Eigentlich müsste man nur die Augen aufmachen. Ich brauche keine Angst, keinen Zwang und keine Versprechen und ich brauche keinen Groll, kein Bedauern oder sonst etwas. Es ist alles genau richtig und gut so, wie es gekommen ist. Auch diese Frau muss mir nichts geben, damit ich Zuneigung zu ihr empfinden kann. So funktioniert Zuneigung nicht. Ich habe sie losgelassen, ohne sie wegzuwerfen. Und sie ist nicht die einzige Person, bei der ich das versuchte zu tun. Langsam ging mein Leben wieder bergauf und ich hatte eine neue Superwaffe: Die Liebe zu allen Dingen. Ich kann Menschen, Dingen, meinem Leben und meiner Vergangenheit nicht nur vergeben, dass sie sind wie sie sind und oft Entscheidungen treffen oder getroffen haben, die augenscheinlich nicht gut (für mich) sind oder waren, ich kann sie sogar lieben. Jeden Einzelnen. Immerhin können sie teilweise ja gar nichts dafür, sie wissen es oft einfach nicht besser oder denken schlicht und ergreifend anders. Und darüber hinaus haben sie eben ohnehin ihre eigene Freiheit. Ich wünsche mir, dir und allen anderen nur das Beste. Das Beste kann für dich sein, was du willst, und ich bin nicht darauf angewiesen, dass du oder irgendjemand mir gegenüber das Gleiche denkt, denn jeder ist frei. Liebe ist ein Angebot und etwas, das ich mir gleichzeitig schenke, indem ich es gebe. Falls es dir heute übrigens noch keiner gesagt hat: Ich liebe dich. Versteh das nur bitte nicht falsch.

Besonders bezüglich anderer Personen beziehungsweise der Romantik kann es sich kompliziert gestalten, diese reine Form der Liebe zu praktizieren. Immerhin gibt es da ja zum Beispiel noch den Sexualtrieb, der sich überall versucht mit einzumischen und diese Begierde, das Verlangen des Bekommens und Habens gewisser Gegenleistungen beziehungsweise des Körpers der Person, weckt. Man sollte ehrlich genug zu sich selbst und der anderen Person sein, ob man vorrangig nur etwas von ihr will oder sie wirklich mag. Liebe in einer Freundschaft ist in diesem Sinne oft wesentlich einfacher, weil damit in der Regel nicht so viele Einschränkungen und Forderungen verbunden werden. Außerdem nimmt dieser neue Begriff der Liebe auch die Möglichkeit, eine andere Person dafür zu verurteilen, sich selbst auszuleben wie und auf welche Weise sie will und auch, einfach auf eine andere Art und Weise lieben zu können als man es selbst tut, wie zum Beispiel eben zwei Personen gleichzeitig zu lieben. Aber ich denke, es gibt sie, diese reine Form der Liebe. Nur muss sie eben von Mensch zu Mensch nicht gleich aussehen. Liebe ist Vielfalt und Einheit in einer Sache. Romantische Liebe, Freundschaft, Kinderliebe, und so weiter – das alles sind letztlich nur selbst geschaffene Erfindungen mit den damit verbundenen Vorstellungen und Auffassungen. Es kann äußerst befreiend sein, diese mal zu hinterfragen. Zum Beispiel werden wohl bei der Entscheidung, ein zweites Kind bekommen zu wollen, Eltern wohl eher selten angezweifelt, ob sie denn ihr erstes Kind lieben oder etwa wirklich beide Kinder lieben könnten. Die einzigen Fragen, die ich mir dabei beantworten muss, sind, ob ich eine Person lieben kann, die mich nicht liebt und ob ich eine Person lieben kann, die mich anders liebt oder grundsätzlich anders liebt als ich es tue. Auch eine Beziehung hat in dem Sinne erst einmal nichts mit Liebe zu tun. Eine Beziehung ist eine Vereinbarung zwischen zwei Menschen. Das ist praktisch, denn wenn jeder frei ist und die Liebe die Achtung der gegenseitigen Freiheit beinhaltet, dann können auch beide Personen in ihrer Freiheit entscheiden, eine Beziehung einzugehen und eine Vereinbarung in welcher Form auch immer treffen zu wollen. Das ist allerdings immer eine Entscheidung, derer Konsequenzen man sich eben bewusst sein sollte und die auf Ehrlichkeit zu sich selbst als auch zur anderen Person aufgebaut sein sollte.

Hier geht es wie gesagt letztendlich nicht um mich. Es geht auch nicht um die Liebe zwischen Personen. Es geht um die Liebe selbst – und um das eigene Verständnis von ihr. Liebe ist wohl das, wonach wir uns alle sehnen. Und unser Verständnis von ihr bestimmt, wie wir unser Leben angehen, wie wir es betrachten und wie wir uns fühlen – ob wir uns frei und glücklich fühlen. Liebe ist eine Einstellung, die sich in jedem Augenblick zeigt. Die meisten Menschen suchen nach „Liebe" in äußeren Dingen – in Befriedigungen ihrer Wünsche und Bedürfnisse. Sei das in Personen, Geld, Macht, Leistung oder was auch sonst. Letztlich begehren sie ihre eigene Begierde. Ich habe hier versucht zu beschreiben, wie ich mein gesamtes bisheriges Verhalten, mein gesamtes Leben und damit mein Verständnis vom Begriff „Liebe" das erste Mal wirklich vor Augen geführt bekommen habe. Es sollte das zweite Mal in meinem Leben sein, dass mich eine Erkenntnis grundlegend durchschüttelte und einen Wendepunkt einleitete – und das war mir sofort bewusst.

Liebe richtig angewendet beinhaltet für mich jedenfalls ein fundamentales Wohlwollen und eine Art Ur-Vertrauen, das wir zu jedem Menschen und jedem Ding entwickeln können, ohne uns durch dieses Vertrauen auch verletzlich fühlen zu müssen, da Liebe zwar durchaus ein Wollen beinhalten darf, aber keinen Zwang. Wir brauchen uns nicht irgendwie zu verstellen, denn sie beinhaltet auch die Selbstliebe und damit auch gnadenlos die eigene Freiheit. Liebe ist hier und jetzt. Liebe schafft Ehrlichkeit und Authentizität. Liebe ist ein Angebot, das ich versuche, jedem auf eine gewisse Art und Weise anzubieten, ein Wohlwollen eben, und dieses darf angenommen oder auch abgelehnt werden, und es ist vollkommen in Ordnung. Das Ausbleiben der Liebe muss keine Katastrophe sein, es muss überhaupt nicht schlimm sein, und schon im nächsten Moment kann ich sie auch schon wieder anbieten – wenn ich will. Wenn ich mir wirklich und konsequent diesen Frieden wünsche, diese bessere Welt, von der ich ja behaupte, dass ich sie mir wünsche, dann muss ich dazu fähig und bereit sein, zu lieben, und zwar nicht nur mir nahestehende und von mir ausgewählte Personen. Will ich in einer Welt in Frieden leben, muss ich bereit sein, diesen Frieden selbst leben zu können – und den ersten Schritt zu machen, immer und immer wieder. Wahrer Frieden wird nicht in einer perfekten Welt ohne Makel und Menschen stattfinden.

Was verstehst du unter Liebe? Welche Forderungen und Gegenleistungen verbindest du mit ihr? Gilt deine Liebe nur ausgewählten Menschen, Dingen oder Bereichen? Sollte Liebe gehütet werden, begrenzt und kostbar sein? Wie bewertest du Menschen, die ihr Leben und ihre Beziehungen ganz anders leben als du? Kannst du in diesem Augenblick, hier und jetzt, Liebe finden?

Liebe ist eigentlich der einzige Grund, aus dem ich dieses Buch hier schreibe. Sie ist nicht wirklich greifbar oder definierbar, sie ist wandelbar und individuell verschieden. Und sie kann ganz einfach sein und geteilt werden – weg von diesem hohen Ross und wie sie sonst gerne verstanden wird. Sie kann vielleicht in ihrer Grundidee erfasst werden, aber nur als subjektives Erlebnis wirklich erlebt, gefühlt, geteilt und verstanden werden. An einer Person kann ich tausend Dinge aufzählen, die ich an ihr liebe, aber keinen Grund finden, aus dem ich sie liebe. Liebe hat vielleicht alle Gründe zusammen und gleichzeitig auch keinen. Und ich bin sehr zuversichtlich, eigentlich gewiss, dass mich trotzdem jemand zurück lieben wird, so, wie ich es tue.

Bei genauerem Hinsehen tun das auch schon die ganze Zeit ganz viele Menschen und Dinge.

Allzweckwaffe Dankbarkeit

Dankbarkeit stellt einen Bezug dazu her, was wir haben. Es gibt gar nicht genug Dinge, für die wir dankbar sein können. Eigentlich müssten wir den ganzen Tag nur damit verbringen, dankbar zu sein. Wir haben dieses Universum, diese Welt, diese Zeit auf unserem Planeten ganz umsonst bekommen. 99% der Dinge in unserem Leben laufen jederzeit wie am Schnürchen, ohne dass wir etwas dafür tun müssen, während wir uns oft auf die fehlenden 1% fokussieren, uns daran aufhängen und uns in den Wahnsinn treiben.

Dankbarkeit ist Teil der Liebe und kann uns bewusst machen, wo und von was wir selbst überall eigentlich Liebe erfahren oder angeboten bekommen und vielleicht vergessen haben, zurück zu lieben. Da wären passende Beispiele wieder der Körper und unser Leben, die uns an so vielen Stellen und so oft Liebe anbieten, die wir aber genauso oft abweisen oder nicht einmal bemerken. Jedes

Mal, wenn ich jemanden im Rollstuhl erblicke, wird es mir wieder bewusst: ich habe funktionsfähige Beine. Ich bin gesund. Ich kann sehen. Das alles sind Geschenke, die ich für kein Geld der Welt verkaufen würde und für kein Geld der Welt kaufen könnte. Dankbarkeit befriedigt die „Bekommen"-Seite, sie schafft eine Illusion des Nehmens dessen, was man eigentlich gibt. Ein Baum tut nichts für mich, er gibt mir eigentlich nichts, aber er ist da und ich kann mich an ihm erfreuen, ihm danken. Im Prinzip schenkt man dem Baum nur Aufmerksamkeit und positive Zuwendung – man gibt Liebe, und Dankbarkeit zeigt einem selbst, was man gerade gibt und empfindet und dadurch auch bekommt.

Allerdings kann ich gleichzeitig mit gutem Recht einem Baum danken, weil er mir eben doch etwas gibt. Man könnte sie auch als eine der intelligentesten und besten Lebensformen dieser Welt bezeichnen, da sie zwar nicht aktiv für mich oder dich etwas tun (oder vielleicht doch, wer weiß), aber im Grunde alles Gute in sich und ihrer Funktionsweise vereinen. Kein Baum hat jemals darauf reagiert, was wir ihnen antun, wie wir sie als Mittel zum Zweck benutzen, von und dank ihnen leben dürfen und sie abholzen und verbrennen – zum Glück! Ein Baum gibt permanent, solange er kann und darf. Kein Baum hat jemals weniger Sauerstoff produziert, um uns eins auszuwischen. Er gibt, vergibt und liebt uns sogar in seinem Verhalten. Er tut es vielleicht nicht für uns, aber einfach so.

Eine Begegnung mit der Dankbarkeit: Als ich eine Übung anfing

– einen 3-Tages-Trip radikaler Dankbarkeit (danke Pam Grout an dieser Stelle) – bei der ich einfach für absolut alles und jedes Ereignis dankbar sein sollte, war das erste Ereignis, nachdem ich in meinem Notizbuch den Start deklariert hatte, dass eine Ameise an mir hochkrabbelte und mich gestochen hat. Im Sinne meines Ziels musste ich nun Dankbarkeit zeigen. Ich bedankte mich also bei der Ameise, bei dem Schmerz und diesem Ereignis. Ich musste ziemlich lachen, vor allem, weil ich mir dabei so dumm vorkam, aber auch, weil es dadurch irgendwie ziemlich cool war. Jedenfalls hatte ich durch diesen Stich auf einmal richtig gute Laune und Freude. Die sinnloseste Kleinigkeit kann gut sein und Sinn ergeben, wenn man will und man sich dazu entscheidet. Dieser Stich, diese belanglose Kleinigkeit und normalerweise eher – wenn auch harmlose – schlechte Erfahrung wurde für mich gut, und jetzt, ein gutes Jahr später, mache ich sie zum Teil meines Buches und sie ergibt Sinn. Jede „schlechte“ Erfahrung, jede Kleinigkeit, ist ein Teil von uns, ohne die wir heute nicht hier wären. Ich konnte zwar nicht sehen, wohin dieses Ereignis führt, aber indem ich dafür direkt dankbar war und es liebte, wurde es direkt gut und sollte anscheinend auch noch zu mehr in meinem Leben führen. Dankbarkeit und Liebe scheinen irgendwie in Sinn und Glück zu resultieren.

Blickwinkel

Wie der Körper auch, liebt uns das Leben. Permanent bietet es uns eine Fülle von unterschiedlichsten Möglichkeiten an, wie wir es auch zurück lieben könn(t)en. Die umgekehrte Sichtweise lässt sich genauso gut einnehmen und wir werden ebenso viele Gründe und Möglichkeiten finden, das Leben zu hassen oder zu bedauern, und das Leben arbeitet zwangsläufig mit dem weiter, was wir ihm geben und zur Verfügung stellen.

Vielleicht sind mein Leben und ich genauso eine Einheit, wie mein Körper und Geist es sind – und wir beeinflussen uns gegenseitig. Ich will mein Leben als etwas betrachten, das selbst lebt, und so kann ich es gut behandeln oder auch schlecht, und dementsprechend wird es mich behandeln, einfach weil es mich liebt und das wohlwollend annimmt, was ich ihm gebe. Das Leben kennt kein gut oder schlecht. Es »glaubt« uns einfach nur. Das Universum selbst glaubt uns, dass wir das, was wir tun und denken, auch wirklich wollen – und bietet es uns wohlwollend an. Das Prinzip wiederholt sich im Großen wie im Kleinen. Wir können jeden beliebigen Standpunkt einnehmen, und je gefestigter er ist, desto mehr wird er sich wie eine selbsterfüllende Prophezeiung auswirken und wir werden mehr und mehr Argumente dafür finden, dass er richtig ist. Ist unser Standpunkt nicht fest gewählt, oder wählen wir heute den einen und morgen den anderen, so wird sich überhaupt nicht viel bewegen, und auch die ständigen Zweifel bewahrheiten sich, indem eben nicht wirklich viel passiert oder immer wieder Gründe dafür und dagegen geliefert werden. Auch können wir uns auf diese Weise immer weiter verstricken und verirren, bis wir gar nicht mehr erkennen (oder verwechseln), wo wir eigentlich stehen.

Letzten Endes landen wir vielleicht bei einer Frage der Art „Was kam zuerst – das Huhn oder das Ei?“, und je nachdem, welche Antwort gewählt wird, entstehen völlig verschiedene, entgegengesetzte, aber in sich schlüssige Blickwinkel auf das Leben und die Welt.

Die Schwäche der Objektivität

Aus einem (möglichst) objektiven Standpunkt, der oft als der vernünftigste bezeichnet wird, folgt eben auch das Problem, dass die Subjektivität außen vor gelassen wird – obwohl sie ein Teil der Wahrheit ist. Ich kann mit gutem Recht und guten Gründen behaupten, dass mein Leben zu 99,9 % fremdbestimmt ist und vor allem der Zufall, Glück oder eben Pech, den Großteil meines Lebens bestimmen und ich selbst nur einen winzig kleinen Aktionsradius und eine geringe Einflussmöglichkeit auf den Lauf der Dinge besitze – wenn überhaupt. Ich kann dabei mehr oder weniger jede Sache betrachten. Mein Bewusstsein ist zum größten Teil von meinem Unterbewusstsein abhängig, davon, was es mir anbietet und wie es die anderen 99 % steuert, die ich gerade nicht bewusst steuere. Mein Körper ist zum größten Teil abhängig von äußeren Einflüssen, Genen und seiner Umwelt, er bestimmt maßgeblich über mich, indem ich über seine Sinnesorgane überhaupt erst etwas wahrnehme und fühle, die allermeisten Prozesse in meinem Körper und meinen Organen laufen ebenfalls unwillkürlich ab. Mein Leben ist zum größten Teil abhängig davon, wo ich mich befinde und was um mich herum passiert, wo ich hinein geboren werde und was die anderen Menschen um mich herum tun. Die Welt wird im Endeffekt bestimmen, ob ich überhaupt weiterleben darf oder nicht. Ich kann morgen von einem Auto überfahren werden und die Erde könnte bald schon zerstört sein. Welche Rolle spielt es da überhaupt, was ich in meinem Leben mache? Die Vergangenheit ist festgelegt und sie bestimmt, wer ich gegenwärtig bin. Die Zukunft ist (zumindest für uns) ungewiss, unüberschaubar und je nachdem was passieren wird, wird dies bestimmen, wer ich sein werde. Ich bin nur eine Feder im Wind, bewegt durch die größeren, mächtigeren Kräfte um mich herum. Wenn du diese „Wahrheit" akzeptierst und konsequent verfolgst, dann ist in der Tat alles ziemlich gewiss und man könnte dir, zumindest theoretisch (und wenn es nicht noch die anderen Unvorhersehbarkeiten gäbe), auch ziemlich genau voraussagen, wie dein Leben verlaufen wird und wo es dich hinführt. Wenn man genügend Informationen besitzt und die unmessbare Subjektivität ignoriert, ist es nichts weiter als Mathematik, die zumindest theoretisch eine bis an Sicherheit grenzende Vorhersage und Lösung liefern könnte.

Nehmen wir die andere Perspektive ein, den Standpunkt der Subjektivität, in dem wir eine Rolle spielen und unsere Möglichkeit Entscheidungen treffen zu können einen tatsächlichen Einfluss hat, so ergeben sich wieder ganz andere Szenarien: Mein Unterbewusstsein ist abhängig davon, ob ich mir dessen bewusst bin und wie oder ob ich entscheide, es zu verändern. Mein Körper ist abhängig davon, wie ich mich entscheide zu ihm zu stehen und wie ich ihn dann dementsprechend behandle und benutze. Mein Leben ist abhängig davon, welche Entscheidung ich für es treffe und welchen Weg ich einschlage, wie ich damit umgehe, was mir passiert und wie ich mein Leben überhaupt sehe, betrachte und lebe. Die Vergangenheit ist abhängig davon, ob ich mich dazu entscheide, aus ihr zu lernen oder mich ihr zu ergeben und ich kann mich in jedem Moment entscheiden sie loszulassen oder mit ihr zu arbeiten. Die Zukunft ist nur einen Moment entfernt und ganz gewiss, sie ist nur davon abhängig, was ich jetzt entscheide. Mein Leben mag von außen betrachtet zu 99,9 % aus Vergangenheit und Zukunft bestehen, aber ich befinde mich trotzdem im unendlichen Zustand des »Jetzt« und dieser wird auch weiterhin immer 100 % meines Lebens ausmachen. Und dort habe ich permanent und immer wieder die Freiheit und die Möglichkeit, Wirkungen zu bewirken und mit diesen zu arbeiten. Meine Welt ist so gesehen zu 99,9 % selbstbestimmt, der Zufall gehorcht mir zu 99,9 % und Glück und Pech sind vorrangig eine Entscheidung von mir selbst.

Wir landen in einer Zwickmühle – ich nenne sie das Dilemma der Selbstmanipulation. Auf gewisse Weise sind wir dazu verdammt, uns selbst zu manipulieren. Der objektive Blickwinkel ist es eben nur dem Anschein nach. Jeder Blickwinkel ist eben genau das: ein Blickwinkel. Eine (Selbst-)Manipulation mit all ihren Auswirkungen. Die subjektive Welt lässt sich für uns nicht von der objektiven trennen und andersrum. Es gibt keine Welt außerhalb unseres Bewusstseins. Subjektivität und Objektivität sind zwei in sich verwobene Widersprüche, aber letztendlich dennoch Eins.

Jeder Standpunkt lässt sich einnehmen, ob objektiv, subjektiv, neutral oder irgendwas dazwischen. Jeder hat seine „Richtigkeit" und wird sich auf die eine oder andere Weise bewahrheiten. Hören wir auf, uns zu entscheiden und würde das auch jeder andere Mensch und jedes andere Lebewesen tun, würde sich also alles nur noch rein rational (beziehungsweise so wie bisher) verhalten, so gäbe es eine ganz gewisse und sichere, vorhersagbare Zukunft. Je mehr wir uns den in der Objektivität „fehlenden" 0,01 % nähern – dem Lebendigen, dem Erlebenden, dem quantitativ nicht Erfassbaren – und je mehr Beachtung, Wichtigkeit und Einfluss wir diesem winzig kleinen Punkt des Bewusstseins schenken und ihn anerkennen, desto ungewisser wird alles. Dieser kurze Moment des Beobachtens ist es, der Veränderung bewirkt und unvorhersehbares Chaos stiftet, und im Grunde jederzeit, überall und von jedem genutzt werden kann und wird. Immer wieder taucht es in der Wissenschaft auf: 99,9 %. Wir können so vieles nahezu perfekt und immer besser und genauer ausrechnen und messen, doch immer scheint ein minimaler Funke von Ungewissheit und Unmessbarkeit zu bleiben. Und oft ist genau diese Kleinigkeit das, was irgendwie den Unterschied macht. Meiner Meinung nach unterliegen skeptische Menschen oder Menschen, die sich als realistisch oder objektiv bezeichnen, oft dem größten Irrtum von allen. Während sie anderen Naivität, (Selbst-)Manipulation oder Sonstiges vorwerfen, vergessen sie, dass sie oft selbst nur nicht genau genug hinschauen, ihren Blickwinkel, so wie alle anderen auch, selbst wählen und damit ihre Gedanken, ihre Wahrnehmung und die Welt um sich herum damit ebenfalls beeinflussen und manipulieren.

Wir landen nun jedenfalls wieder in einem Bereich der Mathematik. Zufälligerweise war dieser Bereich Thema meiner Bachelor- und Masterarbeit, ohne dass ich vorher (sowie währenddessen) irgendetwas hiervon geahnt hatte. Es geht um ein Phänomen, das zwar im Wesentlichen begriffen oder nachvollzogen werden kann, im Grunde allerdings weder detaillierte Aussagen getroffen, noch konkrete Lösungen berechnet werden können. Mit anderen Worten, Mathematik versagt hier in dem Sinne, dass sie nicht mehr exakt ist. Wir könnten vielleicht genau an der richtigen Stelle gelandet sein.

Die Chaostheorie und der Schmetterlings-Effekt

Es geht um die Chaostheorie, deren Grundlage dynamische Systeme bilden. Eine anschauliche Grundidee besteht hier im Schmetterlings-Effekt, also der Idee, dass ein kleiner Flügelschlag eines Schmetterlings in Brasilien einen Tornado in Texas auslösen kann.

Dynamische Systeme können verschiedenste Phänomene in der Natur mathematisch beschreiben und sind im Grunde Systeme, die sich selbst beeinflussen und damit von sich selbst abhängig sind, aber auch von anderen Systemen beeinflusst werden können. Mit dynamischen Systemen kann man vielfältigste Prozesse in der Realität nachmodellieren. Im Grunde haben solche Systeme häufig unendlich viele „richtige" Lösungen und bieten ebenso viele Möglichkeiten. Die Sache, die der Auseinandersetzung und Beschäftigung mit ihnen konkret einen Sinn verleiht, ist die Hinzunahme einer sogenannten „Anfangsbedingung“, oder eines „Anfangswertproblems“. Im Schmetterlingsbeispiel wäre das dynamische System der Wind (oder das Wetter im Allgemeinen), der sich zum jetzigen Zeitpunkt eben so verhält, wie er sich verhält. Es gibt also bestimmte gegebene, konkrete Anfangsbedingungen, mit denen wir das Verhalten des Windes bestimmen – und nun macht dieser Schmetterling seinen Flügelschlag. Das Interessante dabei ist, dass es in der Praxis prinzipiell unmöglich ist, das Langzeitverhalten von chaotischen dynamischen Systemen zu bestimmen, wie zum Beispiel das unseres Systems „Wind“. Bereits minimalste Veränderungen der Anfangsbedingungen können zu einer komplett unterschiedlichen Dynamik auf lange Sicht führen. Da es grundsätzlich nicht möglich ist, ein Experiment vollkommen identisch zu wiederholen, aufgrund von unvermeidbaren Messungenauigkeiten und/oder aufgrund von tatsächlich unvorhersehbaren Störungen oder plötzlichen Änderungen der Anfangsbedingungen[40], können wir letztendlich nie ein System berechnen, das tatsächlich mit der Realität übereinstimmt. Der Flügelschlag des Schmetterlings beschreibt nun eine neue Anfangsbedingung, oder eher eine Änderung der Anfangsbedingungen, zum entsprechenden Zeitpunkt – eine sogenannte „Störung“ des Systems. Ein scheinbar unbedeutendes Ereignis zum richtigen Zeitpunkt an der richtigen Stelle führt zu einer Reihe von ungeahnten Kettenreaktionen und verändert auf unvorhersehbare Weise alles. Die bis zu diesem Zeitpunkt berechneten Prognosen verlieren ihre Richtigkeit und das Langzeitverhalten wird ein völlig anderes. Dadurch kommt es in der Wettervorhersage auch immer wieder zu kurzfristigen Änderungen oder eben Irrtümern und wir müssen uns generell damit abfinden, das Wetter nur für einen gewissen Zeithorizont und eben nur sicher und genau genug vorauszusagen. Schließlich kann ein Schmetterling ja jederzeit auf einmal mit seinen Flügeln schlagen. Doch immerhin trauen wir uns überhaupt, das Wetter schon vorher zu prophezeien. Und es gelingt immer besser. Die Auseinandersetzung mit dynamischen Systemen ist also keineswegs Zeitverschwendung.

An dieser Stelle sei erwähnt, dass der Schmetterling und das System „Wind" nur ein vor allem anschauliches und hier vereinfachtes Beispiel von schier unendlich vielen, wesentlich komplexeren ist. Jedem ist klar, dass der Flügelschlag eines Schmetterlings in aller Regel keinen Tornado nach sich zieht, sondern erst eine Verkettung von vielen weiteren, unvorhergesehenen Ereignissen dazu führt. Der Ausgangspunkt bleibt in dem Fall allerdings der Schmetterling, eben als die „kritische" Zutat, ohne die es nicht zur grundlegenden Änderung der Dynamik gekommen wäre. Wäre der Urknall nur ein ganz kleines bisschen anders gewesen, als er es war, gäbe es uns und die Erde mit an Sicherheit grenzender Wahrscheinlichkeit nicht.

Bei näherer Beschäftigung mit dynamischen Systemen gelangt man zu einigen erstaunlichen Beobachtungen und Erkenntnissen und die richtige Anwendung dieser Theorie ermöglicht in einigen Fällen tatsächlich eine erfolgreiche Modellierung und (genügend sichere und genaue) Vorhersage oder Eingrenzung einer sich entwickelnden Realität. Dabei gibt es einige fundamentale Kriterien und Mechanismen, die für alle dynamischen Systeme gelten. Das Schöne an der Mathematik ist eben, dass sie – richtig angewendet – überall funktioniert und als hervorragendes sowie zuverlässiges Werkzeug zum grundsätzlichen Verständnis und der Vorhersage realer Phänomene und Prozesse dienen kann.

Spinnen wir diese Idee nun also weiter und betrachten unser Leben in diesem Kontext. Wie entsteht nun die Realität, die wir letztendlich erleben? Welche Rolle spielen unsere inneren Faktoren, unsere Gedanken, Gefühle und unsere Glaubenssätze sowie Werte? Und was für eine Rolle nehmen äußere Faktoren und unvorhersehbare Ereignisse ein?

Nehmen wir als Beispiel das Phänomen der selbsterfüllenden Prophezeiung. Wenn ich jetzt jede Kontrolle abgebe, mich also auf „natürliche" Art und Weise verhalte – so wie ich mich bisher immer verhalten habe und entsprechend meiner erlernten, automatisierten Verhaltensmuster – und nie wieder etwas ändere, dann bin ich im Grunde extrem vorhersehbar. In einem Bereich bin ich sehr gut, sagen wir mal im Sport. Welche Einstellungen könnte ich in diesem Beispiel wohl haben? Vielleicht etwa „Ich bin sportlich, ich habe gute Trainingsgewohnheiten, ich bin talentiert, ich habe eine gute Einstellung zu meinem Körper und behandle ihn gut, ich verbessere mich". Mit anderen Worten, ich habe gute und starke Glaubenssätze, die für mich die Wahrheit sind, beziehungsweise dadurch dazu geworden sind. Hier habe ich meine Anfangsbedingungen, meinen gegenwärtigen Zustand: gewissermaßen mein Bewusstsein gegenüber Sport. Wenn ich diese nie wieder selbst störe, also ändere, oder gestört werde und ich alles andere erst mal ausblende, dann kann ich dir auch ziemlich genau sagen, wo ich wann sein werde. Ich werde nämlich ganz einfach in einem gewissen Maße immer besser und unterliege damit sozusagen einem proportionalen Wachstum, das ziemlich einschätzbar ist. Die Möglichkeit einer plötzlichen Verletzung, also einer Störung, besteht natürlich immer, aber so lange diese nicht schwerwiegend genug oder nur kurzfristig ist, wird mein allgemeiner Trend auf lange Sicht betrachtet stabil und weitestgehend gleich, also relativ gut einschätzbar, bleiben. Durch eine solche Verletzung findet keine fatale Änderung oder Störung meiner Anfangsbedingungen statt, solange sie nicht so schwer ist, dass sie mich tatsächlich und langfristig aus der Bahn wirft. Oder etwas präziser ausgedrückt, mein System hat eine gewisse Eigenschaft: Durch starke Glaubenssätze erholt sich mein System sehr schnell nach kleinen Störungen und ist diesen gegenüber weitestgehend immun. Eine schwere Verletzung ist natürlich möglich, aber sollte ich jetzt aus Angst vor dieser Möglichkeit oder ähnlichem schon damit aufhören? Wir sind hier bei dem eben angesprochenen 1% objektiven Pech, das ich wohl tatsächlich haben kann, aber das so gesehen eigentlich kaum eine Rolle spielt.

Während meiner Beschäftigung als Trainer im Fitnessstudio bin ich natürlich auf viele Leute gestoßen, bei denen ich leicht gegenteilige Glaubenssätze raushören konnte. Man sei unsportlich, untalentiert, undiszipliniert, habe schlechte Gene, empfinde Unzufriedenheit mit dem Körper und vieles mehr. All diese Dinge empfinden viele Menschen und sagen sie sich selbst, Tag für Tag. Schlechte Glaubenssätze in vielerlei Hinsicht – und schlechte Anfangsbedingungen, die ungestört natürlich auch sehr einschätzbar sind. Naja, die meisten wollen oder „können" sie nicht selbst stören und meine Aufgabe bestand dann darin, sie wieder und wieder zu „stören" und so weit zu bringen, dass die Anfangsbedingungen tatsächlich gut waren und gut blieben. Ich war ihr Störfaktor. Je stärker der Glaubenssatz, desto schwerer und kontinuierlicher muss man natürlich stören, ähnlich wie die schwere Verletzung oder was auch immer, die mir im Beispiel vorher passieren müsste, um mein Verhalten im Sport tatsächlich langfristig zu ändern. Oft war es frustrierend, denn häufig gelang es einfach nicht und wir starteten immer wieder am gefühlt selben Punkt. Es war, als ob sie ihr Ziel eigentlich gar nicht verfolgen wollten. Durchbrüche gab es nur dann, wenn ich irgendwie zur Person durchgedrungen bin oder die Person darauf kam, dass sie es tatsächlich selbst in der Hand hatte. Und sie hatte mir vorher schon eindrucksvoll bewiesen, dass sie immer die Möglichkeit hatte, alle meine Störungen zu ignorieren, völlig egal wie sehr ich es versuchte. Völlig egal, wie lange die Person ihren vorherigen Standpunkt schon hatte und an welchem Punkt sie damit gegenwärtig stand, bei Bewusstwerdung dieser Möglichkeit, und dann auch der tatsächlichen Nutzung, wurde einfach alles besser – der Bann war gebrochen. Jeder Mensch besitzt jederzeit die Möglichkeit zur Störung und damit auch zur Veränderung und Verbesserung seiner Anfangsbedingungen und Eigenschaften.

Dieses Prinzip greift im Grunde wie gesagt überall. Ich könnte jetzt bei Geld weitermachen, bei Beziehungen, Schwächen, beim eigenen Leben oder der eigenen Wahrnehmung – es ist völlig egal. Nur erscheint es eben manchmal schwer und fast unmöglich. Und natürlich ist das hier auch ein einfaches Beispiel gewesen. Immerhin betrachten wir hier immer nur eine Sache und ein isoliertes System und keine Kette oder ein Netzwerk von Systemen, in der oder in dem sich alle nochmal gegenseitig beeinflussen würden, wenn sich nur eines davon ändern würde. Und das noch in einer vereinfachten Form. Aber die Lösung für jedes Problem und jedes System ist irgendwie immer die gleiche und besteht aus ganz elementaren Dingen und gleicht gewissermaßen dem Prinzip der Fraktale. Fraktale sind geometrische Gebilde oder Muster, die ebenso sehr oft in der Natur vorkommen und die beim genauen Hinsehen aus mehreren verkleinerten Kopien von sich selbst bestehen. Die Natur beziehungsweise das Universum schafft sich immer wieder wiederholende Muster. Diese Muster sehen im Großen betrachtet oft anders aus, bestehen aber aus lauter kleinen, gleichbleibenden Kopien eines kleineren Musters, das dieses große Muster erzeugt. Man muss manchmal nur genau hinsehen, um es auch zu erkennen. Die Lösung für jedes Problem sieht jedenfalls ungefähr immer folgendermaßen aus:

Die Veränderung von sich selbst oder seinem Bewusstsein gegenüber der Sache (Entscheidung, Selbstverantwortung, Geben statt Nehmen: den ersten Schritt machen und Veränderung bewirken, statt auf Veränderung zu warten). Den Ist-Zustand erkennen (Reflexion) und akzeptieren (vgl. Gerechtigkeit/Vergebung), am besten sogar wertschätzen und positive Zuneigung gewinnen (Liebe, Dankbarkeit). Je gefestigter das „Problem", also der Ist-Zustand, desto heftiger und/oder häufiger muss ich mich stören, im Notfall also ganz einfach durch Konstanz (Konstante Änderung und Schaffung von Gewohnheiten – Selbstdisziplin). Der schnellste Weg zum neuen Ziel zu gelangen: Es ganz neu erleben und anfangen, den Blickwinkel erweitern, sich von negativen Glaubenssätzen und/oder falschem, vermeintlichem Wissen loslösen (Loslassen, Wahrheit) und neues Wissen erlangen, neue Blickwinkel schaffen und starke, positive Glaubenssätze (Zulassen, Konzentration) wählen. Nun braucht es höchstens ein wenig Zeit, aber die gewünschte Lösung kommt wie von selbst zu uns – wobei die Fähigkeit zum tatsächlichen, kompletten Loslassen und zur reinen, höchsten Konzentration wohl tatsächlich eine Art „Quantensprung" erlauben würde, indem man so von einem Jetzt-Zustand zu einem ganz anderen Jetzt-Zustand augenblicklich wechseln könnte.

Meine Faszination gilt jedenfalls der Tatsache der prinzipiellen Unvorhersagbarkeit des Langzeitverhaltens (also der Lösung) komplexer, chaotischer dynamischer Systeme in der Praxis (also in der Realität), welche sich zwar manchmal phasenweise eingrenzen und einschätzen lassen, aber im Wesentlichen nie sicher oder endgültig vorhersagbar sind. Diese Unvorhersagbarkeit beruht vor allem auf der Möglichkeit der Störungen eines solchen Systems, die jederzeit und an jeder Stelle auftreten können und ein ebenfalls ungewisses Ausmaß haben können. Ungewiss heißt hier auch nicht zufällig oder ähnliches, sondern wirklich ungewiss beziehungsweise stets unbekannt. Der Unterschied besteht darin, dass sich „Zufälligkeit" irgendwie messen, nachweisen oder mit genügend hoher Wiederholungszahl als Muster quantifizieren ließe, wie etwa ein Münzwurf. Diese Systeme sind oft hoch sensibel. Kleinste Änderungen der Anfangsbedingungen können langfristig gesehen fatale Auswirkungen haben. Dass es trotzdem gelingt, viele Systeme korrekt einschätzen zu können, liegt an bestimmten Eigenschaften sowie am gewählten Zeithorizont. Eine essenzielle Eigenschaft ist zum Beispiel die Stabilität eines Systems – einfach ausgedrückt, die Widerstandsfähigkeit eines Systems gegenüber Störungen. Bei instabilen Systemen reichen kleine Störungen aus, um zu großen, unvorhersehbaren Änderungen zu führen. Stabile Systeme hingegen bleiben weitestgehend unberührt von diesen, erholen sich schnell und werden gewissermaßen von einem bestimmten, „attraktiven" Punkt oder Zustand angezogen. Verschiedene Grade der Stabilität sind natürlich auch möglich sowie zum Beispiel etwa eine „Grenzstabilität" in dem Sinne, dass eine Störung dazu führt, von einem stabilen Zustand zu einem anderen stabilen Zustand zu wechseln. Wir alle kennen und haben wohl bestimmte Triggerpunkte, die uns stark dazu verleiten, eine bestimmte Handlung auszuführen oder in einen bestimmten Geisteszustand zu verfallen. Jeder einzelne von uns entwickelt sich theoretisch gemäß dem Prinzip dynamischer Systeme und wir können uns uns selbst als ein solches System vorstellen. Gegenüber anderen Systemen haben wir einen riesigen Vorteil – unser Bewusstsein.

Wie gesagt, würde ich mein ganzes Leben nun nie wieder stören, also nie in irgendeiner Weise bewusst eingreifen, so könnte man behaupten, mein Lebens-System wäre im Grunde recht einschätzbar. Man könnte vielleicht meinen, das Leben wäre auf diese Art selbstbestimmt, was zunächst irgendwie gut klingt, aber letztendlich nicht zutrifft. In der Praxis beeinflussen mich nämlich die anderen Systeme, die anderen Menschen und Dinge, mein Umfeld. Ich wäre also vor allem fremdbestimmt und der Zufall und die Ungewissheit würden hauptsächlich mein Leben steuern – lediglich abhängig von der Stabilität meiner Glaubenssätze und der Stärke der Zufälle, die mir widerfahren. In der Praxis treffen andere Menschen Entscheidungen, und wie das als Trainer gewissermaßen mein Job war, stören diese einen. Man könnte so auch permanent von jemand anderem beeinflusst und gesteuert werden (ebenso von einem Ereignis oder einer Situation). Entweder, weil man instabile Glaubenssätze hat und leicht zu beeinflussen ist, oder vielleicht auch, weil man „stur" (stabil) ist und dadurch ebenfalls beeinflussbar und leicht einschätzbar wird. Offenbar braucht es etwas Bestimmtes, um ein selbstbestimmtes Leben zu ermöglichen. Wenn wir wollen, dass unser Leben auf eine bestimmte Art und Weise verläuft und wir an bestimmten Punkten in der Zukunft landen wollen, die Realität also auf eine bestimmte Art und Weise entstehen soll, brauchen wir unser Bewusstsein, unsere Aufmerksamkeit und unsere Fähigkeit zur Reflexion und zur bewussten Entscheidungsfindung. Aber auch den Mut zum Chaos. Entscheidend ist vorwiegend das „Wie" und weniger das „Was". Alles ist und bleibt letztlich unvorhersagbar. Wir können nicht konkret voraussagen und bestimmen, »was« uns passieren wird. Wir können nicht alles kontrollieren. Aber wir können das »Wie« bestimmen.

Und dieses »Wie« – diese Art des Verhaltens, des Wahrnehmens, des Umgangs und des Lebens – bestimmt, auf welche Art von Situationen wir treffen beziehungsweise wie wir sie sehen und mit ihnen umgehen, wohin wir uns entwickeln und streben, und letztlich bestimmt es auch auf wundersame Weise, wo wir landen werden. Wir brauchen gewissermaßen beides: Stabilität und Sensibilität. Auf gewisse Art und Weise können wir das große Ganze durchschauen – unsere Mechanismen und langfristige Entwicklungsprozesse oder -dynamiken – und die Kleinigkeiten entsprechend nutzen – Gelegenheiten, die jetzt da sind und die Einfluss auf Dynamiken haben werden. Andererseits können wir das große Ganze eben überhaupt nicht durchschauen und wissen nie, welche Kleinigkeiten uns noch konkret widerfahren werden, aber wir können das große Ganze nutzen – aufgebaute Dynamiken nutzen, erkennen und darum wissen, dass noch unzählige, ganz andere Kleinigkeiten passieren werden. Letztlich treffen wir alle Entscheidungen unter Unsicherheit. Wir können höchstens mutmaßen und uns Wahrscheinlichkeitsmodelle überlegen. Uns fehlen Informationen, und das wird wohl immer so ein.

Viele Menschen schalten dabei zu weiten Teilen gewissermaßen auf „Autopilot“. Dabei haben wir jederzeit die Möglichkeit dazu, uns selbst und Dinge um uns herum zu hinterfragen und unsere Gedanken, Gefühle und damit auch unser Verhalten grundlegend zu verändern, beziehungsweise selbst zu stören – und das zu jedem Zeitpunkt aufs Neue. Alles Äußere, alles Neue, alles, was in der Zukunft noch auf uns zukommt, wird uns stets „stören“. Im Grunde tue ich auch genau gerade genau das mit dir. Ich nehme Einfluss auf dich, „manipuliere" oder störe dich – aber das Ausmaß der Störung und ob es im Endeffekt einen Einfluss (und auf welche Art) auf dich nehmen wird, ist und bleibt letztendlich nichts weiter als deine Entscheidung. Ob du dir dessen bewusst bist – oder nicht. Allmählich gelange ich zu einem Fazit.

Ein Fazit

Am Ende vereinen all diese Behauptungen, Beobachtungen, Anwendungen und Beschreibungen für mich genau eine Sache und ich fühle mich gezwungen dazu, zu genau einem Schluss zu kommen. Das Grundwesen der (erlebten) Natur selbst scheint bloße Entscheidung zu sein. Das Rätsel, das sich in der Quantenphysik aufgetan hat, kommt durch den bloßen Akt des Beobachtens, man könnte diesen Akt auch als Interaktion oder Konzentration bezeichnen, zustande. Quanten werden durch eine Beobachtung oder Messung „gezwungen", sich für einen konkreten Zustand der möglichen Zustände zu „entscheiden". Quanten, die kleinsten Dinge, werden beeinflusst und nehmen einen Zustand, zum Beispiel einen bestimmten „Spin", an. Der Spin ist ein beobachtbares Merkmal von Quanten, wie zum Beispiel auch Ort, Geschwindigkeit oder Energie, und gibt den Eigendrehimpuls an, stark vereinfacht also (und streng genommen falsch) mit oder gegen den Uhrzeigersinn, beziehungsweise positiv oder negativ. Die „Wahrheit", beziehungsweise die Realität – in diesem Falle die beobachtete

Form des Teilchens – kommt zustande durch die Entscheidung, die im Moment der Beobachtung getroffen wird. Realität entsteht aus der Entscheidung, sich zu entscheiden – sich also für eine Seite zu entscheiden, sich somit nur auf diese eine zu konzentrieren, und damit auch auf die andere Seite, beziehungsweise alle anderen Seiten, nicht. Im Grunde könnte es schier unendlich viele verschiedene Zustände geben. Das Grundprinzip lässt sich allerdings auf letztendlich immer zwei komplementäre Zustände vereinfachen. Auf den Menschen übertragen bedeutet dies: wir können uns zwar auf Beliebiges konzentrieren, uns dabei letztlich allerdings immer nur für eine Variante von zwei komplementären entscheiden – positiv oder negativ, wenn man so will. Diese „Wahrheit" kommt überhaupt erst durch diesen Akt der Konzentration, der Messung, der Interaktion, der Beobachtung zustande, denn man denkt einfach an etwas, von dem man denkt, dass es real sei, und verleiht dieser Sache erst auf diese Weise eine Form – die eigentlich jede hätte haben können. Man verändert und erschafft. Während im klassischen Sinne durch eine Messung lediglich eine tatsächliche, vorher festliegende, „wahre" Eigenschaft nachgewiesen wird, besitzt eine Messung im Quanten-Sinne einen aktiven, eben erschaffenden, verändernden Charakter. Aus zig vielen möglichen Zuständen, die im Grunde alle „wahr" sind, wird gewissermaßen einer ausgewählt und festgelegt. In diesem Sinne scheint es einen fundamentalen Unterschied zu geben zwischen einer letztlich nicht greifbaren, unendlichen, irgendwie abstrakten „Wahrheit" und einer daraus entstehenden, sichtbaren Realität. Auch das beobachtete Universum wird immer nur eben dieses sein. Und egal wie sehr wir uns anstrengen und wie viel wir herausfinden, es wird immer nur das beobachtete (und beobachtbare) Universum sein, in dem wir etwas finden, während wir nie eine Aussage darüber machen können, wie ein etwaiges unbeobachtetes (oder unbeobachtbares) Universum aussehen könnte oder ob es existiert.

Ich habe meine Werte und Ideale, so musste ich feststellen, lediglich danach gestaltet und angepasst, dass sich ein harmonisches, in sich schlüssiges – und damit ein funktionsfähiges – System ergibt, und dementsprechend musste ich dann nur noch meine Entscheidungen treffen – welche sich nun nicht mehr gegenseitig im Weg standen. Das System muss vereinbar mit der grundsätzlichen Funktionsweise der Natur sein, um funktionieren zu können, ohne sich selbst zu boykottieren. Freiheit beruht auf einer Entscheidung, die wir treffen und dann demnach frei oder eben unfrei sind. Gerechtigkeit beruht ebenfalls auf einer Entscheidung. Nach meiner Vorstellung auf der zwischen Vergebung und Nicht-Vergebung, oder anders ausgedrückt zwischen Akzeptanz und Ablehnung, und dementsprechend entsteht dann für mich Gerechtigkeit oder Ungerechtigkeit. Sinn entsteht für mich aus der Entscheidung, ob es Sinn gibt oder nicht, also ob mein Leben Sinn hat oder nicht. Der Urknall selbst, auch wenn ich nicht genug über ihn weiß, beruht nur auf einer Entscheidung: Existenz, beziehungsweise Entfaltung, oder Nicht-Existenz, beziehungsweise Anti-Entfaltung. Dabei scheinen „in Wahrheit" vielleicht immer beide beziehungsweise alle Entscheidungen zu existieren und getroffen zu werden. Eine können wir sehen, die andere(n) nicht. Es gibt Materie und es gibt Antimaterie. Es gibt immer zwei Gegensätze, die auf einer gemeinsamen Grundlage beruhen. Es ist ein Münzwurf, nur dass wir selbst entscheiden, welche Seite nach oben zeigt und zu unserer Wahrheit wird, während in Wahrheit eben alle Seiten zutreffen. Auch kommt mir die Suche nach der sogenannten dunklen Materie in den Sinn, welche bisher nirgends nachgewiesen wurde und nur vermutet wird, aber für eine Sinn ergebende Erklärung in der Welt der Wissenschaft anscheinend von Nöten ist[41]. Es scheint auch irgendwie immer dieses „Dazwischen" zu geben, die dritte Entscheidungsmöglichkeit – das Nichts, das Alles oder auch die vollkommene Neutralität, die irgendwie alles enthält und auch nichts und nicht so wirklich greifbar ist – aber als Bindeglied irgendwie da sein muss und als eine Grundlage dient, damit überhaupt etwas existieren kann. Warum die Umkehrung der Multiplikation, die Division, also nicht einfach alles andere sein muss, und es eben diese eine Ausnahme gibt, die eben irgendwie einfach nicht definiert ist, ist für mich nun auch geklärt. Es ist ein sich wiederholendes Prinzip in der Natur selbst, das sich je nach jeweiliger Entscheidung bewahrheitet und entfaltet (oder anti-entfaltet) und Realität wird. Eine Seite ist messbar und eine nicht, wir wissen aber trotzdem, dass sie irgendwie da ist.

Dass es nur diese zwei oder drei Entscheidungsmöglichkeiten zu geben scheint, heißt auch nur, dass es zwei oder drei gibt, die wir noch irgendwie beobachten, nachweisen oder wahrnehmen können. Wir sind vielleicht an einer Grenze unserer Dimension angekommen. Wir wissen nicht, was „vor" dem Urknall war, falls es so ein „vor" überhaupt gibt, auch wenn es da ja irgendwie irgendetwas in irgendeiner

Form (wenn auch form- und zeitlos) gegeben haben müsste, wodurch irgendetwas entstehen konnte. Wir wissen nicht, was nach unserem Universum sein wird. Genauso, wie wir nicht wirklich wissen, was vor unserer Geburt war und wie wir dieses „Davor" im scheinbar ewigen Nichts gewissermaßen durchlebt haben und schließlich zu etwas geworden sind. Ebenso wissen wir nicht, was nach unserem Tod sein wird und auch nicht, was außerhalb unseres Universums liegt, ob wir etwa in einem Multiversum leben oder es noch viel mehr Dimensionen gibt. Wir sind jedenfalls hier, jeder einzelne und wir alle. Durch die von uns selbst erzeugte Illusion, durch unsere Vorstellung von Raum und Zeit, von Distanzen, nehmen wir uns als isoliert vom Außen wahr, dabei sind wir Teile eines Ganzen.

„Gut" ist lediglich mein Standpunkt, beziehungsweise die Entscheidung, die ich getroffen habe, versuche zu treffen und auch zukünftig weiter treffen will. Die Entscheidung, die eben das Positive wählt: Die Existenz, die Verbindung, den Sinn, die Lebens- und Freiheitsbejahung – die Liebe. Mehr ist es nicht.

Wenn man sich konzentriert, sein Bewusstsein auf etwas ausrichtet, dann ist diese Konzentration bereits die Wahl einer Entscheidung, die Bewahrheitung einer Sache, und diese zieht Veränderungen nach sich. Nämlich Veränderung – Entfaltung der gewählten Entscheidung und/oder Anti-Entfaltung der nicht gewählten Entscheidung. Gedanken sind Entscheidungen. Wenn ich die Liebe wähle, wähle ich nach meiner Definition für mich in einem auch die Freiheitsbejahung, die Gerechtigkeitsbejahung, die Sinn-bejahung, das Miteinander und Wohlwollen – ganz einfach die freie Entfaltung, Verbindung und Harmonie selbst. Die Liebe ist eine Entscheidung, die ich bezüglich jeder Sache einnehmen kann, aber auch eine Entscheidung, die ich selbst als solche wählen kann, und sie ist die höchste und eindeutigste Konzentration auf „Gut", die ich mir vorstellen kann. Diese Entscheidung will ich so oft bewusst treffen, dass ich irgendwann von diesem Gedanken-Gefühl durchdrungen bin und sich diese als Grundhaltung einstellt, ohne es aktiv denken zu müssen.

Dass sich das Leben so komplex darstellt, ist kein Hexenwerk. Es ist lediglich das Ergebnis der Entscheidungen, die wir mehr oder weniger gezwungenermaßen, bewusst oder unbewusst und gewollt oder ungewollt, aber jederzeit treffen und auch weiterhin treffen werden.

Diese Antwort ist im Grunde eigentlich nichts Neues. Schon vor tausenden von Jahren und immer wieder gelang man zu ihr. Und auch Einstein, der „religiöse Ungläubige", wie er sich selbst auch bezeichnete, sagte: „Was immer es in der Welt von Gott und dem Guten gibt, muss sich durch uns auswirken und ausdrücken. Wir können nicht danebenstehen und Gott die Arbeit machen lassen."[42] Außerdem beschrieb er im Rahmen seiner „kosmischen Religion" den „universellen kosmischen Geist" (welcher weder in menschliche Kategorien einzuordnen noch dogmatisierbar ist), der sich wohl letztlich in der Harmonie der Natur und alles Seienden zeigt: „Meine Religion besteht in meiner demütigen Bewunderung einer unbegrenzten geistigen Macht, die sich selbst in den kleinsten Dingen zeigt, die wir mit unserem gebrechlichen und schwachen Verstand erfassen können. Die tiefe, emotionelle Überzeugung von der Anwesenheit einer geistigen Intelligenz, die sich im unbegreiflichen Universum öffnet, bildet meine Vorstellung von Gott."[43]

Ich denke, dass eine solche geistige Macht undefinierbar, ungreifbar und unergründbar bleibt, und uns irgendwie dennoch nur Gutes will oder wollte. Für mich ist das Geschenk des Bewusstseins und der Willensfreiheit mit diesem »Guten« gemeint, denn was könnte ein besseres Geschenk sein, als uns im Endeffekt die Möglichkeit zu schenken, zu tun und zu lassen, was wir wollen? Und was hätte uns ein solcher Geist mehr schenken können, als die Essenz seiner Fähigkeit selbst? Dieser Geist liebt uns, er schenkt uns Freiheit. Die Essenz der Natur ist ein Geist. Und mit einem solchen Geist meine ich nicht zwingend etwas Personifiziertes oder Greifbares, sondern lediglich irgendetwas Schöpferisches, vielleicht ein Prinzip, das uns und unseren Horizont überschreitet. Man kann behaupten, dass es nie ins Geschehen eingreift und ebenso, dass es immer ins Geschehen eingreift. Man könnte es genauso gut das Nichts nennen. Ich betrachte es als das Alles. Der Tod ermöglicht das Glück, am Leben zu sein. Unwissen erlaubt es uns erst, etwas zu entdecken, etwas zu erleben, Licht ins ewig Dunkle zu bringen. Liebe schließt selbst den Hass nicht aus. Freiheit schenkt uns die paradoxe Möglichkeit der Entscheidung. Die Lösung liegt für mich letztendlich, wie schon gesagt, im Widerspruch.

Positivität und positives Denken, die Lebensbejahung, wird sich jedenfalls meiner Meinung nach mit an Sicherheit grenzender Wahrscheinlichkeit lohnen. Warum nur mit an Sicherheit grenzender Wahrscheinlichkeit, fragst du dich? Das Gesetz der Anziehung zum Beispiel (und jedes andere Gesetz) funktioniert schon allein deswegen nicht konsequent und einwandfrei, weil es sich nicht auf die Freiheit der Entscheidung auswirkt. Es gibt die Möglichkeit der Störung, der Umkehrung. Warum lernen Menschen so oft erst aus Schmerz dazu und finden dann erst zum langersehnten Glück, wenn sie an einem Tiefpunkt angekommen sind oder ihnen etwas genommen wurde? Warum geht es nicht immer so weiter? Weil sie umdenken, sich um-entscheiden. Sie ändern gewissermaßen einfach nur den „Spin", den sie bis zu diesem Zeitpunkt hatten, nachdem ihnen zum ersten Mal klar vor Augen geführt wurde, welchen Spin sie denn bisher hatten. Wie konnten mir vor meiner Konfrontation mit dem Begriff Liebe mein Glückszustand und meine Einstellung genommen werden, wo ich doch davon überzeugt gewesen war, dass es nicht passieren könnte? Weil ich es zugelassen habe, mich dazu entschieden habe. Ich erwähnte bereits, dass ich Probleme dabei hatte, „große" Dinge – Dinge, die mir wichtig waren – in meinem Leben zu manifestieren. Lange Zeit rätselte ich, woran das liegen mag. In diesen Momenten wird auch unsere Liebe „getestet", wenn man so will. Große Dinge sind immer relativ, und sie stellen uns ganz individuell auf die Probe. Lieben wir »wirklich« das Leben? Können wir es annehmen, wie es ist? Oder hegen wir im Grunde unseres Herzens vielleicht doch immer noch einen Groll gegen es? Wollen wir es doch nur manipulieren, falls sich eine günstige Gelegenheit ergibt? Verfallen wir der Gier? Übermannt uns die Angst? Können wir frei und ehrlich agieren? Ich verfiel in Anbetracht dieser Sache, ihrer Nähe und ihrer Greifbarkeit ganz einfach dem Haben und dem Mangel-Bewusstsein – der Gier, der Angst, den Erwartungen, dem Druck, dem Zwang. Ich unterlag immer noch einem essenziellen Irrtum meines Lebens, den ich bis dahin nicht sah. Und nichts ist jemals wirklich sicher und festgelegt. Das „Nicht“ existiert und bietet immer eine Lektion an; nämlich zu erkennen, was man nicht will und damit auch, was man will. Auch die Entscheidungsfreiheit anderer bleibt stets real. Wir können auf sie zugehen, sie vielleicht auch anziehen, sie einladen, doch sie selbst treffen letztlich ihre eigene Entscheidung. Ansonsten funktioniert das Leben, das Gesetz der Anziehung oder ein anderes ganz einfach nicht, wie man will, weil man es eben nicht richtig versteht, ungewollt falsch einsetzt und Entscheidungen trifft, die man mit mehr Wissen und Verständnis nicht treffen würde. Und auch, weil man zum Beispiel daran zweifelt. Zweifel nach gängiger Auffassung sind etwas, was am Entscheiden hindert, doch auch sie sind Entscheidungen. Entscheidungen gegenüber einer Sache, die immer wieder gegenteilig ausfallen. Es kann dabei bleiben, dann passiert eben nicht viel, oder eine Seite überwiegt irgendwann und diese Sache wird sich eben dementsprechend schnell oder langsam und stark oder schwach bewahrheiten. Im Falle einer „Mach ich's oder lass ich's“-Entscheidung können Zweifel also auch klare Verneinungen sein. Die Stärke eines Glaubens definiert sich so gesehen nur durch die Anzahl der Entscheidungen, die ihn bejahen und verneinen. Doch auch Verneinungen sind letztlich Entscheidungen »für« etwas. Zweifel sind Entscheidungen, die Konsequenzen haben, so wie jede andere Entscheidung auch. Wenn man ihnen die Chance gewährt, werden sie sich verstärken und bewahrheiten – außer man hat ganz viel Glück oder kehrt es selbst um. Selbstverantwortung, Entscheidungsfähigkeit und Liebe maximieren ganz einfach die Chancen auf tatsächlichen Erfolg in jedem beliebigen Bereich und garantieren theoretisch sogar ein extrem schönes, glückliches, erfülltes und erfolgreiches Leben. Vielleicht wird man nicht direkt jeden Menschen und nicht jedes unmittelbar gesteckte Ziel erreichen, aber ganz sicher die richtigen.

Ich habe mir hier letztendlich wohl einen „Gott" geschaffen, an den ich gerne glauben will und kann. Ich bin keineswegs so weit, alles verinnerlicht und in die Praxis umgesetzt zu haben, aber ich habe meine Ideale, meine Weltansicht und meinen Glauben geschaffen, meine Wahrnehmung verändert. Dass diese Antworten im Grunde nichts Neues sind, muss ja nichts Schlimmes sein. Antworten bringen wohl kaum etwas, wenn man sie nicht selbst verstehen (oder widerlegen) lernt. Und so, wie mein Glaube sich eben auch darin gründet, immer wieder alles anzuzweifeln, sind auch alle Antworten gleichzeitig Fragen, die immer wieder beantwortet und gelebt werden müssen. Ich weiß, wer ich bin, zumindest weiß ich es mittlerweile wesentlich besser. Ich weiß, was ich will. Ich bin noch nicht da, wo ich sein will, aber irgendwie doch, und ich bin zufrieden, ich bin glücklich und wache jeden Tag auf und danke dafür, dass ich leben und das Leben weiter lieben darf. Was man auf der Suche nach der Wahrheit vielleicht lernen muss, ist, dass es eine solche absolute Wahrheit in der Form vielleicht gar nicht zu finden gibt.

Glück, Sinn & Intelligenz

Das Fazit ist mir jedenfalls kurze Zeit später eingefallen, nachdem ich länger eigentlich nichts anderes versucht habe als diesen für mich neuen Begriff der Liebe grundsätzlich zu verstehen, zu verinnerlichen, zu fühlen und zu praktizieren, und nach längerer Zeit war ich auch besagter Frau wieder begegnet. Und mir wurde klar: Es funktioniert einwandfrei. Ich brauche nichts von ihr, kein Bedauern, keine Begierde, kein Groll, und ich konnte das Erste Mal wieder aufrichtiges Wohlwollen empfinden und schenken. Mir wurde darüber hinaus in diesem Prozess noch mehr klar. Wir können ganz grundsätzlich auch Menschen, die uns nicht sympathisch sind oder die uns nichts Gutes wollen, Liebe schenken. Wir können unsere Feinde lieben. Wir können ihnen Heilung wünschen und dass sie auch Liebe erfahren, verstehen und fühlen werden. Der Moment, in dem ich gefühlt die Liebe begriffen habe und einen Moment erlebte, von dem ich immer noch denke, dass ich es irgendwie wirklich verstand, Gänsehaut bekam und irgendwie einfach alles liebte, glich genau diesem Gefühl des Flows, des Fließens, der Verbundenheit und der Synchronisation beziehungsweise der Bereitschaft zur Synchronisation – mit einfach allem eben. Ein in sich harmonisches System, sodass tatsächlich alles ohne jegliche Widerstände ineinandergriff. Erst dann hat sich beim Schreiben auf einmal alles wie von selbst ergeben, jedes kleine Detail erhielt Sinn und die Antwort war, wie ich feststellen musste, eigentlich die ganze Zeit schon vor meiner Nase. Ich sah sie bis dahin einfach nur nicht. Ich musste nun einfach nur noch die für mich richtige Entscheidung treffen, sodass sich diese bewahrheitete. Ich verlor jegliche Angst und Zweifel. Es war, als ob es doch irgendwie alles ganz genau so kommen sollte, damit ich genau hier genau jetzt etwas begreifen und aufschreiben konnte – aber wie sollte es denn auch anders sein, immerhin entschied ich mich mit der Liebe ja auch dazu, jedes kleine Detail meines Lebens zu lieben, und damit ergab notwendigerweise auch jedes davon Sinn, also bewahrheitete sich meine getroffene Entscheidung vielleicht einfach nur? Die Wahrheit, zumindest unsere Wahrheit, ist durch Bewusstsein beziehungsweise Entscheidung definiert, die sich je nach Wahl bewahrheitet, und jeden einzelnen Moment entsteht wieder ein neuer Moment der Entscheidung. Liebe ist die Entscheidung zu Freiheit, Sinn, Verbundenheit, Glück und erzeugt eine allumfassende Intelligenz. Und auf einmal ergibt jede Kleinigkeit Sinn, weil eben alle Kleinigkeiten verbunden sind. Und dann macht auch das große Ganze Sinn. Mit Liebe können wir vom „So war es" zu einem „So wollte ich es" gelangen[44]. Und jeder trägt diese Kraft bereits in sich.

Wird dies wirklich auf allen Ebenen gemacht, fließt alles, und es manifestiert sich auch auf allen Ebenen, ansonsten eben nur in bestimmten Bereichen. Diese Antwort wurde mir viel mehr von diesem Gefühl, dieser übergeordneten Intelligenz, gegeben, als dass sie von mir selbst stammt – zumindest fühlte es sich so an. Glück ist eine Entscheidung. Sinn ist eine Entscheidung. Intelligenz ist eine Entscheidung. Diese Entscheidung besteht für mich in der Liebe, die nichts weiter bedeutet als vollkommene Harmonie, oder die Bereitschaft zur vollkommenen Harmonie. Wie gesagt, jeder genießt Entscheidungsfreiheit, also auch die Freiheit zur Blockade und zur Disharmonie. Alles ist und bleibt unbestimmt. Unsere Wahrheit und unser Leben hängt im Wesentlichen aber einzig und allein von unseren Entscheidungen ab. Wenn wir diese durchschauen, sie bewusst und konsequent treffen, können wir sie und ihre Konsequenzen auch verstehen. Am Ende braucht es nicht mehr als Liebe.

Tatsächlich sind wir selbst verantwortlich für unser Leben, wenn wir uns dazu entscheiden. Und so ist alles genau umgekehrt, als es erscheint. Im Kleinen herrscht kein Chaos, es herrscht die Bestimmtheit der Entscheidung – und das große Ganze kann erscheint wie ein riesiges Chaos, ist ungewiss und setzt sich aus unzähligen Kombinationen von Entscheidungen und deren Konsequenzen und Bewahrheitungen zusammen, in deren Verästelungen und Verzweigungen man schnell den Überblick verliert.

Der Schmetterlings-Effekt bewirkt, dass selbst Kleinigkeiten große Änderungen bewirken können, im Guten wie im Schlechten. Entscheiden wir uns dazu, für unseren Körper die Ernährung umzustellen und uns gewisse Gewohnheiten anzutrainieren, so macht sich dies fast zwangsläufig auch in anderen Bereichen bemerkbar und schließlich im ganzen Leben. Entscheidungen ziehen viele andere, meist unbewusste Entscheidungen nach sich. Es ist der Prozess des Schmetterlings – den wir jeden Moment für uns nutzen können. Die Schwierigkeit liegt in der Schwere und Kontinuität der Störung sowie vor allem in der eigenen Glaubensfähigkeit, in der Subjektivität, aber auch in der Anfangshürde. Man müsste an eine Wahrheit glauben, die man noch nicht sehen kann und vielleicht auch nicht unmittelbar sehen wird, nachdem man sich für sie entschieden hat. Daher sind Affirmationen oder Visualisieren auch so beliebte Hilfsmittel. Eben um einen Wunsch Wirklichkeit werden zu lassen und daran glauben zu können. Falsch angewendet bleiben sie allerdings auch nicht mehr als bloßes Einreden oder Hirngespinste. Wir müssen selbst den ersten Schritt machen.

Gedanken sind mächtig. Wie mächtig (subjektiv), hängt letztlich von dir und deiner Entscheidung ab – unabhängig davon beherrschen und steuern sie aber dein Leben (objektiv). Denn unabhängig davon, ob du dich dafür oder dagegen entscheidest, dass du zum Beispiel selbst verantwortlich für dein Leben bist, wird die Entscheidung darüber maßgeblich dein Leben und die Realität bestimmen. Unabhängig davon, ob du daran glaubst, dass die Dinge so vorgegeben sind, wie sie sind, oder Dinge erst dazu geformt werden und formbar bleiben – diese

Glaubensentscheidung wird Realität und Wahrheit bestimmen. Die Macht unserer Gedanken ist omnipräsent. Dieses kleine Indiz ist es – die Entscheidung, die aus unserer Entscheidung entsteht – das für mich den Unterschied in einer unentscheidbaren Sache macht und mich glauben lässt, dass wir wirklich etwas bewirken können. Wir, unser Bewusstsein im Jetzt und Hier, schaffen die Anfangsbedingungen eines Systems, welches sich von diesen ausgehend entwickeln und gemäß weiterer Änderungen dieser Bedingungen im Laufe der Zeit verändern wird. So sind wir gewissermaßen immer frei und unfrei, schuldig und unschuldig zugleich. Ich glaube an unsere schöpferische Kraft, unseren Willen, unseren Geist, der allen Umständen und Wahrscheinlichkeiten aus sich selbst heraus trotzen kann, aber eben auch an sich entwickelnde Prozesse, an Umstände und Einflüsse. Auch dieser vermeintliche Widerspruch, angesichts eines »freien« Willens, erscheint mir äußerst sinnvoll. Vielleicht bestimmen wir nicht alles direkt, aber vielleicht treiben wir wie auf Wolken umher, getrieben von den Luftströmen um uns herum, können uns den Luftstrom aber stets selbst aussuchen.

Mein Ratschlag an dich ist: Liebe. Teste es zumindest einmal offen aus, zum Beispiel bei „Kleinigkeiten“. Glaube »wirklich« mal an etwas, das du dir sonst nicht zutraust, widme dich völlig unvoreingenommen einer Sache, über welche du sonst eine bereits bestimmte, festgefahrene Meinung hättest, schenke einer Person Liebe, die du sonst negativ beurteilen würdest, mach etwas völlig Verrücktes. „Trial and Error“ bringt uns schon seit je her voran.

Hass-Liebe

Liebe und Hass als ihr Gegensatz sind für mich die einzig „wahren" Gefühle, die es wirklich auf dieser Welt gibt und tatsächlich „real" sind. Sie sind eine Art Urquelle. Die eine Seite beinhaltet Zuneigung und Wohlwollen, die andere Ablehnung. So gesehen sind sie ganz einfach. Die eine arbeitet „mit", die andere „gegen". Die eine ist Entfaltung, die andere Anti-Entfaltung. Eine saubere Trennung. Die ganze Welt lässt sich durch Liebe und Hass erklären. Beinahe alle Assoziationen, Emotionen und Dinge entstehen aus diesen beiden Seiten. Diese Assoziationen sind (oder waren) selbst nicht unbedingt „real", erst wir schaffen sie und machen sie dazu, wodurch wir sie erleben und auf unterschiedliche Art und Weise fühlen können. Am Ende können wir sie aber, wenn wir genau hinsehen, eindeutig einer der beiden Seiten zuordnen. Angst und Wut sind Reaktionen auf etwas, das wir in irgendeiner Weise ablehnen (Hass), das wir nicht wahrhaben wollen, und im Wesentlichen unterscheiden sie sich oft kaum, außer durch die Wahl der Taktik: Flucht (bei Angst) oder Widerstand und Zerstörung (bei Wut) – und doch sind es völlig verschiedene Erlebnisse. Wer allerdings zum Beispiel mal eine Angst überwunden und aufgelöst hat, der stellt es im Nachhinein leicht fest: Es war tatsächlich nur eine selbst geschaffene Illusion und Hürde. Das bedeutet natürlich nicht, dass alles, worauf sich die Angst bezieht, auch zwingend eine Illusion sein muss. Angst kann schließlich sehr plausibel, sinnvoll und aus realen Erfahrungen entstanden sein, aber letztlich sind es dennoch immer nur wir selbst, unsere Vorstellung und Interpretation, die diese schaffen und am Leben erhalten. Das kann je nach Umgang sowohl positiv als auch negativ sein. Oftmals versteckt sich hinter der Angst aber eben eine tatsächliche Ablehnung gegenüber dem Leben, dem bloßen Sein. Die Angst vor dem Tod, die Verdammung der Vergänglichkeit, ist da wohl ein Beispiel, das viele Menschen umtreibt. Ist diese nun aber nicht tatsächlich angebracht, wenn es schon um den Gegenspieler des Lebens geht – eben den Tod?

Durch immer kompliziertere Lebensangelegenheiten und durch immer komplexere Vernetzungen von Assoziationen resultierend aus diesen zwei Seiten, entstehen leicht Verirrungen, Sackgassen und unsinnige Verzweigungen. Gerechtigkeit bedeutet für viele oft kaum etwas anderes als Rache. In diesem schönen Wort verpackt wird es von ihnen selbst allerdings subjektiv oft als etwas Gutes (aus Liebe entstehend), als gerecht, empfunden und damit verwechselt – obwohl es das ganz und gar nicht ist. Rache ist ganz klar die Wahl des Hasses und erzeugt letztendlich noch mehr Hass, ganz egal, wie man es benennt. Unerkannter Hass verbirgt sich oft hinter den besten Intentionen. Viele Eltern „lieben" ihr Kind, sie beschützen und kontrollieren es, wollen „das Beste" für es, ebnen ihm einen Weg zum „Erfolg" und stellen sicher, dass das Kind diesen Weg geht und sich an alle von ihnen und der Gesellschaft aufgestellten Regeln hält. Zu häufig wird der „Hass" übersehen, mit dem sie dabei ihr Kind konfrontieren: Sie behindern es in seiner Selbstentfaltung, in seiner Freiheit, sie zwingen ihm womöglich ein traditionsreiches Schicksal und eine Rolle auf, die es gar nicht leben will. Der meiste Hass in dieser Welt entsteht aus

Missverständnissen von Liebe, aus ungenügender Selbstreflexion sowie ungenügender Selbstbeherrschung – aus Lügen, Irrtümern, Fehlinterpretationen, Egoismus und Gier. Wir fühlen uns womöglich getrennt, unverstanden und einsam. Wir haben Angst vor der Liebe, Angst vor Vertrauen, Zweifel an uns selbst. Wir sind hochgradig verwirrte und unsichere Wesen. Wir haben Angst vor der Freiheit, denn sie bedeutet auch Ungewissheit. Gewähren wir unserem Partner Freiheit, so ist dieser eben auch wirklich frei. Wir besitzen und kontrollieren ihn nicht und dadurch gibt es keine „Garantie", dass er das tut, was wir wollen, oder uns nicht verletzt. Doch was, wenn wir die Sicherheit und Berechenbarkeit wollen und wählen? Was wünschen wir uns damit? Wollen wir dann nicht in Wahrheit eine Welt voller starrer, unfreier, begrenzter, uns gehorchender und berechenbarer Wesen? Wollen wir der Freiheit wirklich die Freiheit rauben und alles Lebendige, das Freie, Unkontrollierbare und Ungewisse, abtöten?

Ich denke, man kann beinahe alle Probleme mit Liebe, beziehungsweise mit seinem Verständnis vom Begriff Liebe, verstehen und sie dementsprechend ändern und lösen. Wie schon gesagt, entsteht der meiste Hass aus Missverständnissen. Man versteht sich selbst nicht, man versteht andere nicht, man versteht die Welt nicht, man versteht das Universum nicht – und doch bildet man sich seine Meinung. Oft dann eben leider nicht mit den richtigen Erkenntnissen oder fatalen Fehlschlüssen. Allzu oft wird man ent-täuscht. Man erkennt die Wahrheit nicht, und man hat Angst vor der Wahrheit – vor dem Unbekannten und womöglich ganz anderem. Meiner Meinung nach begegnen sich Wahrheit und Liebe daher zwangsläufig. Liebe ist letztlich die einzige Wahrheit, die es gibt. Freiheit enthält die Möglichkeit und die Wahl zur Unfreiheit und Liebe wiederum auch die Möglichkeit zum Hass. Hass ist letztlich immer noch ein Versuch der Interaktion und somit irgendeine Form von Verbindung, auch wenn es der paradoxe Versuch der Trennung sein sollte. Liebe arbeitet mit allem und kennt keinen Punkt, an dem es zu spät für sie ist. Es ist kein Kampf der einen gegen die andere Seite, sondern eine Verbindung. Wahrheit und Liebe begegnen und vereinen sich. Wer Liebe tatsächlich versteht, der will nicht geben, um „gut" zu sein – der will nicht gut sein, um gut zu sein, sondern er »will« gut sein. Er will tatsächlich geben aus seinem tiefsten Inneren. Darum ist Liebe auch keine Bürde, die man (er-)tragen oder sich aufzwingen müsste. Vielmehr ist die Liebe äußerst gnädig, oft erfahren wir sie ganz unverhofft und ständig bietet sie uns an, sie zu erkennen und sie zu (er-)leben. In jedem Moment, jetzt und hier, können wir die Liebe sich entfalten lassen und sie leben – auf unsere Weise. Ehrlichkeit – wahr zu sich selbst und zu anderen zu sein – bereitet letztendlich den Weg zur Liebe, denn Liebe können wir nicht spielen oder erzwingen, nicht wirklich. Eben erwähnte ich Eltern, die ihr Kind „lieben" – was keineswegs bedeuten sollte, dass ich ihnen ihre Liebe abspreche. Ihre Intention im Beispiel ist ganz sicher Liebe, sie geben sogar Liebe, nur sind sie begrenzt oder festgefahren im Ausdrücken ihrer Liebe und drücken sie eben auf ihre eigene Art und Weise aus. Ehrlichkeit schafft einen Weg, dies zu erkennen, offener zu werden und womöglich etwas daran zu ändern. Ebenso schafft es die Möglichkeit, dem Kind zu erklären und zu vermitteln, dass das, was sie tun, aus Liebe geschieht. Für das Kind entsteht so die Chance, dies zu verstehen, die Eltern wirklich zu erkennen und ihre Taten nachzuvollziehen, und auch die Möglichkeit, womöglich einzusehen, dass die Eltern es so tatsächlich schon an der ein oder anderen Stelle vor sich selbst und anderen beschützt haben und einen positiven Einfluss hatten. Als Menschen sind wir kaum dazu fähig, „vollwertig" zu lieben. Die Liebesfähigkeit muss sich erst entwickeln, und Liebe ist individuell. Ehrlichkeit schafft die Bereitschaft, in sich selbst zu graben und den eigenen Horizont zu erweitern, und sie gibt anderen die Möglichkeit, uns zu erkennen. Sie schafft Verständnis und die Möglichkeit zur Vergebung sowie zum Erkennen und zur Entwicklung von Liebe. Die Kunst, zu verstehen und lieben zu lernen, Empathie und Mitgefühl zu entwickeln und zu geben.

Insbesondere bei der Liebe sollten wir nun nicht den üblichen Fehler machen, sie irgendwie zu ökonomisieren. So möchte ich meiner Aussage, wir seien als Menschen kaum dazu fähig „vollwertig" zu lieben, etwas hinzufügen: Natürlich sind wir das! Und zwar dann, wenn wir es einfach auf unsere individuelle Weise tun und versuchen – und uns nicht unter den Zwang stellen, es vollwertig oder perfekt machen zu müssen. Gerade hieraus sollten wir wohl keinen Leistungssport machen und nicht ständig alles bewerten, verbessern und optimieren. Als menschliche Wesen mit unseren „mangelnden" Fähigkeiten können wir vielleicht nicht alles tun, nicht alle erreichen und nicht alle retten – und selbst das ist in Ordnung.

Die Liebe besteht bis heute, denn es existiert etwas, es entfaltet sich etwas. Bis heute überwiegt in unserem Universum und in unserem Leben die Liebe – die Entfaltung, die Existenz, die Ausdehnung, die Freiheit. Sollte es wirklich gelingen, Hass zu verwirklichen (oder die Abwesenheit von Liebe zu schaffen), so endet dies letztendlich wohl in Auslöschung und damit entsteht Nichts – die Leere. Hass wird durch Täuschungen im eigenen Kopf ausgelöst, durch Fehlinterpretationen, durch Angst vor dem Unbekannten und davor, die eigenen, selbst geschaffenen Täuschungen zu entlarven. Schließlich führt es zu Ablehnung – zu Hass gegenüber dem, was ist. Oft, weil es als die leichtere, die plausiblere oder einfach die einzige Alternative erscheint. Hass endet im Nichts und Liebe besteht aus Allem. Ich frage mich so oft, wie entsteht aus Nichts etwas? Mittlerweile frage ich mich, wieso nehme ich an, dass es eher das Nichts gibt als schon immer Alles?

Die Leere spielt für mich eine gewisse Sonderrolle zwischen Hass und Liebe. Eine Ausnahme, ein Gegensatz oder eine Art Bindeglied zwischen zwei Seiten, zwei Extremen, die im Grunde das Gleiche sind. Eine Depression entwickelt sich vielleicht anfangs aus Hass (oder gescheiterter Liebe), zeichnet sich aber oft zunehmend eher durch Resignation, durch Aufgabe und durch das Empfinden von Leere und Antriebslosigkeit oder unaufhaltsamer Trauer aus. Häufig ist es das Empfinden von Isolation, von Getrenntheit von sich selbst, den eigenen Gefühlen, anderen Menschen, dem eigenen Leben und dem Rest des Universums, es ist ein Nicht-Verstehen und Nicht-Verstanden-Werden[45]. Hass dagegen ist in der Regel eine starke, antreibende, eindeutige Richtung, während mit zunehmendem Empfinden von Leere kaum Angst, Wut, Hass oder Sonstiges herrscht. Hass kann sich selbst verstärken und man kann darauf aufbauend noch mehr Hass schaffen und einen Sinn darin sehen. Es ist möglich, für oder gegen etwas zu kämpfen, während die Leere eben Leere ist. In ihr gibt es keinen Sinn, keine Zeit, keine Richtung. Um vielleicht besser zu veranschaulichen, worauf ich hinauswill, macht es hier wieder Sinn, die Skalen zu wechseln: Wir betrachten die Angelegenheit so, dass es nur Liebe und die Abwesenheit von Liebe gibt. Diese komplette Abwesenheit, dieser absolute Nullpunkt, ist die Leere. Ist es der Beginn oder ist es das Ende? Gibt es so etwas überhaupt? Entgegen der vorherigen Vorstellung von Hass und Liebe, einer binären Schwarz-Weiß-Skala, die unserem Verstand oft leichter und intuitiver zugänglich erscheint, denke ich, dass diese Vorstellung eine ist, die wesentlich näher an der Wahrheit liegt. Auf dieser Skala existiert nun also nur noch Liebe und kein Hass mehr – kein positiv und negativ, kein gut und schlecht. Es gibt kein ständiges Bewerten und Einteilen mehr, nur noch Liebe – diese arbeitet schließlich nicht gegen etwas oder schließt etwas aus. So sollten wir nun auch die verschiedenen Grade der Liebe, die wir uns auf der Skala womöglich vorstellen, vielleicht einfach nur als genau das ansehen: als verschieden – nicht höher, nicht tiefer, nicht besser, nicht schlechter, sondern verschieden. Und dann ist auch dieser absolute Nullpunkt nicht etwa als der Tod im Sinne eines vollendeten Übels zu verstehen, sondern eher als vollkommene Neutralität und sogar notwendiger Teil des Ganzen. In diesem Universum gilt der wunderbare Energieerhaltungssatz: Energie verschwindet nie und bleibt immer in der ein oder anderen Form erhalten. Es ist lediglich ein ständiges Umwandeln. Wenn Nichts „entsteht", so wird Energie frei. In unserer menschlichen Erfahrung können wir zum Beispiel negative, an den Kräften zehrende, zerstörerische Gedanken loslassen und „neutralisieren" – und dadurch wiederum Energie gewinnen, beziehungsweise umwandeln und neu einsetzen. Ein Nichts im Sinne eines tatsächlichen, absoluten Nichts, würde unsere Existenz verbieten – es würde Existenz selbst verbieten und ein wahrhaftig zeitloser sowie ewiger Stillstand sein. Aber naja, wir sind da. Es mag dumm klingen, aber vielleicht ist das für mich die simple Antwort, warum ich an die Liebe – an das Alles und an die Freiheit – glaube, statt an ein vollkommenes Nichts. Für mich kann das Nichts nur ein Teil von Allem sein, das Alles aber nicht Teil eines vollkommenen Nichts.

Es ist eine Grenze unserer Dimension, über die wir nicht hinausblicken können. Wahrscheinlich ist ohnehin jeder Versuch, in diesem Bereich etwas begründen zu wollen, ziemlich unsinnig. Es kümmert mich letztlich recht wenig, ob man es Gott, Gesetze, Energie, Magie oder sonst wie nennt, die dieses Nichts oder Alles auf welche Art und Weise auch immer erzeugt haben.

Ich persönlich bin jedenfalls sehr offen für verrückte Ideen und bereits von einigen überzeugt, auch wenn sie nicht beweisbar sind – aber naja, zum Glück ist jede andere Meinung letztlich genau so wenig beweisbar. Um dennoch möglichst Irr- und Aberglauben zu vermeiden, kann man seine Augen stets offen für andere Möglichkeiten halten. Ebenso kann man offen für Gegenbeweise bleiben und einen Unglauben pflegen, der die Möglichkeit in Betracht zieht, dass es eine absolute Wahrheit nicht gibt. In der Mathematik ist es in der Regel leichter, einen Gegenbeweis für eine falsche Theorie zu finden, als einen Beweis für eine richtige. Viele der besten Theorien der heutigen Wissenschaft werden nicht deshalb für wahr befunden, weil sie bewiesen sind, sondern weil sie viele, viele richtige Voraussagen liefern, aber (bisher) eben keine falschen – oder schlichtweg keine andere, bessere Theorie gefunden werden konnte.

Für mich erzeugt Liebe, auch wenn es nur ein kleines Zeitfenster sein sollte, in der man sie tatsächlich erlebt und fühlt, einen Sinn. Selbst ein einziger Moment der Liebe kann Jahre der Verzweiflung aufwiegen. Liebe scheint etwas zu sein, das einen Zugang zu einer höheren Intelligenz ermöglicht, dem Prinzip der Verschränkung ähnelt (eine Verbindung unabhängig von der Distanz, welche eine gegenseitige, sofortige Beeinflussung bewirkt) und sich über Zeit und Raum hinwegsetzen kann. Und damit meine ich nicht nur ein persönliches Erlebnis, sondern eine tatsächliche, objektive, sinnvolle und sinn-erzeugende Gegebenheit, die geschieht. Das allerdings ist einfach nur mein Glaube – meine Entscheidung. Aber, ob wahr oder falsch, dieser Glaube kann in jeder Lebenslage helfen. Ob wahr oder falsch – ob dieses Universum letztendlich objektiv einen „Sinn" hat, ob wir „gewollt" sind oder alles zufällig entstanden ist – so ist es entweder so, dass wir tatsächlich diesen Sinn innehaben, oder aber nicht und wir haben es ohnehin selbst in der Hand, etwas aus unserer Sicht Sinnvolles zu erschaffen und damit selbst Sinn zu erzeugen.

Meiner Erfahrung nach existiert auch diese mysteriöse Magnet-Wirkung, die zu bestimmten Phasen immer wieder diese verblüffenden Zufälle, diese Unwahrscheinlichkeiten und Wunder, erzeugt, wirklich. So bin ich irgendwie überzeugt, dass das ganze Universum hilft, wenn man seinen Träumen folgt und im Einklang mit sich selbst und der Liebe seinen Weg bestreitet. Naja, zumindest fühlt es sich genau so an. Diese Erfahrung hat sich in meinem Leben stets als zutreffend erwiesen und niemals falsifiziert. Allerdings hat das wohl auch mit der Lebenseinstellung zu tun, für die ich mich entschieden habe. Oder mit der Selbstmanipulation, unter der ich dann leide.

Ich bin jedoch immer wieder erstaunt über meine Unfähigkeit und Angst, diese Liebe dauerhaft und immer wieder zuzulassen und zu praktizieren, obwohl ich das „weiß“ – genauso, wie ich immer wieder erstaunt bin, wenn sie gelingt. Die Liebe lässt sich weder beweisen, messen, austricksen, ausnutzen oder voraussagen, und erfordert immer wieder Mut zu Offenheit, Ehrlichkeit, Wohlwollen und Vertrauen – was nicht immer leicht erscheint. Das Universum und das Leben schicken uns eigentlich permanent Zeichen, die wir nur als solche erkennen müssten. Es ist Liebe, die uns angeboten wird. Und obwohl sie uns angeboten wird, finden wir sie nur in uns selbst. Ich denke, wissenschaftlich gesehen wäre es ein jeglichen Verstand überschreitendes, komplexes Zusammenspiel, entstehend aus innerer Haltung, allen Prozessen und Gesetzen des Universums und jeder kleinsten Kleinigkeit, das „objektiv“ in seiner Komplexität weder vollständig begriffen, quantifiziert, beschrieben oder nachgewiesen werden und auch nur subjektiv erlebt, geschaffen und verstanden werden kann. Alle Wissenschaften der Welt kommen hier zusammen und doch reichen sie nicht gänzlich aus. Wissenschaft basiert im Wesentlichen auf dem Prinzip der Trennung, der Zerlegung in Einzelteile, Isolierung und Messung, und schon allein deswegen kann sie das Wesentliche vielleicht nicht erfassen und greifen. Es ist die stets einzigartige und individuelle, nicht definierbare, nicht beweisbare Magie des Lebens. So ungefähr kann man auch unser Bewusstsein beschreiben. Auch mit Gott, ob es nun wirklich so etwas gibt oder nicht, verhält es sich wohl ohnehin so, dass er auch darauf basiert, dass man ihn nicht finden beziehungsweise messen oder definieren kann. Sonst hätte er plötzlich eine konkrete Form Was würden wir nur tun und denken, wenn er auf einmal da wäre? Vermutlich… anzweifeln, dass er wirklich einer ist. Es scheint jedenfalls nichts auffindbar zu sein, das uns Leben einhaucht, keine besondere Zutat oder ein Teilchen, was uns lebendig machen oder fundamental von toten Dingen unterscheiden würde. Es ist irgendwie einfach das alles hier. Genau hier, genau jetzt. Meiner Meinung nach sind wir eben mehr als nur die Summe unserer Einzelteile.

» Du brauchst die Wüste nicht einmal ganz zu verstehen.
Es genügt, wenn du dich in die Betrachtung eines einzigen
Sandkorns versenkst, und du wirst darin alle Herrlichkeiten
der Schöpfung wiederfinden «

- Der Alchimist[46]

Wahrheit und Ehrlichkeit

Andere Menschen werden immer einiges nicht verstehen. Sie sind vielleicht anders als du, verstehen dich oder deine Taten nicht und missverstehen, was du sagst oder meinst. Sie werden gute Taten, Mut oder Lehren nicht erkennen oder zu schätzen wissen. Das ist nicht immer schön, aber davon sollte man sich weder anstecken noch verbittern lassen. Denn so sind wir Menschen – jeder von uns.

Vieles in meinem Leben verstand ich nicht zu Beginn, sondern erst Jahre oder Jahrzehnte später, anderes verstehe ich nach wie vor nicht. In der Vergangenheit habe ich mich schon über vieles lustig gemacht oder es für Schwachsinn erklärt. Einiges begriff ich nicht, einiges erschien mir zu fremd. Manchem habe ich keine Beachtung geschenkt oder es ist mir nicht einmal aufgefallen. Bei anderem habe ich bewusst weggehört und weggesehen. So kann ich es auch kaum anderen Übel nehmen, wenn sie das Gleiche tun – wenn sie verneinen, ablehnen oder undankbar sind.

Die eigene Dummheit wird wohl irgendwie immer Teil und Begleiter des Lebens sein. Wissen wir darum, sollten wir uns nicht andauernd von ihr verführen und blenden lassen. Ständig bietet sie uns vermeintliche Tricks und Abkürzungen an: Wut, Zweifel, Angst, Egoismus, Gier, Betrug, Verneinung, Lügen, Vortäuschen, Faulheit, Verdammung, Konflikt, Missgunst, Hass. Sie sind eigentlich immer überflüssig. Nur erkennen wir das nicht immer oder brauchen sehr lange dafür.

Gleichzeitig gehören sie wohl zum Leben. Immer können wir daraus etwas lernen und jederzeit können wir vergeben.

Liebe ist ein Ideal, ein Leitfaden, eine Fähigkeit, die man vielleicht Stück für Stück versteht und erlernt. Vollkommene Liebe scheint Teil einer nahezu unerreichbaren Wahrheit zu sein, die man oft nur kurz in ein paar Momenten wirklich erfährt. Es kann frustrierend sein, wenn man von ihr weiß, sie aber nicht gelingt, sie praktiziert, aber andere Menschen mit Undankbarkeit, Belächeln, Unverständnis oder Herabwürdigung reagieren – so frustrierend, dass man womöglich an ihr zweifelt. Kann man etwas so Allumfassendes überhaupt erreichen? Kann man so leben?

Ja. Mit Ehrlichkeit. Ehrlichkeit ist das, womit wir als Mensch immer arbeiten können. Ehrlichkeit kann das Bindeglied und das Mittel sein, das uns mit der Wahrheit, mit der Liebe, verbinden und uns ihr stetig näherbringen kann. Mit Ehrlichkeit können wir jede Unvollkommenheit verstehen, verzeihen, akzeptieren, zugestehen und sogar lieben. Mit Ehrlichkeit können wir einander verstehen und vertrauen, die Gefühle des anderen sehen und teilen, die individuelle Ausdrucksweise der Liebe anderer Personen und Lebewesen begreifen und fühlen, Missverständnisse und Unterschiede überwinden und uns darauf einlassen. So können wir eine wahre Utopie in einer unvollkommenen Welt schaffen, statt uns an solchen aufzuhängen. Wir können auf das blicken, was wir alles geschafft haben, anstatt lediglich auf das, was nicht.

Zum Leben gehört der Tod und zur Liebe der Hass. Lasst uns der Vergänglichkeit danken: Das Leben ist überhaupt erst dadurch möglich, dass jeder Augenblick dem nächsten weicht und somit „stirbt". Lasst uns versuchen, selbst Hass und Tod auf uns zu nehmen und als Teil von uns zu akzeptieren, anstatt wegzusehen oder sie zu verfluchen.

Es gibt keine Vollkommenheit ohne Unvollkommenheit. Freiheit impliziert notwendigerweise die Möglichkeit zur Unfreiheit. Wie sollte sie frei sein, wenn ihr Dinge verboten sind? Wie sollte Freiheit aussehen, wenn alles bereits zu Ende gedacht oder vorgeschrieben wäre? Wenn es keine Möglichkeit zu Neuem, zur Entfaltung, zum »Erleben« gäbe? Wenn es keine Möglichkeit zu Entscheidungen gäbe und damit eben auch, sich festzulegen? Freiheit besteht nicht nur darin, Türen zu öffnen oder sie sich offen zu halten, sondern auch darin, Türen zu schließen und sich zu verwirklichen. Freiheit, Wahrheit und Liebe sind notwendigerweise Paradoxien.

Die einzige andere Zutat erscheint mir im Grunde ganz simpel: Niemals aufgeben. Jeder Sieger hat letztlich einfach nur lange genug nicht aufgegeben. Und der Weg zum Sieg ist immer gepflastert mit „Niederlagen". Eine Niederlage ist letztlich nur dann eine Niederlage, wenn wir sie dazu machen – wenn wir aufgeben. Wenn wir kein Vertrauen mehr haben. In der Zukunft wird wohl jeder von uns noch einige Male „verlieren" – in welcher Hinsicht auch immer. Wir werden vielleicht die Kontrolle verlieren, inkonsequent sein oder rückfällig werden, Dinge tun, die unseren Idealen, unseren Zielen und dem, was wir erreichen wollen, widersprechen oder unsere Ziele verfehlen, werden vielleicht nicht so weit kommen, wie wir wollten. Nicht aufzugeben, wird dann eine essenzielle Rolle spielen – wie wir mit „Niederlagen" umgehen und was wir überhaupt als Niederlage betrachten. Dementsprechend bedeutet „nicht aufgeben" auch nicht, dass wir nichts anderes versuchen, nicht loslassen oder uns zufriedengeben können. Wenn wir es schaffen, unser Leben mit Liebe zu leben und unsere Tätigkeiten aus Liebe zu verrichten, so spielen Ergebnisse, Anerkennung oder sonstiges ohnehin keine Rolle mehr. Und wir können uns immer vergeben, wenn wir mal vom Weg abgekommen sind. Wir können und sollten immer stolz auf uns sein, es immer als einen Sieg betrachten und feiern, wenn wir unser Bestes gegeben haben.

Teil III
WIR

Wir gelangen nun zu dem Punkt, der mir lange Zeit die meisten Kopfschmerzen bereitet hat. Wie verhält sich das nun mit anderen Menschen und größeren Phänomenen? Während ich mir meiner eigenen Freiheit bewusstwerde, genießt diese Freiheit natürlich jeder andere auch und diese muss ich ebenfalls achten. Das kann sich ganz schön kompliziert gestalten. Kann ein Wunsch dann überhaupt noch eine Person beinhalten? Können wir unsere Freiheit teilen? Und wie sieht es in der Gesellschaft aus? Die Würde eines Menschen, so kommt es mir vor, ist nur auf dem Papier unantastbar, die Praxis sieht oft einfach anders aus. Wie kam es zu diesem Zustand, wenn wir doch eigentlich so frei und mächtig sind? Werfen wir nun einen Blick auf die Gesellschaft, auf uns, auf Strukturen, auf größere Organisationsformen – auf große Objekte, wenn man so will. Gibt es vielleicht einige Parallelen aus den zuvor vorgestellten Phänomenen – wiederkehrende Muster, Fraktale? Wie genau werden aus kleinen Dingen große Dinge? Ein Blick auf mein bisheriges Leben liefert mir eigentlich schon die Antwort.

Grob wird sich dieser Teil um Gesellschaftskritik, um Bewusstmachung einiger Phänomene und Problematiken größerer Zusammenhänge drehen, um gegenwärtige Entwicklungen und um die Möglichkeit einer erfolgreichen Selbstverwirklichung zum guten Zweck – und wieso dieser Pfad womöglich besser und sogar lukrativer sein könnte, als man zunächst denkt. Wie kann ich nun noch gleichzeitig etwas zurückgeben, etwas Gutes für Menschen, Gesellschaft oder Umwelt tun, ohne mich dafür zu opfern, ohne meine Interessen, Ziele und Wünsche aufzugeben?

Im Grunde solltest du jetzt schon wissen, auf welche Folgerung ich hier am Ende kommen werde, denn das Prinzip wird sich wiederholen. Die banale Grundproblematik besteht für mich tatsächlich in der bloßen Größe[47] eines Objekts. Man kann sagen, dass wir im Kleinen, bei uns selbst, angefangen haben und zunehmend ins immer Größere dringen. Angefangen bei den kleinen kleinen Phänomenen des Lebens, bei unseren Gedanken und Gefühlen, bis hin zu den großen kleinen Phänomenen, der Entstehung, Beantwortung und Verwirklichung des eigenen Lebens in der Realität. Größere Objekte erscheinen bestimmter, unveränderlicher, sie scheinen determiniert, gefestigt und unaufhaltsamer, während kleine Objekte sehr schwach und unbestimmt wirken, ihren Zustand oft wieder ändern, verpuffen und von außen betrachtet einem hohen Maß an Zufall ausgesetzt sind, was sie quasi unvorhersagbar sowie störungsanfällig macht. Auch hier greift das Prinzip großer – durch die Relativitätstheorie eindeutig bestimmbarer und festgelegter, materieller – Dinge und kleiner – aufgrund der Quantenmechanik und der Unschärferelation im Einzelfall niemals eindeutig bestimmbarer – Dinge. Das Problem, vor dem wir am Anfang, bei uns selbst, standen, war im Grunde das Problem unserer Entscheidungen, unseres Bewusstseins und unserer inneren Haltung. Falsche Entscheidungen treffen wir eigentlich nur, weil wir zu wenig wissen und somit die Konsequenzen unserer Entscheidungen nicht überblicken können. Erst nach und nach offenbart uns die Zeit die Bewahrheitung einer Entscheidung, sie verleiht der Entscheidung zunehmend eine eindeutige Form und lässt sie „größer" werden. Bei großen Objekten tritt oft das Problem einer gewissen Eigendynamik, einer Art Gravitation auf. Sie erscheinen gefestigter und man müsste zur Änderung heftiger und/oder kontinuierlicher stören, oft ist keine sofortige Änderung sichtbar oder nur schwer vorstellbar. Die Eigendynamik großer Objekte besteht, wie das auch bei unseren eigenen Entscheidungen der Fall ist, im Wesentlichen in den Konsequenzen, die sich noch lange nach der eigentlichen Ursache bewahrheiten und leicht dazu tendieren, sich selbst weiter zu verstärken (vgl. gefestigte Glaubenssätze und Gewohnheiten). Unverändert entwickeln sie von selbst eine immer stärker werdende, anziehende Wirkung. Auf diese Weise ziehen sie auch uns, wenn wir nicht aufpassen, in ihren Bann. Wir treffen zum Beispiel unwissend Entscheidungen, die größer und weitreichender sind (oder werden) als uns das bewusst ist, sodass wir denken eine gute Entscheidung zu treffen, während wir mit der zunehmenden Bewahrheitung dieser dann allmählich merken, dass sie vielleicht doch nicht so gut war. Und auf einmal erleben wir ständige Auswirkungen dieser Entscheidung und sind in ihrem Gravitationsfeld. Es kann auch von einer „Tyrannei der kleinen Entscheidungen“ gesprochen werden.[48] Wir betrachten Dinge isoliert, die eigentlich nicht isoliert betrachtet werden können und treffen viele kleine Entscheidungen, die im Kleinen vielleicht sinnvoll, bequem oder von Vorteil sind oder erscheinen mögen, sich aber in einem großen Rahmen zu etwas sehr Negativem entwickeln können. In der Regel werden Schulden, wenn wir eben nichts zu ihrer Tilgung unternehmen, mit der Zeit immer größer. Süchte werden unerkannt oder ohne Gegenmaßnahmen schwerwiegender, ebenso wie Ängste, Unzufriedenheit oder Stress. Probleme und unerwünschte Konsequenzen werden für gewöhnlich größer, wenn wir sie ignorieren, und gewinnen mehr und mehr an Macht – sodass sich irgendwann nicht mehr das Problem um uns dreht, sondern wir uns selbst um das Problem. Wir verlieren scheinbar die eigene Kraft, Macht, Einfluss- und Entscheidungsmöglichkeiten. Man sollte von außen betrachtet meinen, dass man solche „großen“, „unübersehbaren“ Probleme mühelos erkennt, doch ist man Teil dessen, verliert man sich leicht darin und kann das große Ganze nicht mehr überblicken – man verirrt sich in Verzweigungen und Verästelungen. Und es sind die großen – die für uns wichtigen, bedeutsamen und/oder die in uns tief verankerten, vernetzten, lange herangereiften – Dinge, die uns uns selbst angesichts dessen am ehesten als klein und machtlos erscheinen lassen, wenn wir sie dann erkennen. Hauptsächlich sind sie es, die Ungläubigkeit, Zweifel, Ängste, Resignation, Unverständnis, Ignoranz und Hass hervorrufen – und die Möglichkeit einer Veränderung utopisch erscheinen lassen.

Im Prinzip ist es aber im Falle der Menschheit und der Umwelt gar nicht unbedingt so problematisch. Große Dinge bestehen aus kleinen Dingen. Gesellschaften bestehen aus dem Einzelnen und werden letztlich durch die Individuen geschaffen und geformt. Wir kennen uns selbst nun hoffentlich gut genug und haben die Freiheit, nicht oder nicht mehr bloß durch den „Zufall" und unsere Umwelt gesteuert zu werden, sondern können selbst steuern und Einfluss nehmen. Zumindest solltest du die Möglichkeit dazu sehen, wenn meine Worte bisher bei dir angekommen sind. Wie gesagt, Wissen ist nur unnützes Wissen, wenn man es nicht auch einsetzt, und Dinge sind erst mal leichter gesagt als getan. Im Prinzip ist immer alles einfach. Aber das kann es auch sein oder werden, wenn man das Problem der Anfangshürde meistert – die Hürde, anzufangen und die Hürde, nicht zu früh aufzugeben.

Bist du eine Krebszelle?

Dieses Kapitel dreht sich um die Veranschaulichung der Frage, warum es tatsächlich sinnvoll sein könnte, anderen zu helfen, gut zu seiner Umwelt und damit letztlich auch gut zu sich selbst zu sein. Häufig, wenn ich mir Gedanken über etwas Größeres mache – etwas, das ich nicht wirklich begreife oder einfach meinen Horizont übersteigt – dann stelle ich mir es mir einfach in einer kleineren, mir verständlichen Dimension vor. Eine kleinere Dimension, über die ich Gewissheit habe und die ich verstehe. Hauptsache ist natürlich, dass sich das

Prinzip auch auf die größere Sache anwenden lässt. Wie so häufig, bin das mal wieder nur ich selbst.

Ich stelle mir mich selbst oder jeden anderen Menschen gerne als ein eigenes, kleines Universum vor, bestehend aus zig Milliarden Gedanken und Dingen, die da so vor sich gehen. In der Tat weist die Struktur der neuronalen Netze unseres Gehirns einige verblüffende Ähnlichkeiten mit der Struktur des Universums auf.[49] Sichtbare Galaxien im Universum sind nicht getrennt, sondern durch eine fadenförmige netzartige Struktur miteinander verbunden. Aus meiner Sicht macht es Sinn, mich als ein kleines Universum zu betrachten. Und wenn ich nun einen kleinen Einblick in mich wage und mich mit den kleinen Zellen in meinem Körper vergleiche, was für Zellen wünsche ich mir dann für mich selbst? Wie würde ich mich als Zelle verhalten? Was wäre das Klügste für mich selbst als Zelle und für meine Umwelt, damit ich (und meine Umwelt) überlebe? Willst du eine Krebszelle sein oder ein harmonisches Glied in einem riesigen System, in dem alle Teilchen gemeinsam wachsen und interagieren? Ich denke, die Antwort liegt eigentlich ziemlich klar auf der Hand. Das einzig Sinnvolle, das man tun kann, ist es, gut zu sich selbst und zu seiner Umwelt zu sein.

Krebszellen können auf sehr vielfältige Art und Weise entstehen.[50] Man kann das sogar gut mit dem Verhalten von Menschen vergleichen. Im Grunde sind Krebszellen erst einmal nur ganz normale, gesunde Zellen. Erst eine Mutation, eine Veränderung, eine Störung oder ein

Ausfall einer der Zellfunktionen kann den Anreiz zur Entstehung einer Krebszelle geben. Auch diese wird aber im Normalfall vom Reparatursystem des Körpers geheilt. Ich denke, wir alle erleben in unserem Leben Enttäuschungen oder Krankheiten, die Negativität in unserem Leben hervorbringen. Jedoch ist diese nie von Dauer, solange wir sie „reparieren", also, indem wir uns heilen beziehungsweise heilen lassen und zurück zu Gesundheit und Positivität finden. Solange das funktioniert, ist wohl alles gut. Was passiert aber, wenn wir langfristig in ein solches „Loch" fallen? Wenn wir uns selbst und andere langfristig schlecht behandeln, depressiv und krank werden? Dann geben wir der Negativität und der Krankheit Kraft, sie wächst und breitet sich unkontrolliert aus, nichts scheint mehr zu funktionieren. Ganz ähnlich funktionieren Krebszellen. Sie teilen sich unkontrolliert, dringen in umliegendes Gewebe ein und zerstören es. Oft wachsen Krebszellen auch im Verborgenen, sie besitzen sogar eine Fähigkeit, sich sozusagen unsichtbar zu machen und sich zu tarnen, indem sie zum Beispiel typische Merkmale gesunder Zellen annehmen. Sie verhalten sich „nach außen hin" gesund, was unserem menschlichen Verhalten wohl oft erschreckend ähnlich ist. Ob es nun „nur" um schlechte Laune, Negativität oder eine tatsächliche Krankheit geht, viel zu oft lassen wir Dinge unbeachtet, ignorieren sie und spielen nach außen vor, alles sei gut, während wir innerlich leiden. Auch können sich Krebszellen von ihrem Zellverband trennen und um weiter zu wachsen und zu überleben sind sie sogar in der Lage dazu, eigene Blutgefäße zu bilden und sich selbst zu versorgen. „Ich gegen den Rest der Welt", so in etwa. Während sie zunehmend in das umliegende

Gewebe eindringen und es zerstören, sind sie unwissend, dass sie mit zunehmendem Wachstum und Eigensinn letztendlich nur sich selbst zerstören werden. Siehst du langsam Parallelen?

Du hast jedenfalls die Wahl. Wer bist du? Bist du eine Krebszelle? Ich denke, dieses Prinzip lässt sich wieder auf viele andere Dinge anwenden. Dass wir gut zu uns selbst sein sollten ist wohl klar. Aber mit diesem Gedankenspiel ist mir klarer denn je geworden, wie wichtig es ist, dass wir endlich auch gut zu unserem Umfeld und unserer Umwelt sein sollten. Wie im Großen, so auch im Kleinen. Auch, wenn unser Umfeld vielleicht erstmal nicht gut zu uns ist. Vielleicht ist unser Umfeld bereits krank. Entscheiden wir uns, der Krankheit Kraft zu geben, sich ihr anzuschließen oder entscheiden wir uns dazu, zu Gesundheit zu finden und unser Umfeld zu beeinflussen, statt es uns beeinflussen zu lassen? Langsam wird immer klarer, dass es genauso wichtig ist wie man selbst, und dass man andere sonst nur mit in den eigenen Abgrund reißt oder mit den anderen einen Trend weiterverfolgt, der in Selbstzerstörung endet. Radikale Heilung, radikale Liebe ist die beste Taktik, die mir einfällt. Gute, gesunde Zellen verbessern ihr Umfeld, was dazu führt, dass sie auch nach und nach mehr „Gutes“ von diesem Umfeld zurückbekommen. Gut-Sein und selbstloses Handeln können von hohem Eigeninteresse sein, auch wenn das nicht unbedingt der Beweggrund sein sollte. Auch hier muss man vielleicht seinen Verstand, seine manipulative Intelligenz, ausschalten, denn um selbstlos zu handeln, kann man nicht nur aus Eigeninteresse handeln – es gibt kein „um zu…“, keinen fernen Plan, um eben irgendwann in der Zukunft etwas zu nehmen, sondern es geht eben um das Geben. So unterschiedlich wir sind, im Grunde sind wir doch alle gleich. Wir Menschen sind nur kleine Zellen der Erde, die mit zunehmendem Eigensinn und Wachstum die Welt und damit auch uns selbst zerstören können. Vielleicht sogar das Universum, je nachdem, wie weit wir uns auf diese Art der Verschmutzung und des ungebändigten Konsums der natürlichen Ressourcen ausbreiten. Wir arbeiten nicht im Einklang mit der Natur und ihren Ressourcen, und das führt unweigerlich zu einem von zwei möglichen Ausgängen: Wir werden vom Selbstschutzsystem der Natur als schädlich handelnde Zelle entfernt oder wir zerstören alles um uns herum irgendwann selbst und/oder uns selbst. Zum Glück haben das mittlerweile viele Menschen eingesehen, doch nur darum zu wissen reicht nicht aus. Wir müssen es auch glauben und es leben. Jeder muss bei sich anfangen und die Menschheit als Einheit muss sich endlich zum Guten wandeln. »Ich helfe dir, du hilfst mir« ist das beste und intelligenteste Prinzip, das es gibt. Der Rest ist zum Scheitern verurteilt.

» (…) die unverzichtbare Grundbedingung für den Frieden muss angestrebt werden: Einheit in der Vielfalt zu suchen und tragfähige Wege, dieses Ziel zu erreichen «

- *Nelson Mandela*

In der Tat zeigen Versuche mit Zellen, dass sie sich entsprechend ihrer Umwelt entwickeln und sich spezialisieren. Dabei kann sich eine Zelle tatsächlich zu von Grund auf verschiedenen Zelltypen entwickeln – ein und dieselbe Zelle könnte zum Beispiel zu einem Fuß werden oder auch zu einem Ohr. Zellen besitzen an sich eine Art komplette Bauanleitung, um zu jeder x-beliebigen Zelle werden zu können. Sie kommunizieren miteinander und anhand ihrer Umwelt – also des jeweiligen Umfelds der Zelle, dem Verhalten der anderen Zellen um sie herum und der daraus resultierenden Kommunikation und Wechselwirkung zwischen den Instanzen – bestimmen sie, was sie werden. In unserem Körper spielt sich ein wahres Spektakel ab. Ziemlich sicher hat nicht jede Zelle direkt das „große Ganze" zum Ziel, sondern es existiert ein bunter Haufen voller unterschiedlicher Funktionen und Wirkungen, die letztendlich bewirken, dass wir hier sind und leben. Und das ist doch wunderbar, oder nicht? Das Faszinierende an der Liebe ist, dass wir die Dinge dann ja gar nicht unbedingt tun, um gut zu sein oder selbstlos zu handeln oder ähnliches, sondern, dass wir ganz von alleine und automatisch so sind und konstruktiv handeln. Wir können unseren Platz in diesem Leben und dieser Gesellschaft finden und unseren Beitrag auf eine ganz wunderbare Weise leisten.

Gesellschaft

Wir können festhalten, dass es einiges an Zeit, Energie und Durchhaltevermögen kosten kann, wieder aus den Situationen und Denkfallen herauszukommen, in die man irgendwie hineingeraten ist oder hinein geboren wurde. Da liegt der Gedanke nahe, es im Idealfall gar nicht erst dazu kommen zu lassen.

Wie also könnte man all das in einer (realistischen) Gesellschaft berücksichtigen? Wo sind Problemherde, wo besondere Chancen und Möglichkeiten? Die mit größten Probleme stellen für mich wohl der allgemeine Umgang mit und die Vorstellung von Geld, die Digitalisierung, die Umwelt, die Radikalisierung, die soziale Ungleichheit und Spaltung in Gesellschaften, und das zunehmende Zeiteffizienz-Denken beziehungsweise die grundlegende Entwicklung einer daraus resultierenden Mentalität dar. Wie so häufig, liegt die Lösung eines Problems womöglich einfach nur im richtigen Umgang damit. Anders ausgedrückt; im »Bewusstsein«. Geld, technischer Fortschritt, Digitalisierung, Gesellschaften und Zeiteffizienz sind ja keine Probleme an sich, sondern eigentlich sogar eine große Hilfe – zumindest könnten sie das sein. Wir müssen die Chancen, die sie uns bieten, nur richtig nutzen. Solche in vielerlei Hinsicht selbstgeschaffene Werkzeuge und Strukturen müssen, oder sollten, für uns arbeiten und nicht wir für sie. Die Frage ist nur, wie? Von fundamentaler Bedeutung sind dabei vor allem das Bildungssystem, die Erziehung und die Politik. Neben einer ohnehin viel geforderten Umgestaltung der Lehren sind neue Fächer und Lerninhalte gefragt. Wieso gibt es kein Schulfach, in dem es um Glück geht oder grundsätzlich um das Verständnis vom Leben an sich und eine positive Einstellung zu diesem und sich selbst? Statt lediglich Fakten zu lernen, könnte man auch die persönliche Entwicklung unterstützen, den Umgang mit den eigenen Gefühlen stärker mit einbeziehen und grundlegend psychologisch aufklären. Bei wie vielen Dingen dachte ich mir schon „Hätte mir das nicht mal jemand früher sagen können"? Für eine nachhaltige und dauerhafte Entwicklung muss man wohl zwangsläufig bei der Jugend, ihrer Bildung und Erziehung ansetzen, denn sie stellen die Zukunft dar. Gerade heutzutage scheinen sich die klügsten Köpfe zunehmend nicht etwa mit Philosophie, etwa mit dem Umgang mit dem Leben und dem Tod, zu beschäftigen oder in die Lehre zu gehen, sondern vor allem sind sie treibende Kräfte bei der Entwicklung von Technologien, die eher noch das „Problem" Tod lösen und den Menschen optimieren wollen, oder eben andere Menschen effizient analysieren, manipulieren und dazu verleiten, länger auf einen Bildschirm zu starren oder auf Werbung zu reagieren.

Ein weiteres Kernproblem sehe ich bei der heutigen Gesellschaft im „Loslassen". Mit anderen Worten, den Blick freizumachen, Illusion und Wahrheit voneinander unterscheiden zu können und das Wesentliche zu erkennen und danach zu handeln. Ebenso zählt dazu, Veränderungen hinzunehmen und andere Menschen und Ansichten zumindest zu dulden (was nicht bedeutet, alles zu mögen oder toll zu finden) und sich nicht direkt von ihnen abzuschotten oder mit dem Finger auf sie zu zeigen. Mit dem Fortschritt und zunehmender Vernetzung ist diese Welt eben auch komplizierter geworden. Wie ich anfangs schon betont habe, ist etwas allerdings keineswegs besser, nur weil es komplizierter ist – und in komplexen

Systemen gibt es nun mal eine höhere Störungsanfälligkeit sowie mehr Irrwege. Heutzutage ist es viel schwieriger, unter anderem durch Marketing, Werbung, einem Überfluss an Möglichkeiten, Verzweigungen und Ablenkungen, Illusionen und Täuschungen, das Gesamtgebilde zu durchschauen. Es ist schwerer, Freund und Feind zu unterscheiden – zum Beispiel einen überzeugenden, verantwortungsbewussten und kompetenten Verkäufer von einem sehr geschickten und manipulativen. Zu unterscheiden, ob ein Umweltsiegel auf einem Produkt auch tatsächlich etwas bringt und bedeutet oder bloß Schein statt Sein dahintersteckt, bringt ebenfalls Herausforderungen mit sich. Man bräuchte mehr Bildung und Zeit, während diese Welt immer schneller wird und wir immer früher aus allen Richtungen abgelenkt und gestört werden. Für einige Wenige, die solche Systeme gewissermaßen zu steuern oder zu beeinflussen wissen, was wiederum die breite Masse beeinflusst und steuert, ist es oft relativ leicht – sie müssen eigentlich nur die richtigen Knöpfe drücken. Zumindest kurzfristig.

Die Kehrseite jeder Wissenschaft, zum Beispiel der Psychologie, ist, dass man sich darin einerseits hoffnungslos verrennen und alles unnötig und immer weiter verkomplizieren kann, und sie andererseits eben nicht nur für sich selbst oder etwas Gutes einsetzen, sondern eben auch zu seinen Vorteilen missbrauchen kann. Es braucht wohl ein paar Argumente und Gründe – auch wenn es eigentlich traurig ist – warum es sich tatsächlich „lohnt“, gut zu sein.

Abgesehen davon lohnt sich hier auch der Blick auf unseren Planeten. Zurzeit leben wir in einer Welt, in der viele, viele Menschen aufschreien und sagen: „Kommt, lasst uns den Planeten retten“. Tja, und viele sagen: „Nö“ – indem sie einfach nichts tun.

Grundsätzlich stehe ich der Zukunft keineswegs pessimistisch gegenüber und ich halte die Verteufelung von Technik und gewisser Veränderungen für übertrieben und kontraproduktiv. Aber es gibt definitiv diese kritischen Stellen und potenziellen Gefahren oder Verführungen, denen man sich bewusst werden sollte. Ich denke, dass sich die meisten Dinge gut regeln lassen und sich auch in großem Maße mit der Zeit einpendeln werden, aber es ist wichtig, dass diese kritischen Stimmen und Bedenken geäußert werden, wir jetzt handeln und unsere Richtung korrigieren – denn das gehört zu diesem Prozess. Eine Schwierigkeit liegt in der immer noch weit verbreiteten, grundlegenden Ungläubigkeit angesichts solcher Veränderungen in der Gesellschaft und im eigenen Leben. Der Glaube an die eigene Selbstwirksamkeit fehlt und/oder man ist so mit sich selbst und seinem Alltag beschäftigt, dass gar keine Zeit und kein wahres Interesse für andere entstehen kann. Andere und neue Gesellschaftsmodelle und -strukturen sind möglich und durchaus umsetzbar, nur finden solche Ideen keinen, oder noch viel zu wenig, Platz in den Köpfen der meisten Menschen. Wir dürfen und müssen uns und unseren Mitmenschen aber etwas zutrauen, wenn wir eine Zukunft und eine Gesellschaft schaffen wollen, die man wirklich als »Fortschritt« bezeichnen kann.

Dümmer als wir glauben und klüger als wir denken

Im Nachhinein sind wir immer klüger. Eine Erkenntnis, die sich viel zu oft bewahrheitet, ob nur für mich selbst betrachtet oder für die Menschheit als Ganzes. Wir scheinen letztlich doch viel, viel mehr aus Erfahrung zu lernen als durch unsere angeblich so überragende Intelligenz und unser Denkvermögen.

» Nachdem wir das Feuer entdeckt hatten, haben wir uns ein paarmal dumm angestellt. Und dann den Feuerlöscher erfunden. «

- *Stephen Hawking*

Und auch ich bin als Kind erst mal gegen die Glastür gerannt, weil ich sie nicht sah, bevor ich anschließend meine Schlüsse daraus zog und genauer hinschaute. Aber immerhin lernen wir aus unseren Fehlern. Das sollte man zumindest meinen.

Und doch lässt sich auf gewisse Art immer wieder der gleiche Unsinn in dieser Welt beobachten. Ein ebenso idiotischer wie einfacher Gedanke, der im Nachhinein wohl auch jedes Mal wieder als dumm und grausam identifiziert wird, geht in dieser Welt umher wie ein Virus, das sich immer wieder in leicht veränderter Form verbreitet. Menschen bewerten andere Menschen nach ihrem Geschlecht. Menschen bewerten andere Menschen nach ihrer Hautfarbe. Menschen bewerten andere Menschen nach ihrer Sexualität. Menschen bewerten andere Menschen anhand ihrer Herkunft. Menschen, die an verschiedene Götter glauben, führen Krieg. Menschen nutzen einander aus. Menschen versklaven und verkaufen Menschen. Menschen bewerten andere (eben nicht-menschliche) Tiere anhand ihrer „Rasse“ oder Spezies. Menschen züchten, jagen, quälen und rotten Tiere aus. Menschen holzen Wälder ab, zerstören die Natur und verpesten die Luft. Der Gedanke hat mit der Vorstellung zu tun, es gäbe wertloses Leben – mit der Vorstellung, wir wären einander fremd und grundverschieden. Und schon werden die, die fortan als die „anderen“ wahrgenommen werden, zu Objekten oder minderwertigen Lebewesen degradiert, in welcher Hinsicht auch immer. Alles dreht sich auf einmal um ein vermeintlich zentrales Merkmal als Mittelpunkt und Zentrum dieses „anderen“ – mit teilweise konfusen Schlussfolgerungen. Ein paar dieser Konflikte sind bereits Vergangenheit und wurden, zumindest in Deutschland, weitestgehend gelöst oder es wurde zumindest die richtige Richtung eingeschlagen und Bewusstsein geschaffen. Immer wieder blicken wir zurück und schütteln den Kopf, wie die Nazis solche Macht erlangen konnten und Tausende Juden vergast werden konnten, ohne dass jemand etwas getan hat. Wie Frauen als minderwertig betrachtet wurden, während wir mittlerweile so aufgeklärt und fortschrittlich denken. Das Problem dabei ist, dass die meisten Menschen von sich selbst denken, sie hätten niemals an so etwas mitgewirkt. Die meisten hätten das allerdings getan. Und die meisten werden wohl auch jetzt denken, sie selbst wären trotzdem eine Ausnahme gewesen und hätten nicht mitgemacht. Ich selbst vielleicht auch. Aber wir haben eben das Glück, mit solchen Fragen in unserem Leben praktisch gar nicht konfrontiert zu werden – oder vielleicht doch? Vielleicht sehen wir es nur nicht? Sehen wir vielleicht gar nicht, von was wir ein Teil sind? Ist das das wahre Problem?

Immer wieder tauchen die gleichen Phänomene auf. Und an irgendeinem Ort zu irgendeiner Zeit tauchen sogar genau dieselben erneut auf. So können wir hier stolz darauf sein, dass Frauen und Männer als gleichwertig betrachtet werden und vieles für den Ausgleich von systemischen und strukturellen Ungleichheiten getan wird, während an einem anderen Fleck der Erde die ersten Frauen vielleicht gerade das erste Mal alleine ein Auto bedienen dürfen, wenn überhaupt. Gleichzeitig haben wir in Deutschland, beziehungsweise allgemein in Westeuropa, mit die größte Kluft zwischen dem moralischen Empfinden der Menschen und der tatsächlichen Praxis. Wie schon erwähnt, kann jeder seine Entscheidung treffen, ob er zum Beispiel Tiere isst – nicht-menschliche Tiere, „selbstverständlich". Tiere haben ja kein Recht von uns zugesprochen bekommen, das uns dies verbieten würde – außerdem würden viele Tiere ja auch uns ohne weiteres töten. Aber während viele Menschen hier sogar für sich den Entschluss fassen, wenig Fleisch zu essen, vegetarisch oder vegan zu leben, produzieren Massentierhaltungsfabriken nahezu ungebremst. Der Profitgedanke ist bereits in vollem Gange. Der Entschluss, kein Fleisch, weniger Fleisch oder zumindest kein billiges Fleisch zu essen, hilft zwar definitiv, ist aber anscheinend oft eher privater Natur, er geht nicht zwangsläufig einher mit einer tatsächlichen Bewegung, die wirklich etwas gegen die Sache tut, weswegen man diesen Entschluss eigentlich gefasst hat. Es wird eben geduldet, dass es so weiter geht und das jetzige „Normal" auch weiterhin als normal angesehen wird. Man hat ja auch kaum eine Chance, wirklich etwas zu verändern, also lässt man es sein. Ähnlich wie die Leute, die daher einfach weiter Billig-Fleisch essen, obwohl sie eigentlich häufig auch verachten, was in der Tierindustrie passiert – zumindest in den eher seltenen Fällen, in denen sie wirklich hinschauen oder sich mit der Problematik bewusst auseinandersetzen. In unserer Gesellschaft ist es üblicherweise schließlich unangebracht, beispielsweise beim Essen aufzuzeigen, was gerade wirklich gegessen wird, wie es zubereitet wurde und auf welchem Weg es letztlich auf dem Teller gelandet ist. Eine nüchterne Beschreibung dessen, was man wirklich tut, ist weitläufig nicht erwünscht. Wirkliche politische Entscheidungen oder Positionierungen erscheinen weit entfernt.

Ich bin mir ziemlich sicher, dass Menschen in der Zukunft kopfschüttelnd auf uns zurückblicken werden, fragend, wieso es so lange gedauert hat, bis etwas getan wurde, im Hinblick auf den derzeitigen Umgang mit Umwelt und Natur allgemein und auf so viele Missstände und Grausamkeiten in der Gesellschaft, die gegenwärtig immer noch „normal" sind. Genauso, wie wir heute auf so manche Ereignisse der Vergangenheit zurückblicken. Ich hoffe es zumindest, denn es wäre ein Zeichen dafür, dass wir uns in dieser Zukunft weiterentwickelt hätten. So, wie es bei uns mittlerweile selbstverständlich ist (zumindest besteht ein großer Konsens und es wird darauf hingearbeitet), dass Männer und Frauen, Schwarze und Weiße, Gesunde, Kranke und Behinderte, Arme und Reiche und Menschen aller Religionen oder Anschauungen in ihrer Vielfalt alle „gleich" wertvoll sind und die gleichen Rechte genießen – oder genießen sollten – so sollte sich dieses selbstverständliche Bewusstsein in ähnlicher Weise mit (nicht-menschlichen) Tieren und Natur entwickeln und eine Regelung gefunden werden. Es geht einfach um die grundsätzliche Achtung vor anderem Leben selbst und sich nicht pausenlos abzugrenzen. Welche Werte werden sonst vermittelt? Es ist ein ständiges, willkürliches Verschieben der Grenze, ab wann Leben wertvoll ist. Ist es Intelligenz, Leidensfähigkeit, Spezies, Nützlichkeit oder etwas ganz anderes? Mit der Zeit kamen wir ja schon mal zu der Erkenntnis, dass es wohl nicht die Farbe der Haut oder das Geschlecht zu sein scheint. Ein Tintenfisch beispielsweise ist wesentlich schlauer als ein Säugling, jeder besitzt nachgewiesen eine eigene Persönlichkeit und ein äußerst ausgeprägtes Schmerzempfinden. Ist er nun wertvoller? Aus einem Säugling kann allerdings ja ein noch intelligenteres Lebewesen werden. Ist es vielleicht Potenzial? Aus so etwas kann dann aber auch ein Hitler werden. Hätte man diesen nicht so früh wie möglich stoppen sollen? Sollte man uns alle nicht so früh wie möglich stoppen, wenn wir drohen, unseren gesamten Planeten zu zerstören und alle anderen Lebewesen auf ihm mit uns zu reißen? Sollte es uns dann überhaupt geben? So ziemlich alle Überlegungen, den Wert eines Lebewesens anhand bestimmter Kriterien festzumachen, münden in einem Chaos. Kein Wunder, denn es macht auch keinen wirklichen Sinn, es ist überhaupt nicht objektiv bewertbar. Wir haben uns sowohl die Kriterien ausgedacht als auch das Konzept „Wert". Aber um zu verhindern, dass Menschen zunehmend und immer wieder auf die Idee kommen, willkürliche Grenzen zu ziehen, um anderen Lebewesen ihren „Wert" abzusprechen, ist einfach eine grundsätzliche Erziehung zu Achtung vor anderem Leben anzustreben. Wir müssen uns entscheiden, welchen Maßstab wir ansetzen – und diesen konsequent verwenden. Ein Tintenfisch kommt uns „fremd" vor, wir identifizieren uns nicht mit ihm. Er gehört nicht zu uns. Er wird trotz eben genannter »Fakten« teilweise lebendig verspeist. Und die Rechtfertigung oder Erklärung, ihn weiter zu verspeisen, unterscheidet sich letztendlich meist kaum von der eines Rassisten oder Sexisten, der eine andere Ethnie oder ein anderes Geschlecht – ein in irgendeiner Form als anders oder fremd empfundenes Wesen – eben als anders, als fremd, als wertlos, als etwas Niederes betrachtet und wahrnimmt. Er bewertet letztlich anhand seiner eigenen subjektiven Empfindung. Und solche empfundenen Unterschiede und Urteile führen zu weitreichenden Konsequenzen und Handlungen. Spinnt man es etwas weiter, gibt es keine wirklich sinnvollen Argumente – das eine ist für den einen eben bloß ein Tintenfisch, das andere ist für den anderen bloß ein niederer Schwarzer. Es blieb für mich dankbarer Weise bei nur wenigen Ausnahmen, aber ich bin selbst dunkelhäutig und weiß daher, wie es sich anfühlt, von einem anderen Menschen gewissermaßen als „Tintenfisch" betrachtet zu werden – wenn du verstehst, was ich damit ausdrücken will: Eben als „niederes Tier". Und er hat so gesehen nicht weniger Unrecht. Es sind dieselben Mechanismen, dieselben Phänomene, nur in einer anderen, individuellen Ausprägung. Wir sind alle unterschiedlich und sowohl zwischen zwei Menschen als auch zwischen zwei beliebigen

Lebewesen werden wir immer unendlich viele Unterschiede und damit auch Gründe finden können, wenn wir das wollen. Das Urteil eines anderen für falsch oder unmoralisch zu erklären und das eigene für richtig, wenn man im Grunde dasselbe tut, ist reine Willkür. Wir haben uns nur kollektiv auf einen gewissen gegenwärtigen Stand geeinigt. Um besser zu werden, um zu vermeiden, dass solche Gedanken so leicht immer wieder in die Köpfe der Menschen und in die Gesellschaft dringen, müssen wir konsequenter denken und entsprechend handeln. Wir müssen eine persönliche Entscheidung treffen, die vielleicht für uns selbst unbequem und nicht leicht ist, denn kaum einer von uns ist unschuldig. In uns allen ist eine Neugier gegenüber dem uns Unbekannten angelegt, wir sind aufmerksam für das Unübliche und haben Angst vor dem Fremden. Auch dafür sollten wir immer Verständnis haben, sowohl gegenüber anderen als auch uns selbst. Und so kann zumindest ich für mich persönlich primär dankbar dafür sein, wie weit wir schon gekommen sind und was alles getan wird, sowie mit bestimmten Vorurteilen oder Neugier anderer gegenüber mir weitestgehend lässig umgehen, denn letztendlich wird so etwas ein Stück weit immer menschlich bleiben. Und im Dialog lässt es sich wohl auch am ehesten lösen.

Was wohl am Ende bleibt, ist der Fakt, dass wir uns überlegen können, welche Entscheidung ein Miteinander ermöglichen und vermeidbares Leid sowie unnötige Kämpfe verhindern würde. Wir können uns überlegen, welche Welt wir anstreben wollen. Es wird von selbst wohl kaum Gesetze geben, die etwas bewirken. Diese entstehen fast immer erst durch eine entsprechende Bewegung – durch ein sich ausbreitendes Bewusstsein. Vor allem durch Technik und Fortschritt breitet sich zunehmend ein Bewusstsein der Nützlichkeit aus, das sich auch mehr und mehr in zwischenmenschlichen Beziehungen bemerkbar macht und sich allgemein auf den Umgang mit anderen Lebewesen überträgt. Was nicht unmittelbar nützlich ist, nicht angenehm oder schön ist und vor allem nicht genau den eigenen Vorstellungen entspricht oder dem eigenen Willen gehorcht, wird unnütz oder wertlos. Es ist eine Mentalität, die sich gegen die Freiheit des Willens, gegen Entfaltung, gegen Individualität und gegen das Lebendige richtet. Ich halte eine grundsätzliche Achtung von Leben, Empathie und das Suchen und Entdecken von Verbundenheit im Unterschiedlichen für essenziell für eine funktionierende Gesellschaft.

Darüber hinaus verrät ein Blick auf die gegenwärtige Welt: In erster Linie wird längst nicht mehr gemacht, was richtig ist, sondern was Profit bringt. Und das, was Profit bringt, ist meistens das, was für den Einzelnen unmittelbar Vorteile schafft, bequem ist und Bedürfnisse befriedigt – und sich daher gut verkaufen lässt (vgl. Lebensweise des Habens). Das, was richtig ist, wird dabei, wenn möglich, lediglich versucht miteinzubeziehen. Geld regiert nun mal die Welt, denn es wird maßgeblich das getan, wofür genügend Geld fließt. Und erst mal wird nicht weiter vorausgeschaut. Billig-Fleisch schmeckt und kostet wenig, da kann kaum ein anderes Produkt mithalten. Die meisten wollen eben ihr Geld sparen. Abgesehen davon, dass ein solches Bewusstsein (ob nun hinsichtlich der Gesundheit, der Umwelt, der Ethik) noch zu wenig

Platz in den Köpfen vieler Menschen findet, muss man sich Moral wohl ohnehin erst mal leisten können. Der Profitgedanke und die Lebensweise des Habens sind ganz klar das vorherrschende Gesicht unserer Gesellschaft. In unserer Gesellschaft ist es meist leichter, bequemer und billiger, oft fragwürdige und noch öfters offensichtlich moralisch verwerfliche Unternehmungen zu unterstützen.

Wir neigen dazu, Probleme oder Krankheiten erst dann als solche anzusehen, wenn ihre Ausprägungen ein genügend hohes Maß erreicht haben – wenn sie als Extrem sichtbar sind und eine Lösung gefunden werden muss. Prävention wird unterschätzt und selten gedankt. Wo kein Problem sichtbar ist, scheint keins zu existieren – ein fataler Trugschluss. Konsequentes Denken und konsequente Regelungen werden benötigt. Betrachten wir uns nun also mal ein solches Extrem. Adolf Hitler. Hitler war nicht nur offensichtlich ein Tyrann, sondern er hat eben auch die Wirtschaft und das Land weitergebracht. Er hat Bedürfnisse der Gesellschaft erkannt und viel dafür getan, zum Beispiel die Infrastruktur durch die Autobahn zu verbessern und Arbeit zu schaffen. Hitler hat viele erfolgsversprechende Prinzipien verinnerlicht und gelebt, er hat gemacht und nicht gegrübelt. Er hat klare Meinungen gehabt, gewusst was er will, konsequente Entscheidungen getroffen, und dadurch hat er polarisiert. Er wusste sich zu verkaufen, oder er verkaufte sich automatisch, weil er dabei überzeugt und konsequent war und das Bedürfnis vieler Menschen nach Aufschwung und Arbeit befriedigte. Einige Maßnahmen erschienen anfangs wohl sinnvoll, daher sind ihm die Menschen gefolgt. Menschen glaubten an ihn, gewöhnten sich an ihn und Stück für Stück letztendlich auch an seinen Wahnsinn. Und auf einmal trafen normale Menschen abstruse, unvorstellbar schreckliche Entscheidungen, entweder ohne es zu merken oder ohne sich aktiv zu wehren. Eine Eigendynamik war entstanden. Und schon waren die meisten Menschen getäuscht und verblendet davon, oder zu ängstlich und zu ungläubig, um sie aufzuhalten. Oft braucht es überhaupt nicht mehr als einen authentischen Vollidioten mit einer klaren Meinung, der dadurch eben polarisiert. Wer meint, es sei Zeitverschwendung, sich mit Ethik, Philosophie und Themen wie der Liebe auseinanderzusetzen, der sollte einen Blick auf Hitler werfen. Hitler wusste ganz sicher nicht, was Liebe ist oder erkannte sie nicht, war ganz sicher nicht liebesfähig und verstand sie auch nicht. Er war geblendet, aber auch stark getrieben von Hass und dieser hat ihn weit gebracht – zumindest eine Zeit lang. Er hat stark gefühlt und viele Dinge „richtig" gemacht, nur in eine völlig falsche Richtung. Es ist erschreckend, wie leicht sich Menschen durch Versprechungen und Befriedigung ihrer Bedürfnisse täuschen oder für sich gewinnen lassen. Dies scheint sich immer wieder zu wiederholen, wie vielleicht der Fall Trump in Amerika und erschreckend viele andere Gesellschaften und Kulturen es zeigen. Auch zum Beispiel Autoindustrie, Lebensmittelindustrie, Technik etc. bringen dem Einzelnen einen Nutzen, schaffen Arbeitsplatze und erwirtschaften viel Geld. Dennoch sollte man hinter die jeweiligen Kulissen schauen und zum Beispiel Intention, Werte und Wertschöpfungskette hinterfragen. Sie schaden langfristig oft unserer Zukunft, unserer Umwelt und den Menschen.

Wie treffen wir nun also endlich die richtigen Entscheidungen? Und wie setzen wir sie tatsächlich um und ergreifen Maßnahmen? Hinterher ist man erst dann wirklich klüger, wenn man in Zukunft auch vorher bessere Entscheidungen trifft. Ansonsten hat man einfach nur mehr Informationen erlangt, aber nichts mit ihnen angefangen – und diese Aussage ist nichts weiter als ein Trugschluss und eine Illusion. Wie können wir endlich vorher klüger sein als hinterher? Also jetzt richtige Entscheidungen für später treffen? In vielerlei Hinsicht können wir einfach aus bereits vergangenen Geschehnissen lernen und aus diesen konsequent etwas mitnehmen – wir müssen nur richtig hinschauen. Wir haben bereits unglaublich viele Informationen, die wir nutzen könn(t)en und uns anschließend nur noch trauen müssen, einen neuen Weg einzuschlagen. Ich glaube ganz fest daran, dass es möglich ist und wir dazu fähig sind. Ich glaube, dass wir letztendlich immer bei großen, strukturellen Problematiken angelangen, bei in sich verschlungenen und verworrenen, kaum überblickbaren Systemen. Dennoch sollte man niemals seine Selbstwirksamkeit unterschätzen, man sollte immer stolz auf sich sein, Kleinigkeiten in seinem Leben anzugehen und sie zum Positiven zu verändern, und darf staunen, was sich alles daraus ergeben kann.

» Bevor man die Welt verändert, wäre es vielleicht wichtiger, sie nicht zugrunde zu richten «

- *Paul Claudel*

Alltag

So, wie wir ständig dazu verleitet sind zu vergessen, dankbar zu sein und zu übersehen, was in unserem Leben eigentlich alles glatt läuft, ohne dass wir irgendetwas dafür tun müssen, lässt sich dieser Gedanke, wie so ziemlich immer, auch in die andere Richtung verfolgen. Unsere Wahrnehmung unterschätzt wie gesagt das Alltägliche. Wir gewöhnen uns an das, was ständig passiert und legen unser Augenmerk eher auf Sensationen und Ausnahmen. Der Zustand der Welt und der Gesellschaften scheint normal zu sein. Tod, Terror, Krieg, Hunger, Leid, Krankheiten, Ausbeutung, Rassismus, Korruption, Klimawandel, Drogen, Sucht und Pandemien sind ein ganz normaler Bestandteil des Alltags in dieser Welt. Es berührt mich nicht einmal mehr, wenn ich mal wieder in den Nachrichten von einer solchen Katastrophe oder Unmenschlichkeit erfahre. Es wundert mich eben nicht. Und meist ist es weit genug entfernt, sodass ich (vermeintlich) nicht davon betroffen bin. Teilweise überlese ich es einfach, eigentlich höre ich meistens bewusst gar nicht mehr richtig hin. Es war eben gefühlt schon immer so und noch nie großartig anders. Und ich habe eben zu tun.

Dieser Alltag ist allerdings ein Großteil der Realität. Wir müssen uns nicht daran aufhängen, aber wir sollten es niemals vergessen, ignorieren oder den Blick dafür verlieren. Es geht um Bewusstsein, um Aufmerksamkeit für das eigentlich Offensichtliche. Nur weil etwas schon lange so ist und nur weil viele, viele Menschen das Gleiche tun, heißt das noch lange nicht, dass es auch normal, gut oder gerechtfertigt ist. Und vor allem nicht, dass es weiterhin so bleiben sollte oder gar müsste. Oft sogar im Gegenteil. Das zu tun, was alle tun, macht einen einfach nur durchschnittlich, mehr nicht.

Der heutige Alltag ist zu einem Großteil eigentlich pervers und gestört. Mein gestörtes Verständnis von Liebe vor meiner Auseinandersetzung mit diesem Phänomen ist alles andere als außergewöhnlich. Es ist eigentlich ziemlich normal und gesellschaftlich anerkannt, und oft noch wesentlich gestörter. Aber die meisten Menschen sind eben auch in irgendeiner Weise gestört. Ich, du, wir alle. Eine Sache muss nur so oft geschehen, bis sie normal erscheint.

Wir können den Bogen allerdings auch nochmal zur Dankbarkeit und zu Positivem zurückspannen: Trotz eben geschilderter Problematiken können wir festhalten, dass wir heute in der Zeit mit dem größten allgemeinen Wohlstand, immer besseren Bildungschancen, abnehmender Kindersterblichkeit und immer besser werdender medizinischer Versorgung leben – über die ganze Welt hinweg lässt sich dieser Trend beobachten.[51] Nie zuvor gab es ein solch hohes Problembewusstsein in der allgemeinen Bevölkerung und so viele Möglichkeiten wie heute. Wir haben zwar einige große Brocken mit ungewissen Auswirkungen vor uns, wie etwa den Klimawandel, aber die so häufig leicht dahingesagten Sprüche „Früher war alles besser" oder „Heutzutage wird alles immer schlimmer" sind oftmals lediglich nicht hinterfragte und schlichtweg nicht zutreffende Narrative.

Die mit größte Tragödie in dieser Welt ist und bleibt aber wohl, dass es immer noch unzählige Menschen und Lebewesen gibt, die nur aufgrund ihres Geburtsortes und ihrer Situation praktisch tatsächlich überhaupt keine Chance haben – außer durch außergewöhnliches Glück. Und zwar ohne Notwendigkeit. Es wäre teilweise so leicht vermeidbar, doch stattdessen wird oft sogar noch selbst daran mitgewirkt. Wir Menschen in der westlichen Welt, die – dank außergewöhnlichen Glücks – zu den vielleicht 10% reichsten, gebildetsten und freisten Menschen der Welt gehören, haben oftmals keinen Blick dafür, kriegen den Hals nicht voll, sind zu bequem oder reden uns ein, wir könnten nichts dagegen tun. Wer so etwas sagt, der hat nur erfolgreich Ausreden vor sich selbst gefunden.

Die Masse – Umfeld und Digitalisierung, Vorbilder und Influencer

Für mich ist es überhaupt kein Wunder, dass die Welt so ist, wie sie ist und funktioniert, wie sie eben funktioniert. Wir lernen die Welt durch Umfeld und Erziehung kennen, und dabei lernen wir wie gesagt viel weniger durch Worte als durch Vorbilder und das Nachahmen dieser. Eben durch das, was getan wird – das, was vorgelebt wird. Wir durchschauen diese Welt nicht von vornherein, sondern lernen nach und nach. Und wir alle sind Kinder dieser Welt. Die Welt und der Alltag werden zum Großteil bereits gelenkt und gesteuert.

Ich bin wirklich froh und dankbar, dass ich noch gerade früh genug geboren wurde, um nicht mitten im Zeitalter der Digitalisierung und Vernetzung groß zu werden und nicht von klein auf mit einer Technik aufgewachsen bin, von der ich weder weiß, wie sie genau funktioniert und woher sie kommt, noch was sie mit mir anstellt und welche Folgen sie hat. Noch weniger Ahnung davon haben häufig die eigenen Eltern und sonst eigentlich auch kaum jemand, sodass diese Technik quasi völlig unkontrolliert ist, während sie Zugang und Möglichkeiten zu unvorstellbar vielen Dingen bietet. Das Leben findet mittlerweile zu einem großen Teil in der virtuellen Welt statt, die wiederum zu einem großen Teil darauf abzielt, uns Dinge zu verkaufen und uns gezielt zu verändern. Immer wird ein angeblicher Mehrwert verkauft – eine Erleichterung des Lebens, Zeitersparnis und neue Möglichkeiten – den man im Grunde allerdings nur dann wirklich hat, wenn man die Erfahrung, Bildung und Disziplin besitzt, es auch so einsetzen zu können. Soziale Medien und Smartphones versprechen bessere Kommunikationsmöglichkeiten und Zeiteffizienz, während sie in der Praxis zunehmend als Kommunikationsersatz eingesetzt werden und Zeit fressen. Schweigende Menschen, die sich im Café mit ihren Smartphones gegenübersitzen, sind absoluter Standard. Ebenso der Schüler oder Student, der lernen will, stattdessen aber am Handy rumhängt und nicht davon loskommt. Viele Menschen sind in ihrer natürlichen Kommunikation und ihrer Konzentration gestört, schließlich lernen sie es gar nicht mehr wirklich. Warum sollte man offen und spontan auf jemanden zugehen oder überhaupt rausgehen und sich überraschen lassen, wenn es genügend andere, schnellere und sicherere

Möglichkeiten gibt? Wozu sollte man jemanden unvoreingenommen und neu kennen lernen, wenn man sich schon vorher auf Facebook, Instagram oder der passenden Seite informieren, vorbereiten und die Person schon mal ein wenig „kennen lernen" kann? Wofür etwas lernen und erarbeiten, wenn man sich per Mausklick Ergebnisse und Wissen bereits anzeigen lassen kann? Warum sollte man sich in der Umgebung orientieren und zurechtfinden können, wenn es doch das Navi gibt? Das sind wie gesagt keine Probleme oder negative Phänomene an sich, sondern man muss einen bewussten Umgang damit zu pflegen wissen. Wir neigen zur Faulheit, zur Bequemlichkeit, zur Sicherheit – und wir werden darin unterstützt, denn daran lässt sich gut verdienen. Uns werden gemütliche Nischen und Komfortzonen geboten. Dabei verlernen wir teilweise fundamentale Grundlagen des Lebens (oder lernen sie von vornherein nicht einmal) und unsere selbstständige Denkfähigkeit und Meinungsbildung. Wir verlernen unsere Aktivität und verwechseln sie mit Mühe, und das ist ein Problem.

Die Bereiche, die zurzeit boomen, sind jene, die Abläufe effizienter machen, die Werbung optimieren, Dinge verkaufen und uns „kennen lernen". Es sind Dinge, die auf Aufmerksamkeitsraub basieren. Man könnte auch Bewusstseinsraub sagen. Und das ist wie gesagt überhaupt kein Wunder, da Bewusstsein, das leider oft sehr leicht abzulenken und vor allem faul ist, unsere eigentlich größte Waffe darstellt und uns diese dadurch genommen wird, während wir sie einem anderen in den Schoß legen.

Wenn ich ein Sportbild „like", sehe ich anschließend jeden Tag auf Instagram zig Influencer oder Influencerinnen, die ihr Hinterteil vor einem Spiegel fotografieren und als Bildunterschrift Sprüche wie „Be the change you want to see in the world" (von Gandhi) wählen. Die Aussage ist ja durchaus gut, aber was genau soll mir dieses Bild dazu jetzt sagen? Dahinter steckt keine böse Absicht und auch kein böser Mensch. Die Absicht ist mit Sicherheit überwiegend wohlwollend und aufrichtig. Für sie ist es lukrativ oder ähnliches und an sich ist ja nichts Schlimmes und in der Intention viel Gutes daran, wenn sie solche Bilder von sich posten und Menschen etwa zum Sport motivieren oder zu einer gesünderen Beziehung zum eigenen Körper verhelfen wollen. Aber sie sind sich oft eben nicht ihrer Verantwortung und des Effekts bewusst, der dadurch ausgelöst wird, welche Vorbildfunktion sie womöglich einnehmen und welchen Wert sie damit vermitteln. Ehrliche, kritische Selbstreflektion gehört als Sender von Botschaften eben auch dazu – wenn es der Person letztlich eben nicht egal ist, was vermittelt wird. Vor allem Kinder und junge Menschen besitzen in der Regel nun mal keine ausgereifte Fähigkeit zu differenzieren, was wichtig oder unwichtig, richtig oder falsch, gut oder schlecht ist und was man mit was in Zusammenhang setzen kann, beziehungsweise was hinter den Kulissen vor sich geht. Nicht weil sie dumm sind, sondern weil sie einfach noch nicht gebildet und erfahren genug sind, um es zu unterscheiden und einzuordnen. Und durch fortwährende Ablenkungen und Reize, bevor Bildung in eine solche Richtung überhaupt stattfindet, kommt es auch oft niemals zur Entwicklung dieser Fähigkeit. Jedenfalls werden erlebte Welt und Wahrnehmung mittlerweile oft sehr früh dominiert von Vorbildern, die fragwürdig sind. Influencer sind nichts Schlechtes, eigentlich haben sie riesiges Potential, schließlich werden sie gesehen. Und es gibt durchaus positive Beispiele. Ein jeder Influencer sollte sich jedoch fragen, welchen Wert er oder sie durch sein Profil grundsätzlich vermittelt oder vermitteln will, wie er oder sie selbst lebt und welche Beweggründe dahinterstecken. Wenn man gesehen werden will und schließlich wird, hat man auch die Verantwortung, als Vorbild gesehen zu werden oder als Mensch, der das Bild einer Gesellschaft und einer Lebensphilosophie mitgestaltet. Zumindest sollte man sich bewusst sein, dass andere Menschen einen sehen, wahrnehmen und beeinflusst werden. Nur sind sie sich dessen, zumindest nach meiner Beobachtung, eben häufig nicht bewusst. Oder es ist ihnen letztlich eben doch egal – denn sie haben ja einen unmittelbaren Nutzen davon. Während die präsentierte Welt im digitalen Profil oft nur einen kleinen Teil des Alltags ausmacht oder nur einen Zeitvertreib oder Nebenverdienst darstellt, halten andere Menschen es für deren Leben, die Wahrheit und sind vor allem unzufrieden, wenn ihr Leben anders verläuft. Bereits hier wird oft von einer Scheinwelt ein reales Ziel, ein Haben-Ziel, gefördert, das auf Oberflächlichkeit und Täuschung beruht. Hier herrscht oft mehr Schein als Sein. Menschen sehen Luxus und Schönheit und das wollen sie haben. Menschen sehen Menschen, die scheinbar in Luxus und Schönheit leben, und wollen so sein wie sie. Es wird nicht hinter die Fassade geschaut, weil sie bereits geblendet sind. Sie streben danach, eine Kopie einer anderen

Person oder eines vermeintlichen Ideals zu werden, statt sie selbst. Wer sich in diesem Bereich aufhält, der wird von der virtuellen Welt mit Hilfe schlauer Algorithmen praktischerweise sofort weiter damit gefüttert, und es werden Möglichkeiten geboten, dieses „Schein-Sein" zu verwirklichen.

Gut und Böse, Richtig und Falsch

Eine Entscheidung, die rein aufgrund von Fakten und alle Umstände berücksichtigend getroffen wird, ist oft einfach unmöglich. Fakt ist dabei lediglich, für den einen ist das eine oft gut und für den anderen schlecht, der eine hat Vorteile und der andere Nachteile. Zu jeder Version einer Geschichte gibt es auch die andere davon. Manche Fakten sprechen für die eine und andere Fakten vielleicht für die andere Seite. Was ist also die beste Lösung? Wie soll es Gut und Böse oder Richtig und Falsch geben, wenn es das in solchen Fällen objektiv gar nicht so wirklich geben kann? Ist die einzig „richtige" Entscheidung, einfach jeden tun und machen zu lassen, was er will und sich selbst nachzugehen? Irgendwie funktioniert das ja auch nicht, und davon sind unsere heutigen Gesellschaften ja auch weit genug entfernt. Nicht umsonst gibt es Rechte, Gesetze, Moral und Werte. Mit der zunehmenden Werbung der „Selbstverwirklichung" – die ich hier ja auch selbst betreibe – in der jeder mehr und mehr seine eigene Freiheit einfordert und immer mehr Möglichkeiten bekommt, stehen wir aber vor einem echten Problem. Wie soll man so in der Politik Entscheidungen treffen, wenn jedermanns Meinung wichtig ist und jede Entscheidung eben Vor- und Nachteile für verschiedene Menschen nach sich zieht, von denen aber jeder wie gesagt wichtig ist und sein Recht einfordert, seine Freiheit nicht einzuschränken? Man kann es irgendwie einfach nicht jedem recht machen. Und eine Entscheidung muss ganz sicher getroffen werden, das Ausbleiben einer Entscheidung hätte noch viel fatalere Folgen – zumindest darin sind sich fast alle einig.

Im Grunde sind wir hier wieder bei der Frage, ob wir bereit sind, zu geben. »Liebe« ich diese Welt oder „liebe" ich nur das, was ich von ihr bekommen könnte? Die Welt liebt uns jedenfalls und lässt mit sich machen, was wir wollen – solange sie existiert. Es liegt in unserer Hand, ob wir ihr wenigstens genügend Freiheit gewähren, sich zu entfalten und wachsen zu dürfen, oder ob wir sie langsam ersticken. Dafür müssten wir eben eventuell bereit dazu sein, auf die eine oder andere Sache zu verzichten oder schlichtweg andere, neue Lösungsmöglichkeiten zu finden. Ganz sicher müssen wir umdenken. Es müsste mindestens einen Ausgleich zwischen Geben und Nehmen geben, den es in unseren bisherigen Systemen schlicht nicht gab und gibt. Wir müssten auch etwas zurückgeben und Wege finden, die nicht nur unmittelbar uns selbst helfen. Das gilt für den Umgang mit den Mitmenschen und für den Umgang mit der Umwelt allgemein.

Betrachten wir eine Gesellschaft, so macht es keinen Sinn, von „objektiven" Kriterien zu sprechen, oder etwa von rationalen Agenten und Zahlen auszugehen, denn ganz klar ist die ganze Angelegenheit letztendlich ein subjektives Unterfangen. Selbst wenn alle Menschen auf der Welt das gleiche Urteil fällen, so bleibt dies eine Anhäufung subjektiver Meinungen. Fast alle Menschen gingen mal davon aus, die Welt sei eine Scheibe. Wollen wir menschliche Probleme lösen, müssen wir menschliche Maßstäbe und Ideale ansetzen.

Eine gute Gesellschaft muss darauf abzielen, dass es der Gesellschaft selbst gut geht und dass sie ihre Individuen fördert und gut behandelt, aber sie muss auch darauf abzielen, dass sich die Individuen nicht nur selbst, sondern gegenseitig fördern, und, dass sie ihrem Umfeld beziehungsweise ihrer Umwelt dienlich sind – sie am besten miteinschließt. Sie muss somit vor allem langfristig gesehen gute Maßnahmen treffen. Das beinhaltet oft Entscheidungen, die nicht immer unmittelbar für jedes Individuum „gut" sind, oder anders ausgedrückt, immer im Sinne jedes Individuums sind – und diesen somit oft auch erstmal als schlecht erscheinen. Wirklich gute, »echte« Freunde sind nicht immer nur nett und sagen dir, was du hören willst, sondern sind vor allem ehrlich zu dir und zeigen dir auch mal auf, wenn du dich auf einem schlechten oder selbstzerstörerischen Weg befindest. Es muss an einem Strang gezogen werden mit einer ganz klaren Ausrichtung, die im Wesentlichen nur durch Liebe bestimmt und motiviert sein kann, um konsequent und in sich schlüssig funktionieren zu können und Gutes zu erzeugen. Wie Albert Einstein es bereits ausdrückte: „Wir brauchen eine Gesellschaft, die nicht primär nach Macht strebt, sondern nach allgemeiner Gesundung und Würde." Dies würde langfristig gesehen auch in einer gesunden und nicht sich selbst oder andere zerstörenden sowie einer produktiven Gemeinschaft resultieren. Es sind letztlich ethische Grundsätze, die eine bestimmende Rolle und eine „Logik“ definieren müssen. Und diese widersprechen natürlich oftmals der Logik der reinen Rationalität (der Zahlen, der rationalen Agenten, der Nutzen-Kosten-Abwägungen). Zumindest so, wie diese Theorien und Modelle zurzeit aussehen oder verstanden werden – sie sind häufig ganz einfach unvollständig und beziehen elementare Faktoren nicht ein. Hiermit sind wir meiner Meinung nach bei Konfliktpunkt Nummer 1 in dieser Welt angelangt: Ob im eigenen Leben, zwischen verschiedenen Menschen, oder in und zwischen Gesellschaften; es sind diese zwei Pole, zwei Denklogiken oder Prioritätensetzungen, die uns immer wieder spalten.

Ich bin nicht so stark und uneigennützig wie die Welt oder das Universum und ich kann nicht alles und jeden so rein lieben wie sie. Die Vorstellung von einer Utopie endet fast immer in einer Dystopie, wenn man sich an ihr aufhängt, daran festhält und schließlich verzweifelt, da sie nicht realisierbar erscheint. Ich will mich dagegen entscheiden, den Maßstab ganz starr an einem Ideal anzusetzen und alles zu verbiegen und zu verändern, um die Realität irgendwie daran anzupassen. Doch die Welt befindet sich im Würgegriff und ich will einfach nicht mehr bloß dabei zusehen – und vor allem nicht mehr Teil dieses Würgegriffs sein, der sie langsam erstickt. Ich glaube und hoffe aber, die notwendige Veränderung ist ohne Kampf möglich.

Die Dummheit der Masse in einer Demokratie

Wie schon beschrieben, werden die Menschen zu einem hohen Maße bereits gesteuert und manipuliert, und die meisten fallen darauf herein. Jedermanns Meinung ist mittlerweile wichtig, aber so ziemlich niemand hat einen Plan davon, was überhaupt vor sich geht. Die Masse ist und bleibt dumm, denn sie wird dauerhaft abgelenkt und mit anderen Dingen beschäftigt. Der Alltag ist tückisch. Entweder ist man bereits in seinem Alltag gefangen und widmet die kostbare freie Zeit und Geld eher den Dingen, die in irgendeiner Weise sofortiges Vergnügen und Konsumbefriedigung einbringen (was meist die Dinge sind, die ablenken oder der Bequemlichkeit dienen), oder man ist tatsächlich so beschäftigt mit den eigenen Problemen und der Lebensbewältigung, dass man eben andere Prioritäten für sich setzen „muss", als „gut" zu sein. Wie soll man jemandem jemals vorwerfen, dass er eher an einer Lösung interessiert ist, wie er die nächste Woche noch überlebt oder sich versorgen kann, als an einer Lösung zum Weltfrieden? Und wie soll man es diesem Jemanden vorwerfen, dass er, wenn er nun zwei Lösungen präsentiert bekommt, diejenige wählt, die für ihn selbst so schnell wie möglich die meisten Annehmlichkeiten oder Vorteile bringt? Viele Menschen haben überhaupt keine Möglichkeit und keine Zeit dazu, sich zu bilden, nachzudenken und ihre Handlungen wohlüberlegt zu planen und abzuwägen – oder sie unterliegen der Illusion, es wäre so.

» Eines der wenigen Dinge, die in mir eine gewisse Sehnsucht nach einer Rückkehr ins Gefängnis erweckten, war die Tatsache, dass ich nach meiner Freilassung kaum noch Zeit zum Lesen, Studieren und Nachdenken hatte «

- *Nelson Mandela*

In einer Veröffentlichung der Psychologen David Dunning und Justin Kruger mit dem Titel „Unskilled and unaware of it" geht es jedenfalls um das Phänomen, dass Menschen, die in einem Bereich inkompetent sind und geringe Fähigkeiten haben, dazu neigen, sich übermäßig positiv einzuschätzen.[52] Der Dunning-Kruger-Effekt. Wie gesagt, wir sind blind für unsere Blindheit und von diesem Phänomen kann grundsätzlich jeder Mensch betroffen sein. Die Frage ist nur, wie drastisch wirkt es sich aus und welche Konsequenzen hat es? Das Problem daran ist die seltsame Feststellung: Je unwissender ein Mensch ist, desto eher könnte er dazu geneigt sein, von seiner Meinung überzeugt zu sein. Nicht nur ziehen solche Menschen also eher mal fragwürdige oder falsche Schlussfolgerungen und treffen schlechte Entscheidungen, diese Inkompetenz könnte auch dazu beitragen, weniger von dieser mitzubekommen. So sind sie überzeugt von der Richtigkeit ihrer Schlussfolgerungen und es gibt somit auch keine Gründe, ihre Meinung zu hinterfragen oder sich weiterzubilden. Sie unterliegen der Illusion, alles durchdacht zu haben, während kompetentere Menschen oder einfach solche, die sich mehr und kritischer selbst reflektieren, eher dazu neigen, ihre

Meinung zu hinterfragen – berechtigterweise, da sie so auch eher merken, dass eben auch sie selbst davon betroffen sind, dass sie nicht alles verstehen und es oft eben gar keine einfache, eindimensionale Antwort auf einen komplexen Sachverhalt gibt. Letztere sind somit aber auch oft nicht so überzeugend und wirken dementsprechend. Sie sind im Prinzip zu Recht unsicher, können dadurch mitunter aber auch weniger charismatisch, authentisch und selbstsicher werden. Sie sind nicht so laut, nicht so stur. Das wiederum kann im Extremfall im Hochstapler-Syndrom enden: in der fälschlichen Überzeugung, man sei im Grunde unfähig und Erfolge oder Leistungen seien lediglich das Produkt von Glück oder Zufall.

Das Problem, das sich wohl insgesamt ergibt, ist jenes des Unterschätzens des Alltäglichen und des Überschätzens des Erstaunlichen. Auffällige Persönlichkeiten mit starken, klaren Meinungen polarisieren, überzeugen und begeistern, sie erhalten Aufmerksamkeit. Schlimme Katastrophen oder unwahrscheinliche Wunder kriegen mehr Aufmerksamkeit und werden überschätzt. Viele Unternehmer, die ein eigentlich völlig unvernünftiges und viel zu hohes Risiko eingegangen sind, oder eben einfach besonderes Glück hatten, werden als Stars und Wirtschaftsexperten gefeiert, obwohl sie eben nur unwahrscheinliches Glück hatten. Gleichzeitig haben andere Unternehmer, die genau das Gleiche taten, nicht nur ihr Unternehmen und Geld verloren, sondern werden auch als Versager und besonders unvernünftig betrachtet. Mal wieder werden Entscheidungen zu sehr anhand ihrer Ausgänge bewertet. Und diese Ausgänge lassen sich wiederum im Nachhinein gut so verkaufen und analysieren, dass dem Erfolg Recht gegeben und dem Versagen die Unfähigkeit unterstellt wird. Oft wird diesem „Erfolg“ dann so lange Recht gegeben, bis sich diese Strategie eben irgendwann rächt, und schon wird sich gefragt, wie der Unternehmer so unverantwortlich handeln konnte. Dabei bleiben oft diejenigen Unternehmer ganz außen vor, die keine sensationellen Risiken eingegangen sind und vielleicht einfach durchgehend überlegt gehandelt haben oder nur Risiken eingegangen sind, wenn es sinnvoll war.

Letztendlich macht sich dieses Phänomen gegenwärtig in vielen Regionen der Welt bemerkbar. In einer vermeintlich informierten, aber in irgendeiner Art und Weise immer kleiner gehaltenen und zunehmend auf sich selbst fixierten Gesellschaft, in der die Meinung eines Jeden – unter dem Banner der Gleichberechtigung und Selbstverwirklichung – immer wichtiger wird, werden die Ansichten innerhalb dieser Gesellschaft immer radikaler und unvereinbarer. Extreme gewinnen an Macht, während es angesichts dieses Chaos tatsächlich immer schwerer wird, die richtigen Schlüsse zu ziehen und Entscheidungen zu treffen. Tja, funktioniert eine Demokratie, oder eine auf die Masse ausgerichtete Regierungsform, wenn die Mehrheit zunehmend nicht mehr das große Ganze im Sinn hat, sondern sich selbst als Individuum (oder sich als bestimmte Gruppe, Nation, usw.)? Vor allem, wenn diese Mehrheit sich völlig uneinig ist und nicht erkennt, was für sie selbst gut wäre und sich am liebsten untereinander bekämpft? Auch hier lohnt sich ein Blick auf die Welt. In Amerika ist ein solcher Konflikt wohl am deutlichsten sichtbar, ebenso die Konsequenzen und Folgen, die sich daraus ergeben können. Es wird sich wohl zeigen.

Die Erfahrung zeigt, die Mehrheit ist letztlich damit zufrieden, ihr Glück im Kleinen zu finden. Und das ist auch völlig in Ordnung so. Oft versteht so jemand wesentlich mehr vom Leben als jemand, der nach Macht, Ruhm und Aufmerksamkeit strebt. Dennoch bleibt diese Masse leicht manipulierbar, wenn sie nicht mal über den Tellerrand hinausschaut und nichts unternimmt. Die Gedanken und Gefühle, die jedem von uns so oft ungeplant und unbewusst erscheinen, sind zu einem Großteil ein Produkt des Einflusses unserer Umwelt. Sind wir uns dessen nicht bewusst und übernehmen wir nicht selbst das Steuer, werden wir gesteuert und sind blind dafür. Wir bilden eine Meinung, ohne darauf zu achten, auf welcher Grundlage sie basiert, und hinterfragen sie nicht. Gepaart mit zunehmender Sturheit und Eigensinn kann das fatale Folgen haben. Vor allem wirtschaftlich lässt sich mit Hilfe von Manipulation leicht ein Vorteil erzielen, womit wir insbesondere beim Thema Werbung und künstliche Intelligenz sind. Beinahe alles verkauft sich unter dem Banner der Selbstverwirklichung, der Erweiterung der Freiheit und der Erleichterung des Alltags. Es ist wichtig, dass diese Werbung für die Selbstverwirklichung nicht bloß in einen immer weiter wachsenden Egoismus, in Gier oder in Bequemlichkeit entartet. Gesellschaften entspringen letztlich aus der Idee, die Freiheit jedes Einzelnen zu mehren. Dieses Ziel kann nur erreicht werden, wenn die Einzelnen dazu bereit sind, ihre Freiheit miteinander zu teilen – sich gegenseitig zu helfen sowie bestimmte

Kompromisse einzugehen und allgemeinen Regelungen zu folgen, die für ein gelungenes Zusammenleben unumgänglich sind. Es gibt vermeintlich kleine, aber fundamentale (und leider nicht immer leicht zu erkennende) Unterschiede zwischen Freiheit und Egoismus, die jedem bewusst sein sollten, denn sie formen schließlich den Unterschied zwischen einem Zusammenleben und einem Battle Royale. Letztlich wird es wohl hauptsächlich immer in den Händen einiger weniger liegen, welche Richtung und welche Gesinnung eine Gesellschaft einschlägt. Gesellschaften werden durch Individuen geformt und Individuen durch die Gesellschaft. Damit kann aber auch jedes Individuum jederzeit über den Tellerrand schauen und Einfluss nehmen.

Der Dunning-Kruger-Effekt zum Beispiel wird gerne lediglich dazu verwendet, um zu argumentieren, dass die Gegenseite nun mal dumm ist – und eben auch noch zu dumm, um ihre eigene Dummheit zu erkennen. Das ist im Übrigen eine recht umstrittene Folgerung, die über die Definition des Dunning-Kruger-Effekts hinausgeht. Dennoch kennt wohl jeder von uns Menschen, auf die es auf die eine oder andere Weise zuzutreffen scheint: Einige Autofahrer halten alle anderen Verkehrsteilnehmer für Idioten, Fußballfans halten sich für kompetenter als die Trainer und seit Corona meinen viele Menschen wesentlich mehr Ahnung von Virologie zu haben als Virologen. Insgeheim denken die allermeisten Menschen, sie seien besser als der Durchschnitt – in was auch immer. Wie gesagt, jeder kann davon betroffen sein und es ist auch nicht schlimm, sondern ganz einfach menschlich. Vielmehr sollte dieses Phänomen jedenfalls dazu genutzt werden, vor allem einen selbstkritischen Blick auf sich selbst zu werfen, sich zu hinterfragen, auf andere zuzugehen und sie darauf aufmerksam machen zu können. Auch, wenn es natürlich verlockender und wesentlich einfacher ist, mit dem Finger auf andere, statt auf sich selbst zu zeigen. Würden weniger Menschen in einer Diskussion nicht schon von vornherein davon ausgehen, dass sie ohnehin im Recht sind, würden sich jedenfalls so einige Probleme wesentlich besser lösen lassen und man würde auch eher wieder auf einen gemeinsamen Nenner kommen. In vielen Diskussionen wird diskutiert, ob man sich prinzipiell überhaupt irgendwie gegenseitig verstehen kann, etwa wenn es um Themen der Diskriminierung geht. So berechtigt solche Argumente erscheinen können und in gewisser Weise oder gewissem Maß auch sind – mit einer fatalistischen Haltung diesbezüglich werden wir letztlich niemals einen Dialog führen und uns aufeinander zubewegen können. Kein Mensch kennt die Erfahrungen, die Gefühle und Eigenheiten eines anderen Menschen, das heißt aber nicht, dass wir uns einander nicht nähern und Verständnis füreinander entwickeln können.

Um langfristig Veränderung zu bewirken, muss es jedenfalls Vorbilder geben, die entschlossen für das Gute eintreten. Im Kleinen mag man sich angesichts einer solchen, weitreichenden Veränderung völlig machtlos vorkommen und vermeintlich nichts bewirken, aber auch hier kann der Schmetterlings-Effekt wahre Wunder bewirken. Wenn ein Vollidiot es schaffen kann, Präsident zu werden, dann können garantiert auch schlaue und gute Menschen etwas bewirken. Ich will gerade solche Menschen, die unsicheren, die schüchternen, die kritischen, die skeptischen, an dieser Stelle dazu ermuntern, sich zu trauen und zu lernen, in sich und ihre Meinung zu vertrauen, für sie einzustehen und authentisch zu sein. Und die sturen, die „Hals-über-Kopf"-Menschen will ich dazu ermutigen, an der einen oder anderen Stelle einfach mal kurz innezuhalten, sich zu hinterfragen, Trugschlüsse zu erkennen und aus ihnen zu lernen und ihre Meinung dementsprechend anzupassen. Beide Menschentypen haben positive Eigenschaften, die sie gar nicht dafür aufgeben müssen oder sollen und auch keiner ist zwangsläufig besser, schlauer oder sonst was.

Eigentlich stehen wir heute vor einer recht dankbaren Lebensaufgabe. Nur werden wir leicht dazu verführt, uninformierter, unwissender, orientierungsloser, fauler zu werden – und daher unfähiger. Gleichzeitig werden wir überinformierter und überflutet, steigern uns in etwas rein und verlieren ebenfalls die Orientierung. Wir müssen vermeintlich immer mehr und mehr Entscheidungen treffen, werden mit immer mehr Möglichkeiten und Informationen konfrontiert, von denen viele eigentlich sinnlos sind oder man nicht überblicken kann, wo man sich mit einer gewählten Entscheidung befinden würde. Dazu müssen wir lernen, genauer differenzieren und bewerten zu können und eine gute Intuition entwickeln, um Entscheidungen schnell, aber bewusst zu wählen und zu treffen. Allerdings wird das Erlernen dieser Fähigkeit wiederum durch die Anzahl an Ablenkungen und einfacher, bequemer Auswege (beispielsweise Internet, Smartphone, Navi etc.) erschwert.

Wir „wissen" mehr, aber lernen weniger – kennen Fakten, wissen aber nicht, sie zu deuten, differenziert einzuordnen und etwas Sinnvolles mit ihnen anzufangen. Das simple Lernen von Dingen – das Aneignen der Fähigkeit, selbstständig zu denken, Dinge zu hinterfragen und zu begreifen – statt stets vermeintlich praktische Auswege oder Abkürzungen wahrzunehmen, kann einem die größte Hilfe dabei sein, für sich (und andere) tatsächlich langfristig einen guten Weg und eine gute Lösung zu finden sowie sein Leben langfristig erfüllt zu bestreiten, ohne ständig Täuschungen zu erliegen oder überfordert und orientierungslos zu sein.

Ein beobachtbares Phänomen in dieser Zeit ist das zunehmende Absterben des Selbsterhaltungstriebs im Kollektiv. Habgier und Egoismus treten in den Vordergrund, man ist sich selbst am nächsten und auf die kurzfristige Belohnung aus. Es werden Vergleiche mit anderen Ländern gezogen und diesen nachgeeifert. Es werden Entscheidungen getroffen, die unmittelbar gut sind oder belohnen, aber nicht langfristig oder in einem größeren Rahmen betrachtet werden. Das sind typische Symptome Süchtiger sowie von Menschen mit Psychosen, welche zu weiteren Krankheiten und Störungen führen. Es ist eine weit verbreitete Einstellung, die drohende Krise (zum Beispiel die Umweltproblematik) den „Opfern" vorzuziehen, die man »jetzt« bringen müsste und welche natürlich »jetzt« Aktivität erfordern würden – und damit eben auch ein Umdenken und Unbequemlichkeit. Oder es wird darauf vertraut, dass es schon jemand anderes regelt. Jeder schiebt Verantwortung ab, aber keiner weiß, wohin damit.

Wir wissen um allerlei gesellschaftliche und wirtschaftliche Konstruktionen und deren Folgen, verharren aber dennoch in ihnen und finden nicht heraus. Wir wollen immer noch die kurzfristige Belohnung, wollen im Vergleich gut dastehen, wollen es jedem recht machen und nichts loslassen müssen, statt zu tun, was offensichtlich nötig ist und für die Werte einzustehen, von denen wir behaupten, sie zu vertreten.

Geld

Geld hat es geschafft, zu einem Grundbedürfnis beinahe jedes Menschen zu werden, ähnlich dem Bedürfnis nach Nahrung oder einer Behausung. Geld ist Existenzgrundlage (ein weiterer Nachfolger ist vielleicht das Smartphone). Das Tückische an der Sache ist, dass das Gehirn nicht auf natürliche Weise mit Geld oder Zahlen generell umgehen kann. Hier gilt oft ein anderes Prinzip als zum Beispiel beim Hunger. Es findet keine natürliche Sättigung statt. Je mehr man jagt, desto hungriger wird man hier oft sogar. Gerade das Geld verleitet das Denken dazu, Zeit in eine Nutzeinheit umzuwandeln, welche ohne messbaren Ertrag als verschwendet angesehen wird. Geld gilt als einer der Hauptfaktoren für Glück oder Unglück und für Gerechtigkeit oder Ungerechtigkeit. Menschen lassen sich in Arm und Reich trennen. Treffender wäre oft eine Einteilung in die, die keine Geldprobleme haben und die, die sie haben, da Geldprobleme in hohem Maße subjektiv und mehr oder weniger unabhängig vom tatsächlichen Kontostand auftreten können. So denken oftmals selbst diejenigen, die verhältnismäßig extrem wohlhabend sind, sie hätten Geldprobleme oder wären arm. Durch einen immer höheren Lebensstandard, regelmäßige monetäre Verpflichtungen und eine unterschwellig immer höher werdende Anspruchshaltung etablieren sich allmählich ein neues „Normal" und eine neue, subjektive „Armutsgrenze". Armut, Reichtum oder Geldsorgen sind letztlich oft eher ein Gefühl, eine Wahrnehmung oder Empfindung, welche subjektiv verzerrt werden. Armut ist zum großen Teil ein Geisteszustand. Geld ist die vielleicht größte Sucht der Menschheit, da man davon nicht genug haben kann, gleichzeitig kann man sich aber nicht ganz davon lossagen und es ist die größte Angst, da man ein gewisses Maß zum Überleben braucht. Jedenfalls grollen die Armen oft den Reichen wegen der ungerechten Verteilung – mit guten Gründen. Und die Reichen grollen oft den Armen – auch häufig mit guten Gründen – da hinter Reichtum oft eben auch eine Leistung steckt und diese teils aberkannt wird oder man deswegen als schlechter Mensch gilt. Um sich erst mal mit seiner eigenen Situation abzufinden, ist mit dem Kapitel „Gerechtigkeit" aber eigentlich alles gesagt. Es ist unsinnig und kontraproduktiv, sich ständig zu vergleichen und der einzige Weg aus einer Negativspirale hin zu einer Besserung ist die Einsicht, vergeben zu können und im Idealfall nach tatsächlicher, allgemeiner Verbesserung zu streben. Soll diese Welt besser werden, müssen wir es anderen gönnen und wünschen können, dass sie es leichter haben oder erfolgreich sind.

Grundlegend lässt sich hier wieder ein Vergleich mit unserem Körper ziehen. Um mit sich selbst zu arbeiten und zu Erfolg zu gelangen, muss man die fundamentalen Gesetze des Geistes und des Körpers hinsichtlich ihrer Funktionsweise verstehen und anwenden. Um mit Geld zu arbeiten und zu Erfolg zu gelangen, muss man Funktion und Wirkungsweise des Geldes kennenlernen und anwenden, um eben nicht in einem ewigen Kreislauf zu verenden. Auch hier braucht man erst einmal ein Mindestmaß an Bildung. Während die Grundprinzipien zum Erfolg im Grunde immer die gleichen sind und bleiben, muss man sich eben auch zumindest ein bisschen mit dem speziell gewählten Bereich auseinandersetzen und Wissen erlangen. Auch hier wieder einfach deswegen, um nicht ungewollt bis in alle Ewigkeit falsche Entscheidungen zu treffen, die der Sache eben nicht dienen, sondern ihr womöglich sogar entgegenwirken. Andauernd fragen sich Menschen, wieso sie weiter zunehmen, obwohl sie doch auf Diät sind, während oft schon ein klein wenig Wissen, Einsicht oder Überblick genügen würde, um einen elementaren Fehler aufzudecken. Vielleicht ist es auch nur wieder die Fähigkeit der Ehrlichkeit und Selbstverantwortung, welche (noch) fehlt. Eben einen tatsächlich ehrlichen Blick auf sich selbst, seine Einstellung und seinen Umgang werfen zu können und die entsprechenden Maßnahmen zu treffen, konsequent etwas zu ändern und nicht die Schuld bei jemand oder etwas anderem zu suchen. Vielleicht auch einfach die Erkenntnis gewinnen, ob man es denn überhaupt wirklich will. Jeder will reich sein, aber kaum einer will tatsächlich tun, was dafür nötig wäre. Sie wollen Haben ohne Sein und fragen sich, warum sie unglücklich sind. Ich kann mich entscheiden, ob ich einen Sport zwar ehrgeizig aber als Hobby betreibe, oder ob ich Spitzensportler werden will und auch den dafür nötigen Einsatz investieren will. Wenn ich mich dagegen entscheide Spitzensportler zu werden, muss die Wahl dieser Entscheidung ganz einfach damit einhergehen, auch zufrieden mit dieser Wahl zu sein und nicht bei jeder Gelegenheit neidisch zu werden. Kalorienüberschuss führt zu Gewichtszunahme, Kaloriendefizit führt zu Gewichtsabnahme, beim Geld ist es erst mal nichts anderes. Kleine Eingeständnisse entscheiden oft schon darüber, ob man langfristig Vermögen oder Schulden aufbaut – kurz gesagt also Reichtum oder Armut. Das Kleinvieh – die einfachen Dinge – macht den meisten Mist. Wir sind oft unfähig, langfristige Entwicklungen zu erfassen und korrekt einschätzen zu können. Wir unterschätzen und vergessen einfache Zinseszins-Effekte oder realisieren sie nicht einmal, und diese haben auf lange Sicht enorme Auswirkungen. Zinseszins-Effekte sind kaum etwas anderes als Realisierungen des Schmetterlings-Effektes, genauso wie die Selbstverstärkung von Glaubenssätzen.

Kapitalismus ist allerdings eine problematische, komplizierte Angelegenheit, die theoretisch gut für jeden ist, der sich damit auskennt und sich in einer günstigen Position befindet. Wer sich damit auskennt, kann eigentlich recht einfach einen Nutzen daraus schlagen – wenn man das will. Dies wirft jedoch oft ethische und individuelle Fragen auf. Das Problem dabei ist eher ein fundamentales Problem dieses Systems und unserer Gesellschaft, welches im Prinzip auf einer ungleichmäßigen Verteilung von arm und reich sowie gebildet und ungebildet basiert und so funktioniert. Letztendlich gilt wohl: Jeder kann reich werden, aber nicht alle. Eine komplett anti-kapitalistische Haltung einzunehmen ist allerdings weder eine realistische noch umsetzbare. Wirtschaft und Profit müssen keine Feinde oder etwas Schlechtes sein, allerdings sind sie nach reiner Zweckmäßigkeit gestaltet – eine Maschinerie, die funktionieren und produzieren soll – und diese sollte zweifelsohne von ihrer dominanten Vorherrschaft losgelöst werden. Vor allem in unseren Köpfen. Es gilt wohl eher, Wege zu finden, ein solches System mit einer Gesellschaft, einem System, zu vereinbaren und zu strukturieren, welche grundsätzlich Leben achtet und die Bedürfnisse fühlender, lebendiger Individuen miteinbezieht und als oberste Priorität setzt, sodass es sinnvoll mit Zielen der Humanität und der Freiheit vereinbart werden kann. In diesem Zusammenhang ist das bedingungslose Grundeinkommen ein Konzept, mit dem sich meiner Meinung nach jeder zumindest ernsthaft und eingehend auseinandersetzen sollte. Für viele klingt dieser Begriff zu utopisch und er wirft zu Recht einige Fragen auf – daher wird die Idee oft gleich wieder abgelehnt. Allerdings stellen viele Tests und Studien in der Praxis einige der am häufigsten vorgebrachten Gegenargumente in Frage – zum Beispiel die Annahme der grundsätzlichen Faulheit der Menschen bezüglich des Ausübens einer Arbeit ohne Zwang oder die Unmöglichkeit der Finanzierbarkeit des Grundeinkommens. Das größte Problem dieses Konzepts ist zunächst die mangelnde Vorstellungskraft bezüglich einer ganz anderen, tatsächlich besseren, freieren und zwangloseren Gesellschaft. Das bedingungslose Grundeinkommen bietet meiner Meinung nach definitiv einen guten Ansatz, um fundamentale Probleme unserer Gesellschaft auf positive sowie produktive Art und Weise zu beeinflussen. Menschen wären nicht mehr durch Finanzen existenzbedroht, könnten sich Zeit nehmen und nach einer Arbeit suchen, mit der sie sich tatsächlich identifizieren können oder die ihnen sinnvoll erscheint. Generell würde der Hang dazu, sich durch seine Arbeit und Geld zu profilieren und den eigenen Wert anhand dessen fest zu machen und zu definieren, abnehmen. Menschen in Armut und finanziellen Nöten leiden nachgewiesenermaßen unter dem psychischen Problem, schwerer vernünftige und gute Entscheidungen treffen zu können, da sie permanent gestresst und kognitiv überlastet werden. Die permanenten, kurzfristigen Notstände, die zeitnah eine Lösung erfordern, unterbinden die Möglichkeit zu langfristig positiven Entscheidungen oder auch nur über solche nachdenken zu können. Statistiken zu Auswirkungen sozialer Ungleichheit auf den Lebensweg von Menschen sprechen eine deutliche Sprache. Das Lösen dieses Problems könnte dazu führen, dass Menschen bessere Entscheidungen treffen und zu einer allgemeinen Gesundung der Individuen, der Gesellschaft und der Umwelt beitragen. Natürlich sind viele Aspekte dabei spekulativ. Die wohl eigentlich interessanteste Frage in diesem Kontext ist für mich aber wohl: Was ist denn nun unser Traum? Wie stellen wir uns eine „gute" Gesellschaft vor? Häufige Gegenargumente, etwa gegen ein Grundeinkommen, sind letztlich, dass es Schmarotzer geben könne, die dieses System ausnutzen und sich darauf ausruhen würden, und die Annahme, dass Menschen grundsätzlich faul seien und alles in sich zusammenbräche. Beide basieren auf einer rein pessimistischen Grundhaltung, welche darauf aufbaut, dass Menschen im Kern schlecht, faul oder korrupt sind und man sich einander nicht einfach so etwas gönnen sollte. Wir könnten vielleicht eine in nahezu alle Richtungen freiere Gesellschaft schaffen, aber es gibt einige Menschen, die das „ausnutzen“ und sich darauf ausruhen würden? Und weiter? Bevorzugen wir lieber zahlreiche Opfer und Verlierer des gegenwärtigen Systems anstelle eines Systems mit einigen „unverdienten“ Gewinnern? Wem schadet das unmittelbar? Der Gedanke, bloß »irgendetwas« zu tun und zu arbeiten – oft etwas Sinnloses oder sogar Schädliches – nur um beschäftigt zu sein, als nicht faul zu gelten, irgendeiner vermeintlichen Pflicht nachzugehen, „nützlich“ zu sein, sich zu profilieren oder immer mehr Geld zu verdienen, um etwas „wert“ zu sein, zeugt meiner Meinung nach lediglich davon, wie vergiftet das Gedankengut vieler Menschen ist. Wir leben in einer Zeit, in der es greifbar und realisierbar werden könnte, dass viel mehr Arbeit verrichtet wird, weil es gewollt und nicht gemusst wird, und in der es ansonsten viel mehr Freizeit geben könnte, weil gar nicht mehr so viel Arbeit verrichtet werden muss. Wir könnten auf ein System hinarbeiten, das Menschen zunehmend nicht mehr als funktions- und leistungsfähige Maschinen benötigt und sie demnach vorrangig als zweckdienlich betrachtet. Menschen reden von einer besseren Welt und können sich dabei nicht einmal vorstellen, Menschen Freiheit und Vertrauen zu schenken, ihnen mehr zuzutrauen oder das Gute in ihnen zu sehen. Sie können sich nicht vorstellen, dass ein besseres Zusammenleben möglich oder ein Leben ohne wirtschaftlichen oder irgendeinen anderen Zweck sinnvoll oder schön sein könnte. Und das alles, während wir gegenwärtig ein System haben, in dem hochbezahlte, „gute“ Jobs häufig nicht sinnvoll für die Gesellschaft und/oder die Umwelt sind und schlechtbezahlte, unangesehene Jobs häufig sinnvoll, sozial und elementar sind. Wie sollte eine bessere Welt aussehen, die auf Gedanken erbaut ist, die die Hoffnung schon längst aufgegeben haben?

Aufgrund der Komplexität des Themas verweise ich zur Vertiefung dieser und ähnlicher Thematiken auf andere Literatur, zum Thema Grundeinkommen beispielsweise auf das Buch „Utopien für Realisten" von Rutger Bregman, wo Konzept und weitere Problematiken behandelt werden.

» Armut und materielle Ungleichheit stehen dauerhaftem Frieden und beständiger Stabilität im Wege «

- *Nelson Mandela*

Loyalität

Jeder hält Loyalität wohl erstmal für etwas Gutes und für wünschenswert. Für mich ist sie manchmal – dann, wenn der Begriff missbraucht oder falsch verstanden wird – allerdings nichts weiter als das Festhalten an Dingen, die eigentlich schlecht sind oder bei genauem Hinsehen den eigenen Zielen und Werten widersprechen. Oft erkennen wir wie gesagt nicht, worin wir uns befinden und wir werden bereits in einem gegebenen Umfeld groß. Loyalität ist eine äußerst wünschenswerte Eigenschaft in jeder Organisation und einmal hinein geraten kommt man teilweise auch nur schwer wieder heraus, vor allem in extremen Organisationen. Schließlich versucht eine solche Organisation möglichst sicherzustellen, dass sie nicht verraten, unterwandert oder verlassen wird, zumindest in einem gewissen Maße. Mir ist schon oft aufgefallen, wie „nett" und loyal die Individuen verschiedener Gesellschaften, Gruppierungen und Freundeskreise, egal welcher Größe, untereinander sein können und fand mich selbst auch schon in solchen wieder. Doch ich begriff zunehmend, dass sie eigentlich gar nicht meine Werte und Ansichten teilten, sondern nur so lange nett und „loyal" waren, wie ich eben auch ihre Ansichten teilte. So lange ich ihnen oder ihrem Ideal eben diente – und mir vor allem die gleichen Feinde machte wie sie. Man merkt oft, dass eine solche „Loyalität" entweder nur geheuchelt oder einfach nur ein Extrem ist, das lediglich gut für die eigene Gruppierung und schlecht für alle oder viele andere außerhalb ist. Loyalität wird häufig verwechselt mit stumpfem Gehorsam und Besitz, und oft wird man einfach nur um den Finger gewickelt. Man wächst auf und ist stolz auf sein Land, gehört einem Glauben oder einer Partei an, gerät in einen gewissen Freundeskreis und schneller als man es begreift hilft man Freunden bei ihren Lügen und wird oft genug selbst mit hineingezogen – oder führt eben einen Krieg gegen andere Länder und Religionen im Namen der „Gerechtigkeit" oder „für die Sache", allerdings gibt es fundamentale Unterschiede zwischen Patriotismus und Nationalismus.

Loyalität ist nur gut, wenn man sie dazu macht und den Begriff entsprechend definiert. Wie immer kann ich nur für mich sprechen, aber für mich bedeutet wahre Loyalität erneut die Abwesenheit von Zwang: Ehrlichkeit und Vertrauen, anstatt Lügen (oder „selektive Wahrheit") und Kontrolle. Aufs Gröbste hinunter gebrochen ist Loyalität kaum mehr als das gemeinsame an einem Strang ziehen, meist zur Verwirklichung eines Ziels. Davon sollte man nur dann Teil sein, wenn, oder solange, es wahrlich den eigenen Überzeugungen entspricht. Eigentlich beinhaltet wahre Loyalität gerade die gegenseitige Förderung der individuellen Entwicklung und Wünsche. Loyalität muss man dann auch nicht einfordern oder jemanden dazu zwingen, sondern sie ist automatisch da und jedes Individuum geht in einer solchen loyalen Gemeinschaft auf. Ähnlich wie die Liebe, die oft mit Besitz und ähnlichem verwechselt wird, wird auch Loyalität auf ganz ähnliche Weise viel zu oft missverstanden. Als eine allgemein für positiv befundene und oft missverstandene Eigenschaft wird Loyalität oft auf fatale Weise überbewertet und rechtfertigt oft die größten Gräueltaten und Einstellungen. Wirkliche Loyalität ist eigentlich eine grundlegende, gesunde Einstellung gegenüber sich selbst, gegenüber Menschen, der Umwelt, dem Leben selbst – und nicht bloß ein erweiterter Egoismus.

» Um ein tadelloses Mitglied einer Schafherde zu sein, muss man vor allem ein Schaf sein «

- *Albert Einstein*

Loyalität startet wohl vor allem bei sich selbst, denn sich selbst muss man treu sein, um wahrhaft von etwas überzeugt sein zu können. Meine vorherige Frage „Bist du eine Krebszelle?“ verleitet daher eventuell leicht zu einem Irrtum. Diese Frage war bewusst auf die (Um-)Welt und auf sich selbst gerichtet, da man sich diese Frage somit auch hinsichtlich der eigenen, wahren Überzeugungen und des Beitragens zum Überleben unseres Planeten (und uns selbst) stellt. Man könnte sich diese Frage schließlich auch hinsichtlich des eigenen, unmittelbaren Umfeldes oder der eigenen Gesellschaft oder Organisation und ihrer Ideale stellen – und vielleicht zu ganz anderen Antworten gelangen. Vielleicht bin ich gut für meine unmittelbare Umgebung – befinde mich aber lediglich in einer wachsenden „Krebszelle“. Rein funktionell betrachtet wünscht sich jede Organisation nun mal diese – wenn auch nur nach außen hin – funktionierenden Zellen, die zu Wachstum und Schutz der Organisation selbst beitragen – völlig ungeachtet ihrer Ausrichtung und ihrer Ziele. Heutzutage sind viele Gesellschaftssysteme oder Konzerne so aufgebaut, dass nicht die Frage „Was ist gut für den Menschen und die Welt (allgemein und innerhalb des Systems)?“, sondern die Frage „Was ist gut für das Wachstum des Systems?“ beantwortet und entsprechend gehandelt wird. Es wird lediglich nach Wachstum selbst gestrebt und nicht primär nach einer „guten“, gesunden Richtung dieses Wachstums. Aus einer solchen Ausrichtung heraus folgt fast zwangsläufig das Unglück vieler einzelner, eben menschlicher und lebendiger Individuen. Überraschend ist eigentlich nur, dass sie dabei trotzdem mitmachen und nach und nach das Ziel des Systems, wenn auch unbewusst, zu ihrem eigenen Ziel machen. Ein solches System fördert meist Egoismus, Selbstsucht und Habgier, denn das sind häufig die Antworten, beziehungsweise das Verhalten, welche letztere Frage effizient beantworten und von einem solchen System selbst vorgelebt sowie anerzogen wird – Zweckmäßigkeit. Auch eine Gesellschaft selbst erfüllt die Vorbildfunktion und ihre „Kinder" richten sich danach aus. Erneut werden im Vordergrund die Haben-Seite und der Profitgedanke verfolgt. Auch hier steht eine grundsätzliche Achtung des Lebens in Konflikt mit unmittelbarer, reiner Zweckmäßigkeit und dem Profitgedanken, welcher ungebremst letztlich in Zerstörung oder Selbstzerstörung endet.

Natur

Bei meinem ständigen Appell an die Natur, an das Vertrauen auf die eigenen, natürlichen Gefühle und die „Menschlichkeit", liegt mein Ziel zum Teil, wie du wohl schon gemerkt hast, auch in der Veränderung und Bewusstmachung eines neuen Verständnisses eben dieser. Schaue ich mir die Natur oder die (natürliche) Welt der Tiere an, so sieht man dort auch nur größtenteils eine Sache: Den Kampf ums Überleben, Survival of the fittest; wenn nicht um das eigene, dann um das der Nachkommen oder der eigenen Rasse. Revierkämpfe, Brutalität, Tod und das eigene Wohl stehen auch hier an erster Stelle. Das wahrhaft Außergewöhnliche an unserer Situation als Menschen ist doch, dass es uns tatsächlich möglich ist aus diesem Bann weitgehend ausbrechen zu können und in der Lage dazu sind, diese Wahl zu erkennen und zu haben – und ohne all dies auskommen zu können. Ganz langsam und Stück für Stück begreifen wir das Prinzip. Gesellschaften entstehen überhaupt erst, weil gegenseitige Hilfe sich einfach lohnt. Das Prinzip des Miteinanders ist intelligent.

Die Praxis sieht jedoch nach wie vor anders aus. Millionen von Jahren, die in uns den Überlebensinstinkt, Wettbewerbsdenken, Jagd-, Sexual- oder Fortpflanzungstrieb etc. tief in uns verankert haben, spült man eben nicht so leicht weg. Trotz aller Kultur, Moral und Regeln läuft noch viel zu viel schief in dieser Welt, die eigentlich so einfach und schön sein könnte. Es scheint sich immer wieder das Gleiche abzuspielen, nur auf einer anderen Ebene oder in einer anderen Form. Dass da mancher Technik-Nerd, der das Ganze aus einer rein effizienten, logischen Perspektive betrachtet, den Kopf schüttelt und angesichts all dieser in der Natur des Menschen liegenden Mängel eher eine voll technisierte, digitalisierte, überwachte und von Maschinenmenschen „ohne Fehler" geführte Welt anstrebt, ist für mich daher sogar ziemlich nachvollziehbar. Auch mir kommt angesichts dieser Dummheit und der anhaltenden Verbrechen, Grausamkeit und Ungerechtigkeit immer wieder regelrechte Menschenverachtung hoch. Und jede Menge Fragen und Zweifel. Doch »Vertrauen ist gut, Kontrolle ist besser« war noch nie der richtige Lösungsansatz, wenn man tatsächlich das Ganze aus einer humanistischen, mit dem Ziel der Freiheit und des Glücks fokussierten Perspektive betrachtet. Eine gute Beziehung basiert immer auf Vertrauen, nicht auf Kontrolle. Wie Richard David Precht schreibt: „Ein solches Ziel unter Inkaufnahme der Unfreiheit eines jeden erreichen zu wollen, ist in so ziemlich niemandes Interesse, der Leben achtet".

Doch auch aus einer humanistischen und empathischen Perspektive heraus betrachtet läuft diese Welt ja nicht so, wie sie sollte. Menschen bauen einfach ab und zu Mist. Der Weg zum Erkennen der Liebe ist oft ein langer, beschwerlicher. Und es geschehen Irrtümer. „Menschliches Versagen" wird oft genug als Grund für Unfälle genannt. Menschen sind nicht nur durchgehend gut, und schon gar nicht gleich, wie es viele so gerne hätten oder behaupten. Der Schlüssel muss irgendwo im freien Willen liegen, allerdings mit dem Ziel des „Gut-Seins" beziehungsweise des Verstehens und Verinnerlichens dessen – der Liebe. Wenn die effizienteste Antwort der Technik – mal ganz beiseite, dass die durchaus menschlichen Strippenzieher hinter ihr oft genug doch nur ihre eigenen, weder dem Menschen noch der Natur dienlichen Ziele verfolgen – nicht die beste Lösung ist, wie kann so eine Lösung dann überhaupt aussehen? Mein Ziel ist eigentlich eine Art Mathematik der Gefühle und des Glücks, aber wie gelangt man zu der besten Lösung, ohne die objektiv besten Maßnahmen treffen zu können? Objektivität, ein Effizienz- oder Optimierungsdenken, ohne die Gefühle und die Willensfreiheit eines jeden Einzelnen miteinzubeziehen, ist einfach die falsche Grundauslegung und der falsche Maßstab für eine Welt, die die Befriedigung eben dieser zum Ziel hat.

Klar ist für mich, dass der Mensch grundlegend durch seine Erziehung, sein Aufwachsen und seine Umgebung auf gewisse Art programmiert oder konditioniert wird. Die Dinge, die er lernt und verinnerlicht. Und klar ist auch, dass ein Mensch das tut, wozu er sich gezwungen fühlt. Früher war das das Überleben und niemand wird es einem früheren Menschen vorwerfen, kein Vegetarier gewesen zu sein und Tiere gejagt zu haben, die er nun mal als Nahrung brauchte oder die eine Bedrohung darstellten. Wie gesagt, das Außergewöhnliche liegt in unserer Situation, nun eigentlich nicht mehr zu so etwas gezwungen zu sein und die Möglichkeit einer mehr oder weniger freien Wahl zu haben. Eigentlich. Doch momentan scheint sich das zu großen Teilen in ein neues Gefühl des Zwangs entwickelt zu haben. Geld, materielle Absicherung und sozialer Status scheinen der neue Überlebenskampf und Daseinszweck, der aktuelle Gott, dem gehuldigt wird, zu sein.

Interessant dabei ist, dass wenn wir unser Augenmerk wieder vom Individuum zur Gesellschaft, zum Kollektiv, richten, unser eigentlich natürlichster Instinkt, der Selbsterhaltungs- bzw. Überlebenstrieb, zu versagen scheint. Der neue Daseinszweck wurde erfolgreich etabliert und der neue Überlebenskampf ist im Gange. Wie schon erwähnt, ist es eine weit verbreitete Einstellung, die drohende Umweltkrise den Eingeständnissen und Opfern vorzuziehen, die man jetzt und als Einzelner bringen müsste. Technik und Reichtum werden als Möglichkeiten genutzt, Unerwünschtes auszublenden, sich zunehmend selbst eine Welt zu gestalten und sich somit mehr und mehr von der Realität und dem Rest der Welt zu entfernen, statt sich ihr zu nähern.

Gesellschaftliche Phänomene sind menschliche Phänomene und andersrum. In dieser Zeit ist vielerorts eindeutig ein Absterben der Menschlichkeit zu beobachten. Und das ist eigentlich die einzige Sache, die uns zum Teil der Natur macht und uns von einer Maschine unterscheidet.

Austauschbarkeit und Oberflächlichkeit

Aus bestimmten Blickwinkeln oder Beobachtungen scheinen wir zu einer Gesellschaft zu werden, die nach und nach ihre Menschlichkeit verliert. Das Interesse an Einzigartigkeit, Werten und tiefen Bindungen schwindet. Eine „Wir sind alle gleich"-Mentalität ohne Einzigartigkeit führt zu einer Selbstabwertung und zu Bedeutungslosigkeit. Menschen handeln sich mittlerweile teils selbst wie auf Tauschbörsen, sie bieten sich freiwillig als Objekt an. Das Internet sieht jeden Nutzer als Konsumenten, denen Ware angeboten wird. Und langsam werden wir auch zur Ware selbst. Unsere Daten werden heiß begehrt und gehandelt, um uns zu noch besseren Konsumenten und zu noch besserer Ware zu machen, und wir sind damit einverstanden. Zumindest handeln wir so, als wären wir es.

Je bessere Konsumenten wir werden, desto bessere Ware sind wir auch und unsere Daten auch. Wenn ich mir Apps wie Tinder, Facebook, Instagram und Co. ansehe, komme ich nicht mehr umhin, mich teilweise wie bei Ebay Kleinanzeigen oder Amazon zu fühlen. Alle versuchen sich irgendwie zu verkaufen, bieten sich teilweise an wie ein Produkt. Produktname, gute Fotos (natürlich nur in Bestzustand und gutem Licht), Produktbeschreibung – eventuell noch die Versanddetails. Ich verteufele die Idee oder das Verwenden von Datingapps oder ähnlichem keineswegs. Mit dem richtigen Umgang und Verständnis halte ich sie für eine tolle Möglichkeit, aber sie gehen eben auch einher mit einem gewissen gesellschaftlichen Wandel.

Auch hier greift der Hang des Menschen zur Konsumsucht, welcher dazu führen kann, dass er essenzielle Bereiche des Lebens komplett ersetzt. Dieser Problematik sollte man sich einfach bewusst sein und einen entsprechenden gesunden Umgang pflegen. Oberflächlichkeit, Schein und Austauschbarkeit gewinnen augenscheinlich immer mehr an Macht. Alles soll einfach, schnell und vor allem unkompliziert sein – ansonsten wird es eben ersetzt. Da geht der Durchschnittsmensch eher nicht das Risiko ein, seine Zeit möglicherweise zu verschwenden, indem er sich Zeit nimmt, jemanden wirklich kennen zu lernen und an Problemen zu arbeiten, wenn es doch möglich ist jeden einfach durch etwas Neues und scheinbar „Besseres" zu ersetzen. Und naja, hat man stets eine solch einfache, unkomplizierte Alternative zu der ganzen „Arbeit" und dem „Stress" vor Augen, ist die Versuchung groß. Hier kommen wieder die zwei Seiten einer Medaille ins Spiel. Auf der einen Seite ist es definitiv eine positive Errungenschaft, dass man mehr Auswahl und Freiheit hat, sich passende Beziehungen zu suchen und auch die Möglichkeit wahrnimmt, diese zu beenden, wenn es einfach nicht mehr passt. Auf der anderen Seite sollte man sich darüber klar sein, nach was genau man sucht, was das bedeutet und dass man Menschen nicht gewissermaßen mit Dingen oder Objekten verwechselt. Will ich eine Zweck-Bekanntschaft, oder mehr? Sehne ich mich gerade letztendlich nur nach Spaß und Konsum – was vollkommen in Ordnung ist – oder suche ich eigentlich nach etwas »Echtem«, nach Nähe, Vertrauen und Liebe? Nichts ist perfekt und keine Beziehung ist durchgehend immer nur einfach und unkompliziert.

Mittlerweile werden die ersten Menschen tatsächlich am Fließband produziert. Naja, es sind keine richtigen Menschen. Sie sind ihnen nur zum Verwechseln ähnlich, und das reicht vielen Menschen anscheinend aus, wenn sie dafür die Bedürfnisse sicher erfüllen. Menschen mit einer eindeutigen, individuell auf dich zugeschnittenen, sogar nach Belieben veränderlicher Persönlichkeit, Funktionalität und Aussehen. Die Rede ist von künstlich intelligenten Robotern, in diesem Fall zum Beispiel Sexroboter. Der Trend ist klar. Wir teilen Menschen zunehmend nach Zweck und Nutzen ein. Und wo der klassische Mensch an seine Grenzen stößt, macht die Technik weiter. Ist das wirklich die Zukunft? Und ist es eine erstrebenswerte? Ich habe kein Recht, zu entscheiden, ob es verwerflich ist, mit einem Roboter zu schlafen oder sogar ein ganzes Leben mit einem zu verbringen, wenn er die Bedürfnisse doch erfüllt. Jeder darf seine eigene Entscheidung treffen. Wer nur auf Triebbefriedigung aus und nicht in der Lage dazu ist, dies angemessen zu kommunizieren, erspart damit anderen Menschen vielleicht sogar einigen Kummer. Ganz nüchtern betrachtet sehe ich dabei sogar einige Vorteile und positive Effekte. Und das Liebesspiel, oder wie auch immer man es nennen mag, ist schon eine zeitintensive, komplizierte, manchmal an den Kräften zehrende Angelegenheit. Aber man verpasst so einiges, wenn man wirklich in Erwägung zieht, es komplett zu ersetzen. Auch an virtuellen Realitäten wird bereits gearbeitet und sie werden wohl noch wahrhaft fantastische, verrückte Möglichkeiten mit sich bringen. Vielleicht können wir irgendwann tatsächlich in die Matrix. Aber dennoch sollte es keine Flucht vor dem Leben darstellen und man sollte sich nichts Falsches davon versprechen. Die Echtheit des Lebens, Beziehungen zwischen wirklichen Menschen und wahres Glück werden meiner Meinung nach niemals durch Simulationen, Triebbefriedigungen und Ausflüchte zu ersetzen sein. Das Leben und die Liebe sind einzigartige, besondere Reisen und Erlebnisse. Wollen wir letztlich alles Unvorhersehbare, alles Menschliche ersetzen durch eine zwar nicht wirklich echte, aber womöglich echt wirkende, Täuschung ersetzen?

Mathematik und Menschen?

Je länger ich mich mit der Mathematik beschäftigt habe, desto rätselhafter wurde das menschliche Verhalten für mich. Menschen handeln einfach nicht logisch. Sie tun augenscheinlich weder das Beste für sich selbst noch für ihre Mitmenschen oder ihre Umwelt, von der sie wiederum abhängig sind. Sie scheinen fast absichtlich schlechte Entscheidungen zu treffen und sind mehr auf sich selbst und ihr eigenes Überleben fixiert als auf das Überleben ihrer Umwelt, welche ihren Lebensraum darstellt – was doch irgendwie ganz schön paradox und dumm ist. Viele jedenfalls… zu viele. Mittlerweile wird sich ausgiebig mit der künstlichen Intelligenz beschäftigt, in der die Mathematik eine fundamentale Rolle spielt. Letztendlich hat sie schließlich die universale Computersprache bestehend aus Nullen und Einsen zur eindeutigen Beschreibung von „Allem" hervorgebracht. Bei nahezu allen Prozessen und Vorgängen spielen Effizienz und Optimierung die wichtigsten Rollen. Darin gipfelt auch der Profitgedanke. Es wird ein bestimmtes Ziel anvisiert und es soll mit gnadenloser Effizienz und Effektivität erreicht werden, also basierend auf reiner Logik. Das ist natürlich auch sinnvoll, wenn man eine Aufgabe so gut wie möglich erledigen will. In Zukunft werden dadurch wohl auch einige Arbeitsplätze von Menschen verloren gehen, weil Maschinen diese Arbeit nun mal effizienter und besser erledigen können. Als Vorlage der künstlichen Intelligenz dient der Mensch, beziehungsweise sein Gehirn und seine Fähigkeit zur Logik und Lernfähigkeit, nur ohne diese Sache namens Gefühle und der Bedürfnisse eines lebendigen Systems. Ein optimierter Mensch, wenn man so will – zumindest nach Auffassung einiger Menschen. Die Frage, die sich mir unweigerlich stellt, ist: Wie passt der Mensch überhaupt in eine solche durch Technik geprägte, algorithmierte und optimierte Welt, in der im Grunde ohne irgendwelche Eigensinnigkeiten gehandelt werden könnte? Sind die Roboter die Zukunft? Oder vielleicht eine optimierte Verschmelzung von Mensch und Maschine? Sind die Menschen tatsächlich unvollkommener und „schlechter"? Sind Gefühle am Ende doch irgendwo »schlecht«, störend oder überflüssig?

Die digitale Revolution ist in vollem Gange. Eigentlich passiert erstmal gar nichts Neues. Der Mensch entwickelt etwas, das ihm Arbeit abnimmt, die so besser und bequemer erledigt werden kann. Das ist es wohl, was man Fortschritt nennt. Und die Erfahrung zeigt, dass es auch genutzt wird, was an sich auch sinnvoll ist. Neu ist eigentlich nur, dass man sich tatsächlich einem nie zuvor da gewesenen Kipppunkt nähern könnte. Somit stellt sich die Frage, was der Mensch in diesem

Szenario überhaupt noch groß machen kann und was für einen Effekt diese Technik unmittelbar auf den Menschen hat.

Wir kommen bei diesem immensen Tempo gar nicht mehr wirklich mit und versuchen nur nicht auf der Strecke zu bleiben. Ich denke, dass die Digitalisierung eine geniale Chance bietet. Wir sind momentan gefangen in unseren gewohnten Denkmustern, die jahrelang nicht erneuert, sondern, wenn überhaupt, ausgebessert wurden. Alles wurde komplizierter und verworrener, überall entstanden mehr Zweige und auch mehr Sackgassen, weit entfernt vom Ursprung. Es wird diskutiert statt gehandelt und zugeschaut, anstatt Einfluss zu nehmen. Es werden sinnlose Jobs erfunden, statt abgebaut – die Vorstellung von weniger Arbeit scheint Angst zu verbreiten. Auch wenn sich noch viele dagegen wehren, unser aller Leben wird sich wohl ändern und auf den Kopf gestellt. Es kann nicht mehr ausgebessert und ausgereizt werden, wirkliche Veränderung steht an. Etwas Neues. Eine ungewohnte Situation. In unserer westlichen Kultur hat sich in den letzten Jahrhunderten ein Leben gegen die Natur verbreitet. Natürliche Ressourcen werden bis zum letzten aufgebraucht und konsumiert, Gefühle werden oft nicht sonderlich beachtet, sondern es wird auf die Vernunft gehört. Eine Idee von Geld hat viele Köpfe infiziert und ließ es wertvoller werden als Glück, Zeit und Mitmenschen, es ist »der« Gegenwert zu allem. Jeder Sache wird ein Wert zugeordnet, was für natürliche Gefühle eher verwirrende Konsequenzen und Sackgassen bedeutet. Der Wert von etwas besteht oft nämlich nicht vorrangig in dem Gefühl, das dir die Sache gibt, sondern in dem Geldwert oder in dem Nutzen, die sie dir bringt. Das ganze Leben und unsere Erziehung sind darauf ausgelegt, dass wir am Ende gutes Geld verdienen und nach außen hin „funktionieren" oder etwas darstellen. Also, wie kann uns Technik-Utopia helfen? Wenn uns tatsächlich ein Großteil der Arbeit durch Computer und Maschinen abgenommen werden könnte, dann muss da doch irgendetwas Gutes dran sein. Oder besser gesagt, es ist an uns, etwas Gutes daraus zu machen.

Was würdest du tun, wenn Geld, sowie der damit verbundene Zwang zu einer Arbeit, der soziale Status und sonstige Assoziationen, keine Rolle mehr spielen und keine Existenzbedrohung darstellen würden? Was macht dir Spaß? Worin siehst du Sinn? Ich hoffe darauf, dass diese digitale Revolution zu einer solchen Arbeitslosigkeit führen würde, sodass unser gesamtes System endlich eine grundlegende Änderung durchlaufen müsste. Wenn kaum einer mehr Arbeit hätte, dann müsste man trotzdem Geld bekommen oder irgendwie versorgt werden. Geld würde vielleicht keine Existenzbedrohung mehr darstellen und das Verdienen dessen nicht mehr den Großteil der eigenen Lebenszeit beanspruchen. Der Traum der Menschheit, Werkzeuge zu schaffen, die ihm die zu verrichtende Arbeit abnehmen, erreicht ein neues Level. Er ist greifbar. Eine Chance, gesellschaftliche Mechanismen und Standards zu schaffen und zu etablieren, die tatsächlich weniger Arbeit, weniger Druck, mehr Zeit und mehr Freiheit ermöglichen. Eine Chance, sich wieder über die wichtigen Dinge im Leben klar zu werden und sich tatsächlich selbst zu verwirklichen, wenn die Roboter schon die „Drecksarbeit" erledigen. Womit wir wieder bei den Gefühlen sind. Nichts anderes als Gefühle geben dem Leben oder irgendeiner Sache einen Sinn. Erst Gefühle ließen das Bedürfnis aufkeimen, etwas Gutes und Funktionierendes in dieser Welt zu schaffen und diese tatsächlich zu verbessern. Das Ziel einer jeden künstlichen Maschine wird nach einem Wunsch geschaffen sein, der durch Gefühle entstanden ist. Hoffentlich! Es wurde wie gesagt nur viel zu lange übersehen, wie falsch wir mit unseren Gefühlen umgehen. Auch hier wieder; wie im Großen, so auch im Kleinen. Damit meine ich, wie wir selbst mit unseren eigenen Gefühlen umgehen und wie unmenschlich die Menschheit sich entwickelt hat. Ungerechtigkeit, Hunger, Ausbeutung und Tod sind an der Tagesordnung. Krankenschwestern und andere soziale Berufe haben häufig noch immer ein geringes Ansehen im Gegensatz zu Bänkern. Man hat sich daran gewöhnt, es ist normal. Geld regiert wie gesagt die Welt. Das, wofür irgendjemand bereit ist, etwas zu zahlen wird gemacht und zwar auf die billigste Art und Weise. Niemand würde wohl aus Spaß Menschen in Afrika ausbeuten und Wasser stehlen oder Waffen nach Syrien senden und sie gleichzeitig bombardieren. Außer eben, wenn es zu Geld oder Macht führt. Ob wir es zugeben wollen oder nicht und ob es für dich zutrifft oder nicht – Geld regiert die Welt. Viele Menschen behandeln sich gegenseitig eher wie Maschinen oder Ware, sie betrachten sich selbst als solche, und werden langsam zu einer. Zweck statt Sinn. Sie verlieren den Kontakt zu sich selbst, zu ihrem Wesen, zu tiefen Bindungen und zum Mensch-Sein, während sie immer ein Mensch sein müssen und niemals eine Maschine sein können. Während die Welt droht, an unseren Schadstoffen zu sterben und wir mit ihr, wird überlegt, wie sich das möglichst wirtschaftlich regeln lässt. Geld bestimmt das, was wir tun. Die Gefühle, die wir dabei haben, spielen derzeit eine untergeordnete Rolle. Dabei sind eigentlich genau sie das Warnsystem, das uns die negativen Konsequenzen verdeutlicht. Das ist es, was wir tun können: Uns Zeit nehmen, fühlen, genießen, eine Richtung vorgeben und entscheiden, was „gut" ist.

Kleinvieh

Mal wieder erscheint es mir insgesamt eher andersrum als gedacht. Am Ende macht Kleinvieh den meisten Mist. In der Masse zumindest. Es sind kleine Dinge, kurzfristige Entscheidungen, die wir Menschen – wenn wir es lernen – korrekt abschätzen und ebenfalls mehr oder weniger leicht ändern können. Große Objekte und weitreichende Entscheidungen können wir oft nur schlecht einschätzen, bewerten und vorhersagen. Wir landen letztendlich bei großen, strukturellen Problemen, die aus kleinen, konkreten Entscheidungen und Maßnahmen entstanden sind – und nun müssen wir wieder kleine, konkrete Entscheidungen treffen, die ihre Wirkung entfalten können. Bereits einfache Algorithmen zeigen, dass sie die Vorhersagegenauigkeit von Experten langfristig übertreffen und genauere Prognosen treffen können. Experten sind und bleiben fachkundig, allerdings eben nur in ihrem Bereich. Experten an der Börse maßen sich nicht an, den Kurs einer bestimmten Aktie in mehreren Jahren einzuschätzen, weil sie wissen, dass sie es nicht können. Sie können nur kurzfristig gut einschätzen und Trends erkennen und ausnutzen, also die zu diesem Zeitpunkt kurzfristigen, (wahrscheinlich) guten Entscheidungen treffen. Welchen Vorteil wir als Menschen immer haben werden, ist unsere Entscheidungsfreiheit. Algorithmen sind deswegen so zuverlässig, weil sie die Zukunft anhand der Vergangenheit und vorhandenen Daten und Mustern einschätzen können. Als Mensch können wir frei entscheiden, wir können ganz Neues bewirken und eine neue Richtung einschlagen, die sich nicht aus der Vergangenheit heraus gründen muss oder vielmehr darauf gründen kann, dass sich die Vergangenheit nicht bloß wiederholt oder verstärkt. Nur Menschen können Dinge entscheiden, die nicht auf starren Kriterien aufbauen. Wir können menschliche, erstrebenswerte – „gute" – Maßstäbe ansetzen und neu erfinden. Nur wir Menschen können entscheiden, was wir Menschen wollen. Als Therapeut, Coach oder Trainer, als Vorbild oder Anführer einer Gemeinschaft, sollte die größte Aufgabe darin liegen, diese Fähigkeiten zu vermitteln – und damit auch Selbstverantwortung, Disziplin und Bewusstsein über die eigene Selbstwirksamkeit. Therapeuten zum Beispiel haben direkten Einfluss auf ihre Patienten, solange diese eben ihre Patienten sind. Kurzfristig können sie ihnen helfen, langfristig muss der Patient sich selbst helfen können. Es ist kein Wunder, dass einige dies natürlich nicht zu ihrem Hauptziel machen. Schließlich verdienen sie mehr Geld und haben mehr „Erfolg" je mehr Leute zu ihnen kommen und da bleiben – und je mehr auch tatsächlich merken, dass sie sie brauchen und tatsächlich ihr Leben „verbessern", während das Gegenteil passiert, wenn sie sie wieder verlassen. Der Egoismus gewinnt. Die wahrhaft beeindruckenden und inspirierenden Persönlichkeiten der Geschichte, die immer noch Einfluss bewirken und einen Weg weisen, sind jedoch immer wieder diejenigen, die in ihrem Verhalten und Wesen wahrhaft der Gesellschaft und dem Miteinander dienten – und das nicht aus Zwang oder Gier, sondern aus sich selbst heraus. Personen, die über ihr eigenes Ego hinaus etwas bewirken und schaffen wollten und wollen. Glücklicherweise gibt es lauter solche kleine Helden in dieser Welt. Man muss nur die Augen aufmachen.

An dieser Stelle möchte ich nochmal erwähnen, dass es hier grundsätzlich nicht um Extreme geht, sondern um kleinere Eingeständnisse oder kleine Änderungen an der ein oder anderen Stelle. Diese sollten – und das versuche ich in diesem Buch – in erster Linie aus sich selbst heraus und aus Verständnis und Ehrlichkeit gegenüber sich selbst motiviert sein und entstehen, und nicht aus einem Zwang heraus oder um auf Krampf gut und positiv sein zu müssen. Es geht einfach darum, einen kleinen Beitrag zu leisten, im Leben grundsätzlich die „richtige" Richtung einzuschlagen und gegebenenfalls an einigen Stellen umzudenken. Kleinvieh macht schließlich den meisten Mist.

Viele Menschen versuchen mittlerweile ihr Leben so früh wie möglich so langfristig wie möglich „gut" und vernünftig zu planen und weitreichende Entscheidungen zu treffen, unwissend, dass sie eigentlich unfähig dazu sind, diese überhaupt so planen und treffen können (und immer unfähiger werden, je früher und weitreichender sie sie treffen wollen). Ich selbst und der Großteil meiner Freunde und Bekannten trafen Entscheidungen, wie zum Beispiel ob und welches Fach man studieren werde, ohne wirklich Ahnung über uns selbst zu haben. Sie, beziehungsweise wir, hatten (vermeintlich) keine Zeit, sich, oder uns, selbst richtig kennen zu lernen. Entpuppt es sich als tatsächlich falsche Entscheidung, ist das vielleicht schwer einzusehen, aber die „verlorene" Zeit ist keineswegs ein Grund, weiter an solchen falschen Entscheidungen festzuhalten und sie nicht zu verändern oder ein wenig anzupassen. Schließlich hat man etwas gelernt und sollte nun hinterher schlauer sein – und somit den gleichen Fehler nicht noch einmal oder weiterhin machen. Es schadet ganz und gar nicht, sich für wichtige Entscheidungen vorher Zeit zu nehmen und sie etwas zu durchdenken. Eben eher zu investieren, statt zu spekulieren. Und es schadet nicht, auch mal einfach etwas auszuprobieren, aber dabei eben die Möglichkeit in Betracht zu ziehen, dass man eben nur eine Lektion für sich lernen könnte, statt zum anvisierten Ziel zu gelangen. Man muss eben doch jederzeit damit arbeiten, was ist.

Die meisten gesellschaftlichen, „großen" Phänomene und Effekte sind letztlich zu einem Großteil zurückzuführen auf das zunehmende Nicht-Verstehen sowie das vermeintliche Nicht-Einsetzen der Gefühle. Diese setzt man immerhin zwangsläufig ein, aber eben nicht zwangsläufig bewusst. Die dadurch entstehende Verwirrung oder das bewusste Nicht-Hören auf die Gefühle führt vermehrt dazu, dass Menschen durch negative Gefühle, von einem negativen Antrieb, geleitet werden (oft trotz guter Intentionen) und versuchen, diese irgendwie zu kompensieren.

Erfolgreiche Menschen machen jedenfalls oft gerade die einfachen, kleinen Dinge richtig und gut. Zum weiteren Erfolg tragen entscheidend der Schmetterlings-Effekt und die dadurch aufgebaute Eigendynamik bei, die es dann auch immer einfacher macht, auch weiterhin die richtigen Entscheidungen zu treffen. In die entgegengesetzte Richtung funktioniert es dann natürlich dementsprechend auch. Das automatische Erlernen von Gewohnheiten und Routinen ist es, was das „Jetzt" so mächtig und das „Mach ich später" so gefährlich macht. Man unterschätzt die Macht kleiner Dinge, indem man sie oft ignoriert und für unwichtig hält, und überschätzt die Macht großer Dinge, indem man sich ihnen schnell ausgeliefert fühlt und sie für unveränderlich hält. Kleine, einfache Dinge vereinen sich im Handumdrehen zu großen, komplexen Dingen mit einer Eigendynamik. Das Erkennen und Verändern von kleinen Dingen und Ursachen im Hier und Jetzt ist eine der machtvollsten Fähigkeiten, die man erlangen kann. Aber auch das Erkennen und Nicht-Überschätzen großer Dinge, denen man im Grunde leicht durch kleine Dinge nach und nach ihre Macht und damit ihre Eigendynamik rauben sowie umkehren oder umlenken kann, ist eine machtvolle Fähigkeit.

Willensfreiheit – Die Logik von Entscheidungen

Wir müssen unsere Entscheidungen und das, was aus ihnen wird, verstehen. Wenn ich etwas will, bedeutet das auch, dass ich das Gegenteil davon nicht will. Es bedeutet, dass ich all das will, was diese Entscheidung beinhaltet. Dazu muss ich wissen, was ich will und verstehen, was genau damit gemeint ist. Um tatsächlich wollen zu können, was ich will, muss ich womöglich erst verstehen lernen, was ich will. Wie gesagt, viele Menschen „wollen" reich sein, aber kaum jemand ist bereit, Entsprechendes dafür zu leisten. Andere wollen zum Beispiel berühmt sein, blenden dabei allerdings die damit verbundenen Konsequenzen aus, die man erlebt, wenn man es dann wirklich ist. Die rosarote Brille ist gefährlich. Will man etwas, dann sollte man das wollen, was dafür nötig wäre und das, was es beinhaltet. Es wollen also sehr häufig Menschen etwas, dabei wollen sie es eigentlich gar nicht – oder haben sich davon etwas ganz anderes versprochen. Durch Reichtum wird man nicht automatisch glücklich, daher sollte man diese Illusion als solche entlarven – oder es ausprobieren. Der schlimmste Fehler ist wohl, etwas zu wollen, wofür man nicht bereit ist, etwas zu tun und sich gleichzeitig davon fälschlicherweise etwas zu versprechen, das man „bräuchte".

Ich kann nur wollen, was ich will, wenn ich mir über mich selbst klar werde, mich von Illusionen befreie und ins Reine mit mir komme. Liebe ist nicht Verliebtsein – dieser Zustand, in dem alle Makel und alles „Unerwünschte" erst mal wegidealisiert oder anders gedacht werden. Liebe beinhaltet vor allem anderen die Person oder die Sache, ganz genau so, wie sie ist und mit allem, was dazu gehört.

Blinde Verliebtheit ist eines unserer größten Probleme. Wir versuchen sie womöglich dauerhaft aufrecht zu erhalten oder zu erzwingen, unwissend oder abstreitend, dass wir es nicht können. Verliebtheit führt zu einer wundervollen und schönen Begeisterung und zu Überzeugung. Vor meiner Begegnung mit der Liebe war ich ebenfalls „verliebt" in mein Leben und verwechselte diese mit Liebe. Und ich wurde enttäuscht. Letztlich stand ich vor einer Entscheidung: Übernehme ich Selbstverantwortung, werfe ich einen ehrlichen Blick auf mich selbst und die Welt, ändere ich mich, oder lehne ich die Wahrheit weiter ab und kann somit weiter die Fehler bei etwas anderem suchen, sie ignorieren oder sie als ungerecht empfinden, sodass ich „zu Recht" Abneigung und Unverständnis empfinden darf?

Verliebtheit ist vergleichbar mit einer starken Meinungsbildung, mit einer starken Konzentration, die ich dennoch eindeutig befürworte. Starke Begeisterung und Überzeugung sind es oft, die uns antreiben. Diese Verliebtheit ist eine Stärke, wenn wir sie dazu machen – indem wir das eventuelle Ausbleiben der erhofften Liebe in der Form nicht zu einer Katastrophe machen oder überhaupt dazu bereit sind, wirklich zu lieben. Indem wir einsehen, dass wir bloß verliebt in eine Illusion von etwas oder jemandem waren. Indem wir loslassen und uns nicht daran aufhängen. Indem wir lernen, die Wahrheit zu lieben, den sich ständig wandelnden Fluss des Lebens.

Wollen zu können, was man will, ist natürlich ein Widerspruch in sich. Logisch betrachtet kann ich nicht wollen, was ich will. Dennoch glaube ich daran. Darin besteht für mich eine der größten Aufgaben des Lebens: Vertrauen in kompletter Unwissenheit zu finden. Alles anzuzweifeln und einen tiefen Glauben zu entwickeln. Die eigenen Widersprüche miteinander vereinbaren und leben zu können.

Können wir alles erreichen, sind wir zu allem fähig, wenn wir nur fest genug an uns glauben, mit uns selbst im Einklang handeln und gnadenlos ehrlich zu uns selbst sind? Ich weiß es nicht. Nur ein aufrichtiger Versuch kann es zeigen, unser Potenzial entfalten, uns und unser Leben gestalten. Dabei dürfen wir den freiesten und lebendigsten Weg durch das Leben einschlagen, den es gibt.

Das wiederum führt mich wieder zu „Trial and Error". Fehler zeigen immer Lektionen auf und es ist manchmal nötig, sie zu machen, einfach um herauszufinden, was man nicht will und damit letztendlich auch, was man will.

Wir brauchen Verstand und wir brauchen Gefühle, wir brauchen Herz und Kopf, um zu verstehen, was wir sind, was wir wollen und was uns widerfährt. Durch aufeinander abgestimmte, sich unterstützende Systeme schaffen wir eine Einheit – und die Möglichkeit, im Flow mit uns selbst, mit anderen Menschen, mit Tätigkeiten, dem Leben, der Natur und dem Universum zu sein. Mit ihnen teilst du das kostbarste Gut, das dir inne wohnt – deine Lebenszeit, deine Aufmerksamkeit, deine Energie. Diese sollte erfüllt von Liebe sein. Was sonst sollte sinnvoll sein?

Eine Antwort – warum es Sinn macht, gut zu sein

Es scheint, als ob ich zu einem Fazit, zu einer Entscheidung und zu einer Antwort kommen muss.

Was mich an der Wissenschaft und der Mathematik so fasziniert und was ich so an ihnen liebe ist, dass sie zum einen universell gültige, vielseitig anwendbare Gesetze aufzeigen, welche mir zutiefst befriedigende Antworten auf Fragen bezüglich meines eigenen Lebens und meiner Weltansicht gaben, und zum anderen dennoch nicht alles beantworten können und klare Grenzen aufzeigen.

Werfen wir wieder einen Blick auf zwei der wohl fundamentalsten Theorien der Wissenschaft, die kombiniert im Wesentlichen die Beschreibung von Allem zum Ziel haben. Sie setzen sich mit dem Anfang und dem Ende des Universums als auch dem Nichts und der Unendlichkeit selbst auseinander. Sie beantworten viele Fragen diesbezüglich und werfen wiederum weitere auf. Die Rede ist von der allgemeinen Relativitätstheorie, der Theorie der großen Dinge, aufgestellt von Albert Einstein, und von den Gesetzen der Quantenmechanik, der Theorie der kleinsten Dinge, sowie speziell der in ihrem Rahmen formulierten Heisenbergschen Unschärferelation, aufgestellt von Werner Heisenberg.

Das Universum weist im Kleinen anscheinend diese ganz andere, fast widersprüchliche Natur auf, als es das im Großen tut. Während man den Verlauf großer Dinge ziemlich exakt anhand ihrer Position und Geschwindigkeit bestimmen kann, gilt im Kleinen eine Art Zufälligkeit und Ungewissheit, Dinge scheinen aus dem Nichts aufzutauchen und sind an mehreren Orten gleichzeitig. Während Einstein zu sagen pflegte: „Gott würfelt nicht", scheint Gott aus unserer Perspektive doch genau dies zu tun, und zwar durchgehend. Einsteins Theorie, die eigentlich auf einer sehr natürlichen Vorstellung beruht, nämlich, dass jedes Teilchen eine genau definierte Position und eine genau definierte Geschwindigkeit besitzt, versagt in der Nähe des Urknalls. Wenn wir nach der Relativitätstheorie die Positionen und Geschwindigkeiten aller Teilchen des Universums zu einem bestimmten Zeitpunkt kennen würden, dann könnten wir berechnen, wo die Teilchen sich zu jedem beliebigen anderen Zeitpunkt, ob Zukunft oder Vergangenheit, befinden würden. Es wurde mittlerweile allerdings entdeckt und nachgewiesen, dass es sich einfach nicht genau berechnen lässt, was bei extrem kleinen Abständen passiert. Die Theorie lässt sich nicht verbessern, der Natur selbst liegt einfach wirklich ein gewisses Maß an Ungenauigkeit und Zufälligkeit zu Grunde – zumindest erscheint es uns als solche. Warum kann man also große Abstände und große Objekte genau messen und vorhersagen, kleine aber nicht? Wieso gibt es hier keine Exaktheit, wieso ist immer nur eine Seite messbar und die andere wird dadurch umso unbestimmter?

Stephen Hawking bringt in seinem Buch „Kurze Antworten auf große Fragen" den Vergleich mit dem Glücksspiel. Das Universum sei wie ein riesiges Kasino, in dem bei jeder Gelegenheit der Würfel geworfen wird. Ein Kasinobesitzer läuft jedes Mal Gefahr, Geld zu verlieren, wenn die Würfel geworfen werden. Doch ist die Zahl der Würfe groß genug, so gleichen sich die Chancen aus. Der Kasinobesitzer sorgt einfach dafür, dass dies zu seinen Gunsten ausfällt. Wenn man beim Roulette also zwischen Schwarz und Weiß wählt, so liegt die Chance im Kleinen annähernd bei 50:50, damit Recht zu haben. Genau genommen ist da aber noch diese zusätzliche, grüne Null, die dem Kasino bei dieser Wahl einen minimalen Vorteil einräumt. Dieser kleine Vorteil bewirkt im Grunde, dass Kasinos Erfolg haben und Kasinobesitzer reich werden. Das starke Gesetz der großen Zahlen. Mache ich etwas nur oft genug, so kann ich das Ergebnis sicher vorhersagen. Das Objekt, die Stichprobe, wird größer. Werfe ich eine Münze einmal, kann ich nicht sagen, ob es Kopf oder Zahl wird. Das kann ich niemals. Werfe ich eine Münze (fast) unendlich oft, so kann ich (fast) sicher sagen, dass die Anzahl der Kopf-Würfe (fast) genau der Anzahl der Zahl-Würfe entsprechen wird. Das gleiche Prinzip scheint im Grunde für unser Universum zu gelten. Das große Universum, das wir nun haben und in dem schon so außergewöhnlich oft „gewürfelt" wurde, sodass aus ganz kleinen Dingen und Kombinationen von Teilchen große Dinge wurden, ergibt eine Art bestimmten Wert, der sich mehr oder weniger exakt messen und somit bestimmen und vorhersagen lässt. Ist das Universum winzig klein, wie am „Anfang" in der Nähe des Urknalls, so gibt es nur eine auffällig kleine Zahl von Würfen und es regiert angesichts der unzähligen daraus resultierenden möglichen Möglichkeiten der Zufall. Quantenmechanische Prozesse gewinnen an Bedeutung. Wie kann man nun also diese beiden Theorien vereinigen und daraus etwas Sinnvolles gewinnen? Wie könnte man beispielsweise die Zukunft vorhersagen? Tja, wir können es nicht. Was wir können, ist, den verschiedenen Kombinationen aus Positionen und Geschwindigkeiten bestimmte Wahrscheinlichkeiten zuzuschreiben, die die jeweiligen Wahrscheinlichkeiten des Eintritts für eine bestimmte Zukunft darstellen. Etwas einfacher ausgedrückt, wir können die Zukunft eines genügend großen Objekts mittlerweile ziemlich gut berechnen und einschätzen, zum Beispiel die Umlaufbahn von Planeten etc. Wir „wissen", wann die Sonne am nächsten Tag für uns auf- und untergeht, da wir es sehr, sehr genau einschätzen können – auch wenn wir uns theoretisch irren könnten und es nicht 100% sicher wissen.

Kommen wir nun wieder zurück zum Thema: Die Menschheit. Wir können also Position und Geschwindigkeit eines genügend großen Objekts ziemlich exakt bestimmen und somit auch ziemlich genau vorhersagen. Je kleiner es ist, desto mehr Zufälligkeiten kommen ins Spiel. Mit anderen Worten, es gibt mehrere mögliche Szenarios, die bestimmte, aber nicht mehr so eindeutige, Wahrscheinlichkeiten haben. Bis sie irgendwann eben anscheinend völlig unberechenbar und zufällig sind, oder eher so erscheinen, da man Zufälle und Wahrscheinlichkeiten auch als etwas betrachten kann, das wir einfach nicht gut genug verstehen oder messen können. Wir sagen, das Leben, oder die Welt, wird von vielen, vielen Zufällen bestimmt und regiert, dabei könnten wir im Grunde alles berechnen, wenn wir jede einzelne Sache, jedes einzelne Detail genau genug kennen würden. Theoretisch zumindest. Zeit und Beobachtung scheinen Grenzen unserer

Dimension zu sein, die unsere Welt erst nach und nach formen und damit auch die Grenze zu Sicherheit darstellen.

So gibt es ziemlich genaue Prognosen darüber, wie die Menschheit sich entwickeln wird, vorausgesetzt sie verhält sich weiterhin ungefähr so wie bisher. Was dabei ziemlich sicher ist: in ein paar Millionen Jahren ist die Menschheit ausgestorben. Und wenn nicht, haben wir jetzt noch keinen Schimmer, wie sie so weit gekommen sein wird. Momentan scheint es ziemlich sicher zu sein, dass die Menschheit sogar wesentlich schneller Geschichte sein wird, da sie momentan fleißig dabei ist, ihren Planeten und damit sich selbst zu zerstören. Aber wenigstens ist es nur einigermaßen wahrscheinlich. Es ist noch nicht vorherbestimmt. Es gibt also auch andere mögliche Szenarios. Und da können wir dann diese „Zufälligkeit" des Kleinen nutzen. Die Menschheit stellt hier das große, relativ gut einschätzbare Objekt dar. Die gute Einschätzbarkeit beruht auf der ziemlich guten Einschätzbarkeit ihres Verhaltens, das, sofern es sich eben nicht grundlegend ändert, in einem der Selbstzerstörungsszenarios endet. Daher die hohe Wahrscheinlichkeit. Nun schauen wir auf den einzelnen Menschen, wobei jeder ein einzelnes kleines Detail, einen Bestandteil, darstellt. Diese steuern in der Masse maßgeblich die „Bewegung" der Menschheit. Egal, wie gut ich dich kenne, ich werde kaum eine Vorhersage darüber machen können, wo genau du dich in nur 5 Jahren befinden wirst. Nicht mal in einem Jahr oder in einem Monat. Dabei könnte ich das wohl, wenn es rein um deine Position gehen würde, vielleicht doch noch ganz gut eingrenzen. In Deutschland zum Beispiel ist da wohl eine ganz gute Schätzung, aber nicht sicher. Irgendwo auf der Welt aber dann doch ziemlich sicher. Und irgendwo im Universum mit an Sicherheit grenzender Wahrscheinlichkeit. Wie gesagt, je größer das Objekt, der Abstand oder die gewählte Skala, desto besser können wir eine Seite einschätzen. Dafür verliere ich dabei zunehmend die Nähe und die Informationen zu anderen Seiten. Was ich niemals vorhersagen können werde ist, wie du dich wirklich verändern wirst, damit meine ich die Art deiner Gedanken, Gefühle und Handlungen. Wirst du die gleiche Person bleiben oder einen Sinneswandel vollziehen? Wie werden sich deine Gedanken verändern? Wie sollte ich jemals in der Lage sein, deine Gedanken oder dein „Erlebnis" irgendwie wirklich zu messen, zu lesen und so irgendwie vorauszusagen? Selbst die Gedanken meiner Freunde, denen ich nahestehe und deren Verhalten ich kenne, kann ich nicht lesen. Hier scheint ein hohes Maß an Zufälligkeit, oder eher an Unvorhersehbarkeit, zu herrschen, da diese Sache so „klein" ist, dass sie von außen, also mit Abstand, niemals wirklich einsehbar ist. Durch Beobachtung habe ich zwangsläufig einen gewissen Abstand zum Beobachteten. Deine Gedanken sind nur von dir einsehbar, sie sind in deinem „Universum" eigentlich mit die größten Dinge deiner Realität. Nur du kannst letztlich wirklich wissen, was du denkst und fühlst, und das ist ganz eindeutig nicht zufällig, sondern du bist Herr deiner Gedanken – wenn du es willst.[53]

Vielleicht liegt hier der Schlüssel zur Rettung und zur Hoffnung. In diesem Fall sind diese kleinen Objekte – also deine Gedanken – zwar objektiv betrachtet mehr oder weniger unvorhersehbar und zufällig (wenn auch manipulierbar), aber das sind sie bei genauerer Betrachtung ja nicht. Ich bin Einsteins Meinung: Gott würfelt nicht. Auch, wenn es von außen so aussieht. Du kannst deine Gedanken maßgeblich steuern und beeinflussen, du kannst allen Widerständen, Einflüssen und Wahrscheinlichkeiten trotzen, du kannst entscheiden, welchen Gedanken du Kraft gibst und wie du handelst. Tun das nur genügend viele Menschen, genügend viele „Du's" oder „Ich's" in eine Richtung, in der sie sich ihrer selbst bewusstwerden und, wenn auch nur im Kleinen, etwas Positives und Förderliches für den Planeten, die Menschheit und sich selbst tun, dann wird sich auch das Verhalten der Menschheit, bestehend aus den sich nun allmählich anders verhaltenden einzelnen Menschen, ändern und es gibt wieder Hoffnung. Immer wieder wurde der Lauf der Geschichte geformt durch kleine Impulse und Veränderungen, durch Individuen, Initiativen und Bewegungen – entgegen aller Wahrscheinlichkeiten, die zum jeweiligen Zeitpunkt wohl atemberaubend schlecht ausgesehen haben müssen. Jeder Gedanke ist eine Geburt, die von diesem ausgehend Entwicklungen und Konsequenzen nach sich ziehen wird, und jeder Moment, jedes Jetzt, ist eine Geburt im Universum. Der Schlüssel, so hoffe ich, ist das Wecken des Bewusstseins eines Jeden für genau diese Sache. Warum es sich tatsächlich lohnen könnte, „gut" zu sein? Naja, weil es in jeder Hinsicht das Beste ist, das wir überhaupt tun können. Auch wenn es erstmal irrational, naiv oder unwahrscheinlich erscheinen mag. Je mehr Menschen darauf aufmerksam werden, diese Idee ehrlich annehmen und sogar umsetzen, desto höher wird die Wahrscheinlichkeit für ein Überleben unserer Menschheit und für unsere nachfolgenden Generationen, in einer schönen Welt mit einer „besseren“ Menschheit zu leben. Etwas simpler ausgedrückt, es gibt einfach mehr Hoffnung für ein Happy End – und wenn ich dazu etwas beitragen kann, dann bin ich glücklich. Wie siehst du das?

Im Grunde ist dieses Argument kaum etwas anderes als das, was Bürger dazu auffordern soll, wählen zu gehen. Ein Jeder – auch du – macht einen Unterschied. Auch, wenn du selbst vielleicht keine Kinder kriegen willst oder nicht selbst davon betroffen sein wirst, könntest du es trotzdem deinen Freunden oder anderen Menschen wünschen, dass ihre Kinder eine bessere Zukunft erleben dürfen (oder überhaupt eine) und vielleicht ein paar kleine Eingeständnisse machen. Hier geht es nicht um Parteien oder irgendwelche Kandidaten, es geht letztlich ganz einfach um Leben oder Tod – nicht mehr und nicht weniger. Der Schmetterlings-Effekt ist meine Hoffnung, welcher ansteckend wirkt und der ab einer genügend hohen Zahl von „Flügelschlägen“ zwangsläufig eine neue, anziehende Eigendynamik erzeugen wird und Möglichkeiten entstehen lässt.

Wir beeinflussen die Umwelt und die Umwelt beeinflusst uns. Die Umwelt beeinflusst nicht nur dich, sondern auch mich und die anderen – uns alle eben. Es lohnt sich einfach, selbst den ersten Schritt zu machen und bei sich anzufangen. Auch, wenn es erst mal nur als kleiner, kaum sichtbarer Effekt erscheint, vielleicht sogar als Aufwand oder Anstrengung. Eine bessere Umwelt beeinflusst dich selbst auf eine positive Art und Weise und wird dir sogar nutzen, eventuell muss man sie aber eben erst mal selbst schaffen. Auch die anderen Personen werden dadurch auf eine positive Weise beeinflusst. Langfristig gesehen ist es nicht nur eine gute, erfüllende Entscheidung, sondern auch eine sehr lohnenswerte, von der nicht nur du, sondern eben alle etwas haben. Es lohnt sich immer, von Freunden statt von Feinden, von Gesundheit statt von Krankheit, umgeben zu sein. Die einen helfen dir, die anderen schaden dir.

»Groß« und »Klein« sind Gegensätze – und sie sind irgendwie Widersprüche in sich, die je nach eingenommenem Blickwinkel als etwas komplett Unterschiedliches, Gegenteiliges und sich Widersprechendes erscheinen. Es besteht ein scheinbar widersprüchliches, aber reales Zusammenspiel und es entstehen komplexe Gebilde, die verwirrend wirken, aber im Grunde Eins sind. Subjekt und Objekt, ich und die anderen, nah und fern, all das existiert vielleicht gar nicht wirklich. Alles ist auf eine Art und Weise miteinander verbunden, die dem rein rationalen Verstand nie zugänglich sein wird.

Ich habe meine Entscheidung, meine Antwort also gefunden. Die Pointe ist eigentlich, dass diese Theorien nach wie vor nicht miteinander vereinbar sind und, dass diese Theorien auch die Frage nach dem Beginn des Universums durch eine Art Gott oder eben gewisser naturwissenschaftlicher Phänomene immer weiter und weiter beantworten, am Ende aber doch keine Entscheidung aufgrund von „richtig" oder „falsch" getroffen werden kann. Auch diese Entscheidung muss nach wie vor von uns selbst als Einzelner, also im Kleinen, quasi aus dem

Nichts, getroffen werden. Man kann unendlich viel darüber nachdenken, wie und warum man nun zu genau dieser Entscheidung gekommen ist, letztendlich muss man einfach eine Entscheidung treffen.

Proof of Rightness

In der Mathematik müssen Theorien üblicherweise bewiesen werden. Es gestaltet sich wie gesagt etwas schwierig, einen Standpunkt oder eine Meinung zu beweisen. Ein für mich eindeutiger Beweis ist: es funktioniert. Ich war anders und wurde durch meine Vorschläge anders, konnte eine fundamentale Kehrtwende in meinem Leben und meiner Perspektive erleben und herbeiführen, und habe mich – für mich – positiv entwickelt. Ein beliebter Ansatz in der Mathematik ist der Beweis über vollständige Induktion. Man stellt eine Hypothese auf, schaut, ob die Hypothese für die erste Stelle (ich) funktioniert und zeigt letztlich, dass es auch für jede x-beliebige Stelle, also auch noch für eine x+1-te Stelle funktioniert. Im Allgemeinen lässt sich das leider nicht für einen n-beliebigen Menschen zeigen, da Menschen eben subjektive Wesen sind. Mein Beweis (oder ein Gegenbeweis) sollst letztendlich du sein. Und jeder andere n-beliebige Mensch, der dieses Buch liest. »Beweisen« wird man es dadurch natürlich allerdings am Ende nie können. Weder könnte wirklich objektiv überprüft werden, ob alles „richtig“ und ehrlich gemacht wurde, noch wie das Endergebnis und das tatsächliche Erlebnis wirklich aussehen. Die Antworten liegen verborgen in der Subjektivität des Individuellen. Es könnten nur mehr und mehr

Leute diese Theorie bestärken, indem sie sie bestätigen. Letztendlich wäre es eher eine Studie, ein statistisches Argument, das erst ab einer gewissen Stichprobengröße und durch nachweisbare Effekte Relevanz erhält. Einen solchen globalen, nachweisbaren und positiven Effekt oder eine spürbare Veränderung sollte es spätestens geben, sobald (n/2) + 1 Menschen (n = alle Menschen auf dieser Welt) die Idee übernommen haben und anwenden. Ab dann wäre es nichts anderes als der Kasino-Effekt oder die Materie-Anti-Materie-Ungleichheit, die sich auf Dauer immer weiter und weiter entfalten würden. Natürlich unter der stark vereinfachten Voraussetzung, dass es auf einer binären Skala stattfindet, jeder es auch gleich stark und gleich konsequent in die gleiche Richtung mit gleicher Wirkung anwendet, was nicht realistisch ist.

Letztlich macht es keinen Sinn auf einen Beweis oder ähnliches zu warten, um im eigenen Leben die Initiative zu ergreifen. Ob etwas möglich oder unmöglich ist wird sich immer nur durch einen Versuch zeigen. Es gibt weder vorgefertigte Antworten, die uns jemand anders geben könnte, noch pauschale Lösungen. Jedes Leben ist ein Einzelfall und jede Situation erfordert eine individuelle Entscheidung, die frei getroffen werden kann.

Lebendige Maschinen

Als ich im Biologieunterricht in der Schule das erste Mal mit den Begriffen Prägung und Konditionierung konfrontiert wurde, war ich ziemlich fasziniert. In diesem Zusammenhang will ich auch die erbkoordinierte Endhandlung erwähnen. Ein Greifvogel zum Beispiel erspäht seine Beute und wie von selbst aktiviert sich ein Schema in seinem Gehirn, das ihn eine bestimmte Handlungsabfolge durchführen lässt. Er greift sich seine Beute anhand eines festgelegten, effizienten und koordinierten Plans. Und das, ohne dass er es vorher lernen musste. Es geschieht wie ein Automatismus, fest verankert in seiner DNA, gespeichert über etliche Generationen von Vögeln hinweg. Konditionierung oder Prägung sind da in ihrem Wesen sehr ähnlich. Tiere werden sehr früh durch ihre Umwelt gelehrt und programmiert, sodass sie sich bestimmte „natürliche" Verhaltensweisen angewöhnen und diesen den Rest ihres Lebens gehorchen. Es ist ihr Wesen, ihr Instinkt. Teilweise angelernt, teilweise bereits seit Geburt in der DNA verankert. Ein Phänomen, das mich gleichermaßen faszinierte und verstörte. Die Tiere kamen mir ein bisschen vor wie Maschinen, die nur einen Code befolgten, was sich irgendwie mit meiner Vorstellung von Leben – dem freien Willen, wenn man so will – nicht gut vertrug. Zum Glück traf das nicht auf mich oder allgemein auf uns Menschen zu, dachte ich. Und eigentlich glaubte ich auch nicht mal wirklich bei Tieren daran, wenn ich zum Beispiel mal wieder meine Katze so beobachtete. Von klein auf wuchs ich mit ihr auf, und wenn man mir sagen würde, sie wäre „nur ein Tier", im Sinne eines Dings oder eben einer niederen Lebensform, dann… nein. Sie ist viel zu einzigartig dafür und offensichtlich lebendig. Ganz klar hat sie ihren eigenen Kopf und ihren eigenen Charakter. Sicher, sie ist eine Katze und hat ihre katzenartigen Verhaltensweisen und Angewohnheiten, aber auch nicht mehr als ich ein Mensch bin und meine menschenartigen Angewohnheiten habe. Was mir dann aber doch zunehmend, vor allem beim Beobachten des Verhaltens anderer Menschen und noch mehr während meines Mathematikstudiums, auffiel, war, wie berechenbar im Grunde doch alles und jeder erscheint. Dabei sind Menschen nicht nur berechenbar durch Logik – oft ganz und gar nicht – sondern vor allem durch ihre Gefühle, ihre Triebe und Beweggründe, die trotz aller verschiedenen Persönlichkeiten doch irgendwie immer ziemlich gleich sind. Wie kann das sein? Und wie sehr bin ich selbst davon betroffen? Sind wir alle doch nur Maschinen und unsere Gedanken, unser Ich, nichts weiter als neuronale Verknüpfungen, denen wir ausgeliefert sind? Bin ich eine nur scheinbar lebendige Maschine, bedingt und gesteuert durch irgendeinen Code? Ich denke, für mich selbst hieß die Antwort rückblickend betrachtet lange Zeit: Ja. Aber man hat die Wahl. Und zwar, indem man sich mit sich selbst auseinandersetzt. Indem man sich entscheidet, seinen eigenen Code zu lesen, zu verstehen und, wenn man will, zu ändern. Warum handle ich wie in welcher Situation? Warum fühle ich mich wie in welcher Situation? Wie denke ich in welcher Situation? Welche Gedanken schießen mir durch den Kopf?

Was ist überhaupt ein schlechtes Gefühl? Und was ist gut? Welche Kriterien entscheiden das? Richte dein Bewusstsein auf dein Unterbewusstsein, beobachte dein eigenes Denk- und Fühlverhalten und du erkennst, wie du gesteuert wirst – ohne es zu merken. Denn der Code ist nicht viel mehr als das, was in unserem Unterbewusstsein und

Körper gespeichert wird. Seit klein auf lernen wir, schon im Mutterleib und sogar vor unserer Geburt wird uns durch unsere Vorfahren ein Code in unserer DNA mitgegeben. Denkt man diesen Gedanken konsequent zu Ende, sind es letztendlich Gedanken und Gefühle, die vererbt werden. Es sind Verhaltensweisen und Einstellungen. Es ist die Art, wie wir leben. „Überleben" zum Beispiel, ein Instinkt wie man so schön sagt. Eine Gewohnheit, die wohl nahezu jeder unserer Vorfahren pflegte (sonst wären wir jetzt wohl nicht hier) und die sich so tief in einem Jeden verwurzelte, dass es seit Geburt fest verankert in jedem ruht. Dass aber selbst das im Grunde nur „angelernt" ist und demnach auch veränderlich, zeigen wohl die erschreckend vielen Suizidfälle – die bewusste Entscheidung, sich statt dem Leben fürs Sterben zu entscheiden.

„Überleben" dürfte wohl einer der am tiefsten verwurzelten Instinkte sein. Demnach wurden das Empfinden und die Gefühle an sich entsprechend kategorisiert. Schmerz steht im Zusammenhang mit Tod. Schmerz ist also schlecht, Schmerz tut weh. Es entsteht das Verlangen, Schmerz so schnell wie möglich zu entfernen und zu vermeiden. Das kann zu Angst vor Schmerz führen. Oder, da wir lernfähig sind, Angst vor Situationen oder Dingen, die Schmerz oder Tod verursachen könnten. Angst vor Spinnen zum Beispiel. Ich denke, das lässt sich ziemlich lange weiterspinnen und analog auf die anderen Empfindungen anwenden (zum Beispiel Schamgefühl oder Rivalität, da sozialer Status als Mensch ebenfalls eine entscheidende Rolle für Überleben und Weitergeben der Gene spielte). Und bei der

Anzahl an Situationen, die es mittlerweile gibt, entsteht dabei wohl ein ziemlich kompliziertes Netz. Die zentrale Frage, die ich mir dabei stelle: Schmerzt Schmerz, weil er tatsächlich schmerzt, oder lernen wir viel mehr, den Schmerz als solchen zu empfinden und dieses unangenehme, je nach Intensität kaum auszuhaltende Gefühl eben so zu spüren? Wann ist Schmerz »real« und wann ist er eingebildet oder selbst zugeführt?

Worauf ich hinaus will ist, dass wir oft bestimmten Situationen völlig unnötige Empfindungen und „Gefühle" entgegenbringen, die eigentlich gar nicht sinnvoll oder angebracht sind. Selbst das Empfinden des Gefühls an sich kann falsch „verstanden" worden sein. So zeigt einem Schmerz doch eigentlich nur, dass da gerade irgendwo etwas schiefläuft und hilft dabei, dies zu bemerken. Eigentlich sollten wir dankbar sein, Schmerz spüren zu dürfen. Ohne Schmerz wären wir schließlich schon tot. Solche falsch verstandenen Gefühle, oder einfach in den falschen Situationen angewandte Gefühle, helfen weder beim Meistern der Situation – viel schlimmer noch, sie halten uns oft davon ab oder verschlimmern die Situation zusätzlich – noch tun sie unserem Wohlbefinden und damit auch unserer Gesundheit gut. Viele Gefühle, die wir erleben, sind lediglich Überbleibsel unserer Vorfahren oder unserer Vergangenheit, die wir mal gelernt haben, welche im Grunde aber mittlerweile gar nicht mehr angebracht sind. Nehmen wir wieder das Überleben als Beispiel, das wohl daher so mächtig und mit so vielen Situationen verbunden ist, weil es eben Jahrtausende lang wirklich fast nur darum ging. Das Leben war ein

Überlebenskampf und daher entsprangen aus dieser Grundlage die entsprechenden Verhaltensweisen, Denkmuster und Gefühle. Und jetzt stell dir die Frage, wie oft du in dieser Zeit wirklich vom Überleben bedroht warst. Wie viele Spinnen haben schon dein Leben bedroht?

Die natürliche Selektion an sich ist kein bewusster, intelligenter Schöpfer, auch wenn ihre Produkte oft so wirken mögen. Letztendlich überlebte das, was überlebensfähig war, beziehungsweise viel mehr das, was schnell genug seine Gene in die nächste Generation bringen konnte. Die natürliche Selektion interessiert es nicht, ob wir glücklich oder unglücklich sind, sondern sie ergibt sich viel mehr aus den Umweltumständen und „gestaltete" uns somit primär nach der Aufgabe, Gene effizient weitergeben zu können. Sie funktioniert zweckmäßig und gestaltete uns sowie alle Tiere dementsprechend. Nur Lebewesen, die diese Aufgabe erfüllten, überlebten. Es entwickelten sich Instinkte, Triebe, Verhaltensweisen, Emotionen, welche uns einerseits antreiben und uns andererseits nicht langfristig befriedigen oder glücklich machen. Wir haben ein Belohnungssystem, das uns nach Zielen streben lässt und uns anschließend wieder unzufrieden macht. Ein glücklicher Mensch in der Vergangenheit, der sich „zur Ruhe" setzte, der zufrieden war, nicht jederzeit nach etwas strebte, vielleicht nicht einmal Sex oder Kinder wollte – der hat eben auch keine Gene weitergegeben oder wesentlich weniger als diejenigen, die jederzeit fleißig danach strebten. Nach natürlicher Betrachtung sind wir nicht dazu gemacht, zufrieden zu sein, sondern eher dazu, stets unzufrieden zu sein und somit nach Befriedigung zu begehren. Man könnte also das Argument benutzen, dass Habgier, Egoismus, Selbstsucht oder andere Einstellungen sowie Verhaltensweisen angeboren oder natürlich seien, aber im Grunde ist dieses Argument keines von Gewicht. Letztendlich gibt es überhaupt nichts, das natürlich oder etwa unnatürlich ist. Die Natur bringt alles hervor – alles, was es gibt, gab und geben wird, alles, was wir erleben oder uns vorstellen können und alle unsere Möglichkeiten. Alles ist natürlich. Zum einen sind diese Eigenschaften also viel mehr das Produkt von Umweltbedingungen und, mittlerweile, gesellschaftlicher Bedingungen, zum anderen nutzt ohnehin nahezu jeder Mensch das Argument, sich als Mensch über primitive Triebe hinwegsetzen zu können. Wir wurden von der Natur und durch die Natur zweckmäßig gestaltet – und dafür können wir dankbar sein, denn dadurch haben wir überlebt und sind nun hier. Und ich denke, da ist noch mehr. Das wahrhaft Besondere und Außergewöhnliche an unserer Situation ist, dass wir danach gestrebt und es geschafft haben, aus diesem Bann auszubrechen. Dass wir die Wahl und die Möglichkeit haben, den ständigen Überlebenskampf und das Leiden zu beenden und frei zu leben – was für mich auch die wahre »Natur«, die Entstehung des Menschen und jeglichen Schaffens widerspiegelt: »Leben« – Entfaltung, Verwirklichung, Freiheit, Liebe.

In der Welt, in der wir heute leben, sind ganz andere Situationen an der Tagesordnung als früher. Viel kompliziertere, verworrenere, aber meistens eigentlich total ungefährliche, Situationen, doch sie alle erscheinen wichtig. Sie bedürfen einer Entscheidung, und wir müssen viel mehr von diesen Entscheidungen treffen. Viele, viele Menschen machen einfach weiter mit dem Überlebenskampf und verharren im entsprechenden Denken und Fühlen. Sie führen einen imaginären Überlebenskampf – vor allem mit sich selbst. Auf der anderen Seite geht vielen angesichts dieser Situation jeglicher Antrieb und Sinn verloren oder es herrscht ein Wunsch nach totaler Technisierung, Vereinheitlichung, Ersetzung und Austauschbarkeit, statt nach Vielfalt und Freiheit. Ich sehe in „maschinell verbesserten" Menschen, in Möglichkeiten der Gentechnik, in virtuellen Realitäten etc. neben vielen Gefahren und einer gewissen persönlichen subjektiven Abneigung und Unsicherheit geniale Chancen, Möglichkeiten und Hilfen, an die man sich vielleicht gewöhnen muss. Solche Technologien sind vermeintlich Zukunftsmusik, doch auch unsere Technologien und alles, was wir heute nutzen und uns normal erscheint, war mal Zukunftsmusik, welche ebenfalls verteufelt wurde. Abgesehen davon, dass Verbote meist lediglich den Schauplatz von Entwicklungen ins Dunkle und Zwielichtige verlagern, sehe ich eindeutig wertvolle Errungenschaften in beispielsweise besserer Medizin, künstlichen Prothesen, Behandlungen von Tumoren, Kommunikationstechnologien etc. Ich sehe allerdings keine „Lösung" oder einen Ersatz für das „Problem" unserer Existenz oder das, was wir sind, in all dem – das wird niemals so sein. Im Einklang mit der Natur zu arbeiten heißt nicht, gegen die Technik zu arbeiten oder sich ihr zu verschließen, sondern diese Strukturen miteinander zu vereinen, sodass sie sich sogar gegenseitig unterstützen. Augenscheinlich wollen jedenfalls viele überleben, ohne zu »leben« – die wirkliche Antwort auf unser eigenes Leben (sowie auf die Menschheit) und auf das, was wir sind und was uns ausmacht, werden wir uns stets nur aus uns selbst heraus und aus eigener Kraft geben können. Dabei haben wir die wunderschöne Möglichkeit und Aufgabe, uns selbst zu verwirklichen und diese Welt so gestalten zu können, dass dies auch weiterhin möglich bleibt und mehr Menschen zu ermöglichen, dass es für sie ebenso möglich wird.

Es werden noch viele weitere Herausforderungen in der Zukunft auf uns zukommen. Eine Krise wie das Corona-Virus zeigt uns, dass Veränderung möglich ist – oft machen wir das leider nur, wenn wir müssen beziehungsweise das Gefühl haben, es zu müssen. Es muss allerdings nicht immer genug Zeit bleiben, erst dann etwas zu begreifen und zu reagieren, wenn wir es unmittelbar sehen oder dieses Gefühl haben. Prävention ist und bleibt das beste Heilmittel. Solche Krisen machen uns (hoffentlich) klar, dass wir letztendlich alle Menschen sind, Teil der Natur und Teil eines einzigen, großen Ganzen sind. Dies wirklich zu erkennen wäre der erste Schritt, um von Abwertungen, Konflikten und Wettrüsten hin zu einer ganzheitlichen Zusammenarbeit zu gelangen. Auch Probleme wie Wasserknappheit und Überbevölkerung werden zu Problemen werden oder sind es bereits. Es wäre mir wesentlich lieber zu sehen, dass zusammen Lösungen – die ganz sicher möglich sind und gefunden werden können – erarbeitet werden und an einem Strang gezogen wird als dass die Menschen Krieg führen, in Massenpanik verfallen und sich gegenseitig ausbeuten, benutzen oder auslöschen.

Vergangenheit

Wie schon erwähnt; dieses Buch hat eine besondere, persönliche Bedeutung für mich. Für mich ging es vor allem darum, zu mir selbst zu finden – zu der Person, die ich sein will. Das alles hier hat nicht mit dem Plan angefangen, ein Buch zu schreiben, sondern als Gedankentagebuch, das letztendlich in mehreren vollgeschriebenen Notizbüchern endete. Es war ein Erlebnis. Es gefällt mir, dass dieses Buch letztlich ohne konkrete Vorstellungen und aus einem völligen Chaos heraus entstanden ist – aus scheinbar unzusammenhängenden, unterschiedlichen Einträgen zu verschiedenen Zeitpunkten meines Lebens, aus denen ich mit der Zeit in mich selbst und in dieses Buch Ordnung bringen und die ich nach und nach miteinander in Verbindung setzen konnte. Lange Zeit wusste ich nicht wirklich, ob es letzten Endes nur für mich sein soll oder auch für alle anderen. Immer wieder bin ich überwältigt von den vielen kleinen Zufällen und Ereignissen, die dazu geführt haben und letztlich sogar notwendig waren, dass es entstehen konnte.

Das Führen eines Notizbuches war ursprünglich nur eine Übung, um meine Gedanken zu überwachen und sie zu verstehen. So banal es klingt, aber sich seine Gedanken aufzuschreiben, hilft tatsächlich dabei, sich selbst besser zu verstehen und zu sehen, was man wirklich denkt und tut und ob oder wie konsequent man sich auch tatsächlich verändert – denn man hat es schwarz auf weiß. Werden meine Tage besser, bleiben sie gleich oder werden sie sogar schlechter? Ändere ich mein Verhalten und meine Reaktionen auf gewisse Situationen tatsächlich, oder schwafele ich nur davon? Verfolge ich meine Ziele, Ideale, Träume und tue auch etwas für sie? Glaube ich an sie, oder bleiben sie nur Träumereien und Hirngespinste in meinem Kopf? Versuche ich immer noch, „besser" zu werden, oder endlich mehr ich selbst zu sein und zu mir und meiner inneren Freiheit, meinem Glück und Frieden, zu finden? Habe ich immer noch mehr Angst davor, einen Schritt zu machen und etwas zu wagen, als davor, dies nicht zu tun und meine Träume aufzugeben? Habe ich mehr Angst vor dem Tod oder davor, nicht wirklich zu leben? Schaffe ich es, das Leben zu bejahen? In meinem Fall war diese Übung notwendig, denn ich gehörte lange nicht zu der glücklichen Sorte Mensch. Und erst nach einiger Zeit, nach vielen Jahren, kam mir diese Erkenntnis überhaupt erst so wirklich. Es war mir nicht immer so bewusst, aber im Nachhinein betrachtet würde man es wohl als Depression bezeichnen – ohne dieses Wort zu leichtfertig benutzen zu wollen. Mein grundlegendes Weltbild war negativ, meine Grundstimmung schwer zu beschreiben. Am ehesten zutreffend ist, dass ich mich leer und antriebslos fühlte. An vielen Tagen kam mir die Vorstellung, gar nicht zu existieren, ziemlich befreiend vor. Ich sah keinen wirklichen Sinn in meinem Leben, obwohl ich immer wieder darüber nachdachte und mir sehr wünschte, es gäbe einen oder ich könnte ihn sehen. Ich wurde in eine ziemlich komplizierte Familiensituation hineingeboren, fühlte mich vom Leben ungerecht behandelt, den Umständen, in die ich hinein geboren wurde, schutzlos ausgeliefert, einsam und unverstanden in einer ohnehin ungerechten Welt. Nach meinem Empfinden damals könnte das niemand Außenstehendes wirklich verstehen oder nachempfinden, mich „sah" nie jemand, mich verstand nie »wirklich« jemand. Außerdem verdiente allmählich ohnehin niemand mehr mein wirkliches Vertrauen, ohne es sich mühsam zu erarbeiten. Ich lehnte die Menschen grundsätzlich ab, die meisten erschienen mir oberflächlich, dumm oder schwach. Sie verstehen keinen wirklichen Schmerz, denn sie haben ihn nie erfahren, und sie sehen über den Schmerz anderer hinweg, meiden sie oder nutzen es auch noch aus, während sie weiter in ihrer heilen Welt leben, unwissend, was sie da genau tun und was für ein ungerechtes Glück sie haben – so ungefähr dachte ich. Verstehen und verstanden werden… Ich befand mich auf dem Weg in ein schwarzes Loch. Vertrauen und Intimität erschienen mir als existenzbedrohlich. Ich empfand oft Hass, Wut, Frust und Trauer, während ich gleichzeitig weiter abstumpfte. Manchmal empfand ich es dann als befriedigend, wenn ich mal Trauer, Wut oder Enttäuschung empfand. Ich konnte etwas spüren, in mir regte sich noch etwas. Es war wie ein Zeichen, dass ich noch fühlte – ich spürte, dass ich lebte. Abwechslung von der stumpfen Kälte.

Ich denke, der Schritt zum „Bösen", zum Hass, ist oft nicht weit, er erscheint vielleicht gerechtfertigt und verführerisch. Ich will in diesem Buch auch mehr Verständnis für „böse", unangenehme, negative Menschen schaffen, denn ich bin überzeugt davon, dass dieser Hang zum Hass aus inneren Verletzungen, aus Unverständnis und Illusionen emporsteigt, die wir zumindest nachvollziehen könnten, wenn wir sie denn so erleben könnten wie die Personen selbst. Sie bedürfen

Heilung und nicht Bekämpfung, Empathie und nicht Verteufelung. Es ist Liebe, nach der sie sich sehnen, auch, wenn sie es längst nicht mehr wissen. Wie Martin Luther King Jr. einst sagte: „A riot is the language of the unheard." Negativität und Gewalt ist die Sprache der Ungehörten, der Fehlgeleiteten und Missverstandenen. Einen solchen Menschen zu retten, erscheint manchmal vielleicht unmöglich oder sogar gefährlich, und ich denke, letztendlich kann ein Jeder auch nur sich selbst retten, aber eine helfende Hand schadet sicher nicht. Manchmal ist es nur ein kleiner Anstupser, ein Lächeln, eine Einladung in eine neue, ganz andere Welt – die nur angenommen und bejaht werden muss.

Meine natürliche Stimmung war jedenfalls sehr lange negativ, aus eigener Kraft oder ohne besonderen Grund gab es keinen Grund zur Freude. Naja, ich dachte, das wäre normal, so bin ich halt – so ist die Welt halt. So ist das Leben halt. Dabei war mein größter Denkfehler, dass ich dachte, ich bräuchte einen Grund, um glücklich zu sein, und keinen, um unglücklich zu sein. Mein wichtigster Rat: Fangt mit einem Lächeln an, seid grundlos lieb zueinander. Kleinigkeiten können Wunder bewirken.

Aufgegeben habe ich nie und werde ich auch nie. Ich hatte das „Glück", mit einem Mann – meinem Stiefvater – groß zu werden, der nicht leben wollte. Oder eher nicht so leben wollte, wie er eben lebte und wie er selbst war, aber der es einfach nicht geschafft hat, sich zu ändern. Ich hatte viel Zeit, diesen Werdegang zu beobachten und mitzuerleben, woraus ich früh einige wichtige Lektionen für mich lernen durfte, auch wenn sie meistens nicht sonderlich schön waren. Auch wenn diese Lektionen zunächst jahrelang zu meiner Negativspirale beigetragen haben und ich lange gebraucht habe, sie überhaupt als solche zu erkennen, so kann ich mich am Ende nur herzlichst bedanken.

Zukunft

» Eine Weltkarte, in der Utopia nicht verzeichnet ist, ist keines Blickes wert «

- *Oscar Wilde*

Ich weiß nicht, ob ich diese Zukunft, die ich mir für die Menschheit erhoffe, selbst erleben werde. Vielleicht ist ein solcher Wandel eher ein generationenübergreifender. Viele große Dinge müssen erst mal ihre Bestimmtheit und Größe verlieren. Aber das ist nicht schlimm. Und manchmal geht es ja auch schneller als man denkt. Ich bin voller Zuversicht, dass es gelingen wird, und auch voller Genugtuung, wenn ich irgendetwas dazu beigetragen haben sollte. Ich will irgendwann mal sterben, während ich tue, was ich liebe und ohne die Reue, Dinge unversucht gelassen zu haben. Und wenn ich das Leben liebe, kann ich ja kaum anders und muss mir auch keine Sorgen mehr darum machen.

Ende

Dieses Buch ist vor allem auch Skeptikern gewidmet. Ich will sie umstimmen, will, dass sie um-denken. Für mich ist es jetzt schon ein voller Erfolg, denn ich habe bereits den größten Skeptiker überzeugt, den ich kannte – mich selbst. Gleichzeitig muss ich mir meine Unfähigkeit eingestehen, denn letztendlich müsste man sich einfach nur dagegen entscheiden.

Danke

Im Grunde müsste dieses Kapitel das längste von allen werden. Es gibt viel zu viele Menschen, denen ich gerne danken will. Generell gibt es zu viele Erlebnisse, Zufälle und Dinge, für die ich tiefe Dankbarkeit empfinde. Auch für alle Fehler, Tragödien, die Trauer und die Schmerzen, die ich alle mal so gerne vermieden hätte. Blicke ich zurück auf all diese Fehler, entdecke ich da irgendwie keine. Darum einmal vorab: aus tiefstem Herzen von mir ein grundsätzliches Dankeschön an alles, an jeden und an jede, an dich und an all die Fehler und Unvollkommenheiten, die da noch kommen werden.

Dennoch möchte ich ein paar Namen explizit erwähnen. Danke Mama – die Frau, der ich nicht weniger als mein Leben, dieses Geschenk, Zeit auf diesem Planeten verbringen zu dürfen, verdanke und die mich als kritische Testleserin unterstützt hat. Du hattest es nicht immer leicht und ich zeige es dir wohl viel zu selten, aber zumindest hier soll es nun einmal stehen: ich liebe dich. Danke an meine Freundin Lisa, die mich immer wieder in meinem Tun bestärkt hat und der mitunter dieses Buchcover zu verdanken ist. Danke an meinen Bruder Constantine und an meine Tante Elke, die mich als erste Testleser unterstützt haben und mir das nötige Selbstvertrauen gaben. Danke an meine inzwischen verstorbene Oma, die immer für uns da war, und meine ebenfalls inzwischen verstorbene Katze Minusch, die mich von klein auf durchs Leben begleitet hat – ein andersartiges Wesen, das mich gelehrt hat, dass es keiner Worte bedarf, um sich zu verstehen und eine Bindung aufzubauen.

Danke an die Menschen, die mich aktiv beim Entstehungsprozess dieses Buches unterstützt haben: Pascal, Lisa und meine Lektorin Janna Block, die mich mit ehrlichem Feedback, Kritik, Lob, Anregungen und Korrekturen tatkräftig unterstützt haben, sowie an Désirée Riechert, der sowohl Buchcover und -design zu verdanken ist und mir auch darüber hinaus mit Rat und Tat bei der Veröffentlichung zur Seite stand. Danke auch an all jene, die mir Inspiration oder Rückmeldungen gaben und die ich hier nicht erwähne. So viele Ideen und Gedankengänge fanden ihren Weg in mein Leben durch Personen, durch Situationen, Bücher, Musik und etliches mehr.

Zu guter Letzt kommen wir zu dir. Anscheinend hast du dir die Zeit genommen, mein Geschriebenes bis zum Ende zu verfolgen. Dankeschön. Ich hoffe sehr, die kleine Reise hat dir Spaß gemacht und irgendetwas gebracht. Ich wünsch dir was. Für Anregungen, Diskussionen, Erfahrungsberichte oder Gespräche bin ich immer offen und freue mich – schreib mir also gerne. Sollte es dir gefallen haben und solltest du mich unterstützen wollen, freue ich mich sehr über eine Bewertung des Buches, eine ehrliche Rezension und/oder das Weiterempfehlen meines Buches an Bekannte. Klingt vielleicht banal, aber, wie ich vielleicht an der einen oder anderen Stelle geschrieben habe, Kleinigkeiten können etwas bewirken.

ANHANG

Bibliographie

Nachfolgend eine Liste von Büchern, die mich maßgeblich beim Schreiben dieses Buches beeinflusst haben. Teilweise wissenschaftlich, teilweise zur Unterhaltung, teilweise spirituell oder esoterisch – aus all diesen Büchern kann man meiner Meinung nach etwas für sich mitnehmen, wenn man offen ist und sich darauf einlässt. Vieles, was ich hier geschrieben habe, entsprang daraus, wie ich diese Bücher verstanden habe, was sie in mir ausgelöst haben und zu welchen Fragen und Gedankengängen sie mich geführt haben.

- Peter Lauster; *Die Liebe – Psychologie eines Phänomens*; Rowohlt Taschenbuch Verlag GmbH; 1982
- Erich Fromm; *Haben oder Sein*; Deutscher Taschenbuch Verlag GmbH & Co. KG; 1976; Ungekürzte Ausgabe 1979; 39. Auflage 2012
- Pam Grout; *Sei dankbar & werde reich – ein 30-Tage-Trip in radikaler Dankbarkeit und ungenierter Lebensfreude*; Irisiana Verlag, Verlagsgruppe Random House; 2016
- Albert Einstein; *Mein Weltbild*; herausgegeben von Carl Seelig; Ullstein Verlag; 1954; 34. Auflage 2017

- Daniel Kahneman; *Schnelles Denken, Langsames Denken*; Penguin Verlag; Verlagsgruppe Random House; 2012; 15. Auflage
- Stephen Hawking; *Kurze Antworten auf große Fragen*; Klett-Cotta Verlag; 2018
- Luis Angel Diaz; *Das intelligente Bewusstsein der Zellen*; Trinity Verlag; 2010
- Charles F. Haanel; *The Master Key System*; Verlagsgruppe Droemer Knaur GmbH & Co. KG; 1917; Neuübersetzung März 2009
- Rutger Bregman; *Utopien für Realisten*; Rowohlt Taschenbuch Verlag; 2017; 12. Auflage Mai 2020
- Stefanie Stahl; *Das Kind in dir muss Heimat finden*; Kailash Verlag; 2015
- Richard David Precht; *Wer bin ich – und wenn ja, wie viele?*; Goldmann Verlag; 2007
- Rhonda Byrne; *The Secret*; Arkana Verlag; 2007
- Richard David Precht; *Jäger, Hirten, Kritiker*; Goldmann Verlag; 2018
- Pam Grout; *E^2*; Allegria Verlag; 2013; 4. Auflage 2014
- Stephen LaBerge, Howard Rheingold; *Träume, was du träumen willst – Die Kunst des luziden Träumens*; Mvg Verlag; 2014

Direkte Zitate

»Und wahrlich, wenn der Mensch auch die ganze Welt gewönne und lernte das Eine nicht, […] was hülfe es!«
Friedrich Nietzsche; zitiert aus *Also sprach Zarathustra* (Friedrich Nietzsche; Nikol Verlagsgesellschaft mbH & Co. KG, 2019; 4. Auflage 2021); S. 264

(S. 74) » Wenn wir wüssten, was wir tun, würde man es nicht Forschung nennen «
Albert Einstein zugeschriebener Aphorismus ohne genaue Quelle

(S. 80) » Wenn man etwas nicht versteht, sucht man nach Regeln. […] Dieser simplen Fleißarbeit gab man den Namen Wissenschaft «
Dr. Stone ist eine Manga-Serie vom Autor Riichiro Inagaki

(S. 161) » I know it's easy to imagine, but it's easier to just do. See, if you can't do what you imagine, then, what is imagination to you? «
Kid Cudi; aus dem Song *Enter Galactic (Love Connection Part I)* von Kid Cudi (Scott Mescudi)

(S. 175) » Some people feel the rain, others just get wet «
es ist ungeklärt, auf wen dieses Zitat am Ende wirklich zurückgeht. Mögliche Kandidaten sind Bob Marley, Bob Dylan und Roger Miller

(S. 213) » Wenn ich beginne mich schlecht zu fühlen, dann höre ich einfach auf damit und bin stattdessen super gut drauf «
Barney Stinson in *How I Met Your Mother* – eine US-amerikanische Sitcom

(S. 268) » Ein Heiliger ist ein Sünder, der nicht aufhört, sich zu mühen «
Nelson Mandela; in einem Brief an Winnie Mandela, geschrieben auf Robben Island am 1. Februar 1975, zitiert aus *Meine Waffe ist das Wort* (Nelson Mandela; Kösel-verlag; 4. Auflage 2014); S. 113

(S. 286) » Die Menschen sterben nicht an Überarbeitung. Sie sterben an Unkonzentriertheit und innerer Unruhe «
Charles Evans Hughes; zitiert aus *Sorge dich nicht - lebe!* (Dale Carnegie; 67. Auflage 1994; Scherz Verlag; Überarbeitete Ausgabe in Neuübersetzung von Ursula Gaïl nach der revidierten amerikanischen Fassung von 1984); S. 261

(S. 295) » Der Preis einer Sache ist die Menge dessen, was ich Leben nenne, die ich im Austausch dafür früher oder später hergeben muss «
Henry David Thoreau; zitiert aus *Sorge dich nicht – lebe!*; S. 113

(S. 299) » Viele versuchen ein Übermensch zu sein, ohne ein Mensch sein zu wollen «
Erich Fromm; zitiert aus *Haben oder Sein* (s. Bibliographie)

(S. 381) » (…) die unverzichtbare Grundbedingung für den Frieden muss angestrebt werden: Einheit in der Vielfalt zu suchen und tragfähige Wege, dieses Ziel zu erreichen «
Nelson Mandela; nach Verleihung der Ehrendoktorwürde durch die Unversität von Kwazulu-Natal, Südafrika, 30. Mai 1998, zitiert aus *Meine Waffe ist das Wort;* S. 149

(S. 387) » Nachdem wir das Feuer entdeckt hatten, haben wir uns ein paarmal dumm angestellt. Und dann den Feuerlöscher erfunden. «
Stephen Hawking; zitiert aus *Kurze Antworten auf große Fragen* (s. Bibliographie); S. 221

(S. 397) » Bevor man die Welt verändert, wäre es vielleicht wichtiger, sie nicht zugrunde zu richten «
Paul Claudel; zitiert aus Goldene *Worte – eine Auslese* [Zitatsammlung] (Ausgewählt von Ute Bogner; Edition Albatros; Manfred Pawlak Verlagsgesellschaft, mbH, Herrsching; 1989); S. 47

(S. 410) » Eines der wenigen Dinge, die in mir eine gewisse Sehnsucht nach einer Rückkehr ins Gefängnis erweckten, war die Tatsache, dass ich nach meiner Freilassung kaum noch Zeit zum Lesen, Studieren und Nachdenken hatte «
Nelson Mandela; anlässlich der Konferenz zum „Rückzug vom Rückzug“ in der Nelson-Mandela-Foundation in Johannesburg am 1. Juni 2004, zitiert aus *Meine Waffe ist das Wort;* S. 119

(S. 425) » Armut und materielle Ungleichheit stehen dauerhaftem Frieden und beständiger Stabilität im Wege «
Nelson Mandela; Abschlusssitzung der 50. Nationalen Konferenz des ANC an der North-West University, Mafikeng Campus, 20. Dezember 1997, zitiert aus *Meine Waffe ist das Wort;* S. 154

(S. 427) » Um ein tadelloses Mitglied einer Schafherde zu sein, muss man vor allem ein Schaf sein «
Albert Einstein; zitiert aus *Mein Weltbild* (s. Bibliographie); S. 118

(S. 430) „Ein solches Ziel unter Inkaufnahme der Unfreiheit eines jeden erreichen zu wollen, ist in so ziemlich niemandes Interesse, der Leben achtet"
Richard David Precht; zitiert aus *Jäger, Hirten, Kritiker* (s. Bibliographie) im Kontext wachsender Sicherheit, Kontrolle und Überwachung auf Kosten von Freiheit und Selbstbestimmtheit

Online-Links im Buch wurden zuletzt geprüft Stand 15.04.2022

Anmerkungen & Ergänzungen

Nachfolgend eine Liste mit Anmerkungen, Quellen, Referenzen und/oder Verweisen. Ich habe in diesem Buch versucht, soweit es mir möglich war, alle Quellen und Inspirationen direkt im jeweiligen Kapitel oder in dieser Liste zu nennen. Doch das Leben ist voll von Inspiration. Es gibt so viele Personen, Momente, Bücher, Texte, Lieder und vieles, vieles mehr, welche mich mit Sicherheit subtil und unbemerkt von mir selbst etwas erkennen ließen oder mir einen Anstoß in die eine oder die andere Richtung gaben. Sehr wahrscheinlich gibt es Gedanken oder Sätze, die nicht mir entsprungen sind und deren Schöpfer ich leider nicht mehr zuordnen kann oder vergaß und sie nun für meine eigenen Einfälle halte. An dieser Stelle möchte ich mich dafür entschuldigen und zumindest erwähnen, dass ich all ihnen dennoch dankbar bin.

Wohlwissend, dass die Wissenschaft nicht Halt macht und das Internet sich ständig wandelt, bitte ich auch hier um Nachsicht für etwaige Fehler oder veraltete Links und Informationen. Ich kann behaupten, dass ich mich nach bestem Wissen und Gewissen auf Quellen gestützt und versucht habe, sowohl diese als auch meine Überlegungen und Behauptungen zu überprüfen. Stolz kann ich also sagen, dass dieses Buch zumindest ehrlich ist.

Falls dir bezüglich potenziellen Fehlern oder ausgelassener Anerkennung etwas aufgefallen sein sollte, kannst du mir gerne eine Nachricht mit der Korrektur oder Ergänzung schicken. Ich werde versuchen, diese Liste stetig zu aktualisieren.

1 Lass dich nicht davon irritieren, dass ich die Dinge in den folgenden Abschnitten sehr wohl getrennt voneinander betrachte und beschreibe. Dies dient letztlich der Ergründung, Beschreibung und dem rationalen Verständnis der grundlegenden Problematik und des Gedankengangs. Um das große Ganze zu verstehen, muss man es zunächst manchmal vielleicht in Einzelteile zerlegen.

2 Das sollte allerdings nicht missverstanden werden und unsere lebenslange Fähigkeit zur Veränderung und zum Lernen sollte nicht unterschätzt werden. Einen lesenswerten Artikel zur Entwicklung des Gehirns gibt es unter anderem hier: https://www.kindergartenpaedagogik.de/fachartikel/psychologie/779/

3 „Denn Fühlen und Sehnen sind der Motor alles menschlichen Strebens und Erzeugens, mag sich auch letzteres uns noch so erhaben darstellen." – Albert Einstein, *Mein Weltbild*, herausgegeben von Carl Seelig; Ullstein Verlag 34. Auflage 2017; S.18 im Kapitel *Religion und Wissenschaft*

4 Es existiert bisher keine eindeutige oder einheitliche Definition von Leben. Auch in der Wissenschaft gibt es keine Erklärung sowie keine eindeutigen Kriterien, um zu entscheiden, ab wann etwas „lebendig" ist. Die Kategorisierung erfolgt meist anhand einer Sammlung von (je nach Disziplin unterschiedlichen) Merkmalen, sodass empirisch entschieden wird, was sich von Unbelebtem beziehungsweise Totem unterscheidet.

5 Es existieren unterschiedlichste Definitionen von Intelligenz mit verschiedenen Bestandteilen dieser. Mir persönlich gefällt diese Definition im beschriebenen Kontext des Kapitels schlicht und ergreifend sehr gut. Auf diese Formulierung beziehungsweise Definition bin ich im Buch *Jäger, Hirten, Kritiker* von Richard David Precht gestoßen.

6 Die Kategorisierung von System I in Unterbewusstsein und System II in Unterbewusstsein wird in der Form nicht in *Schnelles Denken, Langsames Denken* vorgenommen. Dies ist vielmehr meine Interpretation und eine, so hoffe ich, passende Zusammenfassung der wesentlichen Funktionen und Merkmale zum besseren Verständnis der eigenen Wahrnehmung. Insbesondere mit dem Begriff »Bewusstsein«, der hier in einem etwas anderen Kontext (als bewusst ablaufender Teil des Denkens und Wahrnehmens) als an vielen anderen Stellen im Buch beschrieben und verstanden wird, ist mit Bedacht umzugehen.

7 Kahneman beschreibt System II bildhaft auch als eine Nebenfigur, die sich selbst für den Protagonisten hält.

8 Das Buch *Das intelligente Bewusstsein der Zellen* von Luis Angel Diaz verfolgt hierzu einige interessante Ansätze. In der Wissenschaft ist es mittlerweile eine weit verbreitete Ansicht, dass Körper und Geist nicht strikt zu trennen sind und Gedanken und Gefühle eng mit der körperlichen Gesundheit verknüpft sind.

9 Wenn wir oft lügen, reagiert der Körper mit Stress. Vor allem langfristiger oder zu starker Stress können das Immunsystem stark negativ beeinflussen.

Eine Studie der American Psychology Association, geführt von der Psychologin Anita Kelly, untersuchte langfristige gesundheitliche Auswirkungen von Lügen: https://www.apa.org/news/press/releases/2012/08/lying-less

10 https://www.nejm.org/doi/full/10.1056/nejmoa013259

11 https://www.spektrum.de/news/wie-eine-gespaltene-persoenlichkeit-entsteht/1964578

12 Um Irritationen zu vermeiden: Wenn ich »Gedanken« schreibe, so schließen diese fast immer Gefühle mit ein, ohne diese explizit zu erwähnen. Während es an manchen Stellen nötig war, genau zu differenzieren und diese getrennt zu beschreiben, möchte ich diese im Grunde als untrennbare Einheit in einem Wort zusammenfassen.

13 Zum Beispiel werden Mittel zum Abnehmen, etwa Abnehm-Pillen, in Studien zur Evaluation ihrer Wirksamkeit fast grundsätzlich gegen Placebos getestet. Dabei ist meist nicht die Frage, ob die Placebos wirken, sondern ob die Mittel besser wirken als sie.

14 „Gute Gene“ sind hier natürlich nicht wortwörtlich oder streng wissenschaftlich gemeint. Vielmehr sind hier allgemeine Veränderungen im Körper hin zu einer günstigeren Ausgangslage gemeint. Wer gute Glaubenssätze entwickelt, gewinnt zum Beispiel ein positives Selbstbild und empfindet Lebenslust, was wiederum zu mehr Motivation, Gesundheit, allgemeiner Bewegung und Aktivität, der Ausübung von Sport oder einer besseren Ernährung führen kann. Diese Faktoren können dann auf lange Sicht zu „guten Genen“ werden, also immer tiefer verankerten Anlagen und Mechanismen in Körper und Psyche.

15 Crum, A. J., Corbin, W. R., Brownell, K. D., & Salovey, P. (2011). Mind over milkshakes: Mindsets, not just nutrients, determine ghrelin response. *Health Psychology, 30*(4), 424–429. https://doi.org/10.1037/a0023467

https://www.bunte.de/health/abnehmen-ernaehrung/milkshake-experiment-video-zeigt-das-gehirn-entscheidet-wie-viel-zu-zunimmst.html

16 Ein besonderes und kritisches Thema in diesem Zusammenhang stellen natürlich nachgewiesene, ernste und vererbte Krankheiten dar. Allgemein gehe ich in diesem Buch selten auf Extremfälle ein. Ein Placebo zum Beispiel heilt in der Regel keinen Krebs. Beim Übertragen auf derartige Extremfälle ist stets Vorsicht geboten. Gerade in Extremfällen treten meist sehr individuelle, spezifi-

sche Gegebenheiten und Umstände auf, bei denen ohne Zweifel Experten zu Rate gezogen werden sollten. Wie ich aber mehrfach betone, fokussiere ich mich vor allem auf die positive Seite, will diese hervorheben und Hoffnung schaffen. Weg von dem, wogegen man vielleicht wirklich nichts tun kann, hin zu dem, woran man etwas tun kann. Oft genug stellt sich im Nachhinein heraus, dass man gegen das, wovon man dachte, es stehe fest und sei unveränderlich, doch so einiges ändern konnte. Ich glaube daran, dass Glaube Berge versetzen kann. Ich halte den „Glaubens-Effekt“ bei ernsten Krankheiten oder ähnlichem mindestens für einen essenziellen, unterstützenden Faktor und zu keinem Zeitpunkt rate ich davon ab, zusätzliche Hilfe in Anspruch zu nehmen. Analog halte ich Nocebo-Effekte für extrem gefährlich und denke, diese werden nur allzu oft unbedacht und unbemerkt in einen Menschen „eingepflanzt“. Einen lesenswerten Artikel zu Nocebo-Effekten allgemein sowie speziell bei Krebspatienten ist zum Beispiel zu finden unter dem Link https://www.sueddeutsche.de/gesundheit/nocebo-effekt-wenn-der-arzt-mit-worten-toetet-1.1410542-2

17 Alchimie im Sinne eines Vorgängers aller Wissenschaften – die Beschäftigung mit und die Erforschung von der Natur alles Seins. Also generell der Versuch der Naturphilosophie: Die Natur in ihrer Gesamtheit sowie im Kleinsten zu erfassen.

18 Existenz im Sinne einer allumfassenden Existenz, die selbst die Nicht-Existenz einschließt. Selbst wenn es nur das „Nichts“ gäbe,

so würde gewissermaßen eben nur dieses Nichts „existieren".

19 Leider ist mir die genaue Quelle unbekannt. Ich habe dieses Zitat im Podcast *Gemischtes Hack* von Felix Lobrecht aufgeschnappt.

20 Wörtlich übersetzt heißt es korrekt „Ich weiß, dass ich nicht weiß." und nicht „Ich weiß, dass ich nichts weiß."

21 Danke an Lars Amend, von dem ich diese Fragen gehört und sie mir hier mal ausgeborgt habe.

22 "The good thing about science is that it's true whether or not you believe in it." – Neil deGrasse Tyson

23 Es gibt keine gesicherte Erklärung für die Quantenmechanik, sondern nur Interpretationen dieser. Solche Interpretationen beinhalten fundamentale Grundannahmen über die objektive Realität beziehungsweise die Struktur unseres Universums (und darüber hinaus) – zum Beispiel, ob wir in einer deterministischen oder in einer indeterministischen Welt leben. Meine Formulierung „[…] keine, oder eine stets unbekannte, Ursache [...]" habe ich gewählt, um möglichst viel Raum für verschiedene Möglichkeiten oder Interpretationen zu lassen. „Keine Ursache" beinhaltet den Fall des objektiven Zufalls und einer indeterministischen Welt, in der Dinge tatsächlich zufällig und somit ohne Ursache geschehen können. „Eine stets unbekannte Ursache" soll alle übrigen

Interpretationen beinhalten. Nach heutigem Kenntnisstand scheint es grundsätzlich unmöglich zu sein, hinter die „Fassade“ zu schauen und somit entdecken zu können, was „wahr“ ist. Es kann also durchaus verschiedenste Ursachen geben, die wir jedoch nicht oder vielleicht niemals aufdecken können.

24 Das Doppelspaltexperiment wurde erstmalig 1802 von Thomas Young mit Licht durchgeführt. Der hier beschriebene Versuchsaufbau mit Elektronen wurde 1961 durch Claus Jönsson durchgeführt. Das Experiment konnte auch erfolgreich mit Atomen oder Molekülen durchgeführt werden.

25 Ein meiner Meinung nach gutes Video für die Veranschaulichung des Doppelspaltexperiments und die Grundlagen der Quantenmechanik: https://www.youtube.com/watch?v=_Jn97QC2EOc

26 Abwandlung seiner berühmten Frage: „Existiert der Mond auch dann, wenn keiner hinsieht?“

27 Zitat von Henry Ford – „Whether you think you can, or you think you can't – you're right.“

28 Quelle des Zitats unbekannt.

29 Das sogenannte „Thomas-Theorem“ wird den Soziologen Dorothy Swaine Thomas und William Isaac Thomas zugeschrieben.

30 Zum Beispiel befriedigt das Rauchen oft das Bedürfnis nach Entspannung oder Stressabbau. Man nimmt sich fürs Rauchen vielleicht Zeit, hat Ruhe, ist an der frischen Luft oder plaudert gemütlich mit jemandem. Unsere Assoziationsmaschine namens Gehirn verknüpft derweilen fleißig Emotionen mit dem Rauchen, Hormone werden ausgeschüttet und so weiter.

31 Ähnlich verhält es sich vielleicht mit zwanghaftem Verhalten oder schwer zu unterdrückenden Affekt-Handlungen.

32 https://www.youtube.com/watch?v=PVxaL8CAO4M

33 Diese weit verbreitete Zahl zur Etablierung von Gewohnheiten geht auf den plastischen Chirurgen Maxwell Maltz zurück und beruht auf persönlichen Beobachtungen – ist also nicht wissenschaftlich untermauert. Die Wahrheit ist wohl, dass die Dauer der Etablierung einer Gewohnheit stark variieren kann, höchst individuell ist und von vielen Faktoren abhängig ist. Die 21-Tage-Regel kann vielleicht trotzdem sinnvoll genutzt werden, um sich in dieser Zeit reinzuhängen und einen besonderen Fokus auf die Etablierung dieser Gewohnheit zu legen.

34 1. Willis J, Todorov A. First Impressions: Making Up Your Mind After a 100-Ms Exposure to a Face. Psychological Science. 2006;17(7):592-598. doi:10.1111/j.1467-9280.2006.01750.x

35 Dieses Beispiel stammt aus dem Buch *Schnelles Denken, Langsames Denken* von Daniel Kahneman.

36 Die letzten beiden Kapitel sind zu großen Teilen inspiriert von *Schnelles Denken, Langsames Denken* von Daniel Kahneman. Das Gesetz der kleinen Zahlen im psychologischen Umfeld anzuwenden sowie das Beispiel mit den Häufigkeiten von Nierenkrebs in Klein- und Großstädten ist diesem zu verdanken. Ebenso der Effekt der Regression zur Mitte im psychologischen Umfeld und das Beispiel des Lob oder Kritik gebenden Trainers. Vieles davon ist hier lediglich meine Interpretation und neue beziehungsweise damit kombinierte Ideen.

37 „Es geht nicht darum, dem Leben mehr Tage zu geben, sondern den Tagen mehr Leben.“ – Cicely Saunders

38 Genauer gesagt, sie zerstrahlen in einer Annihilations-Reaktion.

39 Ein aus meiner Sicht geniales Buch, dem ich viel zu verdanken habe – unter anderem einen Großteil dieses Kapitels.

40 Wir können uns hier an die Welt der Quanten und die fundamentale Unvorhersehbarkeit im Kleinsten zurückerinnern. Während sich die Chaostheorie selbst mit Systemen beschäftigt, die sich prinzipiell deterministisch verhalten, gibt es auch komplexe Systeme, die Wahrscheinlichkeiten miteinbeziehen.

41 Das ist ein völlig haltloser Gedanke von mir, aber er gefällt mir.

42 A. Calaprice (Hrsg.): *Einstein sagt: Zitate, Einfälle, Gedanken.* Piper, 2005, S. 180

43 A. Calaprice (Hrsg.): *Einstein sagt: Zitate, Einfälle, Gedanken.* Piper, 2005, S. 187

44 Abgewandelt aus *Und Nietzsche weinte* von Irvin D. Yalom beziehungsweise aus Friedrich Nietzsches Werk *Also sprach Zarathustra*

45 Depressionen können sich sowohl psychisch als auch körperlich sehr vielfältig und unterschiedlich äußern. Diese Schilderung soll keineswegs als eine allgemeine, pauschale Beschreibung oder Definition verstanden werden.

46 „Der Alchimist" ist ein Roman, geschrieben von Paulo Coelho

47 Treffender wäre vielleicht öfters auch Masse oder Dichte, zwecks Veranschaulichung und Einfachheit bleibe ich aber meist beim Begriff Größe

48 Kahn, Alfred E. (1966). "The Tyranny of Small Decisions: Market Failures, Imperfections, and the Limits of Economics". Kyklos. 19: 23–47. doi:10.1111/j.1467-6435.1966.tb02491.x

49 https://www.mdr.de/wissen/wissen-adventskalender-zwanzig-universum-gehirn-100.html, https://www.frontiersin.org/articles/10.3389/fphy.2020.525731/full

50 https://www.gesundheitsinformation.de/wie-krebszellen-wachsen-und-sich-ausbreiten.html

51 Ein sehr empfehlenswertes Buch dazu ist *Factfulness* von Hans Rosling, Ola Rosling und Anna Rosling Rönnl

52 https://www.researchgate.net/publication/12688660_Unskilled_and_Unaware_of_It_How_Difficulties_in_Recognizing_One's_Own_Incompetence_Lead_to_Inflated_Self-Assessments

53 Natürlich gibt es auch hier Ansätze, diese zu messen, vorherzusagen und zu manipulieren – mit Erfolg. Äußere Einflüsse haben Wirkung auf uns und überall entstehen Rückkopplungseffekte, welche entsprechend analysiert und genutzt werden können. Lässt man es zu, können selbst die eigenen Gedanken vielleicht bald schon „gelesen" werden. Kameras und andere Messinstrumente können Gestik und Mimik genau ablesen, Emotionen deuten und analysieren winzigste Details, die uns selbst entgehen. Ich denke, es wird dennoch nur ein statistisches Argument bleiben. Eine erfolgreiche Vorhersage wird vielleicht im Normalfall oder mit hoher Trefferquote klappen, aber nicht immer. Letztlich wird eine Vorhersage immer auf bereits Bekanntem und auf Mustern

basieren. Vielleicht kann unser Verhalten oftmals prognostiziert werden, aber macht uns das unfrei? Letztlich basiert solche Technologie auf Algorithmen, also auf Mathematik. Und Mathematik wird immer dann interessant und kann eingesetzt werden, wenn es irgendeine Systematik gibt. Das kann optimiert werden, aber es wird nicht absolut. Ganz klar gibt es Mechanismen in dieser Welt. Und ganz klar einigen wir Menschen uns sogar darauf, systematisch zu handeln. Wir wollen logisch oder nachvollziehbar handeln, erfinden Gesetze oder Normen und halten uns an diese, entwickeln Gewohnheiten, lächeln, wenn wir uns freuen, und haben genetische Komponenten in uns, die uns instinktiv oder intuitiv zu bestimmten Handlungen oder Reaktionen verleiten. Zu einem Großteil wollen wir es doch so und profitieren davon. Wir müssen uns deshalb aber nicht darauf reduzieren, uns als Maschine oder irgendeine Systematik aufzufassen. Wir können auch aus Systematiken ausbrechen und allen Wahrscheinlichkeiten trotzen. Jede Künstliche Intelligenz lernt letztlich lediglich irgendwelche Muster. Wir haben die Wahl, ob wir diese gut finden, uns darin gefangen fühlen oder ob wir daraus ausbrechen und neue Muster erschaffen – und darin liegt unsere Freiheit.

Gendern?

In diesem Buch wird nicht gegendert. Um ehrlich zu sein: Ich habe meine abschließende Meinung zu diesem Sachverhalt noch nicht gefunden. Der Großteil dieses Buches wurde von mir geschrieben, als die Debatte um gendergerechte Sprache in der Öffentlichkeit (und für mich) noch kein Thema war. Beim Schreiben und Korrigieren dieses Buches habe ich generell versucht, meine Sprache und Formulierungen so zu wählen und umzustellen, dass sich jeder [Mensch] angesprochen und niemand ausgeschlossen fühlt. Das ist allerdings nicht immer gelungen, wenn man die reine Wortwahl betrachtet. Es werden sich wohl viele Stellen finden, in denen ich das jeweils Beschriebene zum Beispiel lediglich meiner Person anpasse und dementsprechend aus dieser Sicht schildere, das dritte Geschlecht nicht erwähne oder heteronormativ schreibe.

Letztendlich wiegen für mich im Moment die Argumente am schwersten, dass ich Geschlecht, Herkunft, Ethnie, Kultur, Sexualität oder Sonstiges gar nicht gesondert hervorheben oder Aufmerksamkeit darauf lenken möchte und dass es keine so wirklich befriedigende Möglichkeit gibt, wirklich alle auf individueller Ebene mit Worten ausdrücklich zu erwähnen und somit einzuschließen. Sprache ist in dieser Hinsicht begrenzt, nicht jedoch in der Vielfalt der Bedeutungen. Ich persönlich bin ein großer Freund von Kontextverständnis: Ich hoffe also, dass klar ist (oder hiermit klar wird), dass, beispielsweise bezüglich des Geschlechts oder der Sexualität, immer jede denkbare Konstellation mitgemeint ist und ich niemanden ausschließen möchte.

Ebenso meine ich zum Beispiel mit Formulierungen wie „Jeder, der […]" natürlich „Jeder Mensch, der […]" und nicht etwa das männliche Geschlecht. Wie gesagt, ich hoffe, dass du dich einerseits in jeder beschriebenen Situation in deiner eigenen, individuellen Art wiederfinden kannst und andererseits diese auch auf jede andere übertragen kannst.

Die Probleme des generischen Maskulinums und den potenziell daraus resultierenden spontanen und unbewussten Vorstellungen und Assoziationen sind damit natürlich nicht gelöst. Insbesondere durch diese kleine Stellungnahme hoffe ich dennoch, dass der „Kontext" und die Art, wie dieses Buch und seine Formulierungen gemeint sind und gelesen und verstanden werden sollen, klar wurden.